Le Togo et les traités internationaux

Logiques Juridiques

Fondée par Gérard Marcou

Dirigée par Jean-Claude Némery et Thomas Perroud

Le droit n'est pas seulement un savoir, il est d'abord un ensemble de rapports et pratiques que l'on rencontre dans presque toutes les formes de sociétés. C'est pourquoi il a toujours donné lieu à la fois à une littérature de juristes professionnels, produisant le savoir juridique, et à une littérature sur le droit, produite par des philosophes, des sociologues ou des économistes notamment.

Parce que le domaine du droit s'étend sans cesse et rend de plus en plus souvent nécessaire le recours au savoir juridique spécialisé, même dans des matières où il n'avait jadis qu'une importance secondaire, les ouvrages juridiques à caractère professionnel ou pédagogique dominent l'édition, et ils tendent à réduire la recherche en droit à sa seule dimension positive. À l'inverse de cette tendance, la collection « Logiques juridiques » des éditions L'Harmattan est ouverte à toutes les approches du droit. Tout en publiant aussi des ouvrages à vocation professionnelle ou pédagogique, elle se fixe avant tout pour but de contribuer à la publication et à la diffusion des recherches en droit, ainsi qu'au dialogue scientifique sur le droit. Comme son nom l'indique, elle se veut plurielle.

Dernières parutions

Samir ZIME YERIMA, *Le droit face au surnaturel. Approche juridique de la question sorcellaire en Afrique*, 2023.
Héritage Bita Heyeghe, Placide Lasmothey (dir.), *La « rébellion » en droit public et science politique*, 2023.
Rabiaa BOURHIM, *La régulation des conflits dans l'espace collectif marocain. Entre l'endogénéité du droit et le positivisme,* 2023.
Nader ZGHAL, *L'arbitre et les méthodes de détermination du droit applicable au fond*, 2023.
Laura BAUDIN, *Cyberattaques et droit international public. De la négociation entre États à l'intégration des acteurs privés pour parvenir à la cyberpaix ?,* 2023.
Ludovic BERTON, *Penser la démocratie sociale*, 2023.
Roger K. KOUDÉ, *La justice pénale internationale : un instrument idoine pour raisonner la raison d'Etat ?,* 2023
Cătălin-Silviu SARARU, *Le droit administratif en Roumanie*, 2022.

Togbé Agbessi ALANGUE

Le Togo et les traités internationaux

La pratique conventionnelle togolaise de 1960 à nos jours

Préface du Professeur Robert DUSSEY
Avant-propos de Kangnikoé BADO
Postface de Koffi Kumelio A. AFANĐE

L'Harmattan

DU MÊME AUTEUR

- *Guide pratique des associations et ONG internationales au Togo. Précis de la législation et des procédures administratives*, Éditions Awoudy, Lomé, 2018.

5-7, rue de l'École-Polytechnique – 75005 Paris

www.editions-harmattan.fr

ISBN : 978-2-14-034231-8
EAN : 9782140342318

PRÉFACE

Par le Professeur Robert DUSSEY,
Ministre des Affaires étrangères de la République togolaise

Depuis son accession à la souveraineté internationale le 27 avril 1960, le Togo a toujours axé sa politique étrangère sur le multilatéralisme, en développant des relations d'amitié et de coopération avec les autres nations, et en apportant sa contribution multiforme au sein des institutions internationales, par le biais et sur le fondement notamment de traités et accords internationaux. Non seulement le Togo prend une part active aux négociations et à la conclusion des traités et accords internationaux mais surtout son approche des relations internationales repose sur l'application pragmatique des engagements internationaux librement consentis.

En effet, les négociations, la conclusion et la mise en œuvre des traités ou accords bilatéraux et multilatéraux sont une composante fondamentale dans la conduite d'une politique étrangère. C'est de notoriété publique que la représentation et la protection des intérêts de l'État, qui sont classiquement quelques-unes des fonctions diplomatiques, se réalisent, dans une grande proportion, à travers des activités relatives aux traités, que ce soit dans un format bilatéral, régional ou multilatéral. Il est donc indéniable que les objectifs de politique étrangère sont souvent tributaires des engagements passés, actuels, voire futurs.

Le Togo, toujours fidèle à ses engagements internationaux, s'évertue continuellement à jouer sa partition dans un monde aux défis de plus en plus denses et complexes. Comment le Togo fait-il valoir son *« treaty-making power »*, depuis son accession à la souveraineté internationale ? Quels sont les prérequis dans le cadre des engagements internationaux du Togo ? Comment s'effectue l'incorporation des traités internationaux en droit interne togolais ? Quels sont les mécanismes de suivi et d'application des engagements internationaux du Togo ? Quelles sont les dynamiques qui sous-tendent la pratique togolaise relative au droit international ? Ce sont quelques-unes des questions auxquelles Togbé Agbessi ALANGUE tente d'apporter des éclairages, dans son ouvrage *Le Togo et les traités internationaux.*

Cette œuvre interroge l'historicité institutionnelle du Togo et plonge le lecteur dans les méandres de la pratique togolaise des traités et accords internationaux, en ciblant les règles écrites et coutumières qui président à cette pratique ainsi que les organes et les personnalités qui en sont les principaux acteurs.

L'on rappellera que par la résolution 1477 (XV) adoptée par l'Assemblée générale des Nations Unies, le 20 septembre 1960, la République togolaise fut admise comme État membre de l'ONU. Ceci marqua l'entrée en scène du Togo dans l'arène de la régulation internationale multilatérale. Depuis lors, et à des degrés divers, le Togo participe à des conférences, réunions ou sessions de négociations, au sein de l'ONU et d'autres institutions intergouvernementales, d'où il résulte de nombreux instruments régulateurs, coopératifs, contraignants ou non contraignants. D'ailleurs, fait significatif, et l'auteur fait bien de le mettre en lumière, c'est grâce à l'instrument d'adhésion du Togo que la Convention de Vienne sur le droit des traités du 23 mai 1969 est entrée en vigueur.

Au final, par la présentation panoramique et l'analyse qu'il livre de la pratique togolaise en matière de traités internationaux, l'auteur met en relief l'attachement du Togo au droit international, l'importance qu'il accorde aux traités internationaux et sa solide tradition multilatéraliste. Comme il le relève si bien, dans la conclusion de cet ouvrage, « la politique étrangère du Togo, notamment dans sa composante juridique, est en phase avec les principes fondamentaux du droit international dans leurs constances et évolutions. Depuis plus d'une décennie, l'activité gouvernementale et parlementaire afférente aux traités et accords internationaux ne cesse de se densifier, en adéquation avec une politique étrangère ambitieuse et proactive ». Une telle observation coule de source.

Au demeurant, sous les orientations du Président de la République, le Togo maintient le cap d'une politique étrangère ancrée dans le multilatéralisme et en phase avec tous les idéaux énoncés dans la Charte des Nations Unies. Cet ancrage qui repose sur la détermination du peuple togolais à « coopérer dans la paix, l'amitié et la solidarité avec tous les peuples du monde épris de l'idéal démocratique, sur la base des principes d'égalité, de respect mutuel de la souveraineté » (paragraphe 6 du préambule de la Constitution togolaise du 14 octobre 1992) trouve une confirmation constante dans l'esprit d'initiative et la disponibilité que le Togo ne cesse de manifester à travers ses implications multiformes dans la résolution des conflits, la lutte contre la piraterie maritime et le terrorisme, la promotion d'un ordre international juste et équitable, la mise en œuvre des Objectifs de Développement Durable (ODD), etc.

L'ouvrage, en ce qu'il revisite la genèse et l'évolution institutionnelle du Togo, de 1884 à 1960, et examine l'ancrage du Togo dans le droit international et les relations internationales, de 1960 à nos jours, a le mérite parmi tant d'autres, d'offrir une vue d'ensemble, remarquablement documentée, sur les enjeux et perspectives de la pratique conventionnelle du Togo. J'espère qu'il apportera les éclairages utiles aux praticiens et chercheurs en droit et en relations internationales. Il retiendra sans aucun doute l'attention notamment des universitaires, diplomates, magistrats, avocats, parlementaires, politologues, étudiants et de toutes les personnes qui souhaitent mieux appréhender les contours de la pratique togolaise relative au droit international.

Professeur Robert DUSSEY

Ministre des Affaires étrangères, de l'intégration régionale et des Togolais de l'extérieur, de la République togolaise

Négociateur en chef de l'Organisation des États d'Afrique, des Caraïbes et du Pacifique (OEACP, ex ACP : Groupe des pays d'Afrique, des Caraïbes et du Pacifique) et Président du Groupe central de négociation ministériel de l'Accord de partenariat (accord communément appelé « accord post-Cotonou ») entre l'Union européenne (UE) et les membres de l'OEACP

PRÉAMBULE

L'idée d'élaborer le présent ouvrage a germé en 2017, dans la foulée d'une communication sur la procédure de ratification des traités que nous avons présentée à l'Assemblée nationale de la République togolaise[1]. Nous avons souhaité, dans cet ouvrage, fournir un prolongement à ladite communication, en approfondissant le champ d'analyse du contexte, des enjeux et du processus de négociation, de conclusion et de ratification des traités internationaux, des mécanismes de suivi de leur mise en œuvre et du règlement des contentieux s'y rapportant.

La connaissance de la pratique suivie par les membres de la société internationale en matière conventionnelle est d'autant plus intéressante que les conventions internationales sont les premières- et sans doute les plus importantes- des trois principales sources du droit international[2] - et qu'elle permet en particulier de cerner les contours du « droit de contribution[3] » de chaque membre de ladite société à l'élaboration, au respect et à la promotion du droit international. Cela étant, que le lecteur[4] ne s'attende pas à trouver dans le présent ouvrage des réponses à toutes les questions qu'il peut se poser sur la pratique togolaise relative au droit international. Il y trouvera néanmoins des indications nécessaires pour son éclairage sur cette pratique et sur les thématiques qui lui sont connexes.

---

[1] Togbé Agbessi ALANGUE, « Procédure de ratification des traités », Communication présentée à l'atelier sur la ratification et la mise en œuvre des traités de droit international humanitaire, organisé par le Comité international de la Croix-Rouge, Lomé, Palais des Congrès, 19 avril 2017 [atelier destiné aux députés membres des Commissions suivantes de l'Assemblée nationale du Togo : Commission des lois, Commission des relations extérieures et de la coopération, et Commission des droits de l'Homme].

[2] Voir article 38 du Statut de la Cour internationale de justice.

[3] Voir Guillaume Pambou TCHIVOUNDA et Jean-Bernard MOUSSAVOU-MOUSSAVOU, *Éléments de la pratique gabonaise en matière de traités internationaux*, Paris, Librairie générale de droit et de jurisprudence, 1986, p.1. Ces auteurs relèvent qu'au sein de « la communauté internationale », dans le domaine de la pratique en matière de traités, « chaque acteur ne peut guère revendiquer, tout au plus, qu'un modeste droit de contribution ».

[4] L'emploi du masculin générique dans cet ouvrage a pour unique but d'alléger le texte.

Par ailleurs, notre contribution n'a pas pour but de présenter la « *lawfare* » ou l'« usage stratégique du droit[5] » par le Togo ou ce qui peut y être assimilé ; elle n'a pas davantage la prétention de présenter la doctrine juridique de l'État togolais[6]. Du reste, de manière non exhaustive, des questions qui se rapportent à la coopération internationale sont abondamment examinées dans l'ouvrage. Aussi, certains aspects qui y sont abordés permettent-ils de déterminer notamment les principaux acteurs institutionnels, les canaux de production et d'expression de la politique juridique extérieure[7]du Togo.

Le présent ouvrage se propose de dresser un aperçu panoramique de la pratique togolaise en matière de traités internationaux et d'articuler des éléments d'analyse permettant de cerner globalement, à l'aune des considérations diplomatico-juridiques, les enjeux et perspectives de la participation du Togo à l'écosystème normatif international.

Il n'existait pas jusqu'alors de monographie portant sur la pratique togolaise relative aux traités et accords internationaux. Le présent ouvrage[8] aspire, entre autres, à combler un manque de publications spécifiquement consacrées à ce sujet. Les aspects notamment diplomatiques, juridiques, institutionnels et jurisprudentiels de la pratique togolaise afférente aux traités et accords internationaux y sont présentés et examinés. L'ouvrage propose ainsi une synthèse sur les principales articulations de la pratique nationale avec les règles, les coutumes et la jurisprudence internationales.

En guise d'entrée en matière, une partie entière- la première parmi les cinq qui composent l'ouvrage- est consacrée à l'historique de la naissance du Togo et à son ouverture au droit international, afin de donner au lecteur un aperçu substantiel sur cette entité géopolitique, qui

---

[5] Sans entrer dans le débat doctrinal et surtout la controverse sémantique sur le néologisme « lawfare », il paraît souhaitable de considérer, avec François ALABRUNE, que « cette notion recouvre la mise en œuvre de stratégies juridiques, normatives ou judiciaires, par les acteurs internationaux aux fins de défendre leurs intérêts propres » : François ALABRUNE, « Préface », dans *La politique juridique extérieure*, Guy de LACHARRIÈRE, Bruylant, 2023 (réédition), 288 p. [voir p.VI].

[6] À cet égard, les opinions exprimées ou reproduites, dans le présent ouvrage, n'engagent que leurs auteurs.

[7] La politique juridique extérieure est entendue, en l'occurrence, comme une « politique à l'égard du droit et non pas nécessairement déterminée par le droit » : Guy de LACHARRIÈRE, *La politique juridique extérieure*, Economica, Paris, 1983, p.5.

[8] Élaboré de 2017 à 2020, cet ouvrage a été finalisé en novembre 2021, puis actualisé fin 2022 /début 2023.

a connu divers statuts avant de devenir, depuis le 27 avril 1960, la République togolaise. Au surplus nous avons tenu à aborder les aspects jurisprudentiels (jurisprudences nationale, communautaire et internationale pertinentes) de la pratique togolaise pour donner un aperçu sur la mise en œuvre des traités, le suivi et les mesures qui sont adoptées ou suscitées dans l'hypothèse de leur inapplication ou de leur violation alléguée.

Au demeurant, le sujet, particulièrement dense, dont traite cet ouvrage, à savoir la pratique étatique du droit international conventionnel, est ici abordé sous l'angle juridico-diplomatique. Nous avons pris le parti d'une double approche théorique et empirique en ce qui concerne les éléments fondamentaux de la pratique togolaise, non pas seulement dans une perspective analytique et descriptive, mais aussi comparative[9].

Il va de soi que la pratique togolaise relative aux traités internationaux n'est pas absolument immuable ; au contraire, comme nous l'avons souligné dans la conclusion de cet ouvrage, elle est dynamique, en phase avec les principes fondamentaux du droit international et la réalité contemporaine des relations internationales, dans leurs constances et évolutions.

L'objectif principal du présent ouvrage est de fournir une grille de lecture et d'analyse de la participation du Togo aux activités normatives à l'échelle sous-régionale, régionale et internationale. Dans cette optique, cette œuvre ambitionne de contribuer à la recherche en relations internationales et en droit international sur la pratique conventionnelle des États.

La publication de cet ouvrage n'aurait pu être possible sans le soutien et la disponibilité de bien de personnes et institutions.

Nous tenons à remercier particulièrement Monsieur le Professeur Robert DUSSEY, Ministre des Affaires étrangères, de l'intégration régionale et des Togolais de l'extérieur, pour ses chaleureux encouragements dans la rédaction de cet ouvrage. Nous sommes très reconnaissant et honoré qu'il ait soutenu et encouragé l'élaboration et la publication de l'ouvrage, et qu'il ait également accepté d'en être le préfacier.

---

[9] Nous avons privilégié des éléments de comparaison qui nous paraissaient plus pertinents pour mettre en exergue les similitudes et les différences dans les textes officiels et dans la pratique.

En outre, nous sommes redevable aux institutions et administrations ci-après, pour leur apport remarquable : la Présidence de la République togolaise, le Ministère des Affaires étrangères, de l'intégration régionale et des Togolais de l'extérieur, le Secrétariat général du Gouvernement, l'Assemblée nationale, la Cour constitutionnelle, la Cour suprême et l'École nationale d'administration (ENA) du Togo.

Nous remercions également Dr Kumelio Koffi A. AFANĐE, Juge international des juridictions pénales international(isé)es, et ancien Conseiller juridique principal du Togo au Conseil de sécurité et à l'Assemblée générale des Nations Unies, qui a contribué de manière significative, par ses conseils avisés et remarques appropriées, à la réalisation de cet ouvrage, qu'il a par ailleurs accepté de postfacer.

Enfin, nous exprimons notre reconnaissance au Dr Kangnikoé BADO, Enseignant-chercheur en Sciences juridiques, ancien chercheur Senior à la Fondation Max Planck pour la paix internationale et l'État de droit (Heidelberg), non seulement pour ses commentaires constructifs, mais aussi pour avoir bien voulu rédiger l'avant-propos du présent ouvrage.

Janvier 2023

Togbé Agbessi ALANGUE

AVANT-PROPOS

Par Dr Kangnikoé BADO
Enseignant-chercheur en Sciences juridiques

Le Togo et les traités internationaux. Cette belle œuvre de Monsieur Togbé Agbessi ALANGUE constitue à n'en pas douter un essai magistral sur la participation du Togo aux relations internationales et au droit international. Même si l'ouvrage est essentiellement basé sur le cas du Togo, il participe à une présentation d'ensemble des données historiques et actuelles de l'Afrique face au droit international. Il est le fruit non seulement d'une riche expérience professionnelle de l'auteur mais aussi le résultat d'une réflexion pénétrante guidée par un souci pédagogique constant.

De façon très méthodique, l'auteur s'est efforcé avec succès de rappeler les bases historiques de l'entrée du Togo dans les relations internationales et partant de l'Afrique tout entière. On est frappé par le cuisant déséquilibre des divers traités dont le continent africain fut l'objet dans les relations internationales vers la fin du dix-neuvième siècle. Un regard panoramique dans l'ouvrage permet d'identifier deux grandes étapes dans l'évolution de la pratique togolaise et partant africaine au mouvement conventionnel. Tout d'abord le Togo a été enjeu et objet des relations internationales. Ensuite, ce n'est qu'au lendemain de l'accession à la souveraineté internationale que le Togo apporte sa contribution active aux relations internationales et au droit international.

Dans l'ensemble, l'auteur a réussi à démontrer à travers une documentation assez fournie que la participation de l'Afrique au mouvement conventionnel a donné un nouveau dynamisme au droit international et aux relations internationales. Les traits essentiels et les résultats de la participation du Togo et, partant, de l'Afrique au droit international sont bien exposés. On s'aperçoit à travers cet ouvrage que la paix, la sécurité, le développement ainsi que les droits de l'Homme sont les enjeux fondamentaux qui marquent la participation des États africains dans les relations internationales.

Dans une présentation sans complaisance ce manuel nous restitue les apports concrets des États africains au droit international.

Il en ressort que le continent africain a contribué de façon significative à la codification de plusieurs normes internationales à partir des années 1960. L'accession à la souveraineté internationale et l'admission au sein des Nations Unies des États africains a donné un coup d'accélérateur à la négociation et l'adoption de nombre de traités multilatéraux. Les États africains fraîchement indépendants, agissant de concert avec des États alliés de l'Amérique latine et de l'Asie, croyaient fortement en la capacité du multilatéralisme pour maintenir la paix et la sécurité internationales à travers une codification des normes internationales. Ainsi, les traités de non-prolifération nucléaire et de zones dénucléarisées ont connu une participation active des États africains, pas par suivisme ou naïveté, mais par la conviction que seul le droit devrait régir l'usage et le recours à la force, surtout en ce qui concerne la mise au point et la détention d'armements capables de détruire l'humanité. Dans le domaine des droits de l'Homme, les États africains ont joué un rôle avant-gardiste, contrairement aux idées reçues qui font des États occidentaux les garants de l'idéal de liberté.

En effet que ce soient la négociation et l'adoption des pactes internationaux des droits de l'Homme de 1966 ou encore la Convention internationale sur l'élimination de toutes les formes de discrimination raciale ou encore la Convention sur l'élimination de toutes les formes de discrimination à l'égard des femmes, l'Afrique a apporté sa pierre à l'édifice de ces traités majeurs dans la protection, la défense et la promotion des droits humains.

L'implication des États africains a été davantage forte lorsqu'il s'était agi de la conférence diplomatique ayant abouti à la signature du Statut de Rome sur la Cour Pénale Internationale (CPI). La défiance des gouvernements africains et de l'Union africaine envers cette Cour n'est intervenue que bien plus tard, quand le Bureau du Procureur a commencé à s'atteler en priorité aux situations et cas en rapport avec les crimes de guerre et les crimes contre l'humanité sur le continent africain.

Cet essai très bien élaboré constitue une véritable historiographie des relations internationales contemporaines. Une analyse d'ensemble de cet ouvrage permet de tirer des enseignements notables de la contribution de l'Afrique au développement du droit international. L'enjeu pour l'Afrique ne devrait pas être uniquement une conviction en la vertu et la force de la norme internationale, mais aussi au niveau de choix stratégiques et d'intérêts. La négociation, l'adoption et la ratification de traités devraient être la résultante d'un processus politique bien réfléchi prenant en compte les intérêts vitaux des États africains. La décision ou non de signer un traité est un acte souverain qui devrait garder toute son importance en faisant des choix calculés.

D'ailleurs, conscient de l'inégalité de puissance des États dans les relations internationales, les États africains ont mis en place la Commission de l'Union Africaine pour le Droit International (CUADI). L'idée sous-jacente de cette institution est simple. Au-delà du grand mouvement universel, les États africains doivent garder à l'esprit que le droit international coutumier a été pour la plupart formé sans leur contribution substantielle. Ainsi, la mission de la CUADI est à juste titre d'apporter des éléments nouveaux qui marquent une présence africaine dans la codification du droit international.

Dans leur pratique du droit international, on note par ailleurs une certaine indépendance des États africains à certains principes du droit international établis bien avant leur accession à la souveraineté internationale. Une belle illustration de cette indépendance a été fournie lors de la mise en place du contentieux des droits de l'Homme au sein de l'Organisation sous régionale d'Afrique de l'Ouest, en l'occurrence la Cour de Justice de la Communauté Économique des États de l'Afrique de l'Ouest (CJCEDEAO). Dans le cadre de l'élargissement des compétences de cette Cour, les États signataires du protocole (A. SP.1/01/05) ont pris conscience des réalités socio politiques dans les États membres en écartant l'une des conditions de recevabilité des recours devant les instances internationales. Ce faisant, ils ont privilégié la promotion du droit d'accès à la justice internationale au détriment de la règle de l'épuisement des recours internes qui est par essence protectrice des États. En plus, l'idée maîtresse dans cette extension de compétence de la Cour est de rapprocher l'organisation sous-régionale des peuples. L'analyse statistique de son œuvre jurisprudentielle confirme d'ailleurs tout l'intérêt pratique que revêt cette levée d'obstacle procédural.

En rappel, le principe de l'épuisement des recours internes, qui trouve ses origines dans la protection diplomatique, a été depuis longtemps reconnu comme une règle de droit international coutumier et fait l'objet de codification par la Commission du Droit International. La règle figure dans presque tous les mécanismes régionaux de protection des droits de l'Homme. La distance manifestée par les États d'Afrique de l'Ouest constitue à la fois une défiance et marque l'originalité du droit conventionnel ouest-africain, faisant ainsi revivre cette idée de Hugo GROTIUS qui avait déjà très tôt souligné que bien souvent le droit des gens d'une des parties du monde n'est pas celui des autres.

Faciles à lire, tout lecteur trouve entre ces lignes, la restitution des tendances actuelles et décelables de la pratique togolaise et africaine des relations internationales et du droit international contemporain.

Dr Kangnikoé BADO
Enseignant-chercheur en Sciences juridiques,
Ancien chercheur Senior à la Fondation Max Planck pour la paix internationale et l'État de droit (Heidelberg)
Membre du projet « comparative procedural law and justice » de Max Planck Institute Luxembourg for International, European and Regulatory Procedural Law

LISTE DES PRINCIPAUX SIGLES ET ABRÉVIATIONS

ACDI :	Annuaire de la commission du droit international
AFDI :	Annuaire français de droit international
AUPSRVE :	Acte uniforme portant organisation des procédures simplifiées de recouvrement et des voies d'exécution
BOAD :	Banque ouest africaine de développement
CCJA :	Cour commune de justice et d'arbitrage de l'OHADA
CDI :	Commission du droit international
CEDEAO :	Communauté économique des États de l'Afrique de l'Ouest
CEDH :	Cour européenne des droits de l'Homme
CIJ :	Cour internationale de justice
CIRDI :	Centre international pour le règlement des différends relatifs aux investissements
CNUDCI :	Commission des Nations Unies pour le droit commercial international
CJCEDEAO :	Cour de justice de la CEDEAO
CPA :	Cour permanente d'arbitrage
CPJI :	Cour permanente de justice internationale
CTPF :	Code togolais des personnes et de la famille
EPU :	Examen périodique universel
JORT :	Journal officiel de la République togolaise
LGDJ :	Librairie générale de droit et de jurisprudence
OACI :	Organisation de l'aviation civile internationale
OCDE :	Organisation de coopération et de développement économique
OHADA :	Organisation pour l'harmonisation en Afrique du droit des affaires
OUA :	Organisation de l'unité africaine
RJCA :	Recueil de jurisprudence de la cour africaine
RQDI :	Revue québécoise de droit international
RTNU :	Recueil des traités des Nations Unies
SDN :	Société des Nations
S.M :	Sa Majesté
TIDM :	Tribunal international du droit de la mer
UA :	Union africaine
UE :	Union européenne

INTRODUCTION GÉNÉRALE

Les traités ont joué et continuent de jouer un rôle majeur dans les relations internationales. Ils constituent, sinon le socle d'interactions au sein de la société internationale, du moins le vecteur par excellence de régulation du comportement des sujets et des acteurs du droit international. Figurant parmi les principales sources du droit international, aux côtés notamment de la coutume internationale et des principes généraux de droit reconnus par les nations les plus civilisées[10], les traités représentent, selon Jean-Pierre BEURIER, « la source de droit la plus sûre car elle est techniquement fiable et politiquement, le reflet du volontarisme étatique[11] ».

Cette conception des traités, qui englobe les aspects politiques et juridiques, illustre à juste titre, la dualité de fonction des traités, à savoir une fonction diplomatique et une fonction normative[12]. En outre, il est constant que, hormis les cas d'unilatéralisme entraînant parfois des déséquilibres qui affectent l'entente internationale[13], la conduite des États dans les relations internationales procède aussi d'engagements,

---

[10] Pour régler les différends qui lui sont soumis, la CIJ applique, entre autres, « *les principes généraux de droit reconnus par les nations civilisées* » ; voir, en ce sens, l'article 38 (1) (c) du Statut de la CIJ. Point n'est besoin ici de s'attarder sur les controverses et réflexions au sujet du contenu des « principes généraux de droit reconnus par les nations civilisées », et surtout de l'expression « nations civilisées » ; on trouve un écho des critiques sur « les principes généraux de droit reconnus par les nations civilisées » dans l'Opinion individuelle du Juge Cançado TRINDADE dans l'affaire relative à des usines de pâte à papier sur le fleuve Uruguay (CIJ, *Usines de pâte à papier sur le fleuve Uruguay (Argentine c. Uruguay)*, arrêt du 20 avril 2010, *Recueil 2010*, p. 14). Du reste, partant du constat que, historiquement, la formule « principes généraux de droit reconnus par les nations civilisées » est quelque peu malencontreuse avec cette référence aux « nations civilisées », Dominique CARREAU et Fabrizio MARRELLA relèvent qu' « il est maintenant communément admis qu'il s'agit des "principes" reconnus par les États en tant que tels et cela sans aucune coloration particulière, la constitution en "État" d'une collectivité déterminée étant supposée être la marque de la "civilisation juridique". Autrement dit, tout État, par le fait même qu'il existe, se trouve dans la catégorie des "nations civilisées" » : Dominique CARREAU et Fabrizio MARRELLA, *Droit international*, 11e éd., Pédone, 2012, p.326.

[11] Jean-Pierre BEURIER, « L'influence de l'évolution du droit international sur ses sources », *RQDI*, (1993-1994), vol. 8, n°2, 1993, p. 220.

[12] Voir Geneviève BASTID BURDEAU, « Les engagements internationaux de la France et les exigences de l'Etat de droit », *AFDI*, vol. 32, 1986, p. 839.

[13] Voir Robert KOLB, « Mondialisation et droit international », *Relations internationales*, Presses universitaires de France, 2005, n° 123, 2005, p. 83.

bilatéraux ou multilatéraux[14] (purement diplomatiques ou juridiquement contraignants), généralement consignés dans des conventions.

Tout bien considéré, le traité apparaît à la fois comme le socle et le catalyseur des « opportunités que recèle le droit international », par le fait même que « [ce droit international] permet régulièrement aux États d'exercer une influence, au-delà des limites de leur régime juridique national, de faire valoir leurs propres intérêts au niveau international et de défendre leurs idéaux sur la scène mondiale[15] ».

Au demeurant, la Communauté des États, qui a codifié la pratique internationale en matière de traités en adoptant, le 23 mai 1969, la Convention de Vienne sur le droit des traités, désigne par le terme « traité[16] », « un accord international conclu par écrit entre États et régi par le droit international, qu'il soit consigné dans un instrument unique ou dans deux ou plusieurs instruments connexes, et quelle que soit sa dénomination particulière[17] ». Dans le préambule de cette Convention, la Communauté des États rappelle avec justesse « la résolution des peuples des Nations Unies de créer les conditions nécessaires au maintien de la justice et du respect des obligations nées des traités », et souligne « le rôle fondamental des traités dans l'histoire des relations internationales » [18].

---

[14] S'y ajoutent également les actes unilatéraux. La Commission du droit international définit l'« acte unilatéral de l'État » comme « une déclaration unilatérale formulée par un État dans l'intention de produire des effets juridiques précis en vertu du droit international » : *ACDI* 2006, vol. II-2, p.168.

[15] Rapport du Conseil fédéral suisse, « La relation entre droit international et droit interne », 2010, p. 2078.

[16] Il existe de nombreuses définitions du traité. En sus de la définition consacrée par la Convention de Vienne de 1969 relative au droit des traités, on indiquera notamment celle retenue par la Convention de Vienne sur le droit des traités entre États et organisations internationales ou entre organisations internationales, adoptée le 21 mars 1986. Selon l'article 2, paragraphe 1 de cette dernière Convention : « l'expression "traité" s'entend d'un accord international régi par le droit international et conclu par écrit entre un ou plusieurs États et une ou plusieurs organisations internationales ; ou entre des organisations internationales ; que cet accord soit consigné dans un instrument unique ou dans deux ou plusieurs instruments connexes, et quelle que soit sa dénomination particulière » (Convention de Vienne de 1986 non encore en vigueur).

[17] Article 2 (1) (a) de la Convention de Vienne de 1969 sur le droit des traités.

[18] Paragraphes 1 et 5 du préambule de la Convention de Vienne de 1969 sur le droit des traités.

Il est manifeste que pour démontrer leur adhésion et leur détermination à poursuivre les idéaux consacrés par la Charte des Nations Unies et dont la quintessence est reflétée dans la Convention de Vienne sur le droit des traités[19], la plupart des États, dont le Togo, orientent leur politique étrangère, particulièrement sur le renforcement de la coopération internationale et du droit international. C'est dans cette optique que, le 21 septembre 1960, lors de son premier discours à la tribune de l'Assemblée générale des Nations Unies[20], le premier Président de la République togolaise, Sylvanius OLYMPIO, proclamait l'attachement du Togo au multilatéralisme et au droit international en ces termes :

> [U]ne petite nation peut avoir assez de sagesse et apporter au maintien de la paix et de la concorde une contribution très efficace et hors de toute proportion. Lorsque le Togo a sollicité, le 20 mai 1960 son admission au sein de l'Organisation des Nations Unies, il a pris l'engagement de se conformer à la Charte de San Francisco. Cet engagement, vous pouvez être assurés que le Togo le tiendra, car il est trop conscient de la nécessité qui s'impose à tous les États de respecter rigoureusement les principes de la Charte[21].

État Partie à de multiples traités dans les domaines tels que les droits de l'Homme, le droit international humanitaire, l'environnement, l'économie, le commerce, la sécurité, les transports, la santé et la culture, le Togo figure parmi les premiers États africains à adhérer à la Convention de Vienne sur le droit des traités[22].

Il convient de souligner que l'adhésion du Togo à cette Convention est un fait historique majeur. En effet, en 1979, soit 10 ans après son adoption, la Convention de Vienne sur le droit des traités, conclue le 23 mai 1969, n'était pas encore entrée en vigueur ; le nombre minimum de

---

[19] Voir par exemple les paragraphes 6 et 7 de la Convention de Vienne de 1969 sur le droit des traités.

[20] Ce discours du 21 septembre 1960 marque l'entrée solennelle du Togo dans le concert des nations souveraines, après la proclamation officielle de l'indépendance nationale, le 27 avril 1960.

[21] Nations Unies, Assemblée générale, Quinzième session, Documents officiels, A/PV.866, p. 31 §§ 28-29.

[22] Cette Convention est entrée en vigueur à l'égard du Togo le 27 janvier 1980, conformément à son article 84, alinéa 2 : « Pour chacun des États qui ratifieront la Convention ou y adhéreront après le dépôt du trente-cinquième instrument de ratification ou d'adhésion, la Convention entrera en vigueur le trentième jour après le dépôt par cet État de son instrument de ratification ou d'adhésion ».

35 ratifications requis[23] n'ayant pas été atteint à cette date. Finalement, c'est le dépôt de l'instrument d'adhésion du Togo, le 28 décembre 1979, qui permit l'entrée en vigueur de cette Convention[24], généralement « reconnue comme la référence obligée pour tout ce qui concerne la pratique et le droit conventionnels[25] ».

Par ailleurs, fidèle à une tradition diplomatique bien ancrée, le Togo n'a de cesse d'accueillir des conférences internationales de haut niveau, s'affichant ainsi comme un espace privilégié de négociations et/ou de conclusion de conventions régionales et internationales. Il en résulte que le nom de sa capitale est associé à divers traités. Citons, à titre illustratif, les Conventions de Lomé[26], dont le premier a été signé le 28 février 1975 à Lomé, entre la Communauté économique européenne (CEE) et le groupe des États d'Afrique, des Caraïbes et du Pacifique (ACP), qui ont jeté les bases du plus vaste partenariat jamais conclu entre un ensemble de pays du Nord et du Sud[27], ainsi que

[23] Selon son article 84, alinéa 1, la Convention de Vienne sur le droit des traités « entrera en vigueur le trentième jour qui suivra la date du dépôt du trente-cinquième instrument de ratification ou d'adhésion ».

[24] Soulignons que la Convention est entrée en vigueur le 27 janvier 1980. Cette entrée en vigueur à la faveur du dépôt de l'instrument d'adhésion du Togo, le 28 décembre 1979, a été notifiée le même jour à tous les États Parties par le Directeur de la Division de la Codification à l'ONU, M. Valentin ROMANOV. Voir l'annexe III du présent ouvrage.

[25] Pierre-Henri IMBERT, « À l'occasion de l'entrée en vigueur de la Convention de Vienne sur le droit des Traités, réflexions sur la pratique suivie par le Secrétaire Général des Nations Unies dans l'exercice de ses fonctions de dépositaire », *AFDI*, vol. 26, 1980, pp. 524-541.

[26] Il s'agit des accords de coopération commerciale.

[27] *Les Cahiers de la coopération internationale*, n° 11, mai 2009, p 3. La Convention de Lomé, signée le 28 février 1975, a été renouvelée en 1979 (Convention de Lomé II), en 1984 (Convention de Lomé III), en 1990 (Convention de Lomé IV) et en 1995 (Convention de Lomé IV bis). L'Accord de Cotonou a succédé aux Conventions de Lomé, le 23 juin 2000. Notons que le partenariat institué par l'Accord de Cotonou, qui a remplacé les Conventions de Lomé en 2000, a été renégocié (Accord post-Cotonou), entre l'Organisation des États d'Afrique des Caraïbes et du Pacifique (OEACP) et l'Union européenne (UE), sous la houlette notamment du Professeur Robert DUSSEY, Ministre des Affaires étrangères du Togo, en qualité de Négociateur en chef de l'OEACP (ex groupe des pays d'Afrique, des Caraïbes et du Pacifique, ACP). Le mandat de négociation ACP sur un accord de partenariat post-Cotonou avec l'Union européenne a été adopté par la 107ème session du Conseil des ministres ACP, qui s'est tenue le 30 mai 2018 à Lomé au Togo [Groupe ACP : http://www.acp.int/sites/acpsec.waw.be/files/acpdoc/public-documents/ ACP0001118_%20ACP_Negotiating_Mandate_FR.pdf, consulté le 16 janvier 2019].

la Charte africaine sur la sécurité et la sûreté maritimes et le développement en Afrique (Charte de Lomé), adoptée à Lomé le 16 octobre 2016. Sans doute n'est-il pas superflu de rappeler, également, que l'Acte constitutif de l'Union africaine[28] a été adopté à Lomé, le 11 juillet 2000, à l'issue de la 36ème session ordinaire de la Conférence des Chefs d'État et de Gouvernement de l'OUA/Union africaine qui a notamment « posé le postulat d'une Afrique unie, solidaire et forte, préalable à son développement économique et social[29] ».

En outre, le Togo a été par deux fois membre non permanent du Conseil de sécurité des Nations Unies (1982-1983, 2012-2013), membre du Conseil paix et sécurité de l'Union africaine (2016-2018, 2018-2021), membre du Conseil des droits de l'Homme des Nations Unies (2016-2018, 2018-2021), membre fondateur de la Communauté Économique des États de l'Afrique de l'Ouest (CEDEAO) et de l'Union Économique et Monétaire Ouest-Africaine (UEMOA), entre autres. Sans vouloir être exhaustif en ce qui concerne les entités dont le Togo est membre, soulignons qu'à bien des égards, les Organisations et institutions internationales sont le creuset d'interactions multiformes à travers lesquelles la contribution du Togo aux trois piliers des Nations Unies, à savoir la paix et la sécurité, le développement ainsi que les droits de l'Homme, est notoire.

Compte tenu de ce qui précède, il y a lieu de considérer que l'attachement du Togo au droit international ne se mesure pas seulement à l'aune des déclarations officielles des représentants de l'État à cet égard, encore moins en fonction du nombre de traités conclus et/ou d'accords éponymes. Il s'apprécie aussi et surtout à la

---

À propos de la mutation du Groupe ACP en OEACP, il sied d'indiquer que « [l]e Groupe des États d'Afrique, des Caraïbes et du Pacifique est officiellement devenu « l'Organisation des États d'Afrique, des Caraïbes et du Pacifique » le 5 avril 2020. Ce changement de dénomination fait suite à l'entrée en vigueur de l'Accord de Georgetown révisé, qui a été approuvé par les Chefs d'État et de gouvernement ACP lors de leur 9e Sommet tenu en décembre 2019 à Nairobi, au Kenya » : OEACP : http://www.acp.int/fr.

[28] L'Union africaine, fondée le 9 juillet 2002, s'est substituée à l'Organisation de l'unité africaine (OUA), créée le 25 mai 1963.

[29] Exposé de motifs de la loi n° 2003-27 du 2 septembre 2003 autorisant le Président de la République sénégalaise à ratifier le Protocole au Traité instituant la Communauté économique africaine relatif au Parlement panafricain, signé à Syrte (Libye), le 2 mars 2002 : Journal officiel de la République du Sénégal, n° 6143 du 17 janvier 2004, consulté sur : http://www.jo.gouv.sn.

lumière de son implication constructive dans l'activité normative internationale, y compris par le respect qu'il s'évertue à vouer aux traités auxquels il est Partie.

De manière générale, pour se faire une idée de la place qu'un État accorde au droit international et des rapports qu'il entretient avec ce droit, il convient d'examiner la pratique de cet État. Mais, en l'occurrence, une question préalable mérite d'être posée : qu'entend-on par « pratique » ? Comme l'admet Jean-Pierre QUENEUDEC, dans l'avant-propos de son ouvrage *La pratique et le droit international* : « La tâche n'est pas aisée, en raison du caractère protéiforme de la notion. » Au demeurant, il relève que :

> Le mot lui-même fait avant tout référence à des faits ou des actions et sert à désigner la manière d'appliquer ou de mettre en œuvre les principes et règles d'une science ou d'une technique, par opposition à leur élaboration ou à leur énoncé théorique. La pratique, c'est en somme ce qui se fait de façon concrète, par opposition à la contemplation ou à la spéculation[30].

Pour sa part, le *Dictionnaire de droit international public* définit la pratique comme une « manière habituelle d'agir, de procéder ou de décider d'un État ou d'une organisation internationale ; le comportement habituel d'un organe[31] ». D'autres auteurs, privilégiant une approche holistique, se focalisent notamment sur les entités qui engendrent concrètement la pratique ainsi que les connexions entre ces entités, aux plans interne et international. C'est le cas de Giovanni DISTEFANO, qui identifie la pratique des États en matière de traités comme :

> [T]out comportement des Parties à un traité, à savoir une réalité juridique et factuelle très variée (actes et faits) engendrée par leur

---

[30] Jean-Pierre QUENEUDEC, « Avant-propos », dans *La pratique et le droit international,* Société française de droit international, Colloque de Genève, Paris, A. Pedone, 2004, p 8. L'auteur y affirme que :« Dans l'ordre du droit international, lorsque l'on parle de pratique, on pense d'abord à l'activité consistant à appliquer dans les faits les règles juridiques internationales et, partant, à en donner une interprétation concrète. Mais la pratique du droit international englobe aussi une activité d'amont, celle qui consiste à fabriquer les règles et qui relève de la négociation. Or, la négociation peut donner lieu à diverses formes particulières de pratique, qui varient considérablement non seulement en fonction du nombre et de la qualité des acteurs, mais aussi selon le cadre dans lequel se déroule la négociation et selon le produit qu'elle se propose d'engendrer. »

[31] Jean SALMON (dir.), *Dictionnaire de droit international public*, Bruylant, AUF, Bruxelles, 2001, p. 860.

comportement suite à, et à cause de, la conclusion de l'accord. Cette pratique se déploiera dans la sphère de l'ordre juridique interne aux fins de l'application et de l'exécution du traité (pratique législative, pratique judiciaire, pratique administrative et de l'exécutif), et dans celle de l'ordre juridique international (pratique diplomatique)[32].

Les considérations qui précèdent renseignent sur l'intérêt de connaître la pratique des États, si l'on veut objectivement cerner leur politique étrangère, leur « réalité juridique et factuelle » tant interne qu'externe ainsi que leur implication et leur positionnement en droit international. Partant de ce postulat, il convient de noter, en ce qui concerne le Togo, que la pratique relative au droit international, et particulièrement en matière de traités internationaux, s'est établie et consolidée au cours de ces soixante dernières années, en agrégeant à un héritage historique singulier des usages qu'induisent la coutume internationale et la Convention de Vienne de 1969 sur le droit des traités. Il n'est pas sans intérêt de souligner que la connaissance de la pratique togolaise en matière de traités internationaux s'offre comme l'une des voies privilégiées pour mieux appréhender la contribution du Togo à l'élaboration, au respect et à la promotion du droit international.

S'appuyant sur des approches théoriques et empiriques, le présent ouvrage propose un panorama éclectique de la pratique conventionnelle du Togo dans ses différentes dynamiques internes et externes. Il s'articule en cinq parties : l'historique de la fondation du Togo et de son ouverture au droit international (Partie I) ; les caractéristiques de la pratique togolaise en matière de conclusion des traités internationaux (Partie II) ; le processus de réception du droit international en droit togolais (Partie III) ; la mise en œuvre et le suivi des engagements internationaux du Togo (Partie IV) ; et le contentieux relatif aux traités internationaux auxquels le Togo est Partie (Partie V).

---

[32] Giovanni DISTEFANO, « La pratique subséquente des États Parties à un traité », *AFDI,* vol. 40, 1994, p. 42. Dans la même optique, voir Laurence BOISSON DE CHAZOURNES, « Qu'est-ce que la pratique en droit international ? » dans *La pratique et le droit international : Colloque de Genève*, Société française pour le droit international, Paris, Éditions A. Pedone, 2004, pp. 13-47.

PARTIE I :
APERÇU HISTORIQUE SUR LA FONDATION DU TOGO ET SON OUVERTURE AU DROIT INTERNATIONAL

L'étude de la pratique togolaise en matière de traités internationaux présuppose une mise en perspective historique du Togo, particulièrement à travers le prisme du droit international et des relations internationales. Aussi la présente partie a-t-elle pour objet de dresser à grands traits l'émergence de l'entité géopolitique dénommée « Togo », son évolution et son ouverture au droit international. Cette partie qui, soulignons-le, ne prétend aucunement à l'exhaustivité, examine les différents statuts qu'a connus le Togo ainsi que leurs implications notamment juridiques et institutionnelles, des origines au mandat de la Société des Nations, d'une part, et du territoire sous tutelle de l'ONU à l'État indépendant, d'autre part.

CHAPITRE 1 :
STATUT JURIDICO-INSTITUTIONNEL DU TOGO ET DROIT INTERNATIONAL : DES ORIGINES AU MANDAT DE LA SOCIETÉ DES NATIONS

Avant d'examiner les aspects juridiques et institutionnels de l'évolution de l'entité géopolitique dénommée « Togo », il s'avère intéressant de s'appesantir sur sa genèse et sur d'autres considérations introductives. Cet examen sommaire couvre la période comprise entre la conclusion du « traité germano-togolais de protectorat de 1884 » et l'instauration, de 1922 à 1946, du mandat de la Société des Nations sur ce territoire.

1.1 Genèse et considérations introductives

« L'histoire d'une nation est toujours ponctuée d'évènements heureux ou malheureux, inscrits dans la mémoire collective. Ces évènements devenus un héritage collectif sont commémorés à défaut d'être célébrés[33]. » Cette affirmation du Professeur Essohanam BATCHANA souligne bien le rôle et l'importance des repères dans l'identification et la construction nationales. Il est, en effet, admis que certains évènements, qu'ils soient par ailleurs qualifiés de positifs ou de négatifs, peuvent revêtir, à l'échelle d'une nation, un « intérêt commun[34] ».

Au Togo, la date du 27 avril fait partie des dates, d'importance exceptionnelle, qui charrient des souvenirs immarcescibles dans la conscience collective. D'ailleurs, il paraît évident que l'évocation de la *République togolaise*, comme sujet de droit international, renvoie au 27 avril 1960, date de la proclamation de son indépendance. Cependant, l'appropriation de l'Histoire du Togo, particulièrement dans ses

---

[33] Essohanam BATCHANA, « Togo : quels repères pour un pays en quête de son identité nationale ? (1958-2010) », *Sciences Humaines,* vol. 1, n° 3 (2014), pp. 37- 61.

[34] Nous employons ici le concept d'*« intérêt commun »* en référence à l'anthropologie rousseauiste. En effet, pour Jean-Jacques ROUSSEAU « [...] si l'opposition des intérêts particuliers a rendu nécessaire l'établissement des sociétés, c'est l'accord de ces mêmes intérêts qui l'a rendu possible. *C'est ce qu'il y a de commun dans ces différents intérêts qui forme le lien social,* et s'il n'y avait pas quelque point dans lequel tous les intérêts s'accordent, nulle société ne saurait exister. Or c'est uniquement sur cet intérêt commun que la société doit être gouvernée » : Jean-Jacques ROUSSEAU, 2001, *Du contrat social,* éd. B. Bernardi, Paris, GF- Flammarion, p. 65 (nos italiques).

dimensions toponymique et géopolitique, serait notoirement imparfaite, si l'on n'évoque pas la date du 5 juillet 1884 et l'événement historique qui s'y rattache. En effet, il ressort des documents historiques que le 5 juillet 1884, le Roi MLAPA de « Togo[35] » et Gustav NACHTIGAL, Consul général de l'Empire allemand signèrent un traité de protectorat. Cet instrument « conventionnel », qui s'est profondément ancré dans l'Histoire du Togo, s'analyse comme un référentiel géo historique de l'étude de l'évolution institutionnelle et politique du Togo.

Le traité de protectorat de 1884, que nous désignerons également sous le vocable de « traité germano-togolais de protectorat de 1884 », constitue, à bien des égards, un repère saisissant de l'Histoire générale du Togo. Il est le fil conducteur aussi bien de la sinuosité que de la singularité des situations qui ont présidé à l'émergence et à la structuration de ce pays dans la géopolitique mondiale du 18ème au 20ème siècle. En schématisant, on admettra que le Togo naquit d'une conjonction de facteurs internes et externes (notamment d'ordre social, politique et économique), dans un contexte marqué par l'impérialisme européen et l'expansion coloniale en Afrique.

Évoquant les péripéties de cet État dans l'ouvrage *Le Togo sous domination coloniale (1884-1960)*, des historiens Togolais[36] livrent un récit très évocateur :

> Pour parler décemment des questions coloniales, il fallait bien en avoir ! C'est dans cette optique que [le Chancelier Allemand von BISMARCK][37] nomma le Dr Gustav NACHTIGAL "consul général

---

[35] Le nom « Togo » signifie en langue nationale ewe : bordure de rivière, ou rivage de lagune. *To* veut dire : rivière ou lagune et *go* veut dire : rivage, côte ou bordure. À l'origine, « Togo » désignait la cité aujourd'hui appelée Togoville, sans l'hinterland. Voir *Le Togo en 1884 selon Hugo Zöller*, Les chroniques anciennes du Togo, N° 1, [traduction K. AMEGAN et A. AHADJI présentation Y. MARGUERAT], KARTHALA, Editions HAHO,1990, pp 5-11.

[36] Il s'agit en l'occurrence de MM. Martin ADUAYOM, Valentin AHADJI, Pierre ALI-NAPO, Kossivi AMEGAN, Essoham ASSIMA-KPATCHA, Obuibé BASSA, Seth GBEDEMAH, Adovi GOEH-AKUE, Badjow TCHAM et Mmes AMEGBLEAME née Ablavi ESSILIVI et Odile Kwedaten NAPALA. Ont également contribué à l'ouvrage *Le Togo sous domination coloniale (1884-1960)*, deux historiens européens : MM. Yves MARGUERAT (Français) et Peter SEBALD (Allemand).

[37] Otto von Bismarck-Schéinhausen (1815-1898) fut Premier ministre de Prusse, puis Chancelier de l'Empire allemand de 1862 à 1890. Voir René PINON, « Prince de Bismarck. Pensées et Souvenirs, trad. fr. par E. Jœglé, avec un portrait de l'auteur. Paris, 1899 ; Charles Andler, *Le Prince de Bismarck*, Paris, 1899 », *Revue d'histoire moderne et contemporaine*, tome 1 N°2,1999. pp. 194-203. Voir également note 1 p.

impérial", avec les Pleins pouvoirs officiels pour établir des consulats allemands et des instructions secrètes lui ordonnant d'aller signer des traités de protectorat au Cameroun et en Namibie, et l'envoya vers les côtes d'Afrique à bord d'un vaisseau de guerre rapide, la Möwe. De passage à Aného[38], le 3 juillet 1884, NACHTIGAL y [aurait reçu] un pressant appel au secours des commerçants allemands de Lomé et de Baguida, ainsi que des chefs traditionnels des lieux, les vodounon (prêtres) de Togoville et de Bè, terrifiés par les menaces proférées 10 jours auparavant par l'anglais FIRMINGER. Tenant enfin un succès possible, NACHTIGAL [aurait pris] l'initiative de répondre positivement à cette demande : le 5 juillet 1884, sur la plage de Baguida, il signa avec les représentants de celui que l'on [nomma]-sans y regarder de trop près- le " roi " MLAPA de Togo(-ville), un traité accordant la protection de l'Allemagne à ce territoire, qu'il baptisa " le pays du roi de Togo ", puis, très vite, dans le cours de son rapport [au Chancelier] BISMARCK, "le Togo".

[Le Chancelier] BISMARCK avait su cacher si parfaitement son jeu que, ni Londres, ni Paris ne prirent au sérieux l'annonce de la signature du traité, quand la nouvelle leur en parvint, fin juillet 1884. Ne réagissant pas, ils entérinèrent cette naissance imprévue de tous. [...]. C'est donc ainsi, par un enchaînement imprévisible de conséquences nécessaires et de hasards, et avec l'accord des habitants de la côte, que le Togo comme ensemble territorial est entré dans l'histoire - et aussi dans la géographie, car rien de tel ne figurait jusqu'alors sur les cartes[39].

Certes, ce récit éclairant sur l'enchevêtrement des circonstances et des enjeux de territoire du Togo « originel[40] » renseigne sur l'importance de la date du 5 juillet 1884, généralement considérée comme date pivot de l'émergence de cette entité géopolitique. Pour

12 de l'ouvrage *Le Togo sous domination coloniale (1884-1960)*, Nicoué Lodjou GAYIBOR (dir.), Les Presses de l'UB, Lomé 1997.

[38] La ville d'Aného fut la première capitale administrative du Togo sous occupation étrangère.

[39] Nicoué Lodjou GAYIBOR (dir.), *Le Togo sous domination coloniale (1884-1960)*, Les Presses de l'UB, Lomé 1997, p. 13.

[40] Dans leur contribution sur « La constitution de l'espace togolais », Essohanam ASSIMA-KPATCHA, Komlan ETOU, Banmoye NABE et Peter SEBALD donnent des indications sur les limites géographiques du Togo sous protectorat. Selon eux : « "Le Protectorat du Togo", en 1884, se limitait [à] un espace fort modeste, couvrant les rives du Lac Togo, Lomé et ses alentours, jusqu'à Agoènyivé et Baguida, soit environ 30 Km sur une profondeur d'environ 20 Km dans l'arrière-pays » : GAYIBOR Nicoué Lodjo (éd.), *Histoire des Togolais. Des origines aux années 1960*, tome 3, Karthala et Presses de l'Université de Lomé, 2011, p.25.

autant, doit-on considérer qu'avant la signature du traité de protectorat de 1884, le « Togo » était une *terra incognita*[41] (terre inconnue), et par voie de conséquence, une *terra nullius* (un territoire sans maître) ?

Si le territoire appelé « Togo » peut sembler être inconnu - précisément sous cette appellation - du registre des activités interétatiques de l'époque considérée[42], il ne paraît pas établi que ledit territoire ait pu échapper aux activités des compagnies commerciales et esclavagistes qui avaient établi leurs comptoirs sur les côtes du Golfe

---

41 Au sujet des territoires qui ont été désignés comme *terra incognita*, Yves SANTAMARIA et Brigitte WACHE affirment : « Au XIXe siècle, l'Europe achève d'appréhender le monde. Après la paralysie des guerres napoléoniennes est revenu le temps des explorations. En 1850, alors que l'Amérique a fait l'objet d'une attention particulière, la connaissance de l'Asie et de l'Océanie progresse. L'Afrique demeure largement *terra incognita*. C'est elle qui fera pour l'essentiel l'objet, à partir de 1870, d'un investissement systématique par les nations européennes » : Santamaria, Y. & Waché, B. (1996) « Chapitre X - Nations et colonies », dans Yves SANTAMARIA et Brigitte WACHE (dir.), *Du printemps des peuples à la Société des Nations : Nation, nationalités et nationalismes en Europe (1850-1920)*, Paris, La Découverte, 1996, pp. 272-290. Pour sa part, évoquant *les terra incognita*, dans *Contre l'ordre du monde : Les rebelles*, Jean ZIEGLER soutient que « [c]es contrées en fait n'étaient inconnues que du colonisateur. Sur leur sol, dans leurs villages, régnaient des rois et des chefs traditionnels. Leurs principautés, leurs duchés étaient morcelés, fractionnés » : Jean ZIEGLER, *Contre l'ordre du monde : Les rebelles*, Seuil, 1983, p. 22.

42 Pour Yves MARGUERAT, le Togo était une *terra incognita* longtemps délaissée. Selon lui : « Si le Nord du Togo était, en particulier aux XVIIIe et XIXe siècles, parcouru par les grands itinéraires caravaniers des commerçants de la savane, la région côtière est restée pratiquement inconnue du monde extérieur jusqu'à l'aube de l'époque coloniale. Situé entre deux empires puissants, dynamiques, tôt visités par les diplomates, les négociants, les missionnaires : l'empire Ashanti (dans l'actuel Ghana) et le royaume du Dahomey (République du Bénin), le Togo et son littoral étaient restés à l'écart des courants d'échange intercontinentaux qui animaient - pour le meilleur ou pour le pire - de grandes parties de la côte ouest-africaine. Le littoral, bas et sableux, défendu par la redoutable barre et bordé d'une forêt difficilement franchissable, s'étire sans aucun site quelque peu favorable depuis Accra jusqu'à Lagos. Aussi les premiers navigateurs se contentèrent-ils de passer au large : la côte aujourd'hui togolaise fut toujours la partie la moins fréquentée de la Côte des Esclaves » : Yves MARGUERAT, *Dynamiques urbaines, jeunesse et histoire au Togo (1984-1993)*, Presses de l'Université du Benin, Lomé, ORSTOM Lomé, 1993, Deuxième édition, 1999, pp. 173- 174.

du Bénin[43]. Au demeurant, un territoire inconnu (une *terra nullius*) est-il nécessairement un territoire sans maître (une *terra nullius*)[44] ?

Pour y répondre, essayons d'abord de cerner la notion de *terra nullius*. Dans son avis consultatif sur le *Sahara occidental*, rendu en 1975, la Cour internationale de Justice (CIJ) en a donné l'explication suivante :

> L'expression *terra nullius* était un terme de technique juridique employé à propos de l'occupation en tant que l'un des modes juridiques reconnus d'acquisition de la souveraineté sur un territoire. L'occupation étant en droit un moyen originaire d'acquérir pacifiquement la souveraineté sur un territoire, autrement que par voie de cession ou de succession, l'une des conditions essentielles d'une occupation valable était que le territoire considéré fût une *terra nullius* - un territoire sans maître - au moment de l'acte qui était censé constituer l'occupation[45] .

[43] Le Professeur Marian MALOWIST note que « [p]endant tout le XVe siècle et au début du XVIe siècle, les Portugais réussissent à établir de nombreux comptoirs sur la côte occidentale et à faire participer la population du littoral et ses chefs au commerce avec les Européens » et qu'en outre, « [a]u XVIIe siècle, la Hollande et l'Angleterre, puis la France et un certain nombre d'autres pays créent des compagnies qui assurent le commerce avec l'Afrique et l'acheminement des esclaves vers l'Amérique» : Marian MALOWIST, « La lutte pour le commerce international et ses implications pour l'Afrique », dans *Histoire générale de l'Afrique, L'Afrique du XVIe au XVIIIe siècle*, vol V, 1999, Éditions UNESCO, pp. 19-41[voir p.21 §2]. Voir également *Histoire des Togolais, vol. I, Des origines à 1884*, N. L. GAYIBOR (dir.), Presses de l'UB, 1997.

[44] Sur ce point, dans son article « Le procédé de la fiction en droit international public », Jean J.A. SALMON relevait que : « La doctrine traditionnelle expliquait que les États pouvaient acquérir la souveraineté d'une région ne se trouvant dans le domaine d'aucun État, pourvu que l'occupation en soit faite par une prise de possession effective dans l'intention de la soumettre à sa souveraineté. La région en question était appelée *territoire nullius*, ou *res nullius*, ou territoire sans maître. On sait qu'en pratique furent considérés comme tels non seulement les territoires inhabités mais ceux qui avaient des civilisations différentes de la civilisation occidentale et n'avaient pas de puissance militaire, ou de puissance militaire suffisante pour lui résister, « Sans maître » signifiait à la limite « sans maître occidental. [...]. C'est en refusant aux peuples le caractère d'État qu'on décidait arbitrairement que leur territoire était sans maître. Le racisme sous-jacent à ce prétendu humanisme n'est pas à souligner. » Jean J.A. SALMON, « Le procédé de la fiction en droit international public », *Revue belge de droit international*, vol 1, 1974, p. 28[italique dans l'original].

[45] CIJ, *Sahara occidental*, avis consultatif du 16 octobre 1975, *Recueil* 1975, p. 12 § 79.

Par ce même avis, la CIJ renseigne notamment sur le contexte et les finalités de la technique de la *terra nullius*. Elle note que :

> Quelles qu'aient pu être les divergences d'opinions entre les juristes, il ressort de la pratique étatique de la période considérée que les territoires habités par des tribus ou des peuples ayant une organisation sociale et politique n'étaient pas considérés comme *terra nullius*. On estimait plutôt en général que la souveraineté à leur égard ne pouvait s'acquérir unilatéralement par l'occupation de la *terra nullius* en tant que titre originaire, mais au moyen d'accords conclus avec des chefs locaux. Il est vrai que le terme occupation était parfois employé dans un sens non technique, comme désignant simplement l'acquisition de la souveraineté ; cela ne signifiait cependant pas que l'acquisition de la souveraineté par voie d'accords conclus avec les autorités du pays était considérée comme l'occupation d'une *terra nullius* au sens propre de ces termes. Au contraire, on voyait dans ces accords avec les chefs locaux, interprétés ou non comme opérant une cession effective du territoire, un mode d'acquisition dérivé et non pas des titres originaires acquis par l'occupation d'une *terra nullius*[46].

Ainsi après avoir fait observer, dans l'affaire du *Sahara occidental*, que « les territoires habités par des tribus ou des peuples ayant une organisation sociale et politique n'étaient pas considérés comme *terra nullius*», la CIJ conclut-il que «la souveraineté à leur égard ne pouvait s'acquérir unilatéralement par l'occupation de la *terra nullius* en tant que titre originaire, mais au moyen d'accords conclus avec des chefs locaux[47] ».

Au vu de ce qui précède, il ne fait pas de doute que la conclusion du traité de protectorat, le 5 juillet 1884 entre MLAPA, roi de Togo et Gustav NACHTIGAL, Consul général de l'Empire allemand, exclut le territoire concerné du champ d'application de la théorie de la *terra nullius*. À ce stade, et sans entrer dans les péripéties de l'Histoire générale du Togo, il importe pour notre propos, de relever quelques repères, afin d'en exposer les traits saillants, dans une perspective de droit interne et international.

La première mention de « Togo », en tant qu'entité géographique et politique identifiable dans les relations internationales remonterait au 5 juillet 1884, date de la signature du traité dit de « protectorat » entre le Roi MLAPA de « Togo » et Gustav NACHTIGAL, Consul général

---

[46] *Ibid*, § 80.
[47] *Ibid*.

de l'Empire allemand. Il ressort précisément des documents historiques que c'est la publicité qui fut faite de ce traité qui introduisit pour la première fois le toponyme « Togo » dans la chronique des relations internationales du 18e siècle[48]. Il faut encore insister sur le fait que les notions de « relations internationales », « souveraineté », « État » ou encore « droit international » ne reflétaient ni ne représentaient un socle commun de conceptions et de réalités existantes dans le monde d'alors[49].

---

[48] Le récit mentionné plus haut, concernant l'éclosion quasiment impromptue de « Togo » sur la scène internationale, trouve un écho amplificateur dans l'énoncé de Yves MARGUERAT, dans son ouvrage *La naissance du Togo selon les documents de l'époque* : « " Le pays de Roi MLAPA de Togo " : voici, très exactement, l'entrée du Togo, en tant qu'entité territoriale, sur la scène internationale. » (Yves MARGUERAT, *La naissance du Togo selon les documents de l'époque. Première période : l'ombre de l'Angleterre*, Lomé 1993, Éditions Haho, Karthala, p. 366). Un tel énoncé mérite d'être relativisé. S'il ne fait aucun doute que l'officialisation de la signature du traité entre MLAPA et NACHTIGAL eut pour conséquence de refroidir à cette époque les velléités anglaises sur le territoire de « Togo », il n'est pas certain que ce fut « très exactement » par ce biais que l'entité territoriale « Togo » entra sur la scène internationale. Par ailleurs, la désignation « *Le pays de Roi MLAPA de Togo* », à laquelle renvoie la formule susmentionnée, ne figure pas dans le traité de protectorat de 1884. Elle est plutôt contenue dans la lettre de Gustav NACHTIGAL, datée du 06 juillet 1884, notifiant la conclusion du traité en question à son homologue britannique, l'inspecteur FIRMINGER, Commissaire du district de Quittah (ou Keta qui est une ville côtière de la Volta Region, dans l'actuelle République du Ghana) : « *J'ai l'honneur de vous informer que, dûment mandaté par mon Gouvernement, j'ai conclu avec le Roi de Togo et ses Chefs sur la côte un traité de protectorat qui place tout le pays du Roi MLAPA de Togo (avec Bey Beach ou* Lome, *Bagidah, etc.) sous la protection de Sa Majesté l'Empereur d'Allemagne, mon Très Gracieux Souverain.La notification officielle en sera faite à Son Excellence le Gouverneur général de la Gold Coast à la première occasion.* » : Yves MARGUERAT, *La naissance du Togo selon les documents de l'époque. Première période : l'ombre de l'Angleterre*, Lomé 1993, Éditions Haho, Karthala, p. 365.

[49] Comme le fait remarquer Marcelo Gustavo KOHEN : « [L]a notion de souveraineté est d'origine européenne, comme l'est l'idée d'État. On serait tenté de dire que ces notions ne peuvent pas refléter l'ensemble des réalités existantes dans le monde, du fait de la présence d'autres types d'organisation de communautés humaines. Mais il n'en demeure pas moins que c'est la notion d'État et celle de souveraineté telles qu'elles furent forgées en Europe qui se sont imposées partout. Ce n'est pas le moindre des paradoxes que de repérer les pays issus de la décolonisation comme étant parmi ceux qui s'attachent le plus à l'idée de la souveraineté, comme rempart contre de nouveaux modes de domination » : Marcelo Gustavo KOHEN, *Possession contestée et souveraineté territoriale*, Nouvelle édition, Genève, Graduate Institute Publications, 1997, consulté sur : http://books.openedition.org/iheid/1292.

1.2 Évolution statutaire du Togo de 1884 à 1946

Présenter l'évolution statutaire du Togo de 1884 à 1946 suppose au préalable la détermination de la nature juridique du « traité germano-togolais de protectorat de 1884 ». Partant de ce traité, l'analyse de l'historiographie institutionnelle de l'entité Togo, au cours de la période considérée, conduit à assigner à ladite entité quatre statuts successifs à savoir : ceux de protectorat, territoire sous emprise coloniale, territoire sous occupation et territoire sous mandat de la SDN.

1.2.1 Le « traité germano-togolais de protectorat de 1884 » : un acte conventionnel équivoque ?

Élaboré en anglais[50], cet accord, signé le 5 juillet 1884 aux noms des co-contractants que furent les hauts dignitaires de l'Empire allemand et du Royaume de Togo, est composé de sept articles (voir traduction française reproduite à l'annexe I). Il avait pour objet de « protéger le commerce légitime » au Togo et d'y assurer « une totale sécurité pour [les] vies et [les] biens » ; le traité stipulait, en outre, qu'« aucun traité avec des puissances étrangères » ne pouvait être conclu par le Roi[51] « sans l'accord préalable » de l'Empereur[52]. Enfin, ce traité, dont l'entrée en vigueur était subordonnée à la seule ratification du Gouvernement allemand (article 7), ne comportait aucune clause relative au règlement des différends. Globalement, et sans anticiper sur les développements ultérieurs, il est possible d'affirmer que le cadre juridique de ce traité est caractérisé par un « déséquilibre significatif[53] ».

---

[50] Concernant le choix de conclure le traité de protectorat en anglais, il convient de noter que, d'après le rapport y relatif que Gustav NACHTIGAL fit à l'Empereur d'Allemagne, le 9 juillet 1884: « Le texte [du traité de protectorat] est en langue anglaise, de façon à permettre aux indigènes d'être informés avec précision sur le contenu du traité par le truchement d'interprètes qui parlent et écrivent l'anglais » ; Gustav NACHTIGAL cité par Yves MARGUERAT, dans *La naissance du Togo selon les documents de l'époque. Première période : l'ombre de l'Angleterre*, Lomé 1993, Éditions Haho, Karthala, p. 419.

[51] MLAPA, Roi de Togo.

[52] GUILLAUME 1er, Empereur d'Allemagne.

[53] Nous employons la notion de « déséquilibre significatif » ici par extension. La notion de « déséquilibre significatif », en matière contractuelle, est notamment tirée de l'article 1171 du code civil français :« Dans un contrat d'adhésion, toute clause non négociable, déterminée à l'avance par l'une des Parties, qui crée un déséquilibre significatif entre les droits et obligations des Parties au contrat est réputée non écrite. L'appréciation du déséquilibre significatif ne porte ni sur l'objet principal du contrat ni sur l'adéquation du prix à la prestation ». Par ailleurs, on peut relever que le sujet

Pour les besoins d'une analyse approfondie, il serait intéressant d'étudier les circonstances particulières dans lesquelles fut signé le « traité germano-togolais de protectorat de 1884 ». Cependant, cette étude excéderait le cadre de notre ouvrage. Aussi nous-limiterons-nous à quelques observations introductives.

À l'analyse, le traité signé le 5 juillet 1884 entre le Consul général Gustav NACHTIGAL et le Roi MLAPA n'est pas un simple accord entre particuliers. Compte tenu du statut des signataires et de la nature des clauses dudit traité, il serait plus exact de considérer qu'il s'est agi d'un « traité germano-togolais » de protection ; un traité conclu entre deux entités, l'Empire allemand et le Royaume de Togo, aux noms de leurs dirigeants respectifs, l'Empereur GUILLAUME 1er et le Roi MLAPA[54]. Ce traité a fait l'objet d'importantes études et de publications, particulièrement des historiens togolais, au rang desquels les Professeurs GAYIBOR et GOEH-AKUE. Les constats établis témoignent, toutefois, des défis de l'entreprise mémorielle portant sur la période précoloniale et coloniale au Togo :

> À chaque pays sa boîte de Pandore. Au Togo, si un consensus apparent s'est dégagé autour de l'étude de la période précoloniale (encore que le peu de pages consacrés aux zones où la carence de la documentation orale et écrite est notoire en a choqué plus d'un), l'analyse de la période coloniale a été des plus animées. Des préoccupations essentielles qui ont retenu l'attention des chercheurs, on peut citer les problèmes suivants : [...] La difficile quête des sources sur l'histoire précoloniale ;

---

du déséquilibre significatif n'est pas inconnu du droit allemand. En effet, le code civil allemand, le *Bürgerliches Gesetzbuch (BGB)*, dispose en son article 307, alinéa 1er que : « Les clauses des conditions générales contractuelles sont inefficaces si, contrairement aux exigences de la bonne foi, elles désavantagent de manière inappropriée le cocontractant du stipulant. Un désavantage inapproprié peut aussi résulter de ce que la clause n'est pas claire ni compréhensible » : Carine SIGNAT, « Le dispositif de protection contre les clauses abusives : regards croisés franco-allemands », *Revue internationale de droit comparé*, vol. 68, n°4,2016, pp. 863-882.

[54] Ce traité de protectorat est certes intitulé « *Traité de protectorat entre le Dr Gustav NACHTIGAL et le Roi MLAPA* », mais il s'est agi bel et bien d'un accord entre MLAPA, Roi de Togo et GUILLAUME 1er, Empereur d'Allemagne. De l'examen du texte de ce traité, il apparaît clairement que Gustav NACHTIGAL signa ledit traité « *au nom de Sa Majesté l'Empereur* », sous-entendu pour le compte de l'Empire allemand, et PLAKOO le signa « *en son nom propre, au nom de ses héritiers et en celui de ses Chefs* », sous-entendu pour le compte du Royaume de Togo.

> […] ; [l]a relecture de l'histoire de la période d'occupation allemande […] ; [c]omment les Togolais ont-ils vécu la colonisation[55] ?

Lorsqu'on examine attentivement les clauses du « traité germano-togolais de protectorat », conclu le 5 juillet 1884 (reproduit à l'annexe I), on ne peut s'empêcher de s'interroger sur la cohérence entre le champ d'application ainsi que les droits et obligations des Parties, et les objectifs déclarés et putatifs dudit traité. Du reste, et comme l'ont fortement recommandé Annie DEPERCHIN et Farid LEKEAL : « Pour apprécier chaque protectorat, il faut consulter non seulement le texte du traité, mais encore la nature des rapports qui s'établissent à la suite de ce traité entre le protecteur et le protégé[56]. » La démarche recommandée conduit à se demander, à la lecture du traité de protectorat du 5 juillet 1884 et des récits historiques, si le Roi MLAPA de Togo avait consenti véritablement à céder la « souveraineté » sur son territoire ou s'il avait sollicité uniquement la protection de l'Empereur d'Allemagne sur ledit territoire ? Résoudre cette interrogation nous amène à adopter le raisonnement de Charles SALOMON :

> Supposons que le chef indigène ait renoncé contractuellement à tous ses droits sur un certain territoire. Si la cession a été librement consentie, rien n'empêche qu'elle ne soit considérée comme pleinement valable ; mais, si complète qu'ait été la cession, il faut remarquer que l'ensemble des droits de souveraineté cédés ne correspond pas à la notion européenne et internationale de la souveraineté[57].

Au moins deux dispositions du traité laissent conclure que ce traité consacrait l'indépendance et la souveraineté du territoire de « Togo ». D'une part, l'article 1er stipule que le Roi MLAPA a demandé la protection de l'Empereur d'Allemagne « afin d'être capable de maintenir l'indépendance de son territoire, qui s'étend, sur la côte occidentale de l'Afrique, de la frontière orientale de Porto-Seguro à la frontière occidentale de Lomé ou Beh-Beach ». D'autre part, l'article 7

---

[55] Nicoué L. GAYIBOR, « Des défis de l'écriture d'une histoire nationale en Afrique : l'exemple du Togo », dans A GOEH-AKUE et N. L. GAYIBOR, *Histoires nationales et/ou identités ethniques un dilemme pour les historiens africains ?* Presses de l'UL /L'Harmattan, Paris-Lomé, 2010, pp. 24-27.

[56] Annie DEPERCHIN et Farid LEKEAL, « Le protectorat, alternative à la colonie ou modalité de colonisation ? Pistes de recherche pour l'histoire du droit », *Clio@Themis* n° 4, *Revue électronique d'histoire du droit*, 2011 [§25] : consulté sur : https://publications-prairial.fr/cliothemis/index.php?id=1347.

[57] Charles SALOMON, *L'occupation des territoires sans maître, Étude de droit international*, A. GIARD Libraire-Éditeur, Paris, 1889, p. 234 : gallica.bnf.fr / BnF, consulté le 13 novembre 2019.

indique que « [l]e Roi [MLAPA] ne cédera aucune partie de son pays, avec des droits de souveraineté, à une puissance étrangère ou à une personne étrangère ». Cette interprétation qui correspond au libellé textuel du « traité germano-togolais de protectorat de 1884 », paraît toutefois moins plausible, si l'on tient compte du contexte local en Afrique et de l'état des relations internationales au 19ème siècle.

En effet, les traités de protectorat n'étaient, ni plus, ni moins que l'expression, ou mieux « l'instrument juridique des appropriations territoriales et des transferts de souveraineté en faveur de la puissance coloniale[58] », comme le relève Charles SALOMON. Ainsi, pour cet auteur :

> Le protectorat est en principe la relation qui existe entre deux États dont l'un, l'État protégé, ayant le sentiment de sa faiblesse et des dangers qu'il court, se soumet volontairement à la protection d'un État plus fort que l'on désigne sous le nom d'État souverain ou d'État protecteur. La première conserve théoriquement son indépendance et sa souveraineté pleine et entière à l'intérieur et ne se dépouille que de l'exercice de ses droits de souveraineté extérieure tout en gardant, même à ce point de vue, une certaine autonomie[59].

Par ailleurs, selon le *Dictionnaire de la terminologie du droit international*, le protectorat international s'entend d'une union de deux États, établie d'ordinaire par traité, dans laquelle l'État protégé, tout en conservant son caractère d'État, obtient de l'État protecteur l'engagement de le défendre contre certains dangers intérieurs ou extérieurs sans réciprocité, l'État protecteur exerçant certaines compétences, notamment d'ordre extérieur, appartenant jusque-là à l'État protégé, et assumant la responsabilité internationale correspondante[60].

Les définitions proposées partent du postulat que le protectorat est la relation qui existe entre deux États, mais sous-entend que l'un de ces États - l'État protecteur- est entièrement souverain, et que l'autre- l'État protégé- n'a qu'une souveraineté restreinte. Ici le concept de souveraineté semble perdre de sa substance, au détriment de l'État

---

[58] Isabelle SURUN, « Une souveraineté à l'encre sympathique ? Souveraineté autochtone et appropriations territoriales dans les traités franco-africains au XIXe siècle », *Annales HSS*, 2014/2, pp. 313-348.

[59] Charles SALOMON, *L'occupation des territoires sans maître, Étude de droit international*, *op cit.*, p. 226.

[60] *Dictionnaire de la terminologie du droit international*, Jules BASDEVANT (dir.), París, Sirey, 1960, cité par Jean J.A. SALMON, « Le procédé de la fiction en droit international public », *Revue belge de droit international*, vol 1, 1974, p. 29.

protégé. Et il n'en faut pas plus pour parfaire, dans le cas du protectorat entre l'Empire allemand et le Royaume de Togo en 1884, la confusion entre « autonomie » et « souveraineté ». C'est d'ailleurs cette confusion qui est entretenue dans l'article 2 dudit traité ; en stipulant que : « Le roi MLAPA ne cédera aucune partie de son territoire avec des droits de souveraineté à aucune puissance étrangère ou individu, ni ne conclura aucun traité avec des puissances étrangères sans l'accord préalable de S.M. l'Empereur d'Allemagne », ce traité vide le mot « souveraineté » de son contenu, à savoir : le pouvoir d'agir en l'absence d'ordre supérieur[61]. Dans cet ordre d'idées, le juge pénal international Koffi Kumelio A. AFANĐE fait remarquer qu'en l'espèce :

> [L]a « pratique » de l'Empire allemand a fondamentalement modifié la substance du « traité » en instaurant une administration politique du territoire, au-delà du domaine commercial qui était l'objet du « traité ». En définitive, les conditions étaient réunies pour que le Roi MLAPA dénonçât ledit « traité » selon la doctrine du « *rebus sic stantibus* » qui valait déjà principe de droit international coutumier au moins depuis le 17e siècle, donc deux siècles avant le « traité » signé au Togo au 19e siècle (1884)[62].

---

[61] Alain PELLET, « Histoire du droit international : Irréductible souveraineté ? », dans *La vie internationale et le droit*, Gilbert GUILLAUME (dir.), Paris, Hermann, 2017, pp. 7-24.

[62] Koffi Kumelio A. AFANĐE, Communication personnelle, 19 mars 2021. Il faut noter que la clause « *rebus sic stantibus* » renvoie à l'extinction d'un traité sous l'effet du changement des circonstances. Elle est prévue par la Convention de Vienne sur le droit des traités : « Article 62. CHANGEMENT FONDAMENTAL DE CIRCONSTANCES

1. Un changement fondamental de circonstances qui s'est produit par rapport à celles qui existaient au moment de la conclusion d'un traité et qui n'avait pas été prévu par les Parties ne peut pas être invoqué comme motif pour mettre fin au traité ou pour s'en retirer, à moins que :

a) L'existence de ces circonstances n'ait constitué une base essentielle du consentement des Parties à être liées par le traité ; et que

b) Ce changement n'ait pour effet de transformer radicalement la portée des obligations qui restent à exécuter en vertu du traité.

2. Un changement fondamental de circonstances ne peut pas être invoqué comme motif pour mettre fin à un traité ou pour s'en retirer :

a) S'il s'agit d'un traité établissant une frontière ; ou

b) Si le changement fondamental résulte d'une violation, par la Partie qui l'invoque, soit d'une obligation du traité, soit de toute autre obligation internationale à l'égard de toute autre Partie au traité.

3. Si une Partie peut, conformément aux paragraphes qui précèdent, invoquer un changement fondamental de circonstances comme motif pour mettre fin à un traité ou

En définitive, au regard de ses effets, il y aurait une sorte d'idéalisme à s'imaginer que les clauses de ce « traité germano-togolais de protectorat de 1884 » étaient bien celles sur lesquelles le Roi MLAPA et le Consul NACHTIGAL s'étaient accordés, d'égale bonne foi. A juste titre, la thèse défendue par le juge international AFANĐE, s'agissant de la modification de la substance même du traité qui aurait pu justifier sa dénonciation, met en évidence la problématique de la validité d'un traité lorsque survient un changement qui entache le consentement initial de l'une des Parties au traité. L'argumentaire du juge international AFANĐE fait écho au raisonnement suivi par la CIJ en 1973, dans l'*Affaire de la compétence en matière de pêcheries, (République fédérale d'Allemagne c. Islande)* :

> Le droit international admet que, si un changement fondamental des circonstances qui ont incité les Parties à accepter un traité transforme radicalement la portée des obligations imposées par celui-ci, la Partie lésée de ce fait peut, à certaines conditions, en prendre argument pour invoquer la caducité ou la suspension du traité. Ce principe et les conditions exceptionnelles auxquelles il est soumis ont été énoncés à l'article 62 de la convention de Vienne sur le droit des traités qui peut, à bien des égards, être considéré comme une codification du droit coutumier existant en ce qui concerne la cessation des relations conventionnelles en raison d'un changement de circonstances[63].

Il reste que le « traité germano-togolais de protectorat de 1884 » échappe à l'emprise de ce régime juridique établi en droit coutumier, consacré bien plus tard par la Convention de Vienne sur le droit des traités de 1969. Analyser le « traité germano-togolais de protectorat » du 5 juillet 1884, à la lumière de la Convention de Vienne sur le droit des traités de 1969, présente un intérêt indéniable. D'ailleurs, on soulignera, sans s'y attarder, que la CIJ a indiqué à plusieurs reprises que certaines règles énoncées dans la Convention de Vienne sur le droit des traités, telles que celles relatives à l'extinction et à la suspension de l'application des traités, peuvent être applicables aux traités antérieurs[64].

---

pour s'en retirer, elle peut également ne l'invoquer que pour suspendre l'application du traité ».

[63] CIJ, *Affaire de la compétence en matière de pêcheries, (République fédérale d'Allemagne c. Islande)*, 2 février 1973, *Recueil* 1974, p. 49 § 36.

[64] Voir par exemple : CIJ, *Projet Gabčíkovo-Nagymaros (Hongrie/Slovaquie),* arrêt du 25 septembre 1997, *Recueil* 1997, p.7 § 46 ; CIJ, *Compétence en matière de pêcheries ((Royaume-Uni c. Islande) (République fédérale d'Allemagne c. Islande*), arrêt du 2 février 1973, *Recueil* 1974, p. 18.

1.2.2 Le territoire du Togo : du régime de protectorat à celui du mandat de la Société des Nations

Dans le souci de préciser les différents statuts que le Togo a connus dans son évolution institutionnelle de 1884 à 1946, il convient d'évoquer successivement le protectorat découlant du « traité germano-togolais de protectorat de 1884 », la période de la colonisation allemande, celle de l'occupation française et enfin celle du mandat de la Société des Nations (SDN) sur le territoire du Togo. Le propos n'étant pas ici de s'atteler à une étude approfondie de ces réalités historiques, seuls quelques traits saillants seront mis en relief.

D'abord, on ne saurait, sans avoir égard aux circonstances qui ont prévalu à sa signature, et à l'usage qu'en fit la partie allemande, tirer de la seule existence du « traité germano-togolais de protectorat de 1884 », la conclusion que le Togo fut un protectorat de droit international. Il serait tout aussi inexact, du moins juridiquement, de considérer que ledit traité ne prédestinait pas le territoire concerné au statut de protectorat international. Quoi qu'il en soit, il est non moins évident que le statut du Togo, sous le régime textuel du traité de 1884, se prête à plusieurs interprétations. C'est dans cette perspective que Frantz DESPARGNET, dans son *Essai sur les protectorats*, soutient que :

> L'Allemagne n'a jamais tenté, sauf en ce qui concerne les Iles Samoa, d'organiser des protectorats du Droit des gens, c'est-à-dire de prendre sous sa sauvegarde un État proprement dit, sauf à le réduire à la mi-souveraineté en exerçant une partie de ses droits ou en contrôlant l'exercice. En réalité, les possessions allemandes ont commencé par être des territoires placés sous la protection de l'Empire, puis suite à l'évolution [...] dans la politique coloniale du cabinet de Berlin, elles sont devenues de simples colonies directement administrées par la métropole et incorporés à elles[65].

Tout en rappelant que l'Allemagne avait inauguré dans ses possessions un système original appelé « protectorat administratif », distinct du protectorat véritable, DESPARGNET souligne que, s'agissant du Royaume de Togo, le protectorat était aussi de droit

---

[65] Frantz DESPARGNET, *Essai sur les protectorats*, Paris, Librairie de la société du recueil général des lois et des arrêts et du journal du Palais, 1896, pp.170-171 [https://books.google.fr/books?id=A9k-DQEACAAJ&printsec=frontcover&hl=fr&source=gbs_book_other_versions_r&cad=4#v=onepage&q&f=false, consulté le 18 mai 2019].

international, nonobstant les indices caractéristiques d'un protectorat administratif :

> Il est même arrivé que [le] protectorat administratif a été combiné avec des éléments du véritable protectorat international : en vertu du traité du 15 juillet 1884 [*sic*] entre le roi de Togo, M'lapa, et le Dr Nachtigal, le roi est protégé quant à son maintien et à l'intégrité de son territoire et il abandonne à l'Allemagne l'exercice de tous ses droits souverains au point de vue de ses relations extérieures, toutes clauses qui caractérisent un protectorat du Droit des gens en considérant le roi en question comme le chef d'un État véritable ; mais d'autre part, ce même roi est chargé d'exercer la souveraineté interne par délégation de l'Allemagne et dans la limite exigée pour la sauvegarde des nationaux allemands établis dans le pays, ce qui nous ramène au protectorat administratif[66].

Il peut être soutenu que le « traité germano-togolais de protectorat de 1884 » (traité de protectorat international par essence), n'est devenu et n'a commencé par déployer ses effets de traité de protectorat colonial qu'après la Conférence de Berlin de 1885. Toutefois, il ne semble pas inexact d'affirmer que l'exploitation coloniale, dans le territoire connu sous le nom de Togo, fut amorcée dès le 5 juillet 1884[67].

---

66 Frantz DESPARGNET, *Essai sur les protectorats*, Paris, Librairie de la société du recueil général des lois et des arrêts et du journal du Palais, 1896, p. 175.

67 Il convient de relever que la loi sur la situation juridique des territoires protégés allemands, adoptée le 17 avril 1886, permettait à l'Empereur GUILLAUME 1er d'exercer la souveraineté sur les territoires protégés au nom de l'Empire Allemand. A cet égard, référence doit également être faite à la loi concernant la situation juridique des territoires protégés allemands du Cameroun et du Togo, publié le 2 juillet 1888. Cette loi détermine le régime de la propriété foncière et établit les procédures judiciaires, entre autres. C'est dans la foulée de cette loi, que sera adoptée, presqu'un an plus tard, le 29 mars 1889, l'ordonnance portant transfert des pouvoirs consulaires et du droit d'édicter des règlements pénaux de police et d'autres règlements administratifs aux fonctionnaires des aires protégées du Cameroun et du Togo. Tous ces éléments tendent à prouver que l'emprise coloniale planifiée au sujet du territoire du « Royaume de Togo » était déjà effective, dès le 5 juillet 1884, date de signature du « traité germano-togolais de protectorat ». Enfin, il faut rappeler qu'après la signature dudit traité, Gustav NACHTIGAL nomma, dès le 11 juillet 1884, Heinrich RANDAD consul provisoire au « Royaume de Togo » ; environ un an plus tard, soit le 26 juin 1885, le premier Commissaire impérial du Togo, Ernst von FALKENTHAL fut nommé : voir *Le Togo depuis la Conférence de Berlin 1884-1984*, Séminaire d'histoire du 19 au 21 mars 1984 à l'Université du Bénin à Lomé, German Africa Foundation (éd.), Bonn 1985, p. 48 [cité par Dr. Jens Flemming und Prof. Dr. Winfried Speitkamp, „Schwarzer Untertan versus schwarzer Bruder". Bernhard Dernburgs Reformen in den Kolonien Deutsch-Ostafrika, Deutsch-Südwestafrika, Togo und Kamerun Dissertation zur Erlangung des akademischen Grades eines Doktors der Philosophie (Dr. phil.), Universität Kassel; Dr. Jens Flemming und Prof.

Subséquemment à la signature du « traité germano-togolais de protectorat de 1884 », et à la faveur du jeu des alliances et compromis entre grandes « puissances européennes », le territoire du Togo sous protectorat allemand acquit une sorte de « reconnaissance[68] » internationale. Ce fut à travers l'accord franco-allemand signé à Berlin le 24 décembre 1885, dans le cadre de la Conférence de Berlin, qui s'est tenue du 15 novembre 1884 au 26 février 1885. Le texte de l'accord franco-allemand du 24 décembre 1885 susmentionné est sans équivoque sur les « transactions » portant sur le territoire du Togo. Il y est clairement stipulé que :

> Le Gouvernement de la République française, en reconnaissant le protectorat allemand sur le Territoire du Togo, renonce aux droits qu'il

---

Dr. Winfried Speitkamp,Schwarzer Untertan versus schwarzer Bruder". Bernhard Dernburgs Reformen in den Kolonien Deutsch-Ostafrika, Deutsch-Südwestafrika, Togo und Kamerun Dissertation zur Erlangung des akademischen Grades eines Doktors der Philosophie (Dr. phil.), Universität Kassel, 20. Juli 2012, S. 41 [https://kobra.uni-kassel.de/bitstream/handle/123456789/2012082441677/Dissertation SoerenUtermark.pdf, consulté le 27 février 2019] ; Archiv des Deutschen Kolonialrechts [Archives du droit colonial allemand], publié par Dr Norbert B. WAGNER, Deuxième édition révisée en 2008 [Brühl/Wesseling 2. berichtigte Aufl. Juni 2008]. Voir notamment p. 60, l'extrait de l'ordonnance du 2 juillet 1888: «§. 1. Das Gesetz über die Konsulargerichtsbarkeit vom 10. Juli 1879 (...) tritt für die Schutzgebiete von Kamerun und Togo in Gemäßheit des §. 2 des Gesetzes, betreffend die Rechtsverhältnisse der deutschen Schutzgebiete, mit den in dieser Verordnung vorgesehenen Abänderungen am 1. Oktober 1888 in Kraft » http://www.humanitaeres-voelkerrecht.de/AdK.pdf, consulté le 11 juin 2019; Komla ETOU, « Mlapa et Plakou, deux personnages énigmatiques de l'histoire de la naissance du Togo en 1884 », *Revue ivoirienne d'Histoire*, 2016, p.67.

[68] Nous faisons référence ici à la reconnaissance d'États en droit international public. Cette allusion comporte toutefois des limites puisque le territoire du Togo, considéré en l'espèce, n'était pas encore, à l'époque, une entité souveraine reconnue comme telle par les autres sujets du droit international.

Il est intéressant de relever que « [d]ans la théorie du droit, on continue certes à discuter de la question de savoir si l'acte de reconnaissance ne fonde pas à lui seul la qualité d'État (effet constitutif de la reconnaissance). Dans la pratique cependant, l'existence d'un État ne dépend pas d'une telle reconnaissance. Seule l'existence, dans un cas concret, des attributs d'un État selon le droit international public (peuple, territoire, pouvoir étatique) est déterminante. En réalité, une entité ne peut toutefois fonctionner comme un État que si un certain nombre d'État[s] au moins lui reconnaisse[nt] cette qualité » : Département fédéral des Affaires étrangères de la Confédération suisse, « Reconnaissance d'États et de gouvernements en droit international », 2017 [consulté sur DFAE : https://www.eda.admin.ch/dam/eda /fr/documents/aussenpolitik/voelkerrecht/PDF_Anerkennung__fr_05.pdf].

> pourrait faire valoir sur le territoire de Porto-Seguro, par suite de ses relations avec le roi Mensah.
> [...] Les Gouvernements allemand et français se réservent d'ailleurs de se concerter, après enquête faite sur les lieux, afin d'arriver à l'établissement de règlements douaniers communs aux deux pays sur les territoires compris entre les possessions anglaises de la Côte d'or et le Dahomey[69].

Il est donc permis de considérer que le « traité germano-togolais de protectorat de 1884 » n'a été vidé de sa substance, glissant du protectorat de droit des gens en un protectorat colonial, qu'après la Conférence de Berlin de 1884-1885 qui a consacré le « morcellement » de l'Afrique. En définitive, le traité dit de protectorat, signé le 5 juillet 1884 entre le Roi MLAPA et le Consul NACHTIGAL, est l'artefact juridique par lequel l'Empire allemand initia et fit asseoir progressivement, pendant une trentaine d'années (de 1884 à 1914) [70], son emprise coloniale sur le territoire connu sous le nom de « Togo ».

La première guerre mondiale va modifier les rapports de force et déteindre significativement sur la géopolitique mondiale. Il en découlera pour le Togo, un changement de statut. En effet, suite à la défaite des Allemands au cours de cette guerre, le Togo fut, au lendemain du traité de Versailles[71], partagé en deux territoires administrés chacun par la France et la Grande-Bretagne, et placé plus tard sous mandat de la Société des Nations (SDN) le 22 juillet 1922[72].

---

[69] Fio AGBANON II, *Histoire de Petit-Popo et du royaume guin (1934),* [Texte présenté par N. L. GAYIBOR, assisté de Y. MARGUERAT et de R. Pazzi] Lomé, Karthala &Éditions Haho, 1991, p. 113.

[70] Voir Nicoué GAYIBOR (dir.), *Le Togo sous domination coloniale (1884-1960)*, Lomé, Les Presses de l'U.B., 1977, 241 p.

[71] Signé le 26 juin 1919 à Versailles en France, le traité de Versailles a établi le Pacte de la Société des Nations, et fixé, entre autres, les conditions de la paix entre l'Allemagne et les puissances alliées et associées de la Première guerre mondiale. Pour plus de détails sur ce traité : voir *Traité de Versailles*, 1919, Librairie militaire Berger-Levrault, Paris, 1919, 260 p. [consulté sur : https://www.herodote.net].

[72] Le Togo a été placé sous mandat B de la SDN. Le mandat de catégorie B est celui prévu au paragraphe 5 de l'article 22 du Pacte de la SDN : « Le degré de développement où se trouvent d'autres peuples, spécialement ceux de l'Afrique centrale, exige que le mandataire y assume l'administration du territoire à des conditions qui, avec la prohibition d'abus, tels que la traite des esclaves, le trafic des armes et celui de l'alcool garantiront la liberté de conscience et de religion, sans autres limitations que celles que peut imposer le maintien de l'ordre public et des bonnes mœurs, et l'interdiction d'établir des fortifications ou des bases militaires ou navales et de donner aux indigènes une instruction militaire, si ce n'est pour la police ou la

Il faut admettre que du 27 août 1914 au 22 juillet 1922, avant l'attribution du mandat de la SDN[73], soit pendant environ 8 ans, l'ancien Togo fut un territoire occupé. En effet, ledit territoire était soumis au régime de l'occupation militaire franco-britannique ; le compte rendu de la première séance du « Conseil d'administration des territoires du Togo placés sous l'autorité de la France », fournit à cet égard, les informations suivantes :

> Une convention signée à Lomé le 30 août 1914 par le Gouverneur du Dahomey et le Gouverneur de la Gold Coast, représentant leurs Gouvernements respectif, consacrait la défaite allemande au Togo et divisait, provisoirement le pays en deux zones d'occupation.
> Par cet accord les deux Puissances contractantes s'engageaient à administrer le pays dans les conditions prévues par la Convention de la Haye en appliquant la législation allemande, sauf en ce qu'elle avait de contraire à leurs principes d'humanité[74].

Il peut être utile de souligner que la Convention de La Haye à laquelle se réfère ce compte rendu est la Convention concernant les lois et coutumes, adoptée à La Haye le 18 octobre 1907. Cette Convention stipule notamment que : « L'autorité du pouvoir légal ayant passé de fait entre les mains de l'occupant, celui-ci prendra toutes les mesures qui dépendent de lui en vue de rétablir et d'assurer, autant qu'il est possible, l'ordre et la vie publics en respectant, sauf empêchement absolu, les lois en vigueur dans le pays[75]. »

Du 5 juillet 1884 au 22 juillet 1922, le statut du Togo est passé successivement de protectorat international à colonie, territoire occupé puis territoire sous mandat de la SDN. Ce dernier statut- celui de mandat- allie divers mécanismes et institutions, en sus d'un système

---

défense du territoire et qui assureront également aux autres membres de la Société des conditions d'égalité pour les échanges et le commerce. »

[73] Pour une analyse détaillée de l'évolution politique et institutionnelle du Togo sous mandat de la SDN, placée sous administration de la France, voir par exemple : Tchah PAGNIOU, *Le Togo sous le mandat et la tutelle de la France : une évolution politique et institutionnelle singulière (1920 -1958)*, thèse en Droit, Université Lyon III- Jean Moulin, U.F.R. d'histoire du droit, des institutions et des faits sociaux, 2005, 555 p.[https://scd-resnum.univ-lyon3.fr/out/theses/2005 _out_pagniou_t.pdf, consulté le 12 décembre 2018].

[74] Journal officiel des territoires occupés de l'Ancien Togo, n°3 du 1er décembre 1920, p. 36.

[75] Article 43 de la Convention concernant les lois et coutumes, adoptée à La Haye le 18 octobre 1907.

sophistiqué de surveillance internationale[76]. Cette surveillance est assurée en particulier par une commission permanente qui, selon le paragraphe 9 de l'article 22 du Pacte de la SDN, est chargée de recevoir et d'examiner les rapports annuels des mandataires et de donner au Conseil de la SDN son avis sur toutes questions relatives à l'exécution des mandats. S'agissant du régime juridique du territoire sous mandat, le Pacte de la SDN précise, en son article 9 :

> La Puissance mandataire aura pleins pouvoirs d'administration et de législation sur les contrées faisant l'objet du mandat. Ces contrées seront administrées selon la législation de la Puissance mandataire comme partie intégrante de son territoire et sous réserve des dispositions qui précèdent.
> La Puissance mandataire est, en conséquence autorisée à appliquer aux régions soumises au mandat sa législation, sous réserve des modifications exigées par les conditions locales, et à constituer ces territoires en unions ou fédérations douanières, fiscales ou administratives avec les territoires avoisinants, relevant de sa propre souveraineté ou placés sous son contrôle, à condition que les mesures adoptées à ces fins ne portent pas atteinte aux dispositions du présent mandat[77].

Tenant compte de ce qu'il était un territoire sous administration étrangère, à l'époque considérée, le Togo était donc privé de la capacité *sui generis* de négocier et de conclure les traités et accords internationaux. De manière générale, et comme l'a relevé la Commission du droit international :

> [L]a caractéristique essentielle d'un territoire sous mandat ou sous tutelle est d'être un territoire dont les relations extérieures sont temporairement assurées par un État souverain au nom de la communauté internationale et en vertu d'une mission assumée à l'égard du peuple du territoire en question. Ni les accords de mandat (selon l'opinion prépondérante) ni les accords de tutelle ne conféraient la souveraineté du territoire à la puissance administrante. Dans les deux formes de tutelle internationale, toutefois, la responsabilité des relations internationales (y compris les relations conventionnelles) du territoire

---

[76] Giovanni DISTEFANO, « Article 22 : Les Mandats », dans *Commentaire sur le Pacte de la Société des Nations,* Robert KOLB (dir.), Bruxelles, Bruylant, 2014, pp. 841-1002 [voir p.857].

[77] Archives de la Société des Nations, Document C. 449 (1) d. M. 345 (d). 1922. VI [Archives consultées en décembre 2018].

était bien conférée à la puissance administrante, dans le cadre de la mission qui lui était confiée[78].

La dissolution de la SDN, le 18 avril 1946 entraîna une « mutation » du régime de mandat institué par le Pacte de la SDN[79]. L'ONU, qui succéda à la SDN[80] , instaura un nouveau régime, celui de la tutelle. Il est intéressant d'examiner, entre autres, en quoi consista ce régime et quelles en furent les incidences sur le statut du Togo[81].

---

[78] *ACDI* 1972, vol. II, p. 11.

[79] Les paragraphes 3 et 4 de la résolution finale de la SDN adoptée le18 avril 1946 se lisent comme suit : « Reconnaît que la dissolution de la Société des Nations mettra fin à ses fonctions en ce qui concerne les territoires sous mandat, mais note que des principes correspondant à ceux que déclare l'article 22 du Pacte sont incorporés dans les chapitres XI, XII et XI1 de la Charte des Nations Unies ;
Note que les Membres de la Société administrant actuellement des territoires sous mandat ont exprimé leur intention de continuer à les administrer, en vue du bien-être et du développement des peuples intéressés, conformément aux obligations contenues dans les divers mandats, jusqu'à ce que de nouveaux arrangements soient pris entre les Nations Unies et les diverses Puissances mandataires. » : CIJ, *Affaires du Sud-Ouest africain (Éthiopie c. Afrique du Sud ; Libéria c. Afrique du Sud), Exceptions préliminaires*, arrêt du 21 décembre 1962, *Recueil* 1962, p. 319 §340.

[80] À cet égard, le juge Van WYK relève que : « La Charte des Nations Unies a été rédigée, approuvée unanimement et signée par tous les représentants à la conférence de San Francisco qui s'est tenue du 24 avril au 26 juin 1945. Elle est entrée en vigueur le 24 octobre 1945. La Société des Nations a continué à exister jusqu'en avril 1946, date à laquelle elle a été dissoute par ses Membres. On peut dire que, dans un sens très vague et général, l'Organisation des Nations Unies est le successeur de la Société des Nations, mais ce n'est pas le cas juridiquement et historiquement. » Opinion dissidente du juge van WYK, CIJ, *Affaires du Sud-Ouest africain*, arrêt du 21 décembre 1962, *Recueil* 1962, p. 319.

[81] Il s'agit précisément du Togo placé sous mandat de la SDN et sous administration française.

CHAPITRE 2 :
STATUT JURIDICO-INSTITUTIONNEL DU TOGO ET DROIT INTERNATIONAL : DU TERRITOIRE SOUS TUTELLE À L'ÉTAT INDEPENDANT

La situation post-mandat de la SDN que connaît le territoire du Togo à partir de 1946, avec l'établissement de la tutelle de l'ONU, met en évidence une articulation entre évolution, transition et mutation du statut dudit territoire. Ces dynamiques générées par le régime international de tutelle, sur le territoire du Togo, ont été inéluctablement conduites à un point de rupture. L'action conjuguée des pétitions des populations togolaises et des recommandations formulées par le Conseil de tutelle à l'issue des missions dépêchées sur le territoire du Togo fut, entre autres, un catalyseur du droit à l'autodétermination. L'internationalisation du statut de ce territoire connut son apogée le 27 avril 1960, avec la naissance d'un sujet de droit international[82] plein et entier : la République togolaise. En privilégiant un croisement des perspectives historique et juridique, il convient de s'intéresser au contexte et aux modalités d'exercice des compétences internationales du Togo, lorsque celui-ci était sous la tutelle de l'ONU, ainsi qu'à sa pratique- en tant qu'État indépendant- concernant la succession d'États en matière de traités[83].

1.1 Architecture institutionnelle et exercice des compétences internationales du Togo sous le régime international de tutelle

La fin de la deuxième guerre mondiale (1939-1945) marque un bouleversement dans la gouvernance mondiale, et provoque une reconfiguration du monde, avec des nouveaux acteurs et des enjeux complexes.

---

[82] De l'avis de la CIJ, un sujet de droit international s'entend d'une entité qui « a capacité d'être titulaire de droits et devoirs internationaux et [qui] a capacité de se prévaloir de ses droits par voie de réclamation internationale » : CIJ, *Réparation des dommages subis au service des Nations Unies*, Avis consultatif, *Recueil* 1949, p.179.

[83] Selon l'article 2 § 1(b) de la Convention de Vienne sur la succession d'États en matière de traités, adoptée le 23 août 1978, « [l]'expression " succession d'États " s'entend de la substitution d'un État à un autre dans la responsabilité des relations internationales d'un territoire ». Il convient de relever que le Togo et la France ne figurent pas parmi les 23 États Parties à cette Convention, qui est en vigueur depuis le 6 novembre 1996 [État de ratification de la Convention : https://treaties.un.org, dernière consultation le 31 mai 2022].

À la SDN, succède l'Organisation des Nations Unies et, avec celle-ci, s'instaurent de nouvelles pratiques, arrimées à une vision du monde dite nouvelle. Le régime du mandat en vertu duquel le territoire du Togo était administré jusqu'alors sera remplacé, en 1946, par un autre régime bien distinct, celui de la tutelle[84]. En effet, par sa résolution 9 (1) adoptée au cours de sa première session le 9 février 1946, l'Assemblée générale des Nations Unies a « [invité] les États qui administr[aient] des territoires en vertu d'un mandat, à prendre de concert avec les autres États directement intéressés, les mesures nécessaires pour la mise en application de l'article 79 de la Charte (qui prévoit la conclusion d'accords sur les termes du régime de tutelle, pour chacun des territoires à placer sous ce régime) en vue de soumettre ces accords pour approbation, de préférence, au plus tard, pendant la deuxième partie de la première session de l'Assemblée générale[85] ».

Sur la base de cette exhortation, les accords de tutelle présentés par les États désignés comme « autorités chargées de l'administration[86] », ont été approuvés par l'Assemblée générale des Nations Unies, dans sa résolution 63(1) du 13 décembre 1946. La résolution 64 (1), adoptée le même jour, et établissant le Conseil de tutelle, entre autres sur le Togo, énonçait :

> L'assemblée générale a approuvé le 13 décembre 1946, conformément à l'Article 85 de la Charte, les termes des Accords de Tutelle pour la

[84] Selon Giovanni DISTEFANO, le chapitre XII de la Charte des Nations Unies « introduit l'exigence d'un "accord de tutelle" déterminant « dans quelles conditions » ces territoires y seront soumis. À la différence du système des mandats, où la typologie variable était établie dans le Pacte lui-même, dans le système de la Charte celle-ci reste à cet égard silencieux, la typologie étant définie à la carte par chaque "accord de tutelle". Même si le régime de tutelle, à la différence de celui des mandats, n'établissait en soi qu'un régime unique, les territoires concernés furent dès lors finalement soumis à des conditions et des modalités différentes les uns des autres » : Giovanni DISTEFANO, « Article 22 : Les Mandats », dans *Commentaire sur le Pacte de la Société des Nations*, Robert KOLB (dir.), Bruxelles, Bruylant, 2014, pp. 841-1002 [p.953].

[85] Résolution 9 (1) de l'Assemblée générale des Nations Unies, du 9 février 1946 ; Résolutions adoptées sous le rapport de la Quatrième Commission : A/RES/10 (I) [point 4].

[86] Cette expression est consacrée par l'article 81 de la Charte des Nations Unies : « L'accord de tutelle comprend, dans chaque cas, les conditions dans lesquelles le territoire sous tutelle sera administré et désigne l'autorité qui en assurera l'administration. Cette autorité, désignée ci-après par l'expression "autorité chargée de l'administration", peut être constituée par un ou plusieurs États ou par l'Organisation elle-même. »

> Nouvelle-Guinée, le Ruanda-Urundi, le Cameroun sous administration française, le Togo sous administration française, le Samoa Occidental, le Tanganyika, le Cameroun sous administration britannique et le Togo sous administration britannique.
> Dans ces accords, l'Australie, la Belgique, la France, la Nouvelle-Zélande et le Royaume-Uni ont été désignés comme Autorités chargées de l'administration.
> Les conditions nécessaires à la constitution du Conseil de tutelle pourront ainsi être remplies[87].

En vertu de l'article 5(a) de l'accord de tutelle approuvé le 13 décembre 1946 par l'Assemblée générale des Nations Unies, il était ainsi admis que la France :

> Aura Pleins pouvoirs de législation, d'administration et de jurisprudence sur le Territoire et, sous réserve des dispositions de la Charte et du présent accord, l'administrera selon la législation française, comme partie intégrante du territoire français ;
> Sera autorisée, en vue d'assurer une meilleure administration, à constituer ce Territoire, après avis conforme de l'Assemblée Représentative Territoriale, en union ou fédération douanière, fiscale ou administrative avec les territoires avoisinants relevant de sa souveraineté ou placés sous contrôle et à créer des services communs entre ces territoires et le Territoire sous tutelle, à condition que ces mesures aient pour effet de promouvoir le but que se propose le système international de tutelle[88].

Cet article est quasiment identique à l'article 9 de l'Acte de Londres, car dans la rédaction de cette résolution, le seul changement notable réside dans le remplacement du mot « mandat » par le mot « tutelle ». Du reste, hormis des similitudes notables entre le système du mandat et celui de la tutelle[89], de nombreux éléments permettent de les différencier. Il a été ainsi relevé que :

---

[87] Résolution 64 (1) de l'Assemblée générale des Nations Unies, du 13 décembre 1946, Résolutions adoptées sur les rapports de la Quatrième Commission, A/RES/64(I).

[88] Article 5 (a) de l'Accord de tutelle pour le territoire du Togo sous administration française, tel qu'il a été approuvé par l'Assemblée générale le 14 décembre 1946 : Nations Unies, Documents officiels de la seconde partie de la première session de l'Assemblée générale, *Textes des accords pour les territoires sous tutelle*, Supplément n°5, New York, 1947.

[89] À cet égard, Giovanni DISTEFANO relève par exemple que : « Au point de vue territorial, l'extension du système de tutelle des Nations Unies coïncide avec celui des mandats, à la notable exception des mandats de type A ». En outre : « Les finalités des deux systèmes sont les mêmes. […] La clause juridictionnelle insérée dans les

> Dans toutes les dispositions relatives au régime de tutelle apparaît désormais le substantif « administrer » ainsi que le verbe qui en dérive. Le flou régnant sur la question de la titularité de la souveraineté dans le régime mandataire […] est définitivement dissipé. L'autorité (et non plus la puissance) administrante ne jouit pas de la souveraineté, mais est autorisée par l'accord de tutelle ainsi que par l'article 81 à « administrer » le territoire.
>
> […] À la différence du régime des mandats, qui établissait une typologie tripartite (communauté, peuple, territoire), le système onusien de tutelle est monolithique. Dans la Charte, aucune référence n'est faite à l'« incapacité » des peuples administrés, à leur « civilisation » inférieure ou encore aux colonies[90].

Faut-il le rappeler, globalement dans ce contexte, il n'y avait toujours pas de place pour que le Togo participât à la conclusion des traités en sa capacité propre, si ce n'est par l'entremise de l'autorité « tutélaire ». S'il avait existé, le pouvoir de négocier et de conclure, par lui-même des engagements internationaux, aurait eu logiquement pour corollaire la faculté, pour le Togo, de participer aux activités diplomatiques et d'adhérer souverainement aux Organisations internationales de son choix. Toutefois, soulignons-le, la faculté en question était dévolue à l'Autorité chargée de l'administration du Territoire du Togo, en vertu de l'article 14 de l'Accord de tutelle du 13 décembre 1946 :

> L'Autorité chargée de l'administration pourra accepter d'entrer, au nom du Territoire, dans toute commission régionale consultative et dans tout organisme technique ou association volontaire d'États qui viendraient à être constitués. Elle pourra également collaborer, au nom du Territoire, avec des institutions internationales publiques ou privées ou

Mandats […] se retrouve dans les accords de tutelle prévus par le système de la Charte bien que, comme il a été remarqué, le "contexte n'est pas le même" » : Giovanni DISTEFANO, « Article 22 : Les Mandats », dans *Commentaire sur le Pacte de la Société des Nations*, Robert KOLB (dir.), Bruxelles, Bruylant, 2014, p. 955. Pour sa part, Jean SALMON affirme que : « Par la notion de tutelle, les rédacteurs de la Charte cherchèrent une nouvelle étiquette pour les mandats, sans changer le contenu de la bouteille. La notion de représentation qui est la base de l'institution de droit privé est tout aussi inadéquate que celle de mandat. Le paternalisme, voire le racisme implicite de la notion correspondait sans doute mieux aux réalités sociologiques que la notion de la S.D.N. » Jean SALMON, « Le procédé de la fiction en droit international public», *Revue belge de droit international*, vol 1, 1974, p. 31.

[90] Giovanni DISTEFANO, « Article 22 : Les Mandats », dans *Commentaire sur le Pacte de la Société des Nations*, Robert KOLB (dir.), Bruxelles, Bruylant, 2014, p.958.

participer à toute forme de coopération internationale conforme à l'esprit de la Charte[91].

Quelques éclaircies apparaîtront, une décennie plus tard, dans le rapport que le territoire sous tutelle internationale entretenait avec l'autorité chargée de son administration. En effet, le territoire du Togo sous administration française connaîtra une évolution politique majeure, et par voie de conséquence une « habilitation » juridique étendue. En effet, par la loi-cadre du 23 juin 1956, un décret français du 24 août 1956 créa la *République autonome du Togo*, dotée d'une Assemblée législative, d'un gouvernement responsable et de compétences propres[92]. Le décret nº 56-847 du 24 août 1956 portant Statut du Togo[93] énonçait, en son article 2, que « [l]a République française, dans le cadre des accords internationaux, garantit l'intégrité des limites territoriales de la République Autonome du Togo ».

L'étendue de l'exercice par la France, par le passé, de la compétence en matière de relations internationales pour le compte du territoire du Togo, est à évaluer à l'aune de l'article 39 du décret de 1956 :

> Tant que le Togo restera placé sous le régime international, une tutelle provisoire d'opportunité s'exercera sur les pouvoirs des autorités togolaises afin de permettre à l'administration française d'assumer toutes les obligations résultant pour elle du Chapitre XII de la Charte des Nations Unies et de l'Accord de Tutelle.

Cette revue des textes qui régissaient le fonctionnement du territoire du Togo[94] permet de mettre en évidence les phases-clés de l'émergence

---

[91] Nations Unies, *Textes des accords pour les territoires sous tutelle*, Documents officiels de la seconde partie de la première session de l'Assemblée générale, Supplément No. 5, New York, 1947, pp.43-44.

[92] Pépy DANIEl, « La République autonome du Togo devant les Nations Unies », *Politique étrangère,* n°6, 1957, pp. 671-690.

[93] Voir le texte du décret n°56-847 du 24 août 1956 ; Journal officiel de la République française, nº 198 du 26 août 1956, pp. 8173 - 8176.

Le décret en question a été promulgué au Togo par l'arrêté nº 745-56/C du 29 août 1956 ; voir Journal officiel du Territoire du Togo nº 888 du 30 août 1956.

[94] Il convient de rappeler que nous traitons du territoire du Togo sous tutelle de l'ONU placé sous administration française, d'une superficie de 56 600 kilomètres carrés. La partie placée sous administration britannique (32 500 kilomètres carrés) fut rattachée à la Gold Coast (actuel Ghana), à la suite du plébiscite qui se tint le 9 mai 1946. L'administration britannique sur le Togo prit fin le 6 mars 1957 avec la proclamation de l'indépendance du Ghana.Concernant l'évolution de la partie du Togo sous administration britannique, voir par exemple, *Rapport spécial sur la question de l'unification du Togo et sur l'avenir du territoire sous tutelle du Togo sous administration britannique*, Nations Unies, Conseil de tutelle, Documents officiels :

d'un véritable sujet de droit international, affranchi des liens tutélaires. C'est dans cette optique que nous soulignerons qu'un palier supplémentaire dans la quête de la souveraineté fut franchi avec l'adoption du décret n° 58-187 du 22 février 1958 modifiant le décret du 24 août 1956 portant Statut du Togo. À l'analyse, ledit décret conférait au territoire du Togo le statut de « territoire associé[95] » ; l'État « partenaire » ou « administrant » demeurant, à l'époque, la République française. En effet, selon l'article 1er du décret de 1958 susmentionné :

> Le Togo est une République fondée sur le respect des traités et des conventions internationales et des principes inscrits dans la déclaration universelle des droits de l'Homme et dans le préambule de la Constitution de la République française. Ses rapports avec la République française sont définis par le présent statut dans une communauté d'esprit et d'intérêts[96].

Il est à noter que l'exercice de la compétence des relations internationales par la puissance mandataire à cette époque soulevait déjà la question du statut international des territoires sous mandat. À cet égard, l'Institut de Droit International, dans sa résolution VI prise lors de sa session de 1931, proclamait déjà :

> Les collectivités sous mandat sont des sujets de Droit International. Elles ont un patrimoine distinct de celui de l'État Mandataire, elles jouissent d'un statut national et peuvent acquérir des droits ou être tenues d'obligations propres. L'acte de mandat détermine si, et dans quelle mesure, elles ont la capacité internationale d'agir[97].

En outre, de l'avis du vice-président de la Commission permanente des mandats, Daniel François Willem Van REES, même si du point de vue juridique, la fusion administrative d'un territoire sous mandat et d'une colonie est parfaitement licite, le caractère politique et moral de cette fusion mérite d'être questionné[98]. C'est pourquoi il faisait observer que :

Cinquième session extraordinaire, supplément n°2, T/1218, janvier 1956 ; Claude-Albert COLLIARD, « L'évolution du statut des territoires du Togo », *AFDI*, vol. 2, 1956, p.231.

[95] Voir le concept d'association d'État tel qu'élaboré au principe VII de l'annexe de la résolution de l'Assemblée générale 1541 (VI) adoptée le 15 décembre 1960.

[96] Journal officiel de la République du Togo, n° 46 du 5 mars 1958.

[97] *Les mandats internationaux,* Institut de droit international, Session de Cambridge,1931[consulté sur : https://www.idi-iil.org/fr].

[98] Voir Charles-Alphonse BOUTANT, *Les mandats internationaux*, Librairie du Recueil SIREY, 1936, p.144 [gallica.bnf.fr/ BnF, consulté le 14 novembre 2019].

> [L]'incorporation administrative d'un territoire sous mandat dans une colonie placée sous la souveraineté du Mandataire ne pourra manquer d'infirmer à la longue la notion qui est à la base du régime des mandats et d'après laquelle les territoires soumis au mandat constituent des entités internationales distinctes sur lesquelles le Mandataire n'exerce qu'un pouvoir délégué. Cette conséquence pratiquement inévitable en entraînera d'autres tout aussi sérieuses[99].

Il convient de souligner que les régimes de mandat de la SDN et de tutelle de l'ONU, confirmés par la pratique, établissaient la possibilité que les traités soient conclus au nom du territoire sous administration[100], tant pour les affaires multilatérales que pour les questions bilatérales intéressant l'autorité chargée de l'administration. Ainsi, par exemple, pour les traités relatifs aux organisations internationales, les mécanismes applicables étaient établis comme suit :

> Un territoire dont l'administration est confiée à l'ONU ou dont l'Organisation est responsable sur le plan international, selon le cas, peut devenir membre (Convention de l'OMM) ou membre associé (Constitution de la FAO, Constitution de l'OMS, Convention de l'UIT, Constitution de l'UNESCO, Convention de l'OMCI) d'une institution spécialisée conformément aux dispositions de l'instrument constitutif pertinent. Dans certains cas, ces dispositions prévoient simplement que l'ONU :
>
> a) appliquera l'instrument constitutif au territoire en question et que ce dernier aura son propre service météorologique (Convention de l'OMM) ;

---

[99] Daniel François Willem Van REES, cité par Charles-Alphonse BOUTANT, *Les mandats internationaux, op. cit.*, p.144.

[100] Selon l'article 8 du mandat français sur le territoire du Togo signé le 20 juillet 1922 : « La Puissance mandataire étendra aux territoires le bénéfice des conventions internationales générales, applicables à ses territoires limitrophes. » Société des Nations, *Mandat français sur le Togo*,1922, p. 5[Document C. 449 (1) d. M. 345 (d). 1922. VI]. En outre, l'accord de tutelle sur le territoire du Togo sous administration française approuvé le 14 décembre 1946 précisait en son article 6 que : « L'autorité chargée de l'administration s'engage à maintenir l'application au Territoire des conventions et accords internationaux qui y sont actuellement en vigueur, ainsi qu'à y étendre les conventions et recommandations faites par les Nations Unies ou les institutions spécialisées prévues à l'article 57 de la Charte, chaque fois que ces conventions et recommandations seront favorables aux intérêts de la population et compatibles avec les buts que se propose le système de tutelle et les termes du présent accord » : Nations Unies, Documents officiels de la seconde partie de la première session de l'Assemblée générale, Supplément n°5, *Textes des accords pour les territoire sous tutelle*, New York, 1947, p.41.

b) acceptera l'instrument constitutif pour le compte du territoire (Convention de l'OMCI) ; ou
c) adhérera à l'instrument constitutif pour le compte du territoire et appuiera sa demande d'admission en tant que membre associé (Convention de l'UIT).
Dans d'autres cas, les instruments constitutifs prévoient l'approbation de l'admission du territoire par l'assemblée générale ou la conférence de l'institution spécialisée à la suite :
a) d'une déclaration officielle de l'ONU par laquelle cette dernière accepte au nom du territoire les obligations de l'instrument constitutif et s'engage à faire respecter certaines dispositions de cet instrument en ce qui concerne le territoire (Constitution de la FAO) ; ou
b) d'une demande d'admission faite par l'ONU au nom du territoire (Constitution de l'OMS ; Constitution de l'UNESCO) [101].

Il importe de relever que bien qu'ayant à sa charge la conduite des relations extérieures, et, subséquemment le mandat de conclure des accords internationaux au nom et pour le compte du Togo, la France n'a pas usé de cette « prérogative » en toutes circonstances.

Du moins, elle n'étendait le bénéfice des accords internationaux qu'elle signait, pour le compte du territoire dont elle assumait l'administration, que de manière sélective. Il en a été ainsi, par exemple, pour la Convention pour la répression et l'abolition de la traite des êtres humains et de l'exploitation de la prostitution d'autrui, du 21 mars 1950[102]. Bien que l'article 23 de cette Convention précise, en son alinéa 5, qu' « [a]ux fins de la présente Convention, le mot « État » désignera également toutes les colonies et territoires sous tutelle dépendant de l'État qui signe ou ratifie la Convention, ou y adhère, ainsi que tous les territoires que cet État représente sur le plan international[103] » , le bénéfice de cette Convention ne fut pas étendu au territoire togolais par la France. En effet, la France a assorti son adhésion à la Convention d'une déclaration dont la teneur suit : « Le Gouvernement de la République française déclare que la présente Convention n'est, jusqu'à

[101] *ACDI* 1974, vol II, p. 13 § 24 [Document A/CN.4/281, « Possibilités ouvertes à l'Organisation des Nations Unies de participer à des accords internationaux pour le compte d'un territoire »].
[102] Cette Convention est entrée en vigueur le 25 juillet 1951, conformément aux dispositions de son article 24.
[103] Convention pour la répression et l'abolition de la traite des êtres humains et de l'exploitation de la prostitution d'autrui [consulté sur : https://treaties.un.org].

nouvel ordre, applicable qu'au territoire métropolitain de la République française[104]. »

Étant donné les considérations qui précèdent, il convient de relever que, nonobstant le statut de République autonome acquis dès 1956, l'incorporation administrative du Togo à l'Union française[105] n'offrait au Togo aucune capacité réelle à conclure des traités internationaux. Jusque-là, dans les résolutions et autres instruments internationaux, le Togo n'était d'ailleurs désigné que sous l'appellation « Territoire[106] ». Par ailleurs, dans l'optique des réserves à portée territoriale[107], on peut

---

[104] Stefan GLASER, *Droit international pénal conventionnel*, Établissements Emile BRUYLANT, 1970, p 7 ; nos italiques. Il convient de souligner que ce n'est que le 11 mars 2005 que le Gouvernement français a notifié au Secrétaire général des Nations Unies qu'il a décidé de retirer la déclaration faite lors de l'adhésion de la France à cette Convention. Pour sa part, le Togo, devenu État indépendant le 27 avril 1960, n'adhéra à cette Convention que le 14 mars 1990, soit 30 années après son accession à l'indépendance.

[105] Aux termes de l'article 60 de la Constitution française du 24 octobre 1946, « [l'] Union française est formée, d'une part, de la République française qui comprend la France métropolitaine, les départements et territoires d'outre-mer, d'autre part, des territoires et États associés ». On note donc que l'article 60 de la Constitution française crée la catégorie juridique des « territoires associés » qui correspond à celle des territoires sous tutelle : voir sur ce sujet Pierre-François GONIDEC, « De la dépendance à l'autonomie : l'État sous tutelle du Cameroun », *ACDI* 1957, vol. 3, pp. 597-626.

[106] À ce sujet, l'article 75 de la Charte des Nations Unies adoptée en 1945 précise que : « L'Organisation des Nations Unies établira, sous son autorité, un régime international de tutelle pour l'administration et la surveillance des territoires qui pourront être placés sous ce régime en vertu d'accords particuliers ultérieurs. Ces territoires sont désignés ci-après par l'expression « territoires sous tutelle ». L'article 77 §1 ajoute que : « Le régime de tutelle s'appliquera aux territoires entrant dans les catégories ci-dessous et qui viendraient à être placés sous ce régime en vertu d'accords de tutelle :

a. territoires actuellement sous mandat ;

b. territoires qui peuvent être détachés d'États ennemis par suite de la seconde guerre mondiale ;

c. territoires volontairement placés sous ce régime par les États responsables de leur administration.

Un accord ultérieur déterminera quels territoires, entrant dans les catégories susmentionnées, seront placés sous le régime de tutelle, et dans quelles conditions. »

[107] Selon la Commission du Droit International, les réserves à portée territoriale s'entendent « [...]des déclarations par lesquelles un État exclut l'application du traité auquel il souscrit, ou de certaines de ses dispositions, à un ou plusieurs territoires sur lesquels il a juridiction, soit parce qu'ils font partie intégrante de son propre territoire, soit parce qu'il s'agit de territoires non autonomes, soit parce que, à un autre titre, il a compétence pour s'engager internationalement au titre de ce territoire. Dans le passé,

aisément constater que certains traités internationaux ont assimilé le « Territoire » à l'« État ». Dès lors, il n'est pas superflu de se demander ce que pouvait valoir, juridiquement parlant, le terme « État » à la lumière de l'alinéa 5 de l'article 23 susmentionné de la Convention pour la répression et l'abolition de la traite des êtres humains et de l'exploitation de la prostitution d'autrui de 1949, selon lequel : « Aux fins de la présente Convention, le mot "État" désignera également toutes les colonies et territoires sous tutelle dépendant de l'État qui signe ou ratifie la Convention. »

L'usage du terme « État », en l'occurrence, pour désigner à la fois des entités souveraines et celles qui étaient, à l'époque, sous le joug de la colonisation ou sous tutelle, semble reposer sur des fondements qui n'ont pas d'inférence juridique claire. L'usage du terme « État », dans la désignation de territoires non indépendants soulève plus globalement la question de la participation des entités non indépendantes aux traités internationaux ; une question qui fut, et demeure encore, l'objet de multiples débats. Sans nous attarder ici sur les controverses doctrinales sur cette question, nous nous limiterons à des observations tirées de la pratique du Secrétaire général des Nations Unies, en sa qualité de Dépositaire de traités multilatéraux :

> Il arrive que la participation d'entités autres que des États indépendants soit expressément autorisée par des clauses spéciales du traité. De telles entités sont parfois admises à participer en tant que "membres associés" de l'organisation mais le titre auquel leur participation est acceptée n'est pas nécessairement précisé. La participation d'entités non indépendantes est chose relativement fréquente : Hong-Kong par exemple est partie à l'Accord général sur les tarifs douaniers et le commerce et membre de l'Organisation météorologique mondiale ; les Antilles néerlandaises et Aruba sont membres de l'Union postale universelle et Macao est membre du Centre de développement pour l'Asie et le Pacifique. Il reste qu'aux yeux du Secrétaire général, ces entités, qui n'ont pas l'entière responsabilité de leurs relations internationales, ne sont pas des États pleinement souverains et indépendants ; n'étant de ce ne fait pas couvertes par la clause "tous les États", elles ne peuvent devenir Parties aux traités ouverts aux "États".

---

la pratique était surtout constituée par ce que l'on appelait les "réserves coloniales", c'est-à-dire les déclarations par lesquelles les puissances administrantes faisaient part de leur intention d'appliquer ou non un traité ou certaines de ses dispositions à leurs colonies ou à certaines d'entre elles » : Nations Unies, Document A/CN.4/491 et Add. 1 à 6, p. 256 §§ 178-179.

Si de telles entités accèdent à l'indépendance et deviennent des États à part entière, leur situation se modifie en conséquence[108].

Pour en revenir au cas précis du territoire du Togo placé sous la tutelle des Nations Unies, soulignons que, dans le prolongement de diverses initiatives en faveur de l'autodétermination[109], l'Assemblée générale des Nations Unies adopta, le 14 novembre 1958, la résolution 1253 (XIII) mettant fin à cette tutelle. Dans la partie opérationnelle de la résolution 1253 (XIII), l'Assemblée générale décida précisément que :

> [L]e jour qui sera convenu entre le Gouvernement français et le Gouvernement togolais et où la République du Togo deviendra indépendante en 1960, l'accord de tutelle approuvé le 13 décembre 1946 par l'Assemblée générale cessera d'être en vigueur, conformément à l'alinéa b de l'Article 76 de la Charte des Nations Unies[110].

---

[108] *Précis de la pratique du Secrétaire général en tant que dépositaire de traités multilatéraux*, Nations Unies, New York, 1999, ST/LEG/7/Rev.1, p. 28 § 97.

[109] Les pétitions étaient le moyen privilégié par lequel les revendications d'autodétermination étaient portées à l'attention de l'ONU. Ces pétitions, initiées soit individuellement soit de manière collective, furent déjà utilisées pour diverses revendications à l'époque de la SDN. Il convient de souligner que, dans la période comprise entre 1946 et 1958, le droit à l'autodétermination du Togo fut l'une des principales revendications des pétitionnaires. À cet égard, Komla-Obuibé BASSA relève que : « Face aux multiples pétitions des notables et aux recommandations des diverses missions d'inspections envoyées au Togo, l'ONU, qui exerçait un pouvoir de contrôle sur le respect des droits fondamentaux des administrés des pays sous tutelle, dont le territoire ne pouvait juridiquement pas être assimilé à une colonie, obligea la France à engager des réformes au Togo. [...]. À la suite des conclusions et des recommandations de la mission King, l'Assemblée générale de l'ONU, tout en admettant que le statut d'autonomie constituait une étape importante vers l'indépendance du Togo, considéra qu'elle ne justifiait pas la levée de tutelle par les autorités togolaises et recommanda l'organisation d'élections anticipées. » Obuibé-Komla BASSA, « Les conseils des notables au Togo. Du mandat à la tutelle (1922-1958) : tribunes d'expression d'une future opposition », *Outre-mers*, tome 98, n°370-371, 1er semestre 2011, Le contact colonial dans l'empire français : XIXe-XXe siècles, pp. 96-97. Voir également Nicoué Lodjou GAYIBOR (dir.), *Le Togo sous domination coloniale (1884-1960)*, Lomé, Les Presses de l'Université du Bénin, 1997, pp. 111 -121.Pour les revendications en faveur de l'unification, en un seul ensemble territorial, du Togo sous administration britannique et du Togo sous administration française, voir par exemple : Nations Unies, *Rapport spécial sur la question de l'unification du Togo et sur l'avenir du territoire sous tutelle du Togo sous administration britannique,* Conseil de tutelle, Cinquième session extraordinaire, 1955, Supplément n°2, 70 p. [T/1218, Janvier 1956].

[110] Répertoire Suppl. 2, vol. III, (1955-1959), p. 246 §79.

En définitive, la résolution 1253 (XIII) grava, dans le marbre du droit international, la fin de la tutelle des Nations Unies sur le Togo et par voie de conséquence, l'acquisition par ce territoire de la capacité juridique en tant que sujet à part entière du droit international.

1.2 Accession à la souveraineté internationale et pratique togolaise concernant la succession d'États en matière de traités

Le 27 avril 1960, le Togo proclama officiellement son indépendance et fut admis comme État membre de l'ONU, le 20 septembre de la même année. Tous les attributs d'un État souverain et indépendant étant désormais acquis, reste à savoir quelle sera la conduite du Togo à l'égard des traités et accords internationaux qui ont été conclus en son nom avant son indépendance. La réponse à cette équation vaudra son pesant d'or car, derrière l'apparente évidence qui voudrait que les États nouveaux aient à faire systématiquement un choix entre rupture et continuité, à l'égard de leur « héritage en matière conventionnelle », la conjonction de facteurs et de réalités plus ou moins complexes pouvait conduire à des positions plus ou moins tranchées. À la lumière de cette observation, il n'est pas sans intérêt de rappeler que la détermination de la pratique d'un État au sujet des engagements conclus en son nom par l'État prédécesseur relève d'une approche casuistique.

Pour le Togo, l'accession à l'indépendance n'a pas donné lieu à une remise en cause systématique du « patrimoine conventionnel », c'est-à-dire des engagements internationaux pris en son nom et pour son compte pendant la période de mandat et de tutelle. Il y a lieu de souligner tout d'abord que le sort des engagements antérieurs a été réglé par la loi n° 60-10 du 23 avril 1960 modifiant l'organisation des institutions de la République togolaise, qui dispose, en son article 31, que :

> Les lois, règlements et conventions régulièrement promulgués et publiés au Togo à la date d'entrée en vigueur de la présente loi et qui ne sont pas contraires à ses dispositions demeurent applicables tant que leur modification ou leur abrogation n'est pas intervenue dans les conditions fixées par ladite loi[111].

L'examen de la pratique révèle que le Togo a appliqué le principe de la table rase[112] et celui de la continuité des traités, en tenant compte de

---

[111] Journal officiel de la République togolaise, n° 121 du 25 avril 1960.

[112] Selon ce principe, « un État nouvellement indépendant n'a aucune obligation générale de reprendre à son compte les traités de son prédécesseur antérieurement

la nature et de la portée des engagements internationaux hérités, de la période coloniale à celle de la tutelle de l'ONU en passant par le mandat de la SDN. Pour illustrer ce constat, notons que le gouvernement de la République togolaise a notifié au Secrétaire général des Nations Unies que le Togo se considérait lié par la plupart des traités relatifs aux droits de l'Homme ou concernant le droit international humanitaire, qui avaient été conclus par la France et dont l'application avait été étendue au territoire du Togo. Par le même canal, le Togo notifia, aux Dépositaires concernés, qu'il ne se considérait pas lié par d'autres instruments. L'extrait suivant, de l'*Annuaire de la Commission du Droit International* (1962), donne un aperçu des positions adoptées par le Togo à l'égard des conventions multilatérales qui avaient été conclues en son nom et pour son compte, avant son accession à l'indépendance :

> Par lettre du 23 février 1962, le Ministre des Affaires étrangères [de la République togolaise] a informé le Secrétaire général que les traités suivants dont la France avait étendu l'application au Togo avant son indépendance demeuraient en vigueur :
> i. Convention de 1946 sur les privilèges et immunités des Nations Unies ;
> ii. Convention de 1951 sur les réfugiés ;
> iii. Convention de 1925 sur l'opium, modifiée par le Protocole de 1946 ;
> iv. Convention de 1931 sur les stupéfiants, modifiée par le Protocole de 1946 ;
> v. Protocole de 1948 sur les drogues ;
> vi. Convention de 1949 sur la circulation routière ;
> vii. Convention de 1926 sur l'esclavage.
> Le Togo a également déclaré qu'il ne se considérait pas comme lié par la Convention de 1953 sur les droits politiques de la femme. Il n'a pas encore fait connaître sa position en ce qui concerne les autres traités énumérés dans les lettres du Secrétaire général. Des déclarations aux termes desquelles le Togo reconnaissait qu'il continuait à être lié par douze conventions de l'Organisation internationale du Travail et par les

---

appliqués à l'égard de son territoire » : Document A/CN.4/224 et ADD.l Troisième rapport sur la succession en matière de traités, par Sir Humphrey WALDOCK, rapporteur spécial [voir p 36]. Voir également : Makane Moïse MBENGUE, « Article 21 : Consentement à être lié par une partie d'un traité et choix entre des dispositions différentes », dans Giovanni DISTEFANO, Gloria GAGGIOLI et Aymeric HECHE, *La Convention de Vienne de 1978 sur la succession d'États en matière de traités : commentaire article par article et études thématiques*, Bruxelles, Bruylant, 2016, pp. 779-792.

quatre Conventions de Genève de 1949 pour la protection des victimes de guerre ont été enregistrées au Secrétariat[113].

S'agissant du cas spécifique de la Convention sur les droits politiques de la femme, adoptée à New York le 31 mars 1953, à laquelle le Togo ne s'est pas considéré comme lié, la France avait assorti sa signature de ladite Convention d'une réserve concernant son application au territoire togolais. La réserve en question était formulée comme suit : *« Le Gouvernement français, eu égard aux coutumes et traditions religieuses existant dans certains territoires, se réserve la faculté de différer l'exécution de la présente Convention en ce qui concerne les femmes résidant dans ces territoires et qui se réclament desdites coutumes et traditions*[114]. *»* Sans doute est-il important d'indiquer qu'aucune disposition de cette Convention ne prévoyait expressément son application aux territoires sous mandat ou sous tutelle, comme c'est le cas par exemple de la Convention relative au statut des réfugiés dont l'article 40, alinéa 1 précise que *« [t]out État pourra, au moment de la signature, ratification ou adhésion, déclarer que cette Convention s'étendra à l'ensemble des territoires qu'il représente sur le plan international, ou à l'un ou plusieurs d'entre eux. Une telle déclaration produira ses effets au moment de l'entrée en vigueur de la Convention pour ledit État*[115] *»*.

Par ailleurs, dans tous les autres cas où le Togo a jugé nécessaire de reconnaître la continuité des engagements auxquels l'État prédécesseur avait souscrits, notification en a été dûment faite aux Dépositaires, y compris lorsque les traités en cause n'avaient pas été conclus sous les auspices de la SDN ou de l'ONU. C'est ainsi, par exemple, que s'agissant de l'Accord relatif au transit des services aériens internationaux conclu à Chicago le 7 décembre 1944, et dont le gouvernement des États-Unis d'Amérique est Dépositaire, le Togo, par

---

[113] *ACDI* 1962, vol. II, p 139, §107-109. Il convient de relever que ce rapport comporte, à son paragraphe 107, une erreur au sujet de la date d'indépendance du Togo. Il y est mentionné que le « [l]e Togo a accédé à l'indépendance le 20 avril 1961 et a été admis à l'Organisation des Nations Unies le 20 septembre 1960 […] ». Or le Togo a plutôt acquis son indépendance le 27 avril 1960.

[114] Nations Unies, *Recueil 1954*, n° 2613, p. 159. Soulignons toutefois que le gouvernement français a retiré cette réserve le 26 novembre 1960 ; voir Nations Unies, *Collection des traités* [note 17] : https://treaties.un.org/pages/ViewDetails.aspx?src=TREATY&mtdsg_no=XVI-1&chapter=16&lang=fr, consulté le 5 décembre 2019 ; nos italiques.

[115] Convention sur les droits politiques de la femme, adoptée à New York le 31 mars 1953 [consulté sur : https://treaties.un.org].

l'entremise de son Ambassadeur à Washington[116] adressa au Président des États-Unis d'Amérique, le 16 septembre 1965, une note officielle dont la teneur suit :

> Mon Gouvernement m'a chargé d'aviser le Gouvernement des Etats-Unis d'Amérique, en qualité de dépositaire de l'Accord relatif au transit, et conformément à l'article 6, que la République togolaise se considère engagée par les dispositions de la Convention de Chicago et dudit Accord et qu'elle demande au Gouvernement des États-Unis d'Amérique de bien vouloir transmettre cette Déclaration au Secrétaire général de l'OACI,[117] et à tous les États membres.
> [...] à l'époque où l'Accord relatif au transit des services aériens internationaux avait été conclu, le Togo, qui était alors sous mandat français, avait été représenté par la France dans ses relations internationales [...]. [Aussi convient-il de rappeler qu'en] déposant ses instruments de ratification de la Convention [le 25 mars 1947] et de l'Accord [le 24 juin 1948], la France n'avait fait aucune réserve concernant leur application au territoire du Togo. Par conséquent, il s'ensuit que la Convention de Chicago et l'Accord relatif au transit des services aériens internationaux ont été dûment ratifiés par le Togo aux dates auxquelles la France a déposé ses instruments de ratification [et qu'] il n'est donc pas nécessaire pour le Togo de notifier à nouveau son adhésion[118].

La mise en perspective historico-juridique de la naissance du Togo, des statuts qu'a connus ce territoire ainsi que de la place qu'il occupa dans les relations internationales avant, et de 1884 jusqu'à son accession à la souveraineté internationale en 1960, valait bien le détour. Elle permet de mieux appréhender les développements subséquents sur la pratique togolaise en matière conventionnelle.

---

[116] Dr Robert AJAVON, Ambassadeur extraordinaire et plénipotentiaire près les États-Unis d'Amérique (1964-1967).

[117] L'Organisation de l'aviation civile internationale.

[118] Philip Forsang NDIKUM and Serge-Delors NDIKUM, *Encyclopaedia of international aviation law,* vol 2 [Version anglaise et française, éd., 2014] 2014, p. 505.

PARTIE II : CARACTÉRISTIQUES DE LA PRATIQUE TOGOLAISE EN MATIÈRE DE CONCLUSION DES TRAITÉS INTERNATIONAUX

La pratique conventionnelle du Togo, depuis 1960, résulte de mécanismes et de règles (écrites et non écrites) dont la mise en œuvre concourt précisément à assurer la validité et à garantir l'application des engagements négociés et conclus. Aussi pour mieux appréhender la manière dont le Togo use de la faculté de contracter des engagements internationaux, de 1960 à nos jours, est-il important de mettre en relief les règles et la pratique afférentes au pouvoir de négociation et de conclusion des traités internationaux ainsi que les considérations substantielles tenant au contenu, à la matérialité et à la validité de ces traités.

CHAPITRE 1 : RÈGLES ET PRATIQUE AFFÉRENTES AU POUVOIR DE NÉGOCIATION ET DE CONCLUSION DES TRAITÉS INTERNATIONAUX

L'analyse de la pratique togolaise en matière de négociation et de conclusion des traités et accords internationaux fait ressortir plusieurs traits caractéristiques, intrinsèquement liés à la tradition juridique et institutionnelle du pays. On relèvera qu'aux dispositions constitutionnelles et réglementaires, relatives à la négociation et à la conclusion des traités et accords internationaux, se sont adossés des principes, émanant de la Convention de Vienne de 1969 sur le droit des traités, qui se rapportent, notamment, aux Pleins pouvoirs et aux autorités habilitées à en délivrer. Dans cette ossature normative s'insère également un mécanisme, issu du droit communautaire, établissant la compétence de l'autorité devant signer une catégorie particulière de conventions.

1.1 Le cadre normatif et institutionnel relatif à la négociation et à la conclusion des traités internationaux

La loi n° 60-10 du 23 avril 1960 modifiant l'organisation des institutions de la République togolaise proclamait en son article premier que « [l]e Togo est une République indépendante, souveraine et démocratique ». Entrée en vigueur le 27 avril 1960, date officielle de l'indépendance du nouvel État, cette loi constitutionnelle consacrait déjà les fondamentaux de la personnalité et de la capacité internationales du Togo. Les Constitutions successives de la République togolaise s'inscrivent dans cette même veine. Le pouvoir de négocier et de conclure des traités sont clairement fixés dans les textes constitutionnels, qui sont complétés, en ce qui concerne les modalités pratiques d'exercice de ce pouvoir, par des textes législatifs et réglementaires.

Depuis l'accession du Togo à la souveraineté internationale, la compétence pour la négociation et la ratification des traités et accords internationaux est dévolue au Président de la République. En effet, il ressort des textes constitutionnels de 1960, 1961, 1963, 1980 et 1992 que les traités et accords internationaux sont un domaine « réservé » du Président de la République :

- « *Le Chef de l'État négocie et ratifie les traités* », article 28 de la loi nº 60-10 du 23 avril 1960 modifiant l'organisation des institutions de la République togolaise ;
- « *Le Président de la République négocie et ratifie les traités et accords internationaux* », article 55 de la Constitution du 14 avril 1961 ;
- « *Le Président de la République négocie et ratifie les traités et accords internationaux* », article 66 de la Constitution du 5 mai 1963 ;
- « *Le Président de la République négocie et ratifie les traités. Il désigne les plénipotentiaires habilités à les signer en son nom* », article 41 de la Constitution du 9 janvier 1980 ;
- « *Le Président de la République négocie et ratifie les traités et accords internationaux* », article 137 de la Constitution du 14 octobre 1992.

De l'examen des textes sus mentionnés, il est constant que la compétence pour négocier et ratifier les traités et accords internationaux est dévolue au Président de la République. Toutefois, une clarification s'impose. D'un point de vue empirique, il n'est en principe pas nécessaire que le Chef de l'État procède lui-même à la signature de tous les traités et accords internationaux qui intéressent le Togo. Rappelons que dans la Constitution togolaise du 9 janvier 1980[119], il est clairement indiqué, dans l'article 41 susmentionné, que « *[le Président de la République] désigne les plénipotentiaires habilités à les signer* ».

La Constitution de 1992 ne comporte pas cette précision relative à la désignation des plénipotentiaires. Elle se borne seulement à énoncer que « *[l]e Président de la République négocie et ratifie les traités et accords internationaux* ». En réalité, le Premier ministre, les ministres et tout haut fonctionnaire de l'État, peuvent négocier et signer les traités, sous réserve, pour les hauts fonctionnaires et les ministres autres que le Premier ministre et le ministre des Affaires étrangères, qu'ils soient dûment habilités à cette fin. Cette condition, consacrée par la pratique, découle des dispositions pertinentes de la Convention de Vienne sur le droit des traités[120], qui fait partie de l'ordonnancement juridique interne du Togo, depuis le 26 décembre 1980 (voir annexe II).

En outre, il convient de rappeler que la politique étrangère de l'État est déterminée par le Président de la République. C'est à juste titre qu'il

---

[119] Constitution abrogée par celle du 14 octobre 1992.

[120] Voir notamment l'article 7 de la Convention de Vienne sur le droit des traités.

« négocie et ratifie les traités », car « [i]l est garant de l'indépendance et de l'unité nationales, de l'intégrité territoriale, du respect de la Constitution et des traités et accords internationaux », comme le prévoient les textes constitutionnels[121]. Néanmoins, la mise en œuvre de cette politique étrangère est dévolue, par décret, au ministère chargé des Affaires étrangères.

Le ministère des Affaires étrangères, en tant que Département dédié à la mise en œuvre de la politique extérieure de l'État togolais a été créé par arrêté n° 96/PM du 25 mai 1960[122]. Le contenu précis des attributions en matière de politique étrangère fut énoncé pour la première fois, par décret en 1961. Ledit décret était libellé comme suit :

> Article premier : Le ministère des Affaires étrangères, créé par arrêté du 25 mai 1960, prépare et met en œuvre la politique du gouvernement à l'égard des affaires extérieures.
> Article 2 : Le ministre des Affaires étrangères dirige la politique extérieure, assure toutes les relations du Togo avec les États étrangers et les Organisations internationales, et veille à la protection des ressortissants et des intérêts togolais à l'extérieur ;
> [...]
> Article 5 : Les postes diplomatiques et consulaires représentant l'État du Togo à l'étranger sont placés sous l'autorité du ministre des Affaires étrangères.

---

[121] Articles 58 et 137 de la Constitution togolaise du 14 octobre 1992 ; les articles 32 et 55 de la Constitution du 14 avril 1961 et les articles 20 et 66 de la Constitution du 05 mai 1963.

[122] Il convient de préciser, pour rappel historique, que l'arrêté susmentionné porte seulement nomination des membres du gouvernement, sans autres précisions concernant leurs attributions ; voir l'arrêté n° 96/PM du 25 mai 1960 modifiant les arrêtés des 20 mai 1958, 11 mai et 11 juin 1959 portant nomination des membres du gouvernement, signé par le Premier ministre Sylvanius OLYMPIO, et dont les articles 1er et 2 sont libellés comme suit : « Les 1er, 2e, 4e et 6e alinéas de l'article premier de l'arrêté susvisé, du 20 mai 1958, modifiés par les arrêtés des 11 mai et 11 juin 1959 sont remplacés par les dispositions suivantes :
MM. Sylvanius OLYMPIO, Premier ministre, ministre de la défense nationale,
Paulin FREITAS, Ministre d'État, chargé des Affaires étrangères.
MM. Hospice COCO, Ministre des finances et des affaires économiques,
Paulin AKOUETE, Ministre de la justice, Ministre du travail, des affaires sociales, de la fonction publique.
Article 2 : Est nommé :
M. Théophile MALLY, Ministre de l'intérieur, de l'information et de la presse ».

Ils sont créés par décret pris sur le rapport du ministre des Affaires étrangères et du ministre des finances[123].

On peut aisément constater que, tel que libellé, le décret de 1961 sus évoqué, comportait des « sous-entendus » logiques. En réalité, il semble que l'on ne pouvait se satisfaire définitivement de la brièveté de la description des attributions du Département chargé des relations extérieures dans ledit décret, qui, en particulier, ne faisait nulle mention, expressément, des traités et accords internationaux.

La référence aux traités et accords internationaux interviendra, au rythme, plus constant de l'adoption des textes constitutionnels, et plus mouvant des remaniements ministériels ou gouvernementaux. À titre illustratif, les références à la politique juridique extérieure de l'État, en tant que composante intrinsèque de la politique étrangère, figurent en bonne place dans l'article 1er du décret n° 91-206 du 04 septembre 1991 portant organisation et attributions du ministère des Affaires étrangères et de la coopération. Il y est indiqué que :

> Le ministère des Affaires étrangères et de la coopération est l'instrument de la politique extérieure du Togo.
> Il est le département qui représente l'État dans ses relations avec les pays étrangers ainsi qu'avec les organisations internationales.
> Il prépare et met en œuvre la politique du gouvernement dans le domaine des relations internationales.
> Il assure les relations politiques, juridiques et de coopération économique, financière, technique et culturelle avec les États, les organisations internationales et les organisations non gouvernementales.
> Il est chargé de préparer la négociation et la ratification des actes qui engagent la responsabilité internationale de l'État.
> Il veille à la défense des intérêts nationaux et à la protection des ressortissants Togolais à l'étranger.
> Pour les questions techniques, les ministères intéressés, qui sont amenés à entretenir les relations de coopération avec des pays étrangers et des organisations internationales, en informent régulièrement le ministère des Affaires étrangères et de la coopération.

Depuis 1960, les décrets successifs portant organisation et attributions du ministère chargé des Affaires étrangères sont constants

[123] Décret n° 61-17 du 17 février 1961 portant organisation de l'administration centrale du ministère des Affaires étrangères ; Journal officiel de la République togolaise, n° 149 du 16 mars 1961.

quant au fond, en ce qui concerne la mise en œuvre de la politique extérieure de l'État et, précisément, l'accomplissement des tâches requises en matière de traités et d'accords internationaux. Les seules variations notables tiennent à l'intitulé du ministère, en particulier, selon que l'accent est mis, en dehors des Affaires étrangères, soit sur la coopération soit sur l'intégration régionale ou africaine ou encore sur la diaspora. Ainsi par exemple, le décret n° 2005-118/PR du 29 décembre 2005 portant attributions du ministère des Affaires étrangères et de l'intégration africaine énonçait :

> Article 1er : le ministère des Affaires étrangères et de l'intégration africaine est chargé de la mise en œuvre de la politique extérieure de la nation définie par le chef de l'État. Il veille à la défense des intérêts de l'État et de ses activités diplomatiques.
> A ce titre il est chargé des questions de coopération internationale et d'intégration africaine.
> Article 2 : Le ministère des Affaires étrangères et de l'intégration africaine est le département ministériel habilité à traiter avec les pays étrangers ainsi qu'avec les organisations internationales et les organisations non-gouvernementales à caractère international.
> Il négocie et signe les traités, conventions, accords et protocoles internationaux et veille à leur ratification.
> Il assiste les ministères et les organismes techniques dans la négociation et la conclusion des accords internationaux.

En substance, si conformément à la Constitution, le Président de la République togolaise négocie et ratifie les traités et accords internationaux - étant entendu qu'il demeure le détenteur exclusif du pouvoir de ratification - en revanche, règlementairement, le pouvoir de négociation et de signature des traités et accords internationaux est dévolu également à d'autres personnalités publiques ; la seule condition, rappelons-le, étant que celles-ci soient munies des Pleins pouvoirs, dès lors qu'elles n'en sont pas exemptées, en vertu notamment du droit international conventionnel.

1.2 Les prescriptions et la pratique relatives aux Pleins pouvoirs

Pour négocier ou signer les traités internationaux au nom de la République togolaise, une habilitation est nécessaire. Elle s'acquiert par les Pleins pouvoirs, un document émanant de l'autorité nationale compétente et qui atteste que son détenteur est mandaté pour agir au nom de l'État. La définition des « Pleins pouvoirs », que fournit la Convention de Vienne sur le droit des traités, se lit comme suit :

> [L]'expression « pleins pouvoirs » s'entend d'un document émanant de l'autorité compétente d'un État et désignant une ou plusieurs personnes pour représenter l'État pour la négociation, l'adoption ou l'authentification du texte d'un traité, pour exprimer le consentement de l'État à être lié par un traité ou pour accomplir tout autre acte à l'égard du traité[124].

Le défaut de Pleins pouvoirs est susceptible d'affecter la validité de l'engagement international de l'État, découlant d'un traité. Pour étayer ce postulat, on se référera à quelques cas de figure, en partant de deux exemples mentionnés en 1966 par le Rapporteur spécial de la Commission du droit international, Sir Humphrey WALDOCK, dans son *Cinquième rapport sur le droit des traités* :

> En 1908, par exemple, le ministre des États-Unis en Roumanie a signé deux conventions sans y avoir été aucunement habilité. Pour l'une de ces conventions, il n'avait été investi d'aucun pouvoir par son gouvernement ; pour l'autre, il avait obtenu les Pleins pouvoirs en laissant croire à son gouvernement qu'il se préparait à signer un traité entièrement différent.
>
> Plus récemment - en 1951-, une convention relative à l'appellation des fromages, conclue à Stresa, a été signée par un représentant au nom de la Norvège et de la Suède ; or, il semble qu'il n'était habilité à la signer qu'au nom du premier pays. Dans ces deux cas, le traité était sujet à ratification et il a été ratifié[125].

Dans son commentaire sur le projet d'articles de la Convention de Vienne, toujours au titre du *Cinquième rapport sur le droit des traités* mentionné *supra*, la Commission du droit international, qui eut à examiner le défaut de compétence pour lier l'État, comme une cause de nullité, parvint à la conclusion que l'acte non autorisé du représentant d'un État est sans effet juridique, à moins qu'il ne soit confirmé ultérieurement par cet État. En effet, selon la Commission :

> Lorsqu'un représentant n'est pas habilité à conclure un traité, il paraît évident en principe que l'État doit être en droit de répudier l'acte accompli par ledit représentant [...]. Mais il semble tout aussi évident que, malgré le défaut initial d'habilitation du représentant, l'État peut ultérieurement souscrire à l'acte accompli et établir ainsi son

[124] Article 2 §1 (c) de la Convention de Vienne sur le droit des traités de 1969.

[125] *ACDI* 1966, vol. II, [A/CN.4/Ser. A/1966/Add. 1] p. 211.

consentement à être lié par le traité. Il sera aussi réputé l'avoir fait implicitement s'il invoque les dispositions du traité, ou s'il agit de manière telle qu'il paraisse considérer l'acte de son représentant comme acquis[126].

En tout état de cause, la signature par une personne non habilitée à cette fin, d'un acte censé engager l'État, est, rappelons-le, de nature à entacher la validité de l'acte considéré. La jurisprudence internationale en cette matière l'illustre abondamment. À titre d'exemple, dans le différend relatif à la *Délimitation de la frontière maritime entre le Bangladesh et le Myanmar dans le golfe du bengale (Bangladesh/Myanmar)*, le non-respect de la condition posée à l'article 7, paragraphe 1 de la Convention de Vienne de 1969, avait conduit le Tribunal international du droit de la mer à dénier toute valeur juridique probante à un procès-verbal :

> En ce qui concerne la question de l'absence des pouvoirs requis pour conclure un accord juridiquement contraignant, le Tribunal fait observer que, lorsque le procès-verbal de 1974 a été signé, le chef de la délégation birmane n'était pas un représentant qui, selon l'article 7, paragraphe 2, de la Convention de Vienne, est habilité à engager l'État sans avoir à produire de Pleins pouvoirs. De plus, le Tribunal n'a eu communication d'aucun moyen de preuve attestant que les représentants birmans étaient bien considérés comme ayant l'autorité nécessaire pour engager leur État conformément à l'article 7, paragraphe 1, de la Convention de Vienne. Le Tribunal observe que le cas d'espèce diffère de celui relatif à la déclaration de Maroua ; celle-ci ayant été signée par les deux chefs d'État concernés.
>
> Le fait que les Parties n'aient pas soumis le procès-verbal de 1974 aux procédures requises par leurs constitutions respectives pour être liées par un accord international, est une indication supplémentaire que le procès-verbal n'était pas destiné à être juridiquement contraignant[127].

Dans l'hypothèse où le représentant d'un État aurait accompli un acte relatif à la conclusion d'un traité sans y avoir été dûment autorisé et mandaté, l'État au nom duquel l'acte en cause a été effectué conserve la possibilité de « rectifier le tir » par un acte ultérieur de confirmation. C'est une solution consacrée par la Convention de Vienne sur le droit des traités, en son article 8 : « Un acte relatif à la conclusion d'un traité accompli par une personne qui ne peut, en vertu de l'article 7, être

---

126 *ACDI* 1966, vol. II, p. 211.

127 TIDM, *Délimitation de la frontière maritime dans le golfe du Bengale (Bangladesh/Myanmar)*, arrêt du 14 mars 2012, *Recueil* 2012, p. 4 §§ 96-97.

considérée comme autorisée à représenter un État à cette fin est sans effet juridique, à moins qu'il ne soit confirmé ultérieurement par cet État. »

S'il advient que l'État concerné ne désire pas ou ne peut pas opter pour la solution prévue à l'article 8 susmentionné, il lui est encore loisible, si le contexte s'y prête, et seulement dans l'hypothèse où les arguments seraient fondés, d'explorer la possibilité de faire valoir, les articles 46 à 51 de la Convention, qui portent respectivement sur les dispositions du droit interne concernant la compétence pour conclure des traités (article 46) ; la restriction particulière du pouvoir d'exprimer le consentement d'un État (article 47) ; l'erreur (article 48) ; le dol (article 49), la corruption du représentant d'un État (article 50) et la contrainte exercée sur le représentant d'un État (article 51).

1.2.1 Les autorités habilitées à délivrer les Pleins pouvoirs

Les Pleins pouvoirs, pour représenter ou engager internationalement le Togo, émanent du Pouvoir exécutif. Ils sont délivrés exclusivement par trois Autorités, chacune d'elles intervenant selon un contexte précis. De façon courante, les Pleins pouvoirs sont délivrés par le ministre chargé des Affaires étrangères (voir annexe IV). En outre, le Premier ministre peut être signataire des Pleins pouvoirs, lorsqu'il conduit *ès qualité* une délégation togolaise à une conférence internationale pour laquelle les Pleins pouvoirs sont requis de l'ensemble de la délégation. Enfin, signalons que les Pleins pouvoirs peuvent être délivrés par le Président de la République. Diverses situations peuvent nécessiter la délivrance des pleins pouvoirs par le Président de la République ; c'est le cas lorsqu'il confie une mission spéciale à l'un de ses collaborateurs (ministre, conseiller, chargé de mission, etc.). Il en est ainsi également lorsqu'il conduit la délégation togolaise aux réunions statutaires des hautes instances d'Organisations internationales. C'est le cas des sessions annuelles de l'Assemblée générale des Nations Unies, sessions auxquelles sont généralement conviés les Hauts dignitaires des États membres et pour lesquelles les Pleins pouvoirs sont requis[128].

---

[128] La participation des États membres aux sessions de l'Assemblée générale des Nations Unies est subordonnée à la présentation des Pleins pouvoirs. Aussi le Règlement intérieur de l'Assemblée générale dispose-t-il, en son article 27, que : « Les pouvoirs des représentants et les noms des membres d'une délégation sont communiqués au Secrétaire général, si possible au moins une semaine avant l'ouverture de la session. Les pouvoirs doivent émaner soit du chef de l'État ou du chef du gouvernement, soit du ministre des Affaires étrangères » : Règlement intérieur de l'Assemblée générale des Nations Unies, A/520/Rev.19.

Il convient de souligner que, selon l'article 7, alinéa 2 de la Convention de Vienne sur le droit des traités, les Chefs d'État, les chefs de gouvernement et les ministres des Affaires étrangères font partie des personnalités exemptées de Pleins pouvoirs lorsqu'elles agissent au nom de leur État :

> En vertu de leurs fonctions et sans avoir à produire de Pleins pouvoirs, sont considérés comme représentant leur État :
>
> a)les chefs d'État, les chefs de gouvernement et les ministres des Affaires étrangères, pour tous les actes relatifs à la conclusion d'un traité ;
>
> b) les chefs de mission diplomatique, pour l'adoption du texte d'un traité entre l'État accréditant et l'État accréditaire ;
>
> c)les représentants accrédités des États à une conférence internationale ou auprès d'une organisation internationale ou d'un de ses organes, pour l'adoption du texte d'un traité dans cette conférence, cette organisation ou cet organe.

La jurisprudence internationale abonde dans le même sens que la Convention de Vienne sur le droit des traités, en ce qui concerne la qualité de représentants *de jure* de l'État, conférée aux chefs d'État, chefs de gouvernement et ministres des Affaires étrangères. En 2006, dans l'affaire des *Activités armées sur le territoire du Congo*, la CIJ déclarait :

> C'est une règle de droit international bien établie que le chef de l'État, le chef de gouvernement et le ministre des Affaires étrangères sont réputés représenter l'État du seul fait de l'exercice de leurs fonctions, y compris pour l'accomplissement au nom dudit État d'actes unilatéraux ayant valeur d'engagement international[129].

Par ailleurs, comme l'indique la Convention de Vienne sur le droit des traités, en son article 7, paragraphe 1(b), les Pleins pouvoirs ne sont pas nécessaires, « s'il ressort de la pratique des États intéressés ou d'autres circonstances qu'ils avaient l'intention de considérer cette personne comme représentant l'État à ces fins et de ne pas requérir la présentation de Pleins pouvoirs ».

Chaque État est libre de déterminer la structure et le contenu textuel du document tenant lieu de « Pleins pouvoirs » que son Autorité compétente émet. Ceci vaut particulièrement pour les représentations au plan bilatéral ainsi que pour la négociation et la signature des traités

---

[129] CIJ, *Activités armées sur le territoire du Congo (nouvelle requête : 2002) (République démocratique du Congo c. Rwanda)*, arrêt du 3 février 2006, *Recueil* 2006, p.6 § 64.

ou accords bilatéraux. En ce qui concerne les traités multilatéraux conclus sous les auspices d'organisations internationales, des directives concernant la forme et le contenu des Pleins pouvoirs des représentants sont généralement élaborées et communiquées aux États membres[130].

Les Pleins pouvoirs ne doivent pas être confondus à une procuration. Les Pleins pouvoirs ne sont pas destinés à la représentation d'une Autorité (personne physique). Ils sont délivrés au nom et pour le compte de l'État. De manière générale, on distingue au Togo deux types de pouvoirs : les Pleins pouvoirs qui attribuent uniquement le droit de représentation, d'une part, et les Pleins pouvoirs de représentation et d'engagement, d'autre part[131]. Les précisions concernant chaque type de pouvoirs sont nécessairement indiquées dans les documents officiels tenant lieu de Pleins pouvoirs. En tout état de cause, dès lors qu'il s'agit de représenter le Togo à une conférence internationale qui ne vise ni la négociation d'un instrument juridique, ni une quelconque délibération sur des engagements internationaux, on considère qu'il s'agit d'une représentation d'ordre purement protocolaire. Dans cette dernière hypothèse, s'ils sont requis par les Organisateurs de la conférence en question, les pouvoirs délivrés par l'autorité compétente togolaise aux officiels togolais, seront des habilitations de simple représentation.

Par ailleurs, il n'est pas sans intérêt de signaler, qu'à l'occasion des conférences internationales, les déclarations de certains titulaires de portefeuilles ministériels ou de certains hauts fonctionnaires sont susceptibles d'engager leur État. Une telle considération émane notamment de la jurisprudence de la CIJ. En effet, en 2006, dans l'affaire sus évoquée des *Activités armées sur le territoire du Congo (République démocratique du Congo c. Rwanda)*, la CIJ affirmait :

> [I]l est de plus en plus fréquent, dans les relations internationales modernes, que d'autres personnes représentant un État dans des domaines déterminés soient autorisées par cet État à engager celui-ci,

[130] Il en est ainsi, par exemple de l'ONU, dont le Secrétariat général a élaboré et publié des orientations spécifiques sur les Pleins pouvoirs, à l'usage des États membres. Ces orientations sont contenues notamment dans *Le Précis de la pratique du Secrétaire général en tant que dépositaire de traités multilatéraux* et le *Manuel des traités publiés* ; voir Nations Unies, *Collection des traités*, LA41TR/221/Directives sur les Pleins pouvoirs/2009.

[131] Selon les enjeux, un document portant Pleins pouvoirs peut conférer une habilitation soit pour une représentation sans le pouvoir d'engager, soit attribuer le droit de représentation avec le pouvoir d'engager l'État, par le vote ou la signature d'un acte.

> par leurs déclarations, dans les matières relevant de leur compétence. Il peut en être ainsi des titulaires de portefeuilles ministériels techniques exerçant, dans les relations extérieures, des pouvoirs dans leur domaine de compétence, voire même de certains fonctionnaires.
> En l'espèce, la Cour note d'emblée que Mme Mukabagwiza s'est exprimée devant la Commission des droits de l'homme des Nations Unies en sa qualité de ministre de la justice du Rwanda et qu'elle a notamment indiqué qu'elle faisait sa déclaration « en lieu et place du peuple rwandais ». La Cour note également que les questions relatives à la protection des droits de l'homme qui ont fait l'objet de ladite déclaration relèvent du domaine de compétence d'un ministre de la justice. De l'avis de la Cour, on ne saurait en principe exclure qu'un ministre de la justice puisse, dans certaines circonstances, engager par ses déclarations l'État dont il est le représentant. La Cour ne saurait donc accueillir l'argument du Rwanda selon lequel Mme Mukabagwiza ne pouvait pas, par sa déclaration, engager l'État rwandais au plan international, du seul fait de la nature des fonctions qu'elle exerçait[132].

Il doit être précisé que, pour qu'elles puissent engager juridiquement l'État, les déclarations unilatérales de ses représentants doivent répondre à un certain nombre de critères. On se référera, à cet égard, aux *Principes directeurs applicables aux déclarations unilatérales des États susceptibles de créer des obligations juridiques adoptés*, en 2006, par la Commission du droit international. Soulignons que ces Principes ne s'appliquent qu'aux « actes unilatéraux *stricto sensu*, revêtant la forme de déclarations formelles formulées par un État dans l'intention de produire des obligations en vertu du droit international ». Ainsi, selon ces Principes :

> Tout État a la capacité d'assumer des obligations juridiques par des déclarations unilatérales ;
> Pour déterminer les effets juridiques de telles déclarations, il convient de tenir compte de leur contenu, de toutes les circonstances de fait dans lesquelles elles sont intervenues et des réactions qu'elles ont suscitées ;
> Une déclaration unilatérale n'engage internationalement l'État que si elle émane d'une autorité ayant compétence à cette fin. En vertu de leurs fonctions, les chefs d'État, les chefs de gouvernement et les ministres des Affaires étrangères sont habilités à formuler de telles déclarations. D'autres personnes représentant l'État dans des domaines déterminés

[132] CIJ, *Activités armées sur le territoire du Congo (nouvelle requête : 2002) (République démocratique du Congo c. Rwanda)*, compétence et recevabilité, arrêt du 3 février 2006, *Recueil* 2006, p. 6 §§ 47-48.

peuvent être autorisées à engager celui-ci, par leurs déclarations, dans les matières relevant de leur compétence ;
Les déclarations unilatérales peuvent être formulées par écrit ou oralement ;
Les déclarations unilatérales peuvent être adressées à la communauté internationale dans son ensemble, à un ou plusieurs États ou à d'autres entités ;
Une déclaration unilatérale n'entraîne d'obligations pour l'État qui l'a formulée que si elle a un objet clair et précis. En cas de doute sur la portée des engagements résultant d'une telle déclaration, ceux-ci doivent être interprétés restrictivement. Pour interpréter le contenu des engagements en question, il est tenu compte en priorité du texte de la déclaration ainsi que du contexte et des circonstances dans lesquelles elle a été formulée [133].

Hormis les principes constitutionnels et réglementaires afférents à la négociation et à la conclusion des traités et accords internationaux par le Togo, il est important d'évoquer, dans le cadre de l'examen de cette ossature normative, le principe établissant la compétence sur une catégorie particulière de conventions, à savoir les conventions d'emprunt et les accords relatifs à la dette de l'État.

1.2.2 La particularité de la pratique concernant la signature des conventions d'emprunt et des accords relatifs à la dette de l'État

Si, comme nous l'avons relevé plus haut, seuls le Président de la République, le Premier ministre et le ministre des Affaires étrangères sont habilités à délivrer les Pleins pouvoirs, en revanche, la signature des traités et accords internationaux ne relève pas de leur compétence exclusive. La pratique étatique montre que d'ordinaire, hormis les autorités susmentionnées, toute autre personne dûment mandatée et munie des Pleins pouvoirs peut procéder à la signature des traités et accords internationaux au nom et pour le compte de la République togolaise, indépendamment du domaine couvert par ces traités et accords internationaux ou encore des intérêts en jeu. Cependant, au vu de l'évolution du droit communautaire, il convient d'apporter une nuance fondamentale à ce postulat : les conventions relatives aux emprunts, aux dons et à la dette sont désormais soumises à un régime spécial. Ceci implique que ne puisse procéder à la signature de telles conventions que le ministre chargé des finances ou son représentant.

[133] Nations Unies, *Rapport de la Commission du droit international*, Cinquante-huitième session, 2006, Supplément n° 10 (A/61/10), pp. 385-400.

Pour autant, il ne faut pas en déduire que pour procéder à la signature de ces conventions, le ministre chargé des finances est dispensé des Pleins pouvoirs. Bien au contraire, les Pleins pouvoirs lui sont indispensables, car ce sont ces Pleins pouvoirs qui attesteront de sa qualité de représentant officiel du Togo, habilité à signer les conventions en question. En l'occurrence, le droit communautaire, qui instaure cette particularité dans la signature de certaines conventions, est celui de l'Union économique et monétaire ouest-africaine (UEMOA). Notons que l'UEMOA est une Organisation qui s'est dotée de divers dispositifs de surveillance multilatérale[134], dont le Pacte de convergence, de stabilité, de croissance et de solidarité entre les États membres[135], adopté le 8 décembre 1999.

Pour connaître l'origine exacte de l'attribution, à tout ministre chargé des finances de chacun des États membres de l'UEMOA, du pouvoir de négocier et de conclure les conventions d'emprunt, il faut se référer au règlement n°09/2007/CM/UEMOA du 4 juillet 2007 portant cadre de référence de la politique d'endettement public et de gestion de la dette publique dans les États membres de l'UEMOA. Ledit règlement précise, en son article 11 intitulé « Compétences en matière d'emprunt et de garantie par l'État », que :

> 1) Chaque État membre désigne une Autorité unique qui est seule compétente pour mener les négociations et signer les conventions d'emprunt ainsi que tous autres accords relatifs à la dette de l'État, sans préjudice des prérogatives constitutionnelles du Président de la République en la matière.

---

[134] Parmi les objectifs que l'UEMOA s'est fixés, figurent ceux d'« assurer la convergence des performances et des politiques économiques des États membres par l'institution d'une procédure de surveillance multilatérale », d'« instituer une coordination des politiques sectorielles nationales, par la mise en œuvre d'actions communes et éventuellement de politiques communes notamment dans les domaines suivants: ressources humaines, aménagement du territoire, transports et télécommunications, environnement, agriculture, énergie, industrie et mines » et d'« harmoniser, dans la mesure nécessaire au bon fonctionnement du marché commun, les législations des États membres et particulièrement le régime de la fiscalité » ; voir article 4 (b), (d), (e) du Traité de l'UEMOA, adopté le 10 janvier 1994 à Dakar et modifié le 29 janvier 2003 également à Dakar.

[135] Voir l'article 22 de l'Acte additionnel n° 04/99 portant pacte de convergence, de stabilité, de croissance et de solidarité entre les États membres de l'Union Économique et Monétaire Ouest Africaine (UEMOA).

2) L'autorité visée à l'alinéa 1 ci-dessus est également seule habilitée à signer les conventions de garantie octroyées par l'État à ses démembrements ou à des tiers[136].

Il faut préciser que ce règlement n'indique pas que chacun des États membres de l'UEMOA doit désigner son ministre chargé des finances comme Autorité compétente unique pour mener les négociations et signer les conventions en question. Par ailleurs, dans le texte sus évoqué, il n'est pas précisé que le ministre des finances est également le seul compétent pour négocier, avant leur signature, les conventions en cause. Mais on peut aisément constater que l'accent est mis sur le ministre des finances dans la plupart des dispositions de ce règlement de l'UEMOA. C'est ainsi, par exemple que, s'agissant de la composition de la structure que chaque État membre doit instituer pour la coordination et le suivi de la politique d'endettement public, l'article 11 du règlement susmentionné indique que : « *Présidée par le ministre chargé des finances ou son représentant, la structure de coordination est composée des représentants des administrations et organismes impliqués dans le processus d'endettement et de gestion de la dette publique*[137]. »

Au demeurant, il convient de signaler que c'est en exécution des directives et règlements de l'UEMOA pertinents en matière de finances publiques que, depuis 2017, le Togo édicte expressément dans ses lois de finances que le ministre des finances est exclusivement chargé de négocier les conventions ou accords relatifs aux emprunts et aux dons. C'est à ce titre que la loi n° 2017-002 du 17 janvier 2017 portant loi de finances, gestion 2017, précisait en son article 14, alinéa 3 que « *[l]e ministre chargé des Finances est seul autorisé à signer les conventions ou accords relatifs aux emprunts ou aux dons. Ces conventions ou accords sont exécutoires dès leur signature*[138] ». De même, citons la loi n° 2019-022 du 24 décembre 2019 portant loi de finances, gestion 2020, dont l'article 18, alinéa 3 se lit comme suit : « *Le ministre chargé des finances est seul autorisé à signer les conventions ou accords relatifs*

---

[136] Règlement n°09/2007/CM/UEMOA du 04 juillet 2007 portant cadre de référence de la politique d'endettement public et de gestion de la dette publique dans les États membres de l'UEMOA.

[137] Article 11, alinéa 1 de l'Acte additionnel n° 04/99 portant pacte de convergence, de stabilité, de croissance et de solidarité entre les États membres de l'Union Économique et Monétaire Ouest Africaine (UEMOA) ; nos italiques.

[138] Loi n° 2017-002 du 17 janvier 2017 portant loi de finances, publiée au Journal officiel de la République togolaise, n° 3 du 17 janvier 2017 ; nos italiques.

aux emprunts et aux dons. Ces conventions ou accords sont exécutoires dès leur signature. L'avis juridique de la Cour suprême peut être requis et fait foi dans le cadre de la signature des conventions ou accords relatifs aux emprunts[139]. »

La compétence du ministre chargé des finances à signer les conventions ou accords relatifs aux emprunts et aux dons a été réaffirmée, à plusieurs reprises, par la Cour suprême, saisie pour avis concernant certaines conventions de dons. Ainsi, le 29 mars 2017, le raisonnement qui avait conduit la Cour suprême à déclarer que l'accord de financement entre la République togolaise et l'Association internationale de développement, conclu dans le cadre du financement additionnel du programme de productivité agricole en Afrique de l'Ouest, « a été dûment autorisé, signé et remis au nom de la République togolaise », était que :

> [L]'accord de financement [entre la République togolaise et l'Association internationale de développement] a été signé le 03 mars 2017, au nom de la République togolaise par le ministre de l'Économie et des Finances, seul autorisé, en vertu des disposions de l'article 14, alinéa 3 de la loi n° 2017-002 du 17 janvier 2017 portant loi de finances, gestion 2017 susvisée, à signer les conventions et accords relatifs aux emprunts ou aux dons ; [La Cour est d'avis que] la signature de l'accord de financement susmentionné, par ledit ministre engage valablement la République togolaise et que de tels conventions ou accords sont exécutoires dès leur signature conformément aux dispositions de l'article 14 de la loi n°2017-002 du 17 janvier 2017 susvisée[140].

Il va sans dire que, dans le cadre de l'usage par le Togo de la faculté de négocier et de conclure les traités et accords internationaux, les principes constitutionnels, législatifs et réglementaires, qui viennent d'être examinés, revêtent un caractère fondamental voire indispensable. Il est non moins évident que des considérations relatives à la structure, au contenu et au dépôt des traités et accords internationaux s'avèrent également déterminantes pour la pratique conventionnelle.

---

[139] Loi n° 2019-022 du 24 décembre 2019 portant loi de finances, gestion 2020, publiée au Journal officiel de la République togolaise, n° 34 *ter* du 24 décembre 2019 ; nos italiques.

[140] Cour suprême, *Avis juridique sur l'accord de financement entre la République togolaise et l'association internationale pour le développement dans le cadre du financement additionnel du programme de productivité agricole en Afrique de l'Ouest*, 29 mars 2017 [Journal officiel de la République togolaise, n° 16 du 31 mai 2017, p. 3-6].

CHAPITRE 2 : CONSIDÉRATIONS SUBSTANTIELLES TENANT AU CONTENU, À LA MATÉRIALITÉ ET À LA VALIDITÉ DES TRAITÉS INTERNATIONAUX

La négociation, l'élaboration et la conclusion des traités bilatéraux et multilatéraux obéissent à des exigences particulières de forme et de fond. Dans la pratique nationale, outre les grands principes codifiés par la Convention de Vienne de 1969 en ce qui concerne les traités en général, il est tenu compte, d'éléments essentiels (indicateurs, paramètres, prescriptions, précautions, etc.) qui participent aussi bien de l'expression de l'identité de l'État togolais que de l'affirmation de sa souveraineté. L'ambition n'est pas de dresser un tableau exhaustif de ces éléments dits essentiels. En l'occurrence, on s'intéressera aux considérations qui se rapportent à la langue et à certaines mentions utiles, aux préambules et aux dispositions finales, ainsi qu'au dépôt et à l'enregistrement des traités internationaux.

2.1 La langue et les mentions utiles

La Constitution togolaise du 14 octobre 1992 consacre le français comme langue officielle de la République. Il convient de relever que la Constitution de la Ière République, du 14 avril 1961, ne comporte aucune référence à la langue officielle. La mention du français comme langue officielle n'est apparue qu'à la faveur de la Constitution de la IIe République, du 5 mai 1963, notamment en son article 1er, alinéa 8 : « La langue officielle de la République est le français. » Cet énoncé « disparaît » de la Constitution de la IIIe République, du 9 janvier 1980, pour ne « réapparaître » que dans la Constitution de la IVe République, du 14 octobre 1992, en son article 3, alinéa 7.

À titre de comparaison, en France, la mention du français comme langue de la République dans la Constitution n'est intervenue qu'en 1992[141] ; elle ne figurait pas dans la Constitution de 1958. En effet, à la

[141] Voir Circulaire du Premier ministre français Jean-Marc AYRAULT, du 25 avril 2013, relative à l'emploi de la langue française, dont la partie introductive indique : « Depuis l'ordonnance de Villers-Cotterêts qui, en 1539, a fait du français la langue de l'administration et de la justice jusqu'à l'inscription en 1992 dans notre Constitution de la disposition selon laquelle : "La langue de la République est le français", notre pays s'est construit dans un rapport étroit à la langue française. Nous disposons aujourd'hui d'un cadre législatif et règlementaire qui crée les conditions d'exercice d'un droit au français dont nos concitoyens tirent parti dans leur vie quotidienne»:https://www.culture.gouv.fr/content/download/94055/file/20132504_C

faveur de la loi constitutionnelle n° 92-554 du 25 juin 1992, les modifications apportées à la Constitution de 1958 concernaient, entre autres, l'insertion d'un alinéa à l'article 2 de ladite Constitution, précisant que : « La langue de la République est le français. » Pour autant, sans qu'il fût besoin pour les constituants français de le graver dans les textes constitutionnels depuis la naissance de la République en 1792 jusqu'en 1992, la langue française était déjà consacrée dans la vie publique comme langue officielle depuis l'ordonnance de Villers-Cotterêts, signée le 10 août 1539 par François 1er. En réalité, cette ordonnance de 1539 constitue l'acte de naissance de la primauté et de l'exclusivité du français dans les documents relatifs à la vie publique du royaume de France, documents qui étaient jusqu'à cette date rédigés en latin, notamment[142].

Dans la pratique, le français, consacré langue officielle par la Constitution togolaise du 14 octobre 1992, occupe une place essentielle. Pour autant, cela n'induit pas son usage exclusif, dans la sphère publique[143]. En effet, il n'est pas rare que des documents officiels soient publiés en anglais au Journal officiel de la République togolaise[144]. Il en a été ainsi de l'accord de financement n° 6016-TG du 09 juin 2017 entre la République togolaise et l'Association internationale de

---

irculaire-du-Premier-ministre-relative-a-lemploi-de-la-languefrancaise_Premier Ministre.pdf?inLanguage=fre-FR, consulté le 13 janvier 2019.

142 Un article, dans la rubrique « Histoire des politiques culturelles », sur le site officiel du ministère français de la culture renseigne sur cette ordonnance : « Longue de 192 articles, l'ordonnance concerne essentiellement la gestion et l'administration du royaume. Elle est considérée comme le plus ancien texte législatif français encore en vigueur, les articles 110 et 111 n'ayant jamais été abrogés. Ceux-ci promulguent l'obligation de prononcer, enregistrer et délivrer tous les actes officiels et de justice en "langage maternel français". Le français connaîtra alors un essor significatif au détriment du latin ou des dialectes et langues régionales » [https://www.culture.gouv.fr/Le-ministere-de-la-Culture-a-60-ans/60ans60dates#/Thursday-10-August-1539-Ordonnance-de-Villers-Cotterets,(jeudi 31 juillet 1539 - Ordonnance de Villers-Cotterêts), consulté le 20 décembre 2018].

143 Certes le français est la langue officielle mais il faut souligner qu'une cinquantaine de langues sont parlées au Togo, dont deux qui ont le statut de langues nationales : l'Éwé et le Kabyè.

144 Le statut de l'anglais (ou son positionnement aux côtés du français), dans la sphère publique nationale, pourrait être opportunément étudié, à la lumière de l'adhésion du Togo au Commonwealth en 2022.

développement, conclu exclusivement en anglais et publié *in extenso* au Journal officiel de la République[145].

En ce qui concerne les accords bilatéraux que les diplomates ou hauts fonctionnaires Togolais sont appelés à négocier, il est de coutume de veiller à ce que le texte de ces accords soit élaboré aussi en version française. On s'accorde sur la nécessité d'une version anglaise, devant faire foi en cas de divergences, dans le cas où l'autre Partie contractante n'est ni francophone ni anglophone. Dans le cas d'un traité en plusieurs langues, les négociateurs pourront s'accorder sur le choix du texte qui sera désigné comme faisant foi. La démarche peut s'avérer particulièrement laborieuse, si au-delà du seul souci de commodité, ou de la nécessité d'une bonne et meilleure compréhension du texte du traité en cas de divergence, s'y ajoutent d'autres enjeux. À cet égard, le Rapporteur spécial de la Commission du droit international, Sir Humphrey WALDOCK relève :

> [U]n traité plurilingue peut disposer qu'en cas de divergence entre les textes, un texte déterminé l'emportera. Il n'est pas rare, en effet, qu'un traité conclu entre deux États, parce que la langue de l'un n'est pas comprise par l'autre ou qu'aucun des deux États ne désire reconnaître la supériorité de la langue de l'autre, désigne un texte dans une troisième langue comme faisant foi en cas de divergence. On en trouve un exemple dans le Traité d'amitié conclu entre le Japon et l'Éthiopie en 1957 en japonais, en amharique et en français, dont l'article 6 déclare que le texte français fait foi « en cas de divergence d'interprétation ». Les Traités de paix de Saint-Germain, Neuilly et Trianon constituent un cas assez particulier ; ces traités ont été rédigés en français, en anglais et en italien et disposent qu'en cas de divergence le texte français l'emportera, sauf en ce qui concerne les première et douzième parties, contenant respectivement le Pacte de la Société des Nations et les articles relatifs à l'Organisation internationale du Travail[146].

Pour contextualiser et poursuivre l'examen de quelques mentions utiles, il importe de souligner le rôle primordial du ministère des Affaires étrangères dans le mécanisme de conclusion des traités et accords internationaux, et plus globalement dans la conduite de la politique nationale à l'égard du droit international. Dans cette optique, notons que les compétences dévolues au ministère, en matière de traités

---

[145] La publication dudit accord est consécutive à l'avis juridique rendu par la Cour suprême du Togo le 18 juillet 2017 ; voir Journal officiel de la République togolaise, 62ème année, nº 22.

[146] *ACDI* 1966, vol. II, p.244.

et accords internationaux, sont notamment exécutées par la Direction des affaires juridiques, un service qui assiste, donne des avis et conseille les autres services centraux, les missions diplomatiques togolaises à l'étranger et les départements ministériels sur les questions touchant au droit international et aux engagements internationaux du Togo.

L'implication active du service juridique du ministère chargé des Affaires étrangères, dans l'élaboration et la conclusion des traités et accords internationaux, a pour atout, au premier chef, d'œuvrer en sorte que ne puissent pas figurer dans les textes de ces traités et accords, les formules qui feraient entorse à l'orthodoxie en matière d'engagements internationaux. Et, de ce point de vue, il n'est guère seulement question de formules diplomatiques, mais surtout de respect des attributs juridiques de la République togolaise. Ainsi, à titre d'exemple, les négociateurs et rédacteurs Togolais des traités et accords internationaux s'assurent de l'exactitude de la dénomination officielle de l'État dans les textes élaborés aux fins d'engagements.

Sur la base de ce qui précède, il convient de souligner que la dénomination officielle est « *République togolaise* » pour la forme longue, et « *Togo* » pour la forme courte. Pour la version anglaise d'un accord bilatéral ou multilatéral, il est de coutume de veiller à la bonne traduction du nom officiel « *République togolaise* » ; l'équivalent en anglais de « *République togolaise* » étant « *Republic of Togo* » et non « *Togolese Republic* ». Nonobstant quelques disparités, deux exemples de l'usage du terme « *Republic of Togo* », pour désigner la « *République togolaise* », rendent compte de la pratique en vigueur. La version anglaise de la Déclaration d'acceptation des obligations contenues dans la Charte des Nations Unies[147], signée par le Président

[147] La mention « République du Togo », contenue dans le texte officiel français de cette Déclaration enregistrée au Secrétariat général des Nations Unies, le 20 septembre 1960, résulte, selon toute vraisemblance, d'une erreur matérielle. Il faut toutefois souligner que la mention correcte de l'appellation officielle du Togo fut consignée dans la résolution 1477 (XV) portant admission du Togo à l'ONU, adoptée par l'Assemblée générale, le 20 septembre 1960. Cette résolution (A/RES/1477) se lit comme suit :

« 1477 (XV). Admission de la République togolaise à l'Organisation des Nations Unies

L'Assemblée générale

Ayant reçu la communication du Conseil de sécurité, en date du 31 mai 1960, recommandant l'admission de la République togolaise à l'Organisation des Nations Unies,

Ayant examiné la demande d'admission de la République togolaise,

Sylvanus OLYMPIO, le 21 mai 1960 à Lomé, et enregistrée aux Nations Unies le 20 septembre 1960, sous le numéro 5355 est ainsi libellée :

> I have the honour to confirm the contents of my cable [...]. On 27 April 1960, pursuant to the agreement reached between the French Government and the Togolese Government, the *Republic of Togo* became independent.
>
> I therefore have the honour, on behalf of my Government and in accordance with Article 4 of the Charter, to apply for the admission of the *Republic of Togo* to membership in the United Nations and [...], I hereby declare that the *Republic of Togo* undertakes to accept without reservation the obligations contained in the Charter of the United Nations with effect from the date of its admission to membership[148].

L'accord entre le gouvernement de la République togolaise et l'Agence internationale de l'énergie atomique relatif à l'application de garanties dans le cadre du traité sur la non-prolifération des armes nucléaires, signé à Washington, le 29 novembre 1990, a été enregistré aux Nations Unies, dans sa version anglaise, en ces termes : « *Agreement between the government of the Republic of Togo and the international atomic energy agency for the application of safeguards in connection with the treaty on the non-proliferation of nuclear weapons. Washington, 29 november 1990*[149]. »

Autant il est nécessaire de veiller à l'usage de « *Republic of Togo* », comme l'équivalent en anglais de « *République togolaise* » dans les textes des accords et traités internationaux, autant il est essentiel de s'assurer de l'exacte dénomination de l'État dans la version française des textes concernés, car les termes en cause ne sont pas interchangeables. Le nom officiel consacré par les lois constitutionnelles togolaises depuis 1960 est donc « *République togolaise* » et non *« République du Togo ».*

Diverses interprétations du choix, par le Constituant togolais, de l'appellation « *République togolaise* », au lieu de « *République du Togo* », sont envisagées. Déjà, dans la loi constitutionnelle du 23 avril

---

Décide d'admettre la République togolaise à l'Organisation des Nations Unies.
864ème séance plénière,
20 septembre 1960 »

[148] Nations Unies, *Recueil des traités*, vol. 375, 1960, p. 85 ; nos italiques.

[149] Nations Unies, *Recueil des traités*, vol. 2902, 2016, p.1 ; nos italiques.

1960, l'institution du nom officiel « *République togolaise* [150]» pour désigner l'État togolais, en lieu et place de « *République du Togo* », traduit le souci du Constituant togolais de se démarquer de tout élément de langage, concernant précisément la dénomination de l'État togolais, qui donnerait à penser à une survivance de la « *République autonome du Togo* » de 1956[151], anciennement placée sous administration française. Par ailleurs, faire le choix de l'appellation « *République du Togo* » en omettant seulement l'adjectif « *autonome* », et, au surplus, garder la même appellation de *« République du Togo »* qui avait été instituée en 1958[152], aurait eu, nous semble-t-il, le don de conserver, dans cette nouvelle dénomination de l'État indépendant, une charge symbolique anachronique et confondante.

Étendons notre champ d'observation, pour rappeler, que l'appellation officielle de l'État français, en forme longue, est « *République française* » et non *« République de France ».* La structuration de cette appellation serait-elle fondée sur une règle grammaticale ? Assurément, la réponse à cette question ne peut qu'être négative[153].

Il ne s'agit pas ici d'effectuer une revue détaillée de la syntaxe et encore moins des différentes motivations sur lesquelles reposeraient les dénominations ou appellations officielles des États ; ce sujet nécessiterait à lui seul des développements dont l'amplitude dépasserait le cadre du présent ouvrage. On peut admettre sommairement,

---

[150] Voir loi n° 60-10 du 23 avril 1960 modifiant l'organisation des institutions de la République togolaise, publiée au Journal officiel de la République togolaise, n° 121 du 25 avril 1960.

[151] Voir décret [français] n° 56-847 du 24 août 1956 portant statut du Togo, promulgué au Togo par l'arrêté n° 745-56/C du 29 août 1956 ; Journal officiel du territoire du Togo, n° 888 du 30 août 1956.

[152] Voir décret [français] n°58-187 du 22 février 1958 modifiant le décret du 24 août 1956 [Journal officiel de la République française du 23 février 1958, consulté sur : https://www.legifrance.gouv.fr.

[153] Saisi en vue d'éclairer sur le point de savoir s'il y a un principe ou un raisonnement qui sous-tend l'appellation officielle de l'État français, le Service du Dictionnaire de l'Académie française a répondu qu'il n'est « pas certain qu'il y ait des explications grammaticales qui puissent rendre compte des différences entre [les] diverses appellations [des États francophones énumérés] ». Signalons que la question de fond, en l'occurrence, était substantiellement de savoir *« [...] pourquoi le nom officiel de l'État français est "République française" et non "République de France" ? [...] »* : Extrait de la réponse que le Service du Dictionnaire de l'Académie française nous a communiquée, suite à notre sollicitation en décembre 2020.

qu'excepté l'univers de la grammaire, il y a lieu d'explorer d'autres champs disciplinaires, notamment ceux de la rhétorique, de la géopolitique, de l'histoire, de la géographie et de la science politique, pour mieux appréhender les noms des États ou la toponymie en général. En ce sens, nombre d'auteurs font observer que « [l]'activité officielle de *régulation toponymique* [...] est loin d'être neutre[154] ». D'ailleurs, comme le relèvent certains chercheurs : « [n]ommer le territoire est un *acte politique fondateur* ; le renommer est tout aussi politiquement signifiant[155] ».

Pour transposer tout ce qui vient d'être évoqué dans le contexte qui nous intéresse, il est opportun de faire remarquer qu'en fonction notamment de l'histoire nationale et du système politique en vigueur dans un État donné, l'appellation officielle de l'État associant le substantif *« République »* connaît des formulations diverses[156]. Pour les États africains francophones qui ont opté pour un nom associé à *« République »,* il y a par exemple la République du Bénin, la République du Cameroun, la République du Congo, la République de Djibouti, la République de Guinée, la République de Côte d'Ivoire, la République du Mali, la République du Niger. Sans vouloir ni pouvoir être exhaustif, au sujet de ces syntaxes toponymiques, mettant en exergue le substantif « *République »,* on peut également relever, à titre de comparaison, les appellations suivantes : la République gabonaise, la République centrafricaine, la République tunisienne.

L'attention portée à l'appellation officielle d'un État n'est pas fortuite et, objectivement, ne saurait être perçue comme relevant d'un

---

[154] Frédéric GIRAUT, Myriam HOUSSAY-HOLZSCHUCH et Sylvain GUYOT, « Au nom des territoires ! Enjeux géographiques de la toponymie », *L'Espace géographique,* vol. 37, Éditions Belin, 2008, p. 98 ; nos italiques. Voir également sur ce sujet, Hervé GUILLOREL, « Onomastique, marqueurs identitaires et plurilinguisme. Les enjeux politiques de la toponymie et de l'anthroponymie », *Droit et cultures*, n° 64, 2012, p. 11-50.

[155] Frédéric GIRAUT, Myriam HOUSSAY-HOLZSCHUCH et Sylvain GUYOT, « Au nom des territoires ! Enjeux géographiques de la toponymie », *op. cit.*, p. 97 ; nos italiques.

[156] ST/DCS/5, Publication des Nations Unies, *Traitement des textes français à l'ONU, Usage et règles*, New York, 1988 ; consulté sur : https://undocs.org. Voir également Recommandations concernant les noms d'États, d'habitants, de capitales, de sièges diplomatiques ou consulaires, liste établie par le ministère des Affaires étrangères et européennes de la France, JORF n°0223 du 24 septembre 2008, texte n° 91 ; consulté sur https://www.legifrance.gouv.fr.

formalisme anodin. Dans les relations internationales, il est admis que les éléments d'identification officielle d'un État concourent, dans une certaine mesure, à l'expression ou à la réaffirmation de sa souveraineté ; tout État est donc libre d'instaurer, pour son propre compte et selon les convenances toponymiques, les éléments de son identification. C'est sous ce prisme que l'on analyse les changements de dénominations des États, tels que notifiés au Secrétaire général des Nations Unies depuis 1960. Ainsi, par exemple : l'ancien « Dahomey » est devenu le « Bénin » à partir du 2 décembre 1975 ; l'ancienne « Haute Volta » est appelée « Burkina Faso » à partir du 4 août 1984 ; l'ancien « Swaziland » s'identifie désormais comme « Eswatini » depuis le 19 avril 2018 ; l'ancien « Zaïre » est devenu la « République démocratique du Congo » depuis le 27 octobre 1971 ; et l'ancien « Ceylan » est appelé le « Sri Lanka » depuis le 29 août 1972 ; la « République de Turquie » change de nom et devient « République de Türkiye », à partir du 2 juin 2022[157].

La mention inexacte ou fausse de l'appellation officielle d'un État est susceptible d'avoir des conséquences sur les plans juridique et diplomatique. La portée de telles conséquences peut néanmoins être atténuée s'il s'avère que l'appellation inappropriée formulée ou libellée au sujet d'un État résulte d'une erreur, et que ladite erreur a été reconnue comme telle par la personne ou l'institution qui en a été l'auteur. En ce sens, et sur le plan judiciaire, il est admis que l'erreur dans l'identification d'un État défendeur ne peut entraîner l'irrecevabilité d'une requête. C'est en substance ce que la Cour Africaine des Droits de l'Homme et des Peuples (CADHP) a affirmé, dans son arrêt rendu dans l'affaire *Lohé Issa Konaté c. Burkina Faso* :

> Dans son Mémoire en réponse à la requête, l'État défendeur fait valoir ce qui suit :
> « Si le requérant a fourni, dans sa requête, des indications précises sur la partie demanderesse (Lohé Issa Konaté), ainsi que les noms et adresses des personnes désignées comme ses représentants, en revanche, les indications qu'il a fournies sur le défendeur (Burkina Faso), ne sont ni précises, ni correctes. En effet, la partie défenderesse indiquée sur la requête " République Populaire Démocratique du Burkina Faso " ne désigne pas l'État du Burkina Faso. Le Burkina Faso

[157] Nations Unies, *Collection des traités*, « Information historique » [https://treaties.un.org/Pages/HistoricalInfo.aspx?clang=_fr, consulté les 29 octobre 2019 et 2 juin 2022].

prie donc humblement la Cour de constater que la partie désignée dans la requête de Lohé Issa Konaté (République Populaire Démocratique du Burkina - Faso*)* ne le désigne pas. Par ailleurs, il n'a pas qualité pour être défendeur dans cette requête introduite contre " République Populaire Démocratique du Burkina Faso ".

Dans sa Réplique en date du 18 novembre 2013, le requérant a répondu en soutenant qu'une erreur s'était produite en écrivant le nom du Burkina Faso sur la page de couverture ainsi qu'aux pages 2 et 7 de la requête et s'est excusé de cette erreur dans les termes qui suivent: « Le requérant admet avoir commis une erreur dans l'indication de l'identité du défendeur en page de couverture, ainsi qu'aux pages 2 et 7. Le requérant regrette cette erreur et présente ses excuses pour tout désagrément que cela a pu causer, mais il fait valoir aussi que cette erreur ne saurait être considérée comme un "défaut d'identification de l'État défendeur" [traduction]. En dehors des pages indiquées ci-dessus, l'État défendeur est convenablement identifié dans le reste de la requête comme étant le " Burkina Faso ", qui comme le souligne à plusieurs reprises la réponse (...) est l'appellation officielle de l'État défendeur ».

De l'avis de la Cour, une erreur en tant que telle, dans le titre de la requête, même portant sur l'identité du requérant ou de l'État défendeur ne saurait donc constituer un motif de non-recevabilité de celle-ci[158].

La propension éventuelle à tirer des conséquences « lourdes » d'erreurs portant seulement sur la dénomination des États, peut être considérée, dans une certaine mesure, comme excessive. Cependant, il faut bien se rendre à l'évidence que l'erreur matérielle est toujours porteuse de conséquences, et qu'*a fortiori* « même lorsqu'elle n'affecte que la manifestation de la volonté, l'erreur est dans les relations internationales, plus qu'en droit interne, source de troubles graves[159] ».

2.2 Les préambules et les dispositions finales

Au même titre que le dispositif d'un traité, le préambule et les dispositions finales occupent une place non négligeable dans les négociations entre Parties. L'attention qui leur est accordée varie selon qu'il s'agit d'un accord bilatéral ou d'un traité multilatéral, ainsi que de la matière ou du domaine sur lequel porte l'accord en question. Il faut relever que lorsqu'il s'agit d'un traité multilatéral que le Togo envisage de signer, les négociateurs et plénipotentiaires togolais s'assurent que

---

[158] CADHP, *Lohé Issa Konaté c. Burkina Faso*, arrêt du 5 décembre 2014, *Recueil de jurisprudence de la Cour africaine (RJCA)*, 1 RJCA 324.

[159] Louis DUBOUIS, « L'erreur en droit international public », *AFDI*, vol. 9, 1963, p. 197.

les conventions éventuellement citées dans le préambule ou dans le dispositif du traité ont été ratifiées par le Togo ou, à tout le moins, que celles-ci n'entrent pas en conflit avec les dispositions constitutionnelles ou qu'elles pourraient s'avérer incompatibles avec ces dernières. Toutes ces précautions permettent d'anticiper et d'atténuer les difficultés éventuelles de forme et de fond, lorsque le texte du traité sera examiné, dans le cadre du processus de ratification.

Signalons que, dans l'hypothèse où il s'avère que le Togo n'est pas encore Partie aux conventions référencées dans le préambule ou le dispositif d'un traité adopté et dont la ratification est envisagée, d'ordinaire il est procédé à la ratification ou à l'adhésion préalable aux conventions concernées. Cette procédure a été suivie par le Togo avant la ratification de la Charte africaine sur la sécurité et la sûreté maritimes et le développement en Afrique (Charte de Lomé), adoptée le 15 octobre 2016 à Lomé. Il convient de noter que le préambule de cette Charte renvoie nommément à une quinzaine de conventions régionales et internationales[160].

Dans le préambule d'un traité, la référence à d'autres instruments internationaux a souvent l'intérêt de réaffirmer l'adhésion des Parties aux dispositions fortes contenues dans lesdits instruments et peut aussi,

---

[160] Le préambule de cette Charte est libellé comme suit : « Considérant la Convention des Nations Unies sur le Droit de la mer du 10 décembre 1982, notamment ses articles 100, 101 et 105, définissant le cadre juridique de la lutte contre la piraterie et les vols à main armée contre les navires et la Convention internationale pour la sauvegarde de la vie humaine en mer, du 1er novembre 1974 ; Considérant la Convention internationale pour la répression de la pollution par les navires du 2 novembre 1973 ; Considérant la Convention pour la répression d'actes illicites contre la sécurité de la navigation maritime du 10 mars 1988 et son Protocole du 14 octobre 2005 ; Considérant la Convention de Bâle sur le contrôle des mouvements transfrontières de déchets toxiques et de leur élimination du 22 mars 1989 ; Conscients de la Convention des Nations Unies contre la criminalité transnationale organisée (Convention de Palerme) du 15 novembre 2000, et de ses trois protocoles additionnels ; Considérant la Convention de Bamako sur l'interdiction de l'importation en Afrique, le contrôle des mouvements transfrontières et la gestion des déchets dangereux en Afrique du 30 janvier 1991 ; Considérant également la Convention pour la répression d'actes illicites contre la sécurité de la navigation maritime conclue à Rome le 10 mars 1988 ; Rappelant les dispositions de la Convention de l'OUA sur la prévention et la lutte contre le terrorisme du 14 juillet 1999 et du Protocole à la Convention de l'OUA sur la répression et la lutte contre le terrorisme du 1er juillet 2004 ; Rappelant en outre les dispositions de la Charte africaine révisée des transports maritimes du 26 juillet 2010 […] » ; voir Charte de Lomé sur : https://au.int/fr.

par la même occasion, conférer au traité concerné une robustesse et un large spectre juridique.

S'agissant par exemple de la Charte africaine sur la sécurité et la sûreté maritimes et le développement en Afrique, la « robustesse juridique » tient non seulement à l'emploi des « *considérant* » qui précèdent l'énumération de conventions, mais aussi, au dispositif, car certaines définitions, principes et objectifs renvoient expressément à ceux retenus par des conventions multilatérales spécifiques (articles 1, 2, 3, 8 de la Charte). On comprend dès lors qu'en pareil cas, le préambule ne se borne plus seulement à énoncer l'esprit général qui préside à la conclusion de la Charte de Lomé ou encore les buts globaux que visent les États Parties à cette Charte, mais que cette Charte établit une forte corrélation entre ses propres stipulations et celles de divers autres traités régionaux et internationaux.

Dans le *Dictionnaire de la terminologie du droit international*, Jules BASDEVANT définit le préambule comme :

> La partie initiale d'un traité qui en précède le dispositif et qui contient l'énumération des États contractants au nom desquels agissent les plénipotentiaires ou des gouvernements prenant part à sa conclusion, l'exposé des motifs qui ont déterminé la conclusion du traité, l'indication de l'objet ou du but de celui-ci, éventuellement quelque disposition complémentaire, l'indication des plénipotentiaires qui le rédigent et le signent, ou certaines de ces énonciations[161].

Sans qu'il soit besoin de faire un rapprochement avec le droit interne et de s'attarder sur la controverse au sujet de la valeur juridique des « préambules constitutionnels[162] », on relèvera tout de même que l'intérêt accordé au préambule est fonction, entre autres, de l'objectif et du nombre des parties prenantes, de la nature de l'accord ainsi que du contexte de sa négociation. Évoquons ici à titre d'exemple le préambule

---

[161] Jules BASDEVANT, *Dictionnaire de la terminologie du droit international*, Paris, 1960, p. 465, cité par Daniel RIETIKER, « Préambule », dans *Convention de Vienne de 1978 sur la succession d'États en matière de traités. Commentaire article par article et études thématiques*, Giovanni DISTEFANO, Gloria GAGGIOLI et Aymeric HECHE (dir.), Bruxelles, 2016, pp. 7-60.

[162] Dominique CARREAU et Fabrizio MARRELLA, *Droit international*, 11ème édition, éditions A. Pedone,2012, p. 151. Voir également à cet sujet, l'article du Professeur Yves POIRMEUR, « La réception du préambule de la constitution de 1946 par la doctrine juridique ; la construction de la juridicité du préambule par ses premiers commentateurs », Centre Universitaire de Recherche sur l'Action publique et le Politique (CURAAP) : https://www.u-picardie.fr/curapprevues/root/37/yves_poirmeur.pdf_4a083102a98d2/yves_poirmeur.pdf, consulté le 18 novembre 2019.

de la Convention entre le gouvernement de la République française et le gouvernement de la République togolaise, relative à la circulation et au séjour des personnes, conclue le 13 juin 1996 à Lomé, qui s'illustre, exceptionnellement, par sa brièveté :

> Le Gouvernement de la République française,
> Et
> Le Gouvernement de la République togolaise,
> Tenant compte des engagements multilatéraux liant l'une ou l'autre Partie et de l'évolution intervenue dans les rapports entre les deux États ;
> Désireux de fixer, dans l'intérêt commun, des règles spéciales de la circulation des personnes entre les deux États sur le fondement de la réciprocité, de l'égalité et du respect mutuels, sont convenus des dispositions suivantes : […].

Si comme le notent Jean-Pierre COT et Alain PELLET, « le préambule prolonge le titre autant qu'il annonce le contenu[163] », il est clairement établi qu'en certaines circonstances, les rédacteurs/négociateurs d'un traité choisissent de faire preuve d'une extrême « souplesse formelle » dans l'élaboration du préambule du traité. « Le préambule ne fait pas l'accord ; il n'est donc pas indispensable. », serait-on tenté de conclure. Mais s'en tenir à cette conclusion, c'est sans doute sous-estimer la valeur d'un préambule. À cet égard, évoquant les enjeux et la valeur juridique du préambule des traités, Dominique CARREAU et Fabrizio MARRELLA font remarquer que :

> [L]e préambule d'un traité n'est pas à négliger surtout s'il s'agit de procéder à l'interprétation du texte d'un traité afin de découvrir « l'intention des Parties contractantes » (c'est ainsi que dans l'affaire des ressortissants américains au Maroc qui opposa la France et les États-Unis devant la C.I.J. en 1952, la Cour s'estima fondée à examiner le préambule d'un traité afin de pouvoir en apprécier la portée exacte[164].

Par ailleurs, les dispositions finales des traités et accords internationaux constituent des éléments essentiels, qu'il convient d'examiner. En effet, une attention particulière doit être portée sur les modalités d'entrée en vigueur et le règlement des différends. Dans la pratique togolaise, les dispositions concernant l'entrée en vigueur des

[163] Jean-Pierre COT et Alain PELLET (dir.), *La Charte des Nations Unies, Commentaire article par article*, Economica Bruylant, Paris / Bruxelles, 1985, p. 3.
[164] Dominique CARREAU et Fabrizio MARRELLA, *Droit international*, 11e éd., Pédone, 2012, p. 151.

traités sont évaluées à l'aune de l'article 138 de la Constitution[165], qui se rapporte aux traités et accords soumis à ratification. Si, pour les traités multilatéraux, on peut préjuger des modalités généralement requises (signature, ratification/adhésion, quotas de ratification ou d'adhésion préalables à l'entrée en vigueur, etc.), il en va autrement des traités bilatéraux qui peuvent prévoir des modalités beaucoup plus souples, les Parties ayant toujours la faculté d'opter pour un accord en forme simplifiée ou en forme solennelle.

Dans la plupart des traités bilatéraux que le Togo a conclus, la constance se dégage autour des deux types de formulations suivantes, en ce qui concerne l'entrée en vigueur de ces traités :

> Option 1 : Le présent Accord entre en vigueur à la date de la notification par les Parties de l'accomplissement des procédures internes requises.
> Option 2 : Chacune des Parties notifiera à l'autre l'accomplissement des procédures internes requises, en ce qui la concerne, pour la mise en vigueur de la présente convention, qui prendra effet le premier jour du deuxième mois suivant la réception de la dernière notification.

S'agissant des accords conclus entre le Togo et les Organisations internationales (OI), les modalités d'entrée en vigueur sont différentes. Certains accords prévoient une notification d'acceptation à la charge de l'OI concernée et une notification de la ratification à l'OI par l'État co-contractant. Dans le cas d'un accord entre un État et une OI, l'hypothèse de l'accomplissement des formalités de ratification à la charge exclusive de l'État, n'est pas à exclure. À cet égard, citons, à titre illustratif, l'Accord entre le Gouvernement de la République togolaise et l'Agence internationale de l'énergie atomique relatif à l'application de garanties dans le cadre du Traité sur la non-prolifération des armes nucléaires, signé le 29 novembre 1990 à Washington, et dont l'article 24 indique :

> Le présent Accord entrera en vigueur à la date à laquelle l'Agence reçoit du Togo notification écrite que les conditions d'ordre législatif et constitutionnel nécessaires à l'entrée en vigueur sont remplies. Le Directeur général informe sans délai tous les États Membres de l'Agence de l'entrée en vigueur du présent Accord.

Enfin, le mode et les mécanismes de résolution des différends constituent des éléments fondamentaux des traités et accords

[165] Constitution du 14 octobre 1992. S'agissant du droit antérieur, voir article 29 de la loi n° 60-10 du 23 avril 1960 modifiant l'organisation des institutions de la République ; article 56 de la Constitution du 14 avril 1961 ; article 67 de la Constitution du 11 mai 1963 ; article 42 de la Constitution du 9 janvier 1980.

internationaux. Il faut noter d'emblée que le Togo s'est approprié le précepte de l'article 33, alinéa 1 de la Charte des Nations Unies qui énonce que : « Les Parties à tout différend dont la prolongation pourrait menacer le maintien de la paix et de la sécurité internationales doivent en rechercher la solution, avant tout, par voie de négociation, de médiation ou par d'autres moyens pacifiques de leur choix. »

À côté du règlement par voie diplomatique, coexistent, dans certains cas, les modes juridictionnels. Dans ce dernier cas de figure, au même titre que pour les traités multilatéraux, il est d'usage, par exemple, au cours de la négociation et de l'élaboration des accords bilatéraux, d'accorder un soin minutieux au choix des modalités d'arbitrage ou de la compétence spécifique des juridictions que les Parties désignent pour connaître, le cas échéant, des différends d'interprétation ou de l'application de ces accords. À titre d'exemple, soulignons que pour l'Accord entre l'Union économique belgo-luxembourgeoise et la République togolaise concernant l'encouragement et la protection réciproques des investissements, conclu à Lomé le 6 juin 2009, la partie togolaise insista au cours des négociations, et s'accorda avec la partie belge, sur l'ajout d'un organisme régional d'arbitrage[166], à l'article 12 dudit accord, consacré au « Règlement des différends relatifs aux investissements[167] ».

Les dispositions relatives au règlement des différends figurent également en bonne place dans les accords de siège conclus entre le gouvernement togolais et les OI ; en la matière, la pratique est variante. Il existe des accords qui confèrent aux juridictions nationales la compétence pour connaître des différends relatifs à l'interprétation ou à l'application desdits accords et ceux qui confèrent cette compétence à l'arbitrage ou aux juridictions communautaires ou internationales. À titre d'exemple, l'accord de siège entre le Fonds de garantie des investissements privés en Afrique de l'Ouest (GARI S.A) et le gouvernement de la République togolaise, conclu le 1er avril 2004 à Lomé, dispose, en son article 20, que « [t]out différend entre le Fonds GARI et les Autorités togolaises compétentes au sujet de l'interprétation ou de l'application du présent Accord ou de tout Accord

[166] Il s'agit de la Cour Commune de Justice et d'Arbitrage de l'OHADA (CCJA/OHADA).

[167] Sénat de Belgique, Document parlementaire n° 5-1615/1, consulté sur : https://www.senate.be.

additionnel, s'il n'est pas réglé par voie de négociation ou de tout autre mode de règlement agréé par les Parties, sera porté devant les tribunaux togolais compétents ».

En revanche, l'accord de siège entre le gouvernement de la République togolaise et l'Union économique et monétaire ouest - africaine (UEMOA), signé le 24 septembre 2009 à Lomé, énonce, en son article 21, que « [t]out différend entre l'UEMOA et le Gouvernement, au sujet de l'interprétation ou de l'application du présent Accord, s'il n'est pas réglé par voie de négociation, sera soumis, aux fins de règlement définitif, à la Cour de Justice de l'UEMOA ».

D'autres accords de siège prévoient le règlement de différends par voie de négociation ou par tout autre mode, à la convenance des Parties. Tel est le cas de l'accord de siège, conclu le 12 septembre 2012 à Lomé, entre le gouvernement de la République togolaise et l'Agence panafricaine intergouvernementale « Eau et Assainissement » (EAA). Il est précisé à l'article 20 de cet accord que « [t]out différend concernant l'application ou l'interprétation de tout ou partie du présent Accord sera réglé par voie de négociation ou par toute autre méthode de règlement convenue entre les Parties ».

2.3 Le dépôt et l'enregistrement des traités

La fonction de dépositaire[168] d'un traité n'est exercée que dans le cas des traités multilatéraux, étant entendu que les traités bilatéraux sont généralement établis en originaux et échangés entre les deux Parties concernées. Globalement, les fonctions essentielles de dépositaire sont de nature notariale, limitées aux aspects procéduraux ou aux questions juridiques[169], même s'il faut également leur associer l'aspect purement protocolaire. Le dépositaire a pour tâches majeures, la conservation du traité et son suivi administratif. Selon l'article 76, alinéa 1 de la Convention de Vienne sur le droit des traités, « [l]a désignation du dépositaire d'un traité peut être effectuée par les États ayant participé à la négociation, soit dans le traité lui-même, soit de toute autre manière. Le dépositaire peut être un ou plusieurs États, une organisation internationale ou le principal fonctionnaire administratif d'une telle organisation ».

On peut noter qu'il n'est pas toujours nécessaire qu'un traité multilatéral soit conclu dans un État donné pour que ledit État en soit

---

168 Voir article 77 de la Convention de Vienne sur le droit des traités.

169 Conseil fédéral suisse, *Le rôle de la Suisse en tant que dépositaire des Conventions de Genève*, Feuille fédérale 2007, consulté sur : https://www.fedlex.admin.ch/fr.

désigné automatiquement comme dépositaire. Dans le cas, par exemple du traité d'extradition entre la République populaire du Bénin, la République du Ghana, la République fédérale du Nigéria et la République togolaise, conclu le 10 décembre 1984, bien que ce traité ait été adopté à Lagos au Nigéria, les États Parties ont convenu d'attribuer la fonction de dépositaire au gouvernement de la République togolaise. Dans le même ordre d'idées, on observera que le Traité portant révision du Traité relatif à l'harmonisation en Afrique du Droit des Affaires, signé à Port-Louis (Ile Maurice) le 17 février 1993, a été adopté à Québec au Canada, le 17 octobre 2008. Ayant fait abstraction du lieu où il a été adopté, ce traité énonce, en son article 57, que :« Les instruments de ratification et les instruments d'adhésion seront déposés auprès du gouvernement du Sénégal, qui sera le gouvernement dépositaire. Copie en sera délivrée au Secrétariat permanent par ce dernier[170]. »

Enfin, l'enregistrement des traités bilatéraux et multilatéraux, au Secrétariat général de l'ONU, constitue une formalité importante à laquelle doivent veiller les États Parties et les organisations internationales. Il s'agit d'une prescription qui découle, anciennement, de l'article 18 du Pacte de la Société des Nations, puis, depuis 1945, de l'article 102 de la Charte de l'ONU. Le principe de l'enregistrement et les conséquences du défaut d'enregistrement des traités sont énoncés à l'article 102 de la Charte de l'ONU. Il y est indiqué que :

> 1.Tout traité ou accord international conclu par un Membre des Nations Unies après l'entrée en vigueur de la présente Charte sera, le plus tôt possible, enregistré au Secrétariat et publié par lui.
> 2. Aucune partie à un traité ou accord international qui n'aura pas été enregistré conformément aux dispositions du paragraphe 1 du présent article ne pourra invoquer ledit traité ou accord devant un organe de l'Organisation[171].

Il est courant que les traités désignent, dans leurs dispositions finales, ou dans un procès-verbal dressé lors de leur adoption, l'État Partie ou l'autorité chargée d'accomplir les formalités de leur enregistrement auprès du Secrétariat général des Nations Unies. Lorsque l'ONU, elle-même ou l'une de ses institutions spécialisées, est partie à un traité ou accord international, il s'opère, à sa diligence ou à celle de l'institution spécialisée, un enregistrement d'office du traité ou de l'accord

---

[170] Traité OHADA modifié 2008, consulté sur : http://www.droit-afrique.com.
[171] Article 102 de la Charte des Nations Unies.

international en question, selon le Règlement destiné à mettre en application l'article 102 de la Charte des Nations Unies[172]. Tel fut le cas pour l'*Accord entre l'Organisation des Nations Unies et le Gouvernement du Togo relatif à l'organisation d'une formation exclusivement réservée aux policières togolaises candidates pour servir au sein d'opérations de maintien de la paix des Nations Unies, devant se tenir à Lomé, Togo, du 21 mars au 1er avril 2016*. Cet accord, entré en vigueur le 4 avril 2016, par l'échange de lettres, a été enregistré d'office auprès du Secrétariat des Nations Unies, le 1er mai 2017, sous la référence *nº 54476. Organisation des Nations Unies et Togo*[173].

Les textes des traités et accords internationaux enregistrés auprès du Secrétariat général des Nations Unies ont vocation à être publiés[174].

---

172 Ce Règlement établi par la résolution 97 (1) du 14 décembre 1946 dispose, en son article 4, que :

« 1. Tout traité ou accord international soumis aux dispositions de l'article I du présent règlement sera enregistré d'office par l'Organisation des Nations Unies dans les cas suivants :

a) Quand l'Organisation des Nations Unies est partie au traité ou à l'accord ;

b) Quand l'Organisation des Nations Unies a été autorisée par les signataires dudit traité ou accord à effectuer l'enregistrement.

2. Un traité ou accord international soumis aux dispositions de l'article I du présent règlement peut être enregistré au Secrétariat par une institution spécialisée dans les cas suivants :

a) Quand l'acte constitutif de l'institution spécialisée prévoit cet enregistrement ;

b) Quand le traité ou accord a été enregistré auprès de l'institution spécialisée conformément aux termes de son acte constitutif ;

c) Quand le traité ou l'accord a autorisé l'institution spécialisée à effectuer l'enregistrement » : Nations Unies, Assemblée générale, Résolution 97 (1) du 14 décembre 1946 :
https://documents-dds-ny.un.org/doc/RESOLUTION/GEN/NR0/033/48/PDF/NR003348.pdf?OpenElement, consulté le 14 avril 2019.

173 Nations Unies, *Relevé des traités et accords internationaux enregistrés ou classés et inscrits au répertoire au Secrétariat pendant le mois de mai 2017*, ST/LEG/SER.A/843.

174 Selon l'article 12 (1) du Règlement destiné à mettre en application l'article 102 de la Charte des Nations Unies : « Le Secrétariat [général de l'ONU] publiera le plus tôt possible, en un recueil unique, tout traité ou accord international qui aura été soit enregistré, soit classé et inscrit au répertoire ; cette publication se fera dans la langue ou les langues originales de l'instrument, suivies d'une traduction en anglais et en français » : Résolution 97 (1), adoptée par l'Assemblée générale des Nations Unies, le 14 décembre 1946, modifiée par les résolutions 364 -B (IV), 482 (V) et 331141 A, adoptées par l'Assemblée générale, respectivement, le 1er décembre 1949, le 12 décembre 1950 et le 18 décembre 1978 : Nations Unies, *Collection des traités* :

Cette publication se fait au *Recueil des Traités des Nations Unies*. Des aménagements sont toutefois prévus, rendant ainsi facultative la publication *in extenso*, par le Secrétariat général des Nations Unies, des traités et accords internationaux, bilatéraux ou multilatéraux, appartenant à l'une des catégories suivantes :

1- Accords d'assistance et de coopération d'objet limité en matière financière, commerciale, administrative ou technique ;
2- Accords portant sur l'organisation de conférences, séminaires ou réunions ;
3- Accords qui sont destinés à être publiés ailleurs que dans le Recueil des Traités des Nations Unies par les soins du Secrétariat de l'Organisation des Nations Unies ou d'une institution spécialisée ou assimilée[175].

https://treaties.un.org/doc/source/publications/practice/registration_and_publication-fr.pdf, consulté le 11 février 2019.

175 Nations Unies, *Collection des traités*, « Politique de publication limitée du Secrétariat » [consulté sur : https://treaties.un.org].

PARTIE III :
PROCESSUS DE RÉCEPTION DU DROIT INTERNATIONAL EN DROIT TOGOLAIS

Les traités internationaux s'insèrent dans l'ordonnancement juridique togolais par un processus impliquant diverses institutions et administrations. Pour se faire une idée de la manière dont le droit international conventionnel s'articule avec le droit togolais, il convient de prendre en compte les compétences dévolues par la Constitution aux pouvoirs exécutif, législatif et judiciaire ainsi que l'interaction entre ces différents pouvoirs dans le cadre du processus d'incorporation des traités internationaux. L'on relèvera que les mécanismes déployés pour assurer une bonne articulation du droit interne avec les traités internationaux, et plus globalement avec le droit international, sont empreintes d'un formalisme spécifique.

CHAPITRE 1 : PROCÉDURES PRÉPARATOIRES À LA RATIFICATION OU À L'ADHÉSION AUX TRAITÉS INTERNATIONAUX

Tout enclenchement du processus de ratification ou d'adhésion du Togo aux traités internationaux est rendu possible par la prise en compte préalable de divers paramètres. Ces paramètres tiennent, entre autres, aux appréciations sur l'opportunité de ratifier ou d'adhérer à un traité quelconque, et à l'évaluation, sur le fondement de la pratique et des textes nationaux ainsi que du droit international conventionnel, des conditions de fond et de forme nécessaires à la ratification ou à l'adhésion au traité concerné. Avant d'aborder les actions et délibérations par lesquelles diverses entités concourent à l'incorporation en droit togolais des traités et accords internationaux, quelques observations préliminaires s'imposent.

1.1 Observations préliminaires

En guise de préambule à l'examen du processus de ratification ou d'adhésion aux traités par le Togo, il n'est pas superflu de rappeler ce que recouvre la notion de « traité ». Il s'agit en effet d'un préalable déterminant, car tous les actes internationaux, qu'ils soient bilatéraux ou multilatéraux, ne sont pas des traités ; en conséquence, ils ne sont pas tous susceptibles d'être soumis à ratification. Comme mentionné dans l'introduction du présent ouvrage, la Convention de Vienne sur le droit des traités renseigne que « l'expression "traité" s'entend d'un accord international conclu par écrit entre États et régi par le droit international, qu'il soit consigné dans un instrument unique ou dans deux ou plusieurs instruments connexes, et quelle que soit sa dénomination particulière[176] ». En outre, selon la Convention de Vienne sur le droit des traités entre États et organisations internationales ou entre organisations internationales, du 21 mars 1986, « l'expression "traité" s'entend d'un accord international régi par le droit international et conclu par écrit entre un ou plusieurs États et une ou plusieurs organisations internationales, ou entre des organisations internationales, que cet accord soit consigné dans un instrument unique ou dans deux ou plusieurs instruments connexes, et quelle que soit sa dénomination particulière[177] ».

[176] Article 2 §1) a) de la Convention de Vienne sur le droit des traités du 23 mai 1969.
[177] Article 2 §1) a) de la Convention de Vienne sur le droit des traités entre États et organisations internationales ou entre organisations internationales, du 21 mars 1986.

Partant de ces définitions conventionnelles, on fera observer la variété des termes usités pour désigner les accords conclus entre États ou entre États et organisations internationales. Sans prétendre à l'exhaustivité, les termes recensés sont : pactes, chartes, conventions, déclarations, statuts, protocoles, modus vivendi, mémorandums d'accord, échanges de notes[178].

Il n'est pas aisé de déterminer un traité ou un accord international *a priori*, sur le seul fondement de sa dénomination ou de sa forme[179]. C'est ce qui transparaît de la jurisprudence de la CIJ, notamment dans l'affaire de la *Délimitation maritime et des questions territoriales entre Qatar et Bahreïn*, où la Cour jugea qu'« un accord international peut prendre des formes variées et se présenter sous des dénominations diverses[180] ». Par ailleurs, dans l'affaire du *Plateau continental de la Mer Egée* (Grèce c. Turquie), où la Turquie soutenait qu'il était « évident qu'un communiqué conjoint n'équiva[lait] pas à un accord en droit international », arguant au surplus que « s'il en était un, il devrait être ratifié au moins par la Turquie », la CIJ jugea, pour sa part, qu'« il n'existe pas de règle de droit international interdisant qu'un communiqué conjoint constitue un accord international[181] ». En définitive, il peut être soutenu, comme cela transparaît du raisonnement de la CIJ, toujours dans l'affaire sus évoquée, que pour qu'un acte, tel qu'un communiqué conjoint, puisse constituer ou non un accord entre États, cela « [...] dépend essentiellement de la nature de l'acte ou de la transaction dont il est fait état ; on ne règle pas la question en invoquant la forme [...] donnée audit acte ou à ladite transaction[182] ».

Notons que cette Convention n'est pas encore entrée en vigueur. À la date du 31 décembre 2022, cette Convention enregistrait 33 ratifications des États sur un total de 35 requises pour son entrée en vigueur, conformément à son article 85 : Nations Unies, *Collection des traités*, « État des traités », consulté sur : https://treaties.un.org.

[178] Voir Nations Unies, *Collection des traités*, « Définition des mots clefs utilisés dans la Collection des traités de l'ONU » ; consulté sur : https://treaties.un.org.

[179] Pour une esquisse de synthèse des opinions doctrinales et de la jurisprudence relatives à la définition du traité international, voir Ekoué Didier AKAKPOVIE, « L'importance de la capacité des Parties lors de la conclusion d'un accord international. Vers une redéfinition du traité international », *Études internationales*, vol. 41, numéro 3, 2010, pp. 383-396.

[180] CIJ, *Délimitation maritime et questions territoriales entre Qatar et Bahreïn*, arrêt du 1er juillet 1994, *Recueil* 1994, p. 112 § 23.

[181] CIJ, *Affaire du Plateau continental de la mer Egée (Grèce c. Turquie),* arrêt du 19 décembre 1978, *Recueil* 1978, p.3 §§ 95- 96.

[182] CIJ, *Affaire du Plateau continental de la mer* Egée *(Grèce c. Turquie),* arrêt du 19 décembre 1978, *Recueil* 1978, p.3 § 96.

Avant d'aborder plus en détails le processus d'incorporation des traités internationaux, il semble également opportun de rappeler ce que recouvrent les notions de « ratification », « acceptation », « approbation » et « adhésion ». Selon l'article 2, alinéa 1(b) de la Convention de Vienne sur le droit des traités, ces notions « s'entendent, selon le cas, de l'acte international ainsi dénommé par lequel un État établit sur le plan international son consentement à être lié par un traité ». Sans occulter le fait que chacune de ces notions peut impliquer des dispositions particulières[183], notons que la procédure de ratification est intrinsèquement liée à la nature des actes internationaux dont la ratification est envisagée.

La désignation d'un acte international sous le vocable de « traité » ou « accord international » n'implique pas systématiquement qu'un tel acte devra être soumis aux procédures constitutionnelles afférentes à la ratification des traités. Si la pratique togolaise en la matière a connu quelques variations entre 1980 et 1994, en revanche on observe, à quelques exceptions près, une certaine constance depuis 1994. Par analogie, cette pratique- s'agissant des éléments généralement pris en compte pour la ratification d'un acte international- est reflétée dans l'observation que fit la CIJ, en 1962, dans son arrêt sur les *Affaires du Sud-Ouest africain* :

> La terminologie n'est pas un élément déterminant quant au caractère d'un accord ou d'un engagement international. Dans la pratique des États et des organisations internationales, comme dans la jurisprudence des tribunaux internationaux, on trouve des usages très variés ; le

---

[183] D'après le *Glossaire des termes relatifs aux formalités se rapportant aux traités*, édité en ligne par la Section des traités du Bureau des affaires juridiques des Nations Unies, « [d]ans la pratique, certains États ont recours à l'acceptation et à l'approbation au lieu de procéder à la ratification lorsque, sur le plan national, la loi constitutionnelle n'exige pas la ratification par le chef de l'État ». Concernant la formalité d'adhésion aux traités, le *Glossaire* relève qu'elle « est l'acte par lequel un État accepte l'offre ou la possibilité de devenir partie à un traité déjà négocié et signé par d'autres États. Elle a le même effet juridique que la ratification. L'adhésion se produit en général lorsque le traité est déjà entré en vigueur ». S'agissant de la ratification, il est souligné que son « [...] institution [...] donne aux États le délai dont ils ont besoin pour obtenir l'approbation du traité, nécessaire sur le plan interne, et pour adopter la législation permettant au traité de produire ses effets en droit interne » : Nations Unies, *Collection des traités*, *Glossaire* [consulté sur : https://treaties.un.org].

caractère de dispositions conventionnelles a été attribué à de nombreux types d'actes différents[184].

Sans conteste, la valeur normative demeure l'un des critères déterminants, dans la qualification des traités internationaux. C'est ce que pose la Convention de Vienne sur le droit des traités dans sa définition susmentionnée du traité[185]. Le contenu d'un traité est donc essentiel car, comme le note Julio BARBERIS :

> La prescription stipulée par les Parties contractantes dans un traité doit avoir pour effet une modification de la situation juridique existante. Ceci a lieu lorsque, dans un traité, on prévoit un comportement déterminé comme étant interdit, permis ou obligatoire, c'est-à-dire lorsqu'on établit une obligation ou que l'on accorde une compétence ou une faculté ou, encore, lorsque l'on octroie un droit[186].

L'idée que le traité doive « avoir pour effet une modification de la situation juridique existante » peut sembler réductrice. Pour la compléter, il faudrait, au-delà de l'effet modificateur, convoquer la vertu créatrice de droit que recèlent, généralement, les traités. C'est à ce titre, qu'après avoir relevé qu'« un traité peut avoir d'autres effets juridiques que de créer ou modifier une « norme », Paul REUTER souligne que :

> [S]i des effets juridiques d'un traité peuvent en effet dans certains cas être très réduits, il est difficile d'imaginer qu'un traité n'implique aucun effet juridique de quelque nature que ce soit : un traité, même en le réduisant à un simple comportement vient prendre sa place dans une série d'autres actes et comportements en relation les uns avec les autres ; il définit des intérêts, justifie ou précise des interprétations, suscite des expectatives légitimes, qui se situent sur le plan du droit. Plus la forme de l'accord est solennelle plus le désir d'inscrire dans une réalité qui est à la fois « juridique » et « politique » est évident[187].

Les éléments de fond et de forme sont donc à prendre soigneusement en compte, car ce sont les résultats de l'examen desdits éléments qui détermineront le mécanisme approprié à mettre en œuvre pour concrétiser l'expression définitive du consentement de l'État à être lié

---

[184] CIJ, *Affaires du Sud-Ouest africain (Éthiopie c. Afrique du Sud ; Libéria c. Afrique du Sud)*, Exceptions préliminaires, arrêt du 21 décembre 1962, *Recueil* 1962, p. 331.

[185] Voir article 2 §1) a) de la Convention de Vienne sur le droit des traités.

[186] Julio Alberto BARBERIS, « Le concept de « traité international » et ses limites », *AFDI*, vol. 30, 1984, p. 255.

[187] Paul REUTER, « Le phénomène conventionnel », dans *Introduction au droit des traités,* Genève, Graduate Institute Publications, 1985, pp. 1- 49.

par un traité ; selon le cas, les services compétents opteront soit pour la procédure de ratification, celle de l'adhésion ou encore celle de l'approbation ou de l'acceptation.

Enfin, il convient de noter que le Togo est de tradition moniste[188] ; il est entendu que les normes internationales font partie du droit togolais dès lors que les instruments internationaux qui les édictent ont fait l'objet de ratification, d'adhésion ou d'approbation et de publication. La Constitution togolaise du 14 octobre 1992 consacre le monisme[189] avec une primauté du droit interne ; étant toutefois précisé que le traité ou l'accord international prime les lois ordinaires internes. En vertu de l'article 140 de cette Constitution, « [l]es traités ou accords internationaux régulièrement ratifiés ou approuvés ont, dès leur publication, une autorité supérieure à celle des lois sous réserve, pour chaque accord ou traité, de son application par l'autre Partie ». Le libellé textuel de cet article 140, que l'on retrouve, de manière invariable, dans toutes les Constitutions dont le Togo s'est doté, de 1960

[188] Il est généralement admis que le monisme comporte deux variantes : « [L]e monisme à primauté du droit interne et le monisme à primauté du droit international. Selon la première variante, la Constitution prime sur le droit international. Sur le plan pratique, cela veut dire qu'en cas de conflit entre règle constitutionnelle et règle internationale, la disposition constitutionnelle prime. C'est cette forme du monisme qui est la plus répandue dans le monde. La deuxième variante du monisme défend la position adverse : c'est le droit international qui doit primer sur le droit interne, y compris la Constitution. La spécificité de cette forme moniste réside dans le fait qu'on admet que la norme suprême du pays, à savoir la Constitution, soit subordonnée à une règle de droit international » : Danielle WOLTER, « Quelle place pour le droit international dans la Constitution luxembourgeoise ? », *Forum für Politik, Gesellschaft und Kultur*, n°339, pp. 50-53 [p.51].

[189] Il y a lieu de relever que l'approche moniste est élaborée par opposition à l'approche dualiste. Comme le souligne Danielle WOLTER : « La théorie dualiste considère que le droit national et le droit international forment deux sphères différentes. L'État est obligé de créer une règle interne reprenant le contenu de la règle internationale s'il veut incorporer cette dernière dans son ordre juridique. » Danielle WOLTER, « Quelle place pour le droit international dans la Constitution luxembourgeoise ? », *op. cit.*, p.51. Pour sa part, Claudia SCIOTTI-LAM note que, selon les tenants de l'école dualiste, « le droit international régit les rapports entre États, alors que le droit interne porte sur les rapports entre individus » : Claudia SCIOTTI-LAM, *L'applicabilité des traités internationaux relatifs aux droits de l'homme en droit interne*, Bruxelles, Bruylant, 2004, p. 116.

à 1992[190], atteste, à tout le moins, de ce que le monisme est consubstantiel au droit togolais[191].

1.1.1 Les actes internationaux soumis à ratification

Les traités et accords internationaux qui doivent être ratifiés, suite à une autorisation parlementaire, sont énoncés à l'article 138 de la Constitution togolaise du 14 octobre 1992. Les catégories de traités visés sont au nombre de sept (7). Il s'agit de :

1- Les traités de paix ;

2- Les traités de commerce ;

3- Les traités relatifs aux organisations internationales ;

4- Les traités qui engagent les finances de l'État ;

5- Les traités qui modifient les dispositions de nature législative ;

6- Les traités qui sont relatifs à l'état des personnes et aux droits de l'Homme ;

7- Les traités qui comportent cession, échange ou adjonction de territoire.

Les sept (7) catégories mentionnées *supra* figuraient déjà dans la loi constitutionnelle du 23 avril 1960[192], en son article 29. Toutefois, la Constitution du 14 avril 1961, dont l'article 56 est relatif aux traités soumis à ratification, en vertu d'une loi, n'en énuméra que cinq (5). En effet, « les traités qui engagent les finances de l'État et les traités qui sont relatifs à l'état des personnes et aux droits de l'Homme » ne figuraient pas dans les catégories de traités soumis à la procédure de

[190] Le libellé de l'article 140 de la Constitution du 14 octobre 1992 est le même que celui de l'article 30 de la loi constitutionnelle du 23 avril 1960, l'article 57 de la Constitution du 14 avril 1961, l'article 69 de la Constitution du 5 mai 1963, et l'article 43 de la Constitution du 9 janvier 1980.

[191] Sans en nier l'intérêt, nous n'entendons pas nous attarder ici sur le débat doctrinal sur le monisme et le dualisme des rapports entre droit international et droit interne, ou encore sur l'articulation entre monisme et dualisme. Pour un aperçu détaillé sur ce sujet, voir par exemple : Hans KELSEN, *Théorie pure du droit*, Paris, Dalloz, 1962, trad. fr., Ch.Eisenmann ; Hans KELSEN, « Les rapports de système entre le droit interne et le droit international public », *Recueil des cours de l'Académie de droit international*, 1926 ; Dionisio ANZILOTTI, *Cours de droit international*, Paris, Librairie du Recueil, Sirey, 1929 ; Michel VIRALLY, « Sur un pont aux ânes », dans *Le droit international en devenir*, Genève, 1990, p.103 ; Heinrich TRIEPEL, *Droit international et droit interne*, traduit de l'allemand par René Brunet, A. Pédone, Paris, 1920.

[192] Loi n° 60-10 du 23 avril 1960 modifiant l'organisation des institutions de la République togolaise.

ratification, impliquant l'aval préalable du pouvoir législatif. On en déduit que ces deux (2) catégories de traités ressortaient à la compétence exclusive du pouvoir exécutif et ne nécessitaient pas, pour être ratifiés, une autorisation parlementaire préalable. La Constitution du 5 mai 1963 rétablit les sept (7) catégories mentionnées *supra*. La seule nuance réside dans le libellé de la 6ème catégorie de traités, avec la suppression de la mention *« et aux droits de l'Homme »* ; ainsi au rang des sept catégories de traités figurant à l'article 67, la Constitution de 1963 lista, en 6ème position, uniquement les traités « qui sont relatifs à l'état des personnes », sans l'adjonction du membre de phrase « *et aux droits de l'Homme* ». Les sept (7) catégories de traités, telles que libellées par la Constitution de 1963 furent reprises, à l'identique, par la Constitution du 9 janvier 1980 (article 42).

Sur cette base, l'un des mérites principaux qu'on reconnaît à la Constitution togolaise de 1992, actuellement en vigueur, est non seulement d'avoir repris à son compte les sept (7) catégories de traités qui doivent être ratifiés, en vertu d'une loi, mais surtout d'avoir rétabli, concernant la 6ème catégorie, les traités qui « sont relatifs à l'état des personnes et aux droits de l'Homme ».

1.1.2 Les actes internationaux non soumis à ratification

Comme souligné plus haut, tous les actes internationaux ne sont pas soumis à ratification. De nombreux exemples permettent d'étayer cette observation. Soulignons, entre autres, que le système normatif de l'Organisation internationale du travail (OIT) n'intègre pas les recommandations parmi les textes « ratifiables ». En effet, dénuées de toute valeur contraignante, les recommandations de l'OIT, qui sont élaborées en complément d'une convention, ne sont pas soumises à ratification[193]. L'exemple typique de déclaration non contraignante est la Déclaration concernant les buts et objectifs de l'Organisation internationale du Travail (Déclaration de Philadelphie), adoptée en 1944. On y relève que :

> La Déclaration n'est pas un instrument soumis à ratification. Elle pose des principes sans établir de règles détaillées et spécifiques. Pour l'essentiel, les principes en question sont ancrés dans les conventions qui s'y rapportent, le Préambule de la Constitution et la Déclaration de Philadelphie. Les mesures particulières de suivi de cette Déclaration

[193] Alfred WISSKIRCHEN, « Le système normatif de l'OIT : Pratique et questions juridiques », *Revue internationale du Travail*, vol. 144 (2005), nº 3, p. 273.

mettent l'accent sur la valeur purement promotionnelle de cet instrument et diffèrent du système de contrôle existant pour les conventions ratifiées. Néanmoins, le rapport qui doit être fait chaque année sur les progrès réalisés dans l'application des principes établis par la Déclaration, ainsi que le rapport global qui chaque année traite de l'une des quatre catégories de principes fondamentaux, sont fondés sur les mêmes rapports nationaux[194].

Dans le cadre de la pratique togolaise contemporaine, déterminer les actes internationaux non soumis à ratification revient à faire une lecture *a contrario* de l'article 138 de la Constitution de 1992 ainsi qu'une lecture combinée des articles 84 et 85 de la même Constitution, qui fixent, respectivement, le domaine de la loi et le domaine du règlement.

Les matières visées par l'article 85 de la Constitution englobent les accords en forme simplifiée, tels que les accords d'exemptions réciproques de visas pour les détenteurs de passeports diplomatiques ou de service, et les accords de siège[195] conclus, respectivement entre la République togolaise et d'autres États et entre la République togolaise et des Organisations internationales. Il convient d'ajouter à cette catégorie, les accords-cadres de coopération. Cependant, dans ce domaine, la pratique n'est pas uniforme. Les journaux officiels de la République togolaise rendent compte de ce que, par exemple, entre 1980 et 1994, certains accords-cadres de coopération ont fait l'objet de lois de ratification. Nonobstant leurs dénominations particulières qui semblent les placer sous le régime prévu en matière de ratification[196], notons à titre indicatif que nombre de ces accords ne contiennent pas des dispositions de nature législative ni celles qui engagent les finances de l'État[197]. En principe, l'Assemblée nationale peut être saisie en vue de l'approbation d'un accord international non soumis à ratification. Mais, selon toute vraisemblance, dans les cas susmentionnés, c'est la solennité même de la procédure de ratification, incluant l'autorisation

[194] OIT, Normlex, « Constitution de l'OIT » [consulté sur : https://www.ilo.org/dyn/normlex/fr].

[195] Un accord de siège est un « [t]raité conclu entre une Organisation Internationale et l'État hôte sur le territoire duquel l'organisation est établie aux fins de préciser les droits et obligations de l'organisation et de son personnel sur le territoire de cet État » : *Lexique des termes juridiques*, 25e Edition, Dalloz, 2017-2018, p. 49.

[196] Voir article 138 de la Constitution togolaise de 1992.

[197] Signalons toutefois que de tels accords peuvent, indirectement, engager les finances de l'État. C'est le cas notamment lorsqu'ils créent des commissions mixtes *ad hoc* ou permanentes ; il est dès lors concevable que le fonctionnement de ces commissions puisse engendrer des opérations qui grèveront le budget national.

parlementaire préalable, qui aurait justifié que de tels accords fussent ratifiés. En associant l'Assemblée nationale à la conclusion de ces accords, qui ne relèvent pas de la catégorie d'accords obligatoirement soumis à l'autorisation parlementaire préalable, les Gouvernements d'alors avaient sans doute entendu donner un relief politique particulier et une envergure diplomatique singulière auxdits accords.

S'agissant des accords de siège à proprement parler, lorsqu'ils procèdent de Statuts ou de conventions établissant des Organisations internationales dont le Togo est déjà membre, il est admis que leur ratification ne s'impose plus ; dans la plupart des cas, ces accords sont dérivés de traités internationaux qui eux-mêmes ont été régulièrement incorporés au droit interne. Dès lors, ces accords de siège sont considérés comme relevant de la catégorie des actes réglementaires ordinaires. Lesdits accords servent ainsi à l'exécution de traités constitutifs, que sont les Statuts et conventions créant ou instituant les Organisations internationales dont ils procèdent.

Les accords de siège conclus avec les Organisations non gouvernementales internationales ne sont pas, eux aussi, assujettis aux formalités de ratification[198]. Ces accords étaient régis, en droit interne, par le décret n° 130/PMRT du 27 mai 1992 fixant les conditions de coopération entre les ONG et le Gouvernement. En son article 9, ce décret attribuait au ministère des Affaires étrangères, la compétence pour conclure les accords de siège avec les ONG internationales. En outre, ledit décret énonçait que « [l]es dispositions relatives à l'établissement des relations officielles de coopération entre le gouvernement et les ONG ne peuvent être interprétées comme accordant à celles-ci les mêmes droits que ceux dont jouissent les organisations internationales intergouvernementales[199] ». Un nouveau décret, adopté le 5 janvier 2022, fixant les conditions de coopération entre les ONG et le Gouvernement, instaure de nouvelles règles juridiques, fiscales et douanières applicables aux ONG internationales ou étrangères[200]. Au rang des nouveautés introduites, on note le

[198] Concernant la législation et la pratique des accords de siège entre le Gouvernement togolais et les ONG internationales, voir Joseph ALANGUE, *Guide pratique des Associations et ONG internationales au Togo : Précis de la législation et des procédures administratives*, 1ère édition, Éditions Awoudy, 2018, 145 p.

[199] Article 3 du décret n° 130/PMRT du 27 mai 1992 fixant les conditions de coopération entre les ONG et le Gouvernement de la République togolaise.

[200] Voir décret 2022-002 PR du 5 janvier 2022 fixant les conditions de coopération entre les ONG et le Gouvernement de la République togolaise.

remplacement du terme « accord de siège » par celui d'« accord d'établissement »[201]. Du reste ce nouveau décret réaffirme que « l'établissement des relations officielles de coopération entre le Gouvernement et les ONG n'équivaut pas à l'octroi à ces dernières des droits reconnus aux Organisations internationales ou intergouvernementales[202] ». Ces clarifications étant faites, il convient d'examiner les rôles respectifs du Gouvernement et de l'Assemblée nationale dans la procédure de ratification des traités internationaux.

1.2 Le rôle du Gouvernement dans la procédure de ratification ou d'adhésion aux traités internationaux

Par une analyse holistique des dispositions constitutionnelles, il est possible d'affirmer que l'introduction des traités internationaux dans la réalité juridique et judicaire, et l'application de ces traités sur le territoire togolais, relèvent, à titre principal, de la responsabilité du Président de la République. La Constitution du 14 octobre 1992 permet de soutenir cette affirmation, lorsqu'elle dispose en son article 58 que : « Le Président de la République est le chef de l'État. Il est garant de l'indépendance et de l'unité nationales, de l'intégrité territoriale, du respect de la Constitution et des traités et accords internationaux. »

Situant l'analyse dans un schéma institutionnel, nous indiquerons que la responsabilité susmentionnée incombe au pouvoir exécutif, lequel englobe, selon la répartition des pouvoirs établie par la Constitution, le Président de la République et le Gouvernement[203]. Chargé de conduire la politique de la Nation[204], y compris en matière de relations internationales, le Gouvernement est, techniquement, la clé

---

[201] Même si le décret de 2022 ne définit pas l'accord d'établissement, il est aisé de comprendre qu'il entérine un néologisme qui avait cours, dans la pratique, sous le régime du décret de 1992. En effet, pour distinguer les accords que le Gouvernement était appelé à signer avec les Organisations intergouvernementales de ceux qu'il concluait avec les ONG internationales, la Direction des affaires juridiques du ministère des Affaires étrangères avait institué l'appellation « accord d'établissement » pour désigner cette dernière catégorie d'accords.

[202] Voir les articles 4, 11, 12 et 16 du décret 2022-002 PR du 5 janvier 2022 fixant les conditions de coopération entre les ONG et le Gouvernement de la République togolaise.

[203] À titre illustratif, voir Titre IV, intitulé « Du pouvoir exécutif », de la Constitution du 14 octobre 1992.

[204] La Constitution togolaise du 14 octobre 1992 dispose, en son article 77, alinéa 1er que :« Sous l'autorité du président de la République, le Gouvernement détermine et conduit la politique de la Nation et dirige l'administration civile et militaire. Il dispose de l'administration, des forces armées et des forces de sécurité ».

de voûte dans le processus de ratification ou d'adhésion du Togo aux traités et accords internationaux. Dans ce contexte, notons que, du début de ce processus jusqu'à son terme, le ministère chargé des Affaires étrangères en demeure la cheville ouvrière. Aussi sur décision du Gouvernement ou lorsque son attention est appelée sur l'opportunité pour le Togo de ratifier un traité international ou d'y adhérer, le ministère chargé des Affaires étrangères enclenche-t-il les leviers administratifs de la procédure de ratification ou d'adhésion. La procédure est généralement enclenchée dès que les formalités préparatoires ou préalables ont été scrupuleusement accomplies. Le service compétent du ministère, qui veille à la bonne exécution des tâches requises en la matière, est la Direction des affaires juridiques[205]. Celle-ci procède à l'étude approfondie du dossier, en tenant compte de la nature des actes internationaux concernés, de leur état de ratification le cas échéant, ainsi que des options de réserves, de déclarations obligatoires ou interprétatives, entre autres.

Ce travail d'étape concourt à l'élaboration de l'exposé des motifs de l'avant-projet de loi de ratification ou d'adhésion, et se fonde surtout sur la nature précise des actes internationaux concernés, et particulièrement sur leur portée juridique, à la lumière des articles 138, 139 et 140 de la Constitution togolaise[206]. Pendant cette phase préparatoire, le ministère des Affaires étrangères sollicite les observations et avis du Secrétariat général du Gouvernement sur le contenu de l'exposé de motifs de l'avant-projet de loi de ratification ou

---

[205] Cette Direction, dotée d'une Division des affaires juridiques, a pour attributions, entre autres, l'accomplissement des formalités nécessaires à la conclusion des traités internationaux, leur ratification et l'interprétation des traités et autres actes internationaux. Selon le décret n° 2004-073/PR du 31 mars 2004 et de l'arrêté n° 22/MAEC/SG/DAP/DVGP du 07 mars 2005 portant modalité d'application dudit décret, la division des affaires juridiques, « [p]lacée sous l'autorité d'un chef de division, […]est chargée de :-participer en collaboration avec les ministères techniques et les directions du ministère des Affaires étrangères, de la coopération concernés, à l'élaboration, la négociation, la conclusion, la ratification et le suivi des conventions, accords et traités ; - donner aux services centraux et extérieurs du ministère des Affaires étrangères et de la coopération et aux autres ministères et organismes des avis et consultations juridiques ; - interpréter les conventions, accords et traités internationaux par rapport aux questions posées par le gouvernement ou les juridictions […]».

[206] Constitution du 14 octobre 1992. S'agissant du droit antérieur, voir par exemple article 29 de la loi n° 60-10 du 23 avril 1960 modifiant l'organisation des institutions de la République ; article 56 de la Constitution du 14 avril 1961 ; articles 67 et 68 de la Constitution du 11 mai 1963 ; article 42 de la Constitution du 9 janvier 1980.

d'adhésion, ainsi que sur les clauses du traité ou de l'accord international en question.

Il est à rappeler que l'exposé des motifs est un texte destiné essentiellement à éclairer l'Assemblée nationale dans l'examen de la demande d'autorisation de ratification que lui soumet le Gouvernement. La fonction d'un exposé des motifs consiste, dans le cadre d'un projet de loi, en un exercice de « persuasion » à l'adresse des députés principalement, car « le but, pour le Gouvernement, est de les convaincre du bien-fondé de l'intervention législative envisagée[207] ». L'exposé des motifs est en réalité un bref mémoire explicatif (voir annexe V). D'ordinaire, il comporte, trois parties : une première partie exposant le contexte général du traité, son but et sa portée ; une seconde partie présentant d'une manière synthétique les dispositions du traité (les droits et obligations ou engagements), par titres, chapitres, sections et articles ou autres subdivisions, si le traité en comporte ; une troisième et dernière partie qui énonce les avantages attendus du traité et l'intérêt pour le Togo de le ratifier ou d'y adhérer.

Généralement, le dossier de ratification, préparé à la diligence du ministère des Affaires étrangères et soumis à l'adoption du Conseil des ministres, comprend :

- un exposé des motifs du projet de loi de ratification ou d'adhésion[208];
- un projet de loi de ratification ou d'adhésion ;
- une copie certifiée conforme[209] du traité ou de l'accord international.

Il faut rappeler, qu'au terme du travail préliminaire, le dossier de l'avant-projet de loi autorisant la ratification d'un traité, constitué par le ministère des Affaires étrangères, est transmis au Secrétariat général du Gouvernement pour observations et avis. L'avant-projet de loi de ratification après son ultime examen par les services du Premier ministre est soumis à l'examen et à l'adoption du Conseil des ministres,

---

[207] Geneviève KOUBI, « Exposé des motifs d'un projet de loi et circulaire administrative », *Droit criTIC*,23 mai 2009 [https://koubi.fr/spip.php?article273, consulté le 20 janvier 2019].

[208] Ce document est souvent accompagné d'un résumé exécutif, c'est-à-dire un résumé succinct des points les plus saillants contenus dans l'exposé des motifs.

[209] La copie certifiée conforme s'entend ici d'une copie obtenue auprès du Dépositaire du traité ou de l'accord international, lorsqu'il s'agit d'une convention multilatérale. Pour les accords bilatéraux, une copie authentique conservée par la Partie togolaise est prise en compte pour le dossier de ratification.

conformément à l'article 89 de la Constitution qui dispose que : « Les projets de lois sont délibérés en Conseil des ministres[210]. »

Par ailleurs, il convient de noter, en anticipant sur les développements ultérieurs concernant la procédure de ratification au niveau de l'Assemblée nationale, que le Gouvernement peut procéder à la ratification des traités et accords internationaux par voie d'ordonnance[211]. La légifération par voie d'ordonnance, est utilisée notamment dans les cas où, suivant une « nécessité urgente », le Gouvernement envisagerait la ratification rapide d'un acte international. Il faut souligner que la pratique de la légifération par voie d'ordonnance, qui était courante entre 1967 et 1979, ne concernait pas exclusivement la ratification ou l'adhésion aux traités, mais s'étendait à tous les domaines.

Cela étant, force est de relever que ce n'est pas nécessairement l'existence d'une situation d'urgence qui détermine le recours à la légifération par voie d'ordonnance. D'ailleurs les textes constitutionnels qui prévoient la possibilité pour le Gouvernement de légiférer par voie d'ordonnance ne mentionnent pas le terme « urgence » et n'y font pas davantage référence. Seule la finalité du recours à l'ordonnance est expressément évoquée. Aussi la Constitution du 14 octobre 1992, actuellement en vigueur, dispose-t-elle, en son article 86, alinéa 1er que « [l]e Gouvernement peut, pour l'exécution de ses programmes, demander à l'Assemblée nationale, l'autorisation de prendre par ordonnances, pendant un délai limité, des mesures qui sont normalement du domaine de la loi ».

1.3 Le rôle de l'Assemblée nationale dans la procédure de ratification ou d'adhésion aux traités internationaux

Adoptés en Conseil des ministres, les projets de loi de ratification des traités internationaux sont transmis à l'Assemblée nationale[212].

---

210 Constitution du 14 octobre 1992.

211 En tout état de cause, le fait que la ratification d'un traité par le Président de la République s'effectue sur la base d'une loi de ratification ou d'une ordonnance, n'affecte pas la validité de l'acte de ratification. Au final c'est par l'instrument de ratification que se matérialise l'expression du consentement du Togo à être lié par un traité international.

212 Il convient de souligner que la Constitution du 14 octobre 1992 a créé un Parlement, constitué de l'Assemblée nationale et du Sénat. Toutefois, le Sénat n'est pas encore fonctionnel. Notons que selon l'article 81 de la Constitution :
« L'Assemblée nationale vote en dernier ressort la loi.

Celle-ci procède à leur étude en Commission, puis à leur examen en plénière, suivi de délibérations[213].

1.3.1 L'étude en Commission des projets de loi de ratification ou d'adhésion aux traités internationaux

À l'Assemblée nationale, l'entité saisie d'office, pour les questions afférentes aux traités et accords internationaux, est la Commission des relations extérieures et de la coopération. Ses domaines d'attributions recouvrent les relations internationales, les politiques extérieures, la coopération internationale, les traités et accords internationaux, les relations interparlementaires, les conférences internationales, la protection des intérêts des Togolais à l'étranger, le statut des étrangers résidant au Togo, ainsi que la coopération et l'intégration interafricaines[214]. La saisine des Commissions[215] est instituée par l'article 39, paragraphe 1 du Règlement intérieur de l'Assemblée nationale, en vertu duquel « [l]es commissions sont saisies à la diligence du président de l'Assemblée nationale de tous les projets ou

---

Elle contrôle l'action du Gouvernement. Le Sénat reçoit pour délibération les projets et les propositions de loi.
Le Sénat donne obligatoirement son avis avant le vote par l'Assemblée nationale de tout projet ou proposition de loi constitutionnelle, de tous les textes relatifs à l'organisation territoriale de la République et du projet de loi de finances. Dans tous les cas, l'avis du Sénat est considéré comme donné s'il ne s'est pas prononcé dans les quinze (15) jours de sa saisine ou les huit (08) jours en cas de procédure d'urgence. »

[213] Ce processus répond aux prescriptions de la Constitution togolaise de 1992, dont l'article 87 énonce que : « Les propositions et les projets de loi sont déposés sur le bureau de l'Assemblée nationale qui les renvoie pour examen à des commissions spécialisées dont la composition et les attributions sont fixées par le règlement intérieur de l'Assemblée nationale. »

[214] Article 34 (6) du Règlement intérieur de l'Assemblée nationale togolaise. Ce Règlement intérieur adopté le 1er juin 1994 a été modifié le 19 novembre 1996, le 29 avril 1999, le 22 novembre 2007, le 30 août 2013 et le 22 janvier 2019.

[215] L'Assemblée nationale togolaise compte neuf (9) Commissions permanentes : la Commission des lois constitutionnelles, de la législation et de l'administration générale ; la Commission des droits de l'Homme ; la Commission des finances et du développement économique ; la Commission agro-pastorale et de l'aménagement du territoire ; la Commission de l'éducation et du développement socioculturel ; la Commission des relations extérieures et de la coopération ; la Commission de la défense et de la sécurité ; la Commission de l'environnement et des changements climatiques ; la Commission de la santé, de la population et de l'action sociale ; voir article 34 du Règlement intérieur de l'Assemblée nationale togolaise du 1er juin 1994 (modifié par la résolution du 22 janvier 2019).

propositions de lois entrant dans leur compétence ainsi que des pièces et documents s'y rapportant ».

Dans le cadre de l'étude en Commission des textes soumis à autorisation parlementaire en vue de leur ratification, le président de l'Assemblée nationale peut associer d'autres Commissions aux travaux de la Commission des relations extérieures et de la coopération, compétente de droit[216]. Cette démarche est souvent dictée par la prise en compte de la connexité, la diversité du champ d'application ou la transversalité du domaine couvert par un traité ou un accord international dont le projet de loi de ratification ou d'adhésion est soumis à l'Assemblée nationale. Lorsqu'il s'agit, par exemple, d'un traité relatif à la sécurité des navires de pêche, seront dès lors associées à la Commission des relations extérieures et de la coopération, pour l'étude du dossier de ratification du traité ou de l'accord international en question, les Commissions chargées des affaires environnementales, agropastorales, financières et du développement économique, entre autres. Il faut également relever que l'étude d'un dossier de ratification peut nécessiter la mise en place d'une Commission spéciale[217].

L'étude en Commission du projet de loi autorisant la ratification d'un traité est sanctionnée par un rapport transmis au président de l'Assemblée nationale. Lors des séances consacrées à l'étude des projets de lois de ratification, la Commission des relations extérieures et de la coopération est assistée, dans ses travaux, d'un représentant gouvernemental, désigné sous le nom de « Commissaire du gouvernement[218] ». Prennent ainsi part, d'ordinaire, à l'étude en Commission, les représentants du ministère chargé des relations avec le Parlement, du ministère des Affaires étrangères (Direction des affaires juridiques), les principaux responsables des départements ministériels, administrations et services concernés par le traité ou l'accord

---

[216] À cet égard, l'article 39 (4) du Règlement intérieur dispose que : « Le rapport sur le fond d'une affaire ne peut être confié qu'à une seule commission ; les autres commissions peuvent demander à donner leur avis sur la même affaire. »

[217] Selon l'article 35 du Règlement intérieur de l'Assemblée nationale : « L'Assemblée nationale peut constituer en son sein, des commissions spéciales pour un objet déterminé. Ces commissions spéciales cessent d'exister de plein droit lorsque les projets ou propositions qui ont provoqué leur création sont adoptés, rejetés ou retirés. »

[218] Article 39 §7 du Règlement intérieur de l'Assemblée nationale togolaise.

international dont la ratification est envisagée, de même que toute personne qu'il paraît utile à la Commission de consulter[219].

Les discussions, à l'occasion de l'étude en Commission des projets de lois, ne sont pas ouvertes au public. En effet, selon l'article 45 du Règlement intérieur de l'Assemblée nationale, « [l]es débats des Commissions ne sont pas publics. Il est publié en principe chaque semaine, un bulletin des communications dans lequel sont indiqués, notamment, les noms des membres présents, excusés ou absents, les décisions des commissions ainsi que les résultats des votes[220] ».

L'étude en Commission consiste généralement en la présentation aux députés, par le Commissaire du Gouvernement, de l'exposé des motifs du projet de loi autorisant la ratification d'un traité ou accord international, suivie de séances de « questions-réponses ». Ces séances permettent au Commissaire du gouvernement de fournir des éléments de réponse aux questions formulées par les députés concernant les clauses du traité, entre autres. Certes les questions souvent posées ne sont pas standardisées ; mais l'examen d'un large échantillon de rapports d'étude au fond des projets de loi autorisant la ratification ou l'adhésion aux traités et accords internationaux permet d'indiquer, qu'en général, l'exercice consiste en une lecture croisée de l'exposé des motifs avec les clauses du traité dont la ratification est envisagée, et de l'état actuel du droit ainsi que des considérations sociales, économiques, culturelles, etc. Pour schématiser, il peut être observé que les interrogations des députés se rapportent généralement aux enjeux du traité, à l'état de ratification et de la cartographie des ratifications[221], à la portée et aux avantages que le Togo peut en tirer s'il devient État Partie, la contribution (juridique, politique, économique, financière, etc.) attendue du Togo, à la possibilité et à l'opportunité des réserves, si le traité en instance d'examen en prévoit.

Généralement, les discussions lors de l'étude au fond des dossiers de ratification offrent aussi l'occasion aux députés de mettre le traité

---

[219] Article 39 §7 *in fine* du Règlement intérieur de l'Assemblée nationale : « Les Commissions peuvent faire appel à toute personne qu'il leur paraît utile de consulter. Ces personnes peuvent être entendues en séance plénière à la demande de l'Assemblée nationale. »

[220] Le contenu des échanges n'est pas confidentiel. Le rapport de la Commission, qui consigne les questions-réponses, est distribué à la plénière de l'assemblée nationale. Rappelons que les travaux de la plénière sont, en principe, accessibles au public.

[221] L'exercice vise à établir un panorama de l'état de ratification du traité par zone géographique (ensemble régional ou par continent ou à l'échelle mondiale).

examiné en perspective avec les préoccupations locales, la législation et la politique gouvernementale dans les matières concernées, la coutume et les traditions locales, entre autres. En dehors des questions qu'elle peut susciter, l'étude en Commission du projet de loi autorisant la ratification ou l'adhésion à un traité peut également déboucher sur la formulation de recommandations par les députés. Le cas échéant, ces recommandations sont habituellement consignées, au même titre que les questions-réponses, dans le rapport d'étude soumis à l'examen de la plénière de l'Assemblée nationale. Enfin, il sied d'indiquer que les rapports et avis des commissions sont approuvés (en commission) et transmis au Bureau de l'Assemblée nationale ; subséquemment, ils sont distribués aux députés et envoyés au Gouvernement quarante-huit (48) heures avant la discussion générale, en plénière[222].

1.3.2 L'examen et l'adoption en séance plénière des lois autorisant la ratification ou l'adhésion aux traités internationaux

La procédure pour l'examen et l'adoption des lois de ratification ou d'adhésion aux traités et accords internationaux, à l'Assemblée nationale, est fixée par un règlement intérieur. Ainsi, selon l'article 97 paragraphes 1 et 2 du Règlement intérieur de l'Assemblée nationale :

> Les projets de lois, les propositions de lois et propositions de résolutions sont discutés en séance plénière dans les formes suivantes :
> - la discussion des projets de lois, propositions de lois et propositions de résolutions portent sur un texte présenté par la Commission compétente ;
> - la discussion est ouverte par la présentation du rapport de la Commission saisie au fond, suivie éventuellement de celle des rapports des Commissions saisies pour avis. Après la présentation du rapport de la Commission saisie au fond, celle-ci est tenue, si le Gouvernement le

222 Article 44, paragraphe 4 du Règlement intérieur de l'Assemblée nationale togolaise.

demande, de porter à la connaissance de l'Assemblée nationale les points sur lesquels il y a désaccord avec le Gouvernement[223].

En outre, s'agissant de la publicité des séances plénières de l'Assemblée nationale, il convient de relever que l'article 50 du Règlement intérieur en fixe le principe[224], assortie d'exceptions :

> 1 - Les séances de l'Assemblée nationale sont publiques.
> 2 - Néanmoins, à la demande du Premier ministre ou d'un cinquième de ses membres, dont la présence est constatée par appel nominal, l'Assemblée nationale peut siéger à huis clos. L'Assemblée nationale décide ultérieurement, si le compte rendu intégral des débats à huis clos peut être publié.

À la plénière au cours de laquelle les députés sont appelés à délibérer sur un projet de loi, il est procédé à une discussion sur le contenu du texte de loi en question. Cette discussion, qualifiée de discussion législative, consiste en une discussion générale[225], des discussions particulières[226] et des discussions des amendements[227]. Dans le cas particulier des projets de loi soumis à l'Assemblée nationale en vue d'autoriser le Président de la République à ratifier un traité ou un accord international, il ne peut être procédé à un amendement. En effet, l'article 112 du Règlement intérieur de l'Assemblée nationale précise :

> 1 - Lorsque l'Assemblée nationale est saisie d'un projet de loi autorisant la ratification d'un traité ou l'approbation d'un accord international non soumis à ratification[228], il n'est pas voté sur les articles contenus dans ces actes, et il ne peut être présenté d'amendement.
> 2 - L'Assemblée nationale conclut à l'adoption ou au rejet du projet de loi ou à l'ajournement de la discussion.

---

[223] Paragraphes 1 et 2 de l'article 97 du Règlement intérieur de l'Assemblée nationale togolaise [Règlement adopté le 1er juin 1994 ; dernière modification en date du 22 janvier 2019].

[224] La disposition contenue dans l'article 50 du Règlement intérieur de l'Assemblée nationale reprend *in extenso* l'article 95 de la Constitution togolaise du 14 octobre 1992 qui se lit comme suit : « Les séances de l'Assemblée nationale et du Sénat sont publiques. Le compte rendu intégral des débats est publié au Journal Officiel. L'Assemblée nationale peut siéger à huis clos à la demande du Premier ministre ou à la demande d'un cinquième (1/5) des députés ».

[225] Article 98 du Règlement intérieur de l'Assemblée nationale togolaise.

[226] Article 99 du Règlement intérieur de l'Assemblée nationale togolaise.

[227] Article 100 du Règlement intérieur de l'Assemblée nationale togolaise.

[228] On déduira de cette disposition que deux types d'actes internationaux peuvent faire l'objet d'une procédure devant l'Assemblée nationale : les traités soumis à ratification et ceux qui n'en sont pas soumis, et qui font donc l'objet d'une approbation. Dans tous les cas, ces actes ne peuvent être amendés par les députés.

Le rejet ou l'ajournement d'un projet de loi autorisant la ratification d'un traité est motivé.

En somme, l'Assemblée nationale dispose du pouvoir d'autoriser ou de refuser la ratification ou l'approbation des traités et accords internationaux visés à l'article 138 de la Constitution togolaise[229]. Il est utile de rappeler que les projets de loi visant à autoriser la ratification d'un traité ou l'approbation d'un accord international sont, en principe, composés de deux articles, le 1er disposant qu'« [e]st autorisée la ratification ou l'approbation de l'accord [*titre du traité ou de la convention*] signé le [*mention de la date*] » ; le second précisant que « [l]a présente loi sera exécutée comme loi de l'État ».

Dans la pratique des négociations internationales, il est établi que lorsque les négociateurs d'un traité ou accord international apposent leurs paraphes sur le texte du traité ou de l'accord international concerné, ils reconnaissent solennellement la rédaction du texte ainsi convenu entre eux et dûment paraphé comme étant le résultat définitif de leurs discussions et compromis[230]. Sur ce fondement, on comprend que lorsque le texte d'un acte international, définitivement adopté par les plénipotentiaires, est soumis à l'Assemblée nationale en vue d'une autorisation de ratification, il ne soit plus possible que le contenu de l'acte international en question puisse être modifié. En réalité, ce qui est en jeu, ce n'est pas tant l'examen du traité ou de l'accord international au fond, pour en approuver ou contester éventuellement les clauses, mais plutôt l'examen du projet de loi visant à autoriser la ratification ou l'adhésion au traité ou à l'accord international concerné.

À la lumière de toutes ces considérations, il apert que, lorsque l'Assemblée nationale est saisie d'un projet de loi autorisant la ratification d'un traité ou l'approbation d'un accord international, elle ne peut ni procéder à l'examen au fond, ni procéder au vote article par article de l'accord. Elle n'a dès lors que deux options : adopter en l'état le projet de loi autorisant la ratification[231] ou le rejeter.

---

[229] Constitution du 14 octobre 1992. S'agissant du droit antérieur, voir article 29 de la loi no 60-10 du 23 avril 1960 modifiant l'organisation des institutions de la République ; article 56 de la Constitution du 14 avril 1961 ; article 67 de la Constitution du 11 mai 1963 ; article 42 de la Constitution du 9 janvier 1980.

[230] Voir EU FLEGT Faciliy [Plan d'action de l'union européenne relatif à l'application des réglementations forestières, à la gouvernance et aux échanges commerciaux], « Paraphe, signature et ratification d'un APV (Accord de Partenariat Volontaire) ; consulté sur : https://flegtvpafacility.org.

[231] Rappelons que les lois de ratification de traités et accords internationaux sont, en principe, libellés seulement en deux articles : « Article 1er : Est autorisée la ratification

Par ailleurs, lorsque, au cours de la procédure de ratification d'un traité ou d'un accord international, la Cour constitutionnelle est saisie, pour des questions relatives à la conformité du traité ou de l'accord international à la Constitution, cette saisine entraîne automatiquement la suspension de la discussion du dossier de ratification entamée par l'Assemblée nationale. Dans ce contexte, il est bien entendu que, « [l]a discussion ne peut être commencée ou reprise, en dehors des formes prévues pour une révision de la Constitution, qu'après publication au Journal Officiel de la République togolaise de la déclaration de la Cour constitutionnelle portant que l'engagement ne contient aucune clause contraire à la Constitution[232] ».

Aussitôt après son adoption par l'Assemblée nationale, le texte de loi autorisant la ratification ou l'adhésion à un traité est transmis au Président de la République pour promulgation. L'autorisation de l'Assemblée nationale est une étape décisive dans le processus de l'expression définitive du consentement du Togo à être lié par un traité ou accord international. Sans cette formalité, les actes internationaux, relevant des catégories prévues à l'article 138 de la Constitution togolaise[233], ne peuvent être valablement ratifiés. En définitive, l'adoption de la loi autorisant le Président de la République à ratifier un acte international clôt la procédure au niveau du pouvoir législatif et ouvre la voie à la finalisation du processus de ratification ou d'adhésion au niveau du pouvoir exécutif.

---

du [*intitulé du traité, lieu et date d'adoption*]. Article 2 : La présente loi sera exécutée comme loi de l'État ».

[232] Voir article 113 (3) du Règlement intérieur de l'Assemblée nationale togolaise.

[233] Constitution du 14 octobre 1992 actuellement en vigueur. S'agissant du droit antérieur, voir article 29 de la loi no 60-10 du 23 avril 1960 modifiant l'organisation des institutions de la République ; article 56 de la Constitution du 14 avril 1961 ; article 67 de la Constitution du 11 mai 1963 ; article 42 de la Constitution du 9 janvier 1980.

CHAPITRE 2 : PROCÉDURES ULTIMES DE RATIFICATION OU D'ADHÉSION AUX TRAITÉS INTERNATIONAUX ET AUTRES TECHNIQUES D'INTÉGRATION DU DROIT INTERNATIONAL

Au-delà de sa dimension procédurale, l'application des exigences relatives à l'intégration du droit international dans l'ordre juridique interne revêt un intérêt pratique évident. À cet égard, il est établi que la finalisation du processus d'incorporation des traités internationaux en droit togolais se matérialise par le dépôt ou l'échange des instruments de ratification ou d'adhésion et leur publication au Journal officiel de la République togolaise.

2.1 La signature et le dépôt des instruments de ratification ou d'adhésion

La promulgation des lois de ratification est soumise au même régime juridique que celui des lois ordinaires en République togolaise. Les lois sont promulguées par le Président de la République dans un délai de quinze (15) jours suivant la transmission au Gouvernement de la loi définitivement adoptée par l'Assemblée nationale[234]. Sur la base de la loi de ratification promulguée par le Président de la République, le service juridique du ministère des Affaires étrangères élabore la Lettre de ratification encore appelée « Instrument de ratification », c'est-à-dire le document officiel établissant le consentement définitif du Togo à être lié par un accord international.

Par ailleurs, précisons que les instruments de ratification sont transmis au Dépositaire d'un traité, lorsqu'il s'agit d'un traité multilatéral ; on parle dans ce cas de *dépôt* d'instruments de ratification. En revanche, lorsque les instruments de ratification concernent des traités bilatéraux, ces instruments sont *échangés* entre les deux États concernés. Ce procédé dit d'« échange d'instruments de ratification » formalise le consentement de deux États à être liés par un traité qu'ils ont conclu, et confirme qu'entre ces Parties toutes les procédures requises sur le plan interne ont été dûment accomplies.

L'instrument de ratification consiste en un document comportant une déclaration signée du Président de la République et contresignée par le ministre chargé des Affaires étrangères. À titre illustratif, on peut

[234] Voir article 67 de la Constitution togolaise du 14 octobre 1992.

sommairement donner la description, ci-après, de l'instrument de ratification, par le Togo, du Protocole pour éliminer le commerce illicite des produits du tabac, adopté le 12 novembre 2012 à Séoul et ratifié par le Togo le 31 janvier 2018. Il s'agit d'un document papier, au grammage élevé[235], dans lequel est mis en exergue la formule d'appel « FAURE ESSOZIMNA GNASSINGBE, PRÉSIDENT DE LA RÉPUBLIQUE, À TOUS CEUX QUI CES PRÉSENTES LETTRES VERRONT SALUT !»[236], suivie de la déclaration libellée comme suit :

> Ayant vu et examiné le Protocole pour éliminer le commerce illicite des produits du tabac, signé le 11 novembre 2012 à Séoul ;
> Nous l'avons approuvé et l'approuvons en toutes et chacune de ses parties, en vertu des dispositions qui y sont contenues et conformément à l'article 137 de la Constitution ;
> Déclarons qu'il est accepté, ratifié et confirmé et promettons qu'il sera inviolablement observé.
> En foi de quoi nous avons donné les présentes revêtues du sceau de la République.
> Fait à Lomé, le 23 janvier 2018
> Le Président de la République,
> [*Signé*] Faure Essozimna GNASSINGBE
> Le ministre des Affaires étrangères, de la coopération et de l'intégration africaine,
> [*Signé*] Prof. Robert DUSSEY

Les instruments de ratification, faut-il le souligner, sont toujours contresignés par le ministre chargé des Affaires étrangères. L'apposition du contreseing du ministre des Affaires étrangères, sur les instruments de ratification déjà revêtus de la signature du Président de la République, trouve son fondement juridique, entre autres, dans les

[235] Il s'agit d'un document papier au format particulier, en fonds blanc avec en bordure trois couleurs du drapeau national à savoir le rouge, le jaune et le vert, et en exergue sur la couverture, les armoiries de la République togolaise. Ce document porte, en page de présentation, la mention « *Ratification du président de la République* ». À la différence des instruments de ratification qui portent le titre *« Ratification du Président de la République »*, les instruments d'acceptation eux sont intitulés *« Acceptation de la République togolaise »*.

[236] *« À tous ceux qui ces présentes lettres verront salut !»* est une formule d'appel généralement employée en marge du texte de la déclaration constituant la lettre de ratification ou d'adhésion. Son usage ne s'étend pas aux instruments d'acceptation des accords en forme simplifiée, qui sont signés exclusivement par le ministre chargé des Affaires étrangères.

dispositions de l'article 80 de la Constitution togolaise[237]. En vertu de cet article, « [l]es actes du Président de la République autres que ceux prévus aux articles 4, 66, 68, 73, 74, 98, 100, 104 et 139 de la présente Constitution, sont contresignés par le Premier ministre ou le cas échéant, par les ministres chargés de leur exécution[238] ». Rappelons que, s'agissant des accords en forme simplifiée, dont il n'est pas nécessaire qu'ils soient soumis à l'autorisation de l'Assemblée nationale avant leur ratification, il est seulement procédé à leur acceptation. En pareil cas, l'instrument d'acceptation est signé exclusivement par le ministre des Affaires étrangères (voir annexe IX).

Dans la pratique du droit conventionnel international, la signature de l'autorité compétente pour engager l'État suffit, en principe, à conférer à un instrument de ratification sa validité. Toutefois, certains éléments, tenant au contenu de l'instrument, peuvent entacher cette validité. En effet, s'agissant par exemple des traités multilatéraux, dont le Secrétaire général des Nations Unies est Dépositaire, il est admis que l'instrument de ratification d'un traité soumis par un État puisse être rejeté, lorsque ledit instrument comporte notamment une formule qui dénoterait d'une manifestation insuffisante de la volonté de l'État concerné. Selon l'occurrence, le Secrétariat général des Nations Unies identifie des éléments-clés, dont le défaut est susceptible d'engendrer un refus de l'instrument de ratification que lui adresse, aux fins de dépôt, un État quelconque. En clair, pour que le dépôt puisse être accepté :

> [L]'instrument doit exprimer sans ambiguïté la volonté du gouvernement, agissant au nom de l'État, de se considérer comme lié par l'accord et de s'engager à en observer et appliquer scrupuleusement les dispositions. Ne sera par exemple pas considérée comme une manifestation suffisante de la volonté du gouvernement de devenir Partie à l'accord une formule, même signée par une autorité compétente, du type : "Le Gouvernement a pris les mesures nécessaires aux fins d'adhérer à l'accord" ou "Le Gouvernement se propose d'adhérer".
>
> Si l'un des éléments évoqués plus haut fait défaut, le Secrétaire général n'accepte pas l'instrument en dépôt. Il prend contact avec le

[237] Constitution du 14 octobre 1992. S'agissant du droit antérieur, voir par exemple : article 19 de la loi n° 60-10 du 23 avril 1960 modifiant l'organisation des institutions de la République et article 46 de la Constitution du 14 avril 1961.

[238] Les articles visés par l'article 80 de la Constitution togolaise du 14 octobre 1992, portent sur des domaines où s'exerce le pouvoir exclusif du Président de la République, sans nécessité de contreseing.

gouvernement intéressé pour obtenir soit un document en bonne et due forme soit une communication corrigeant l'erreur ou l'omission, communication qui doit obligatoirement porter la signature de l'autorité d'où émane l'instrument ou d'une autre autorité qualifiée. Ce n'est qu'au reçu du nouvel instrument ou de la communication que le dépôt est réputé effectué et que le Secrétaire général informe en conséquence les autres Parties intéressées[239].

En outre, il convient de relever que les déclarations ou réserves à un traité sont formulées, d'ordinaire, au plus tôt lors de la signature du traité, et au plus tard, au moment du dépôt de l'instrument de ratification[240]. Certains traités excluent la possibilité d'admettre une réserve qui n'est pas formulée concomitamment au dépôt de l'instrument de ratification de l'accord international concerné.

Suivant la pratique togolaise, on observe que la déclaration ou la réserve est parfois formulée, soit directement dans l'instrument de ratification, soit dans la Note verbale de dépôt de l'instrument de ratification, ou encore dans un document distinct de la Note verbale et de l'instrument de ratification. La mise en œuvre de chacune de ces options ne se fonde sur aucune exigence particulière. De manière empirique, il peut être noté que le procédé le plus usité par le Togo est celui de l'adjonction à l'instrument de ratification du texte de la déclaration ou de la réserve formulée. Par ordre décroissant de fréquence, on relèvera l'usage de la formulation de la déclaration ou de la réserve dans la Note verbale transmettant l'instrument de ratification d'un traité. Il en a été ainsi de l'objection que le Togo a faite, le 14 septembre 2016, à la réserve formulée par El Salvador, lors de l'adhésion au deuxième Protocole facultatif se rapportant au Pacte international relatif aux droits civils et politiques visant à abolir la peine de mort, adopté à New York, le 15 décembre 1989 (voir annexe VIII). En revanche, l'insertion d'une réserve ou d'une déclaration interprétative, directement dans le texte constituant l'instrument de ratification ou d'adhésion n'est pas, à notre connaissance, usitée.

---

[239] *Précis de la pratique du Secrétaire général en tant que dépositaire de traités multilatéraux*, Nations Unies, New York, 1999, ST/LEG/7/Rev.1[p. 39].

[240] Selon l'article 19 de la Convention de Vienne sur le droit des traités : « Un État, au moment de signer, de ratifier, d'accepter, d'approuver un traité ou d'y adhérer, peut formuler une réserve, à moins : a) que la réserve ne soit interdite par le traité; b) que le traité ne dispose que seules des réserves déterminées, parmi lesquelles ne figure pas la réserve en question, peuvent être faites; ou c) que, dans les cas autres que ceux visés aux alinéas a) et b), la réserve ne soit incompatible avec l'objet et le but du traité. »

La formulation d'une réserve ou d'une déclaration interprétative dans un document distinct de l'instrument de ratification ou d'adhésion paraît, à bien des égards, plus commode. D'un point de vue pratique, ce procédé permet, par exemple, de retirer ou de modifier une réserve qui aurait été formulée au moment du dépôt de l'instrument de ratification, sans qu'il soit nécessaire qu'un nouvel instrument signé par le Président de la République, duquel le texte de la réserve serait retranché, soit adressé au Dépositaire. Par ailleurs, il n'est pas nécessaire que le texte exprimant la réserve de l'État soit libellé « réserve ». En effet, les termes « réserve » et « déclaration » peuvent être, dans une certaine mesure, interchangeables, à moins que le traité ou l'accord international en cause n'en apporte des nuances[241]. La distinction entre une déclaration interprétative et une réserve ne peut être établie uniquement en se fondant sur la désignation ou la forme que revêt chacun de ces actes unilatéraux. Il doit donc être entendu qu'il s'agit d'emblée d'analyser le contenu textuel de ces actes, et de se référer à l'intention de l'État qui les formule[242]. Comme le relève le Comité des droits de l'Homme des Nations Unies :

> Il n'est pas toujours aisé de distinguer une réserve d'une déclaration traduisant la manière dont un État interprète une disposition, ou encore d'une déclaration d'ordre politique. Il faut prendre en compte l'intention de l'État plutôt que la forme de l'instrument. Si une déclaration, quels qu'en soient l'appellation ou l'intitulé, vise à exclure ou à modifier l'effet juridique d'un traité dans son application à l'État, elle constitue une réserve. Inversement, si ce qu'un État appelle une réserve ne fait que traduire l'interprétation qu'il a d'une disposition donnée, sans exclure ni modifier cette disposition dans son application audit État, il ne s'agit pas en réalité d'une réserve[243].

Relevons, à titre illustratif, que le Togo a formulé une réserve à la Convention pour l'unification de certaines règles relatives au transport aérien international, en libellant sa réserve « Déclaration » (voir annexe

---

[241] Aux termes de l'article 2 § 1 (d) de la Convention de Vienne sur le droit des traités, « l'expression "réserve" s'entend d'une déclaration unilatérale, quel que soit son libellé ou sa désignation, faite par un État quand il signe, ratifie, accepte ou approuve un traité ou y adhère, par laquelle il vise à exclure ou à modifier l'effet juridique de certaines dispositions du traité dans leur application à cet État ».

[242] Selon la Commission du droit international : « La qualification d'une déclaration unilatérale comme réserve ou déclaration interprétative est déterminée par l'effet juridique qu'elle vise à produire. » *ACDI*, 2011, vol II (2), p.59.

[243] Comité des droits de l'Homme, Additif Observation générale n° 24 (52) ; CCPR/C/21/Rev.1/Add.6 du 11 novembre 1994, p.2.

VII). Il doit être précisé que ce libellé est conforme à l'article 57 de ladite Convention, qui interdit les réserves, mais prévoit la faculté pour tout État Partie « à tout moment [de] déclarer par notification adressée au dépositaire » que la Convention ne s'applique pas à des catégories particulières de transport aérien[244].

Dans la pratique, schématiquement, le dépôt de l'instrument de ratification se réalise de la manière suivante : l'instrument de ratification et l'ampliation de la loi de ratification, ensemble avec le texte de la réserve ou de la déclaration interprétative, le cas échéant, sont transmis par Note verbale du ministère des Affaires étrangères de la République togolaise au Dépositaire (État ou Organisation internationale) du traité concerné. Un procès-verbal d'échange d'instruments de ratification (accords bilatéraux) ou un accusé de réception des instruments de ratification (accords multilatéraux) consacre le dépôt ou l'échange des instruments et précise la date d'entrée en vigueur, à l'égard du Togo, du traité ou de l'accord international en question.

2.2 La publication des actes internationaux au Journal officiel de la République togolaise

Prescrite par l'article 138, alinéa 2 de la Constitution togolaise de 1992, la publication des textes ratifiés est, au plan interne, l'ultime étape du processus de ratification. En posant que les traités et accords internationaux devant être ratifiés « en vertu d'une loi » « ne prennent effet qu'après avoir été ratifiés et publiés[245] », les constituants de 1992 ont, sans doute, entendu faire de la publication une condition procédurale. Même si la publication apparaît, en l'occurrence, comme une formalité bien distincte de la ratification, il s'agit tout de même

[244] Cette convention prévoit en son article 57 intitulé « Réserves » que : « Aucune réserve ne peut être admise à la présente Convention, si ce n'est qu'un État Partie peut à tout moment déclarer, par notification adressée au dépositaire, que la présente Convention ne s'applique pas : a) aux transports aériens internationaux effectués et exploités directement par cet État à des fins non commerciales relativement à ses fonctions et devoirs d'État souverain ; b) au transport de personnes, de bagages et de marchandises effectué pour ses autorités militaires à bord d'aéronefs immatriculés dans ou loués par ledit État Partie et dont la capacité entière a été réservée par ces autorités ou pour le compte de celles-ci ».

[245] La loi constitutionnelle du 23 avril 1960 disposait, en son article 29, alinéa 2, que « [les traités] ne prennent effet qu'après avoir été ratifiés ou approuvés ». Pour sa part, la Constitution du 3 mai 1963 énonçait, en son article 67, alinéa 2, que « [les traités] ne prennent effet qu'après [leur] ratification ». La même disposition figure à l'article 42, alinéa 2, de la Constitution du 9 janvier 1980.

d'une formalité, sinon indispensable, du moins nécessaire à la procédure de ratification des traités concernés. Ainsi la prise d'effet des engagements contenus dans lesdits traités n'intervient-elle qu'à une condition cumulative : ces traités doivent être *ratifiés et publiés*. Il y a toutefois lieu de noter que tous les traités et accords internationaux n'ont pas vocation à être publiés. En effet, s'il est admis que les traités comportant des droits applicables aux particuliers ou qui intéressent directement ceux-ci doivent être publiés[246], tel n'est pas le cas, par exemple, des traités qui touchent aux intérêts vitaux ou aux nécessités stratégiques de la nation en matière de sécurité ou de défense nationale, de politique extérieure, etc.

La non-publication de certains traités ou accords n'implique pas que ces traités ne puissent pas, dans l'absolu, être consultés par des particuliers. Au Togo, l'accès aux informations est un principe garanti par des dispositions légales et réglementaires. La loi n° 2016-006 du 30 mars 2016 portant liberté d'accès aux informations et à la documentation publiques dispose, en son article 4, que « [l]'accès aux informations et aux documents des organismes publics est libre sous réserve des exceptions et délais prévus par la loi ». En outre, cette loi apporte des précisions concernant les entités ayant la qualité d'organisme public. Il s'agit du Gouvernement, des institutions de la République, du Trésor public, des ministères, des services déconcentrés, des services décentralisés, des organismes scolaires et des établissements de santé ou de services sociaux, de toutes autres personnes morales de droit public ainsi que des personnes morales de droit privé chargées d'une mission de service public ; de même tous les services relevant de l'administration publique ou des entreprises publiques sont des organismes publics[247].

Si, comme nous l'avons relevé, les traités non publiés sont susceptibles d'être consultés par les particuliers, il n'en demeure pas moins que l'accès à certains traités et accords puisse être interdit.

---

[246] Néanmoins, un examen de l'article 50 de la Constitution togolaise, du 14 octobre 1992, laisse suggérer que les traités internationaux relatifs aux droits de l'Homme sont invocables du seul fait de leur ratification ; la condition de leur publication n'y étant pas expressément indiquée. Ledit article a la teneur suivante : « Les droits et devoirs, énoncés dans la Déclaration universelle des droits de l'Homme et dans les instruments relatifs aux droits de l'Homme, ratifiés par le Togo, font partie intégrante de la présente Constitution ».

[247] Voir article 3 de la loi n° 2016-006 du 30 mars 2016 portant liberté d'accès aux informations et à la documentation publiques au Togo.

Lorsqu'elle est prise par l'administration publique, la mesure interdisant l'accès à certains traités et accords non publiés pourrait trouver son fondement notamment dans l'article 2 de la loi de 2016 susmentionnée, qui a établi une catégorie d'informations ou de documents publics « non communicables[248] ». Sont concernés :

> [L]es informations ou documents publics dont la divulgation porterait atteinte :
> - à la sécurité et à la défense nationales ;
> - au secret des délibérations des autorités relevant du pouvoir exécutif et à la politique extérieure de l'État ;
> - aux instructions en cours devant les juridictions ;
> - à la santé, à la vie privée ou à des intérêts privés.
>
> Les informations non communicables au sens du présent article sont consultables, le cas échéant, aux termes des délais et dans les conditions fixées par décret en conseil des ministres[249].

Au plan interne, la décision de publier ou non des traités et accords internationaux relève de la compétence de chaque État Partie. On peut inférer qu'au même titre que la faculté qu'a chaque État de contracter des engagements internationaux, il est également loisible à chaque État, selon ses lois et pratiques constitutionnelles, et sauf aménagement conventionnel spécifique, d'assurer la publicité des traités et accords résultant de son interaction avec les autres États et les Organisations internationales.

En Suisse, par exemple, la publicité des traités internationaux est régie par la loi fédérale sur les recueils du droit fédéral et la Feuille fédérale du 18 juin 2004. L'article 3 de cette loi énonce les traités et décisions du droit international qui doivent être publiés. Ainsi :

> Sont publiés dans le RO[250], pour autant qu'ils lient la Suisse :
>
> a. les traités et décisions de droit international qui sont soumis au référendum en vertu de l'art. 140, al. 1, let. b, Cst., ou qui sont sujets au référendum en vertu de l'art. 141, al. 1, let. d, Cst.;
>
> b. les autres traités et décisions de droit international qui contiennent des règles de droit ou qui autorisent à en édicter[251].

---

[248] Au sens de l'article 4, premier tiret de la loi n° 2016-006 du 30 mars 2016 portant liberté d'accès aux informations et à la documentation publiques au Togo.

[249] Article 2 de la loi n° 2016-006 du 30 mars 2016 sur la liberté d'accès aux informations et à la documentations publiques.

[250] Recueil officiel du droit fédéral, encore appelé Recueil officiel.

[251] Loi fédérale sur les recueils du droit fédéral et la Feuille fédérale du 18 juin 2004, consulté sur : https://www.fedlex.admin.ch/fr.

En revanche, l'article 6 de la loi fédérale susmentionnée instaure une dérogation au principe de la publication obligatoire des traités et décisions du droit international en ces termes :

> Ne sont pas publiés dans le RO les actes de la Confédération ainsi que les traités et décisions de droit international qui doivent être tenus secrets pour préserver la sécurité intérieure ou extérieure de la Suisse ou en raison d'obligations internationales.
>
> Dans la mesure où les textes visés à l'alinéa 1 contiennent des obligations individuelles, les dispositions les concernant ne lient que les personnes auxquelles elles ont été communiquées[252].

Au Togo, s'agissant des traités et accords internationaux dont la publication est requise dans le cadre d'un processus de ratification, l'initiative de cette publication incombe, en principe, au ministre chargé des Affaires étrangères. La procédure s'enclenche après l'accomplissement de la formalité de dépôt des instruments de ratification du traité ou de l'accord concerné auprès du Dépositaire. Dans la pratique, un dossier, constitué d'une note de présentation du décret de publication de l'accord international et du projet de décret proprement dit, est soumis à l'appréciation et à la signature du Président de la République par le ministre chargé des Affaires étrangères. Le rapport de présentation rappelle l'économie de l'accord international, dont les instruments de ratification ont été déposés, la date à laquelle le dépôt a été effectué, d'une part, et rend compte de ce que la publication de l'accord international au Journal officiel de la République clôt la procédure de ratification, d'autre part. Il convient de souligner que le décret ordonnant la publication, d'un accord international ratifié ou auquel le Togo a adhéré, au Journal officiel de la République, est un décret simple, c'est-à-dire non délibéré en Conseil des ministres. Ce décret est signé par le Président de la République, contresigné par le Premier ministre et le ministre des Affaires étrangères.

Même si, dans la pratique, la publication des traités ratifiés par le Togo est toujours consécutive au dépôt des instruments de ratification, il n'est pas rare que certains traités soient publiés avant l'accomplissement complet de la formalité de dépôt des instruments s'y rapportant. Certes, on pourrait également élaborer diverses interprétations de cette pratique, mais il paraît essentiel de relever que la publication d'une loi autorisant la ratification d'un traité,

---

[252] Article 6 de la loi fédérale sur les recueils du droit fédéral et la Feuille fédérale du 18 juin 2004.

concomitamment avec le texte du traité en question, avant même que ne soit effectué le dépôt de l'instrument de sa ratification, participe d'une démarche purement informative. Abstraction faite de toute considération théorique, il n'est pas requis que le texte d'un traité soit publié au Journal officiel de la République en sus de la loi autorisant sa ratification, tant que l'acte de ratification, objectif ultime de cette loi, n'a pas encore été accomplie officiellement par le dépôt de l'instrument de ratification dûment signé par le Président de la République.

En tout état de cause, la publication des traités et accords internationaux ratifiés, conformément à l'article 138 de la Constitution togolaise de 1992, n'a pas seulement pour vocation d'assurer la publicité des traités concernés et subséquemment leur invocabilité[253] ; elle permet également d'assurer à ces derniers une supériorité sur les lois ordinaires.

2.2.1 Le Journal officiel de la République togolaise : historique, attributions et organisation

Le Journal officiel a paru sous diverses appellations, de la période coloniale à l'indépendance du Togo, en passant par celle du mandat et de la tutelle. Pendant la période de colonisation allemande (1890-1914), les textes concernant le Togo étaient publiés d'abord dans le Bulletin Colonial allemand (*Deutsches kolonial blatt*), de 1890 à 1905, puis dans le Bulletin administratif pour le territoire protégé du Togo (*Amtsblatt für das schutzgebiet Togo*), de 1906 à 1914[254]. À l'issue de la guerre de 1914 à 1918, faut-il le rappeler, le territoire du Togo fut occupé par les forces britanniques et françaises.

Dans la partie du territoire administrée, à l'époque, par la France, le premier Journal officiel en langue française a paru le 1er octobre 1920, suivant les dispositions pertinentes de l'arrêté nº 34 *bis* créant le Journal officiel des Territoires occupés de l'Ancien Togo. Ce Journal portera successivement les noms suivants : Journal officiel des territoires occupés de l'ancien Togo (JOTOAT : de 1920 à 1922) , Journal officiel des territoires du Togo placés sous le mandat de la France (JOTsTMF :

[253] Il s'agit de l'invocabilité dans l'ordre interne. Au plan international, un État est considéré comme formellement lié par tout accord dont les instruments de ratification ou d'adhésion ont été dûment déposés auprès du dépositaire. La non publication, par cet État, dans son ordre interne de l'accord ratifié ou auquel il a adhéré est donc sans incidence sur son statut d'État partie.

[254] Philipe DAVID, *Recueil de législation togolaise*, vol. 2,1991, p. 33.

1922) ; Journal officiel du territoire du Togo placé sous le mandat de la France (JOTTMF : 1922)[255] ; Journal officiel du territoire du Togo (JOTT : de 1942 à 1956) ; Journal officiel de la République autonome du Togo (JORAT : 1956-1958) ; Journal officiel de la République du Togo (JORduT : de 1958 à 1960)[256].

Depuis l'accession du Togo à l'indépendance, ce Journal est dénommé *Journal officiel de la République togolaise* (JORT) ; le premier numéro sous cette appellation étant le JORT n° 121 du 25 avril 1960. Historiquement, la dénomination « *Journal officiel de la République togolaise* » tire sa source de la loi n° 60-10 du 23 avril 1960 modifiant l'organisation des Institutions de la République togolaise, qui dispose, en son article 19, alinéa 2 que « [l]es actes du Premier ministre sont contresignés, le cas échéant, par le ou les ministres intéressés et publiés au *Journal officiel de la République togolaise* ». Concernant ses attributions, il faut relever que le service du Journal officiel de la République togolaise « assure la publication des documents relevant des domaines législatif et règlementaire de l'État[257] ». C'est un service dont la tutelle administrative a connu des variations depuis 1960. De 1960 à 1991, le service du Journal officiel relevait du Secrétariat général de la Présidence de la République, qui assurait cumulativement le Secrétariat général du Gouvernement puisque le Président de la République, chef de l'État, était également le Chef du Gouvernement[258].

À la faveur du décret n° 92-013 du 23 janvier 1992 portant réorganisation des services du Premier ministre, le *Journal officiel de la République togolaise* changea de tutelle institutionnelle. En effet, en son article 9, ledit décret énonçait que « [l]e service du Journal Officiel assure la publication des documents relevant des domaines législatif et réglementaire de l'État. Il est placé sous la responsabilité d'un Chef de service, nommé par arrêté du Premier ministre, sur proposition du Secrétaire général du Gouvernement ». Un nouveau changement fut

---

[255] *« Territoires »,* au pluriel est remplacé par le singulier.

[256] Philipe DAVID, *Recueil de législation togolaise, op. cit.*, pp. 34-36.

[257] Article 10 du décret n° 63-141 du 15 novembre 1963.

[258] L'article 25, alinéas 1 et 2 de la Constitution togolaise du 5 mai 1963 énonçait que : « Le Président de la République est le chef du gouvernement. Il choisit et nomme les membres du gouvernement, détermine leurs attributions et préside le conseil des ministres. » ; voir également la Constitution du 9 janvier 1980, notamment l'article 20. La Constitution du 14 octobre 1992 établit une nouvelle configuration de l'exécutif ; le Président de la République n'est plus chef du Gouvernement, c'est plutôt au Premier ministre que cette charge est dévolue (voir article 78, alinéa 1).

apporté à cette tutelle institutionnelle par le décret nº 2009-221/PR du 19 octobre 2009 portant organisation des services de la présidence de la République. L'article 51 dudit décret indique que « [l]e service du Journal Officiel assure la publication des documents relevant des domaines législatif et réglementaire de l'État. Il est dirigé par un Chef de service nommé par arrêté présidentiel ».

Depuis 1960, et nonobstant les changements successifs de tutelle administrative, le *Journal officiel de la République togolaise* a toujours vocation à publier un même type de contenu, à savoir les textes législatifs et réglementaires. Paraissant à Lomé, les 1er et 16 de chaque mois, ce Journal offre un contenu structuré en deux grandes parties : une partie officielle regroupant les lois, décrets, arrêtés, décisions, circulaires, avis, et une partie non officielle constituée de communications, informations et annonces. Il est édité et imprimé, d'abord de 1960 à 1961 par le Service de l'Imprimerie officielle[259], puis de 1961 à nos jours par l'Établissement National des Éditions du Togo (EDITOGO) [260], un établissement public à caractère industriel et commercial. La version électronique du Journal officiel[261] a été lancée en 2016, dans le contexte de la loi n° 2016-006 du 30 mars 2016 portant liberté d'accès à l'information et à la documentation publiques qui autorise, dans son chapitre II, article 12, l'accès aux informations et aux documents publics par consultation en ligne.

2.2.2 La procédure applicable aux actes communautaires dérivés

À titre liminaire, il convient de souligner que le processus qui vient d'être examiné plus haut, concernant la réception du droit international en droit togolais, ne s'applique pas à certains actes relevant du droit communautaire. En effet, pour l'intégration à l'ordre juridique national de certains actes ou de certaines dispositions d'actes communautaires, il n'est requis du pouvoir législatif ou exécutif, l'accomplissement d'aucune mesure quelconque d'introduction. Dans ce cas de figure, il est évidemment question du rapport « opérationnel » entre droit interne et droit communautaire ; ce rapport est imprégné substantiellement par deux principes : celui de l'effet direct et celui de la primauté du droit

[259] Ce Service fut créé par la loi nº 60-39 du 30 décembre 1960.

[260] EDITOGO est un établissement public chargé de l'exploitation des équipements, meubles et immeubles, acquis ou édifiés pour le service de l'Imprimerie officielle créé par la loi n° 60-39 du 30 décembre 1960.

[261] Voir site internet officiel du *Journal officiel de la République togolaise* : https://jo.gouv.tg.

communautaire. Alors que le principe de primauté permet de faire prévaloir la norme communautaire sur la norme nationale[262], le principe de l'effet direct, quant à lui, postule que des dispositions communautaires sont directement applicables sans qu'il soit nécessaire que des mesures particulières soient prises par les autorités nationales à cette fin[263]. Au même titre que le principe de primauté[264], celui de l'effet direct, qui nous intéresse en l'occurrence, concourt à « assure[r] la suprématie du droit communautaire sur le droit national contraire[265] ».

En tout état de cause, force est de convenir que la portée de l'effet direct d'un acte de droit communautaire dérivé dépend du type d'acte concerné[266] ; si les règlements sont en principe d'effet direct, il en va

---

[262] Secrétariat du Conseil des Barreaux de l'Union européenne, *Guide pratique pour la mise en œuvre du droit communautaire*, 2000, p.27 : https://www.ccbe.eu/NTCdocument/vade_frpdf2_1179905439.pdf, consulté le 27 mai 2021 ; voir également Saïdou Nourou TALL, *Droit des organisations internationales africaines : théorie générale, droit communautaire comparé, droit de l'homme, paix et sécurité*, L'Harmattan, 2015, 547 p.

[263] Voir à ce sujet, par exemple, Amadou Yaya SARR, *L'Intégration juridique dans l'Union Économique et Monétaire Ouest Africaine (UEMOA) et dans l'Organisation pour l'Harmonisation du Droit des Affaires en Afrique (OHADA)*, Presses universitaires d'Aix-Marseille, 2009, ISBN-13 : 978-2731406498, 654 p ; Laurence BURGORGUE-LARSEN, « Prendre les droits communautaires au sérieux: la force d'attraction de l'expérience européenne en Afrique et Amérique Latine », *Les dynamiques du droit européen en début de siècle : études en l'honneur du Professeur Jean-Claude Gautron*, 2004, pp.563-580 ; Joe VERHOEVEN, « La notion d'"applicabilité directe du droit international" », *Revue belge de droit international*, vol. 2, 1980, pp. 243-564.

[264] Concernant la consécration de la primauté du droit communautaire, en droit communautaire africain, voir El Hadji Omar DIOP, « L'ordre juridique interne des organisations d'intégration africaine », *Afrilex*, 2017, [*Revue d'étude et de recherche sur le droit et l'administration dans les pays d'Afrique* : http://afrilex.u-bordeaux.fr, consulté le 12 juin 2019] ; voir également Cour de Justice de l'UEMOA, *Demande d'avis de la Commission de l'UEMOA relative à la création d'une Cour des Comptes au Mali*, avis n° 001/2003 du 18 mars 2003.

[265] Thierry DAUPS, cité par Karine CAUNES, *Le principe de primauté du droit de l'Union européenne : contribution à l'étude de la nature juridique de l'Union européenne et des rapports de systèmes européens*, Thèse de doctorat en Sciences juridiques, Institut universitaire européen, 2009, [p. 17], 395 p ; voir également : CJCE, *Yvonne Van Duyn c. Home office*, arrêt du 4 décembre 1974, aff. 41-74, *Rec.*, p. 1337 ; CJCE, *La société N.V. AlgemeneTransport- en Expeditie Onderneming van Gend & Loos,* arrêt du 5 février 1963, aff. 26-62, *Rec.*, p. 3.

[266] EUR-Lex, Synthèse de la législation de l'UE , « L'effet direct du droit de l'Union européenne» : https://eur-lex.europa.eu, consulté le 31 novembre 2021 ; voir

autrement des directives, décisions, recommandations et avis. Les traités constitutifs de la CEDEAO, de l'UEMOA et de l'UA permettent d'illustrer cette remarque. En effet, le traité modifié de l'UEMOA du 29 janvier 2003 stipule, en son article 43 :

> Les règlements ont une portée générale. Ils sont obligatoires dans tous leurs éléments et sont directement applicables dans tout État membre.
> Les directives lient tout État membre quant aux résultats à atteindre.
> Les décisions sont obligatoires dans tous leurs éléments pour les destinataires qu'elles désignent.
> Les recommandations et les avis n'ont pas de force exécutoire.

En ce qui concerne la CEDEAO, le régime juridique de ses actes est fixé par l'Acte additionnel de 2010 portant amendement du traité de la CEDEAO de 2006. En vertu de l'article 1er de cet acte additionnel : les règlements « sont obligatoires en toutes leurs dispositions et sont directement applicables dans les États membres » ; « les directives sont des actes obligatoires pour les États » ; « [l]es décisions sont également obligatoires » et « [l]es avis et les recommandations n'ont pas force exécutoire » [267].

S'agissant des actes de l'UA, on se référera à ses règlements intérieurs adoptés le 7 juillet 2002 à Durban en Afrique du Sud. Ces règlements intérieurs établissent une catégorisation détaillée des décisions de la Conférence des Chefs d'État et de celles du Conseil exécutif. Il faut relever que les articles 33 et 34 relatifs, respectivement, à la catégorisation des décisions de la Conférence des Chefs d'État et du Conseil exécutif sont rédigés dans des termes identiques. L'article 33 susmentionné se lit comme suit :

> Les décisions de la Conférence sont prises sous les formes suivantes :
> a) Les règlements : ils sont directement applicables dans les États membres qui doivent prendre toutes les mesures appropriées pour leur mise en œuvre.
> b) Les directives : elles sont adressées à un État membre ou à l'ensemble des États membres, aux groupements et aux individus.

également Euloge AKPO, « Le juge et le défaut de transposition des directives dans l'espace UEMOA », Communication à l'occasion de la rentrée Judiciaire de la Cour de Justice de l'UEMOA, octobre 2021 [Cour de Justice de l'UEMOA : https://courdejusticeuemoa.org, consulté le 6 novembre 2021].

[267] Article 1er, paragraphes 4, 5, 6 et 11 de l'Acte additionnel A/SA.3/01/10, du 16 février 2010, portant amendement de l'article 9 nouveau du traité de la CEDEAO tel qu'amendé par le protocole additionnel A/SP1/06/06.

Elles ont un caractère obligatoire pour les États membres pour ce qui est des objectifs à atteindre, tandis que les autorités nationales ont le pouvoir de déterminer la forme et les moyens à utiliser pour leur mise en œuvre.

c) Les recommandations, déclarations, résolutions, opinions etc. : elles n'ont pas un caractère obligatoire et sont destinées à orienter et à harmoniser les points de vue des États membres.

À la différence de la Conférence des Chefs d'État et du Conseil exécutif dont les décisions sont constituées notamment des règlements et des directives, le Comité des représentants permanents (COREP) qui « est responsable devant le Conseil exécutif [268]», adopte des décisions d'une portée relativement limitée. En effet, selon l'article 26 du son règlement intérieur, « [l]es décisions du COREP sont des recommandations jusqu'à leur adoption par le Conseil exécutif » ; même si comme l'indique l'article 27 : « Le COREP peut déterminer les directives et mesures supplémentaires pour la mise en œuvre du présent Règlement intérieur. »

En principe, qu'ils soient de nature contraignante ou non, les actes communautaires font l'objet de publication. De manière générale, la publication de ces actes s'opère, soit exclusivement dans le Journal officiel de l'Organisation communautaire émettrice, ou à la fois dans celui de cette dernière et celui des États membres destinataires des actes concernés. Au Togo, les actes du droit communautaire dérivé sont publiés au Journal officiel, à la diligence du Secrétariat général du Gouvernement ou des ministères techniques, en fonction du domaine visé par ces actes.

Il n'est pas établi que la publication d'un acte communautaire par un État membre, dans son Journal officiel, constitue une condition *sine qua non* de son applicabilité ; au contraire, la non publication par l'État membre de certains actes communautaires, tels que les règlements, peut affecter son opposabilité aux particuliers[269]. Soulignons que la responsabilité de la publication et de la

---

[268] Article 2 du règlement intérieur du Comité des représentants permanents de l'UA.

[269] Voir à ce sujet, par exemple, CJCE, *Skoma-Lux*, arrêt du 11 décembre 2007, aff. C-161/06, *Recueil* 2007, p. I-10841, ECLI : EU : C : 2007 : 773. En l'espèce, la Cour a jugé qu'« un règlement communautaire, non publié dans la langue d'un État membre, n'est pas opposable aux particuliers dans cet État » (point 61). Elle a souligné que « la circonstance que [le règlement en cause] ne soit pas opposable aux particuliers dans un État membre dans la langue duquel il n'a pas été publié, n'a aucune incidence sur le fait que, faisant partie de l'acquis communautaire, il lie par ses dispositions l'État membre considéré dès l'adhésion » (point 59).

notification des actes communautaires incombe aux Organes compétents de la Communauté ; toutefois même si les États membres sont également tenus de publier les actes communautaires dans leurs Journaux officiels, on ne saurait tirer du constat du défaut de publication, par un État membre, que les actes en question ne sont pas intégrés à son droit interne[270]. Dans l'espace CEDEAO, la publication des actes communautaires est régie par le Protocole additionnel A\SP.1\06\06, du 14 janvier 2006, portant amendement du traité révisé de la CEDEAO. En vertu de l'article 12 nouveau dudit Protocole :

> 1. Les actes additionnels, les règlements, les directives et les décisions sont publiés par la Commission dans le Journal officiel de la Communauté dans les trente (30) jours de leur signature. Ils sont également publiés par chaque État membre dans son Journal officiel dans le même délai.
> 2. Les actes additionnels, les règlements, et les directives entrent en vigueur après leur publication par la Commission, à la date qu'ils auront fixée à cet effet.
> 3. Les décisions sont notifiées à leurs destinataires et prennent effet à compter de leur date de notification.

Concernant la publication et la mise en œuvre des décisions de la Conférence des Chefs d'État et de celles du Conseil exécutif de l'UA, les modalités sont fixées, en des termes similaires dans les règlements intérieurs de ces deux Organes. Les articles 32 et 34 du règlement intérieur de la Conférence des Chefs d'État se lisent comme suit :

> Article 32 : Authentification des décisions
> Les décisions adoptées par la Conférence sont authentifiées par les signatures du Président et du Président de la Commission. Elles sont publiées au « *Journal officiel de l'Union africaine* » dans toutes les langues de travail de l'Union, dans un délai de quinze (15) jours suivant leur signature et sont communiquées à tous les États

[270] À titre d'exemple, voir le régime juridique des actes uniformes de l'OHADA : « Les actes uniformes sont publiés au Journal officiel de l'OHADA par le Secrétariat Permanent dans les soixante jours suivant leur adoption. Ils sont applicables quatre-vingt-dix jours après cette publication, sauf modalités particulières d'entrée en vigueur prévues par les Actes uniformes. Ils sont également publiés dans les États parties, au Journal officiel ou par tout autre moyen approprié. Cette formalité n'a aucune incidence sur l'entrée en vigueur des Actes uniformes. » ; article 9 du traité de l'OHADA.

membres, aux autres organes de l'Union et aux [Communautés économiques régionales (CER)].

Article 34 : Mise en œuvre des règlements et directives

Les règlements et directives sont automatiquement applicables trente (30) jours après la date de leur publication au « *Journal officiel de l'Union africaine* » ou à la date spécifiée dans la décision. Les règlements et directives ont un caractère obligatoire à l'égard des États membres, des organes de l'Union et des CER[271].

[271] Articles 32 et 34 du règlement intérieur de la Conférence des Chefs d'État de l'UA [italique dans l'original].

PARTIE IV : MISE EN ŒUVRE ET SUIVI DES ENGAGEMENTS INTERNATIONAUX DU TOGO

Il est requis de tout État, qui a librement consenti à être lié par un traité, de prendre les dispositions nécessaires pour en assurer la mise en œuvre effective. Tout bien considéré, la mise en œuvre par un État de ses engagements internationaux, en tant que sujet de droit international, concourt à l'expression d'une cohérence entre ses droits et ses devoirs. Certes, la mise en œuvre des traités internationaux relève de la responsabilité de chaque État Partie. Toutefois, aussi bien dans une configuration bilatérale que multilatérale, on ne saurait perdre de vue, qu'en règle générale, les États Parties à un traité ont en commun l'intérêt d'en assurer l'application, à travers des mécanismes de suivi ou de contrôle. Dans le cadre de la présente étude sur le Togo, il sied d'examiner les éléments préfigurant l'application des traités internationaux ainsi que les mécanismes de suivi et de mise en œuvre des traités incorporés au droit interne.

CHAPITRE 1 :
PRÉFIGURATION DE L'APPLICATION DES TRAITÉS INTERNATIONAUX

La domestication[272] des instruments internationaux est une phase cruciale qui s'analyse comme un indicateur de la volonté d'un État de respecter ses engagements conventionnels. Elle se traduit notamment par l'adoption de textes juridiques dérivés des traités et le référencement normatif, ainsi que la création d'organismes dédiés à la mise en œuvre des engagements internationaux.

1.1 Adoption de textes juridiques dérivés de traités et référencement normatif

Il importe de rappeler que, hormis les lois de ratification, qui ont pour finalité d'incorporer à l'ordre juridique togolais les traités auxquels elles se rapportent, tous les traités internationaux ratifiés n'ont pas besoin de lois spéciales pour être mis en œuvre. Cependant, compte tenu de la technicité des matières ou de la spécificité des situations qu'ils sont appelés à régir, certains accords internationaux prévoient l'adoption de textes dérivés ou spéciaux par les États Parties. Dans ce cas, l'incorporation des normes internationales dans le corpus juridique interne peut se traduire par des références ou mentions générales et/ou

---

[272] L'adoption de mesures internes subséquemment à une ratification peut être prescrite par le traité ou l'accord international concerné. Il en est ainsi de la Convention de l'Union africaine sur la protection et l'assistance aux personnes déplacées en Afrique (Convention de Kampala), adoptée à Kampala le 22 octobre 2009. Les prescriptions de l'article 3, paragraphe 2 de cette convention, concernant les mesures de domestication, se lisent comme suit :

« Les États parties :

a. Incorporent les obligations de la présente Convention dans leur droit interne, par la promulgation ou l'amendement de la législation pertinente relative à la protection et à l'assistance aux personnes déplacées, en conformité avec leurs obligations en vertu du droit international.

b. Désignent une Autorité ou un Organe, si nécessaire, qui serait chargé de la coordination des activités visant à assurer l'assistance aux personnes déplacées et à assigner des responsabilités aux organisations pertinentes en termes de protection et d'assistance et de coopération avec les organisations ou agences internationales compétentes et avec les organisations de la société civile, là où il n'existe pas ce type d'organisation ou d'autorité.

c. Adoptent toutes autres mesures, politiques et stratégies nationales appropriées relatives au déplacement interne, en tenant compte des besoins des communautés d'accueil […]. »

particulières des dispositions pertinentes de ces normes internationales dans des textes constitutionnels, législatifs et/ou réglementaires. Il s'agit donc, en pareille occurrence, d'incorporation par renvoi. Pour illustrer ce cas de figure au Togo, on mentionnera la loi n° 2016-028 du 10 septembre 2016 portant code de la marine marchande qui, en son article 503, précise :

> Le contrôle technique des dispositifs de prévention de la pollution à bord des navires et autres engins en mer est effectué par l'administration maritime, dans des conditions conformes aux Annexes I, II, IV, V et VII de la convention MARPOL 73/78. Les contrôles sont effectués à bord des navires étrangers dans les eaux et ports togolais, en tenant compte des dispositions de l'article 5 de la convention MARPOL 73/78. Avant toute intervention à l'encontre d'un navire étranger à bord duquel des déficiences ont été constatées, et notamment en cas d'interdiction d'appareillage de ce navire, l'autorité maritime compétente procède conformément aux dispositions du mémorandum d'Abuja auquel le Togo est Partie[273].

En matière commerciale, la législation nationale togolaise foisonne également de textes internationaux « domestiqués ». C'est ce que révèle, par exemple, la loi n°2018-005 du 14 juin 2018 portant code foncier et domanial, dont l'article 179 dispose que « [l]'hypothèque d'un immeuble indivis n'est pas nulle, conformément à l'article 200, alinéa 2 de l'Acte uniforme de l'Organisation pour l'harmonisation en Afrique du droit des affaires (OHADA) portant organisation des sûretés. Elle est régie par ledit Acte uniforme ».

En outre, dans une démarche particulièrement syncrétique, la loi portant code des investissements en République togolaise s'appuie sur divers instruments et mécanismes internationaux pour offrir une palette de garanties en matière de règlement des différends. Elle dispose que :

> Tout différend entre l'entreprise ou l'investisseur et l'État togolais relatif à l'interprétation ou à l'application du présent code, fait l'objet d'un règlement à l'amiable entre les Parties.
> À défaut d'accord amiable à l'issue d'une période maximale de six (6) mois, le différend est réglé par les juridictions togolaises ou communautaires compétentes conformément aux lois et règlements en vigueur. Le différend peut être soumis à l'arbitrage par accord des Parties. Le recours à l'arbitrage se fait suivant l'une des procédures ci-après :

---

[273] Voir Journal officiel de la République togolaise, n° 31 du 11 octobre 2016.

a. la procédure d'arbitrage prévue par la Cour d'Arbitrage du Togo (CATO) ;
b. la procédure d'arbitrage prévue par le règlement d'arbitrage de la Cour commune de justice et d'arbitrage de l'Organisation pour l'harmonisation en Afrique du droit des affaires (CCJA de l'OHADA) ;
c. la procédure d'arbitrage prévue par l'Acte uniforme relatif au droit de l'arbitrage de l'OHADA ;
d. la procédure d'arbitrage du Centre international pour le règlement des différends relatifs aux investissements (CIRDI) ;
e. toute autre procédure d'arbitrage de leur choix ou qui aurait été expressément prévue soit dans un contrat en vertu d'une clause compromissoire ou d'un compromis d'arbitrage, soit en vertu des accords et traités relatifs à la protection des investissements conclus entre la République togolaise et l'État dont la personne physique ou morale étrangère concernée contrôlant la société de droit togolais réalisant l'investissement est ressortissante[274] .

Parfois, la domestication d'une norme internationale nécessite l'adoption de mesures qui peuvent, techniquement, revêtir une dimension transnationale. La Convention des Nations Unies sur le droit de la mer (dite Convention de Montego Bay), adoptée à Montego Bay le 10 décembre 1982[275], permet d'illustrer cette particularité. Faisant suite à la ratification de ladite Convention, les mesures spécifiques pour son application ont d'abord consisté, pour le Togo, en l'adoption, le 30 mars 2016, de la loi n°2016-007 relative aux espaces maritimes sous juridiction nationale[276]. Ensuite, conformément aux exigences des articles 16, 75 et 76 de la Convention, le Togo a, conjointement avec le Benin, déposé le 21 septembre 2018 une demande concernant le plateau continental auprès de la Commission de délimitation du plateau continental. De plus, le 21 septembre 2018, le Togo et le Bénin ont déposé auprès du Secrétaire général des Nations Unies, au titre de l'article 76 de la Convention, leur dossier de demande conjointe en vue de la délimitation de la limite extérieure de leur plateau continental respectif au-delà des 200 milles marins. Il faut, en outre, relever que,

[274] Article 7 de la loi n° 2019-005 du 17 juin 2019 portant code des investissements en République togolaise.

[275] Cette Convention, dont les instruments de ratification ont été déposés le 16 avril 1985, subséquemment à la ratification intervenue par ordonnance n°85-004 du 19 février 1985, est entrée en vigueur à l'égard du Togo, le 16 novembre 1994.

[276] Cette loi fixe la largeur de la mer territoriale togolaise, crée la zone contigüe ainsi qu'une zone économique exclusive qui s'étend au-delà de la zone contigüe et adjacente à celle-ci jusqu'à 200 milles marins de la ligne de base à partir de laquelle est mesurée la largeur de la mer territoriale.

pour la délimitation du plateau continental, la Convention impose, en ses articles 16 et 75[277], la communication des cartes marines. En application de ces dispositions, le Togo a procédé au dépôt de sa carte marine officielle, le 04 novembre 2019 à New York. La Note verbale de la Mission permanente du Togo auprès des Nations Unies, officialisant ce dépôt, comporte les précisions suivantes :

> [L]a carte marine officielle N° TGO 002 AEM à l'échelle 1 : 120 000, variante « Action de l'État en Mer » (AEM), de la République Togolaise ainsi que les listes de coordonnées géographiques correspondent aux lignes suivantes :
> - la ligne de base normale rapportée à la laisse des plus basses mers astronomiques ;
> - la limite de la mer territoriale ;
> - la limite de la zone contiguë ;
> - la limite de la zone économique exclusive, n'incluant pas l'extension du plateau continental juridique ;
> - la limite de contrainte à 350 milles.
>
> [L]'ensemble de ces lignes est exprimé dans le système géodésique WGS 84.
>
> De même, une seconde carte à plus petite échelle (1 : 1 000 000) du Golfe de Guinée (N° BEN_TGO 001 AEM) couvrant plus spécifiquement les quatre principaux pays concernés (Ghana, Togo, Bénin, Nigéria) par les frontières maritimes du Togo et du Bénin est

---

[277] Article 16 de la Convention de Montego Bay : « Cartes marines et listes des coordonnées géographiques :
1. Les lignes de base à partir desquelles est mesurée la largeur de la mer territoriale établies conformément aux articles 7, 9 et 10 ou les limites qui en découlent et les lignes de délimitation tracées conformément aux articles 12 et 15 sont indiquées sur des cartes marines à l'échelle appropriée pour en déterminer l'emplacement. À défaut, une liste des coordonnées géographiques de points précisant le système géodésique utilisé peut y être substituée. 2. L'État côtier donne la publicité voulue aux cartes ou listes des coordonnées géographiques et en dépose un exemplaire auprès du Secrétaire général de l'Organisation des Nations Unies ».
Article 75 de la Convention de Montego Bay : « Cartes marines et listes des coordonnées géographiques :
1. Sous réserve de la présente partie, les limites extérieures de la zone économique exclusive et les lignes de délimitation tracées conformément à l'article 74 sont indiquées sur des cartes marines à l'échelle appropriée pour en déterminer l'emplacement. Le cas échéant, le tracé de ces limites extérieures ou de ces lignes de délimitation peut être remplacé par des listes des coordonnées géographiques de points précisant le système géodésique utilisé. 2. L'État côtier donne la publicité voulue aux cartes ou listes des coordonnées géographiques et en dépose un exemplaire auprès du Secrétaire général de l'Organisation des Nations Unies ».

également fournie afin d'offrir une vision d'ensemble de la région s'appuyant sur des données satellitaires récentes et non sur celles des cartes marines internationales qui n'offrent aucune garantie quant à la précision des tracés de côtes.

[Il convient de] préciser que les considérations techniques relatives à ces cartes et limites sont décrites dans le mémoire explicatif joint à la présente note[278].

Par ailleurs, l'ajout, aux textes de lois internes, d'annexes constituées de conventions internationales, s'analyse comme un élément qui préfigure l'application des traités ou accords internationaux concernés. Dans ce cas de figure, les titres des traités et accords internationaux sont mentionnés comme annexes à la loi nationale sans une reproduction intégrale des textes de ces actes internationaux. Il en est ainsi, par exemple, de la loi uniforme n° 2018-004 relative à la lutte contre le blanchiment de capitaux et le financement du terrorisme dans les États membres de l'Union Monétaire Ouest Africaine (UMOA), adoptée le 04 mai 2018[279].

---

[278] Mission permanente du Togo auprès des Nations Unies (New York), Note verbale référencée 0838/MPT-ONU/fld/2019 du 04 novembre 2019 adressée au Secrétariat général des Nations Unies.

[279] L'annexe de la loi uniforme n° 2018-004 relative à la lutte contre le blanchiment de capitaux et le financement du terrorisme dans les États membres de l'Union Monétaire Ouest Africaine (UMOA), adoptée le 04 mai 2018, est constituée de l'énumération des instruments juridiques internationaux suivants :
1)Convention internationale pour la répression du financement du terrorisme, adoptée par l'Assemblée Générale des Nations Unies le 09 décembre 1999.
2)Annexes à la Convention internationale pour la répression du financement du terrorisme :
2.1. Convention pour la répression de la capture illicite d'aéronefs (La Haye, 16 décembre 1970).
2.2. Convention pour la répression d'actes illicites dirigés contre la sécurité de l'aviation civile (Montréal, 23 septembre 1971).
2.3. Convention sur la prévention et la répression des infractions contre les personnes jouissant d'une protection internationale, y compris les agents diplomatiques, adoptée par l'Assemblée Générale des Nations Unies le 14 décembre 1973.
2.4. Convention internationale contre la prise d'otages, adoptée par l'Assemblée générale des Nations Unies le 17 décembre 1979.
2.5. Convention internationale sur la protection physique des matières nucléaires (Vienne, 3 mars 1980).
2.6. Protocole pour la répression d'actes illicites de violence dans les aéroports servant à l'aviation civile internationale, complémentaire à la Convention pour la répression d'actes illicites dirigés contre la sécurité de l'aviation civile (Montréal, 24 février 1988).

1.2 Création d'organismes dédiés à la mise en œuvre des engagements internationaux

De manière générale, la domestication des normes internationales peut se manifester par la création, à la diligence de l'État « ratificateur » (ou État Partie), d'institutions ou d'organismes dédiés à l'exécution de clauses spécifiques d'un traité international. En toute hypothèse, il peut être soutenu que, si l'État concerné n'avait pas ratifié les instruments internationaux qui prévoient ou justifient leur création, bon nombre de ces institutions et organismes, chargés de l'exécution technique des engagements souscrits, n'eussent pas été créés, ou ne l'eussent pas été avec les mêmes attributions dont ils seraient pourvus par des traités internationaux. Pour rendre compte des prescriptions contenues dans les traités internationaux et afférentes à la création d'institutions et organismes, évoquons l'exemple de la Convention relative à l'aviation civile internationale (dite Convention de Chicago), conclue le 7 décembre 1944 à Chicago. À l'article 28, intitulé *« Installations et services de navigation aérienne et systèmes normalisés »,* cette Convention énonce les engagements suivants :

> Chaque État contractant s'engage, dans la mesure où il le juge réalisable :
> a) À fournir sur son territoire, des aéroports, des services radioélectriques et météorologiques et d'autres installations et services de navigation aérienne afin de faciliter la navigation aérienne internationale, conformément aux normes et pratiques qui pourraient être recommandées ou établies en vertu de la présente Convention ;
> b) À adopter et mettre en œuvre les systèmes normalisés appropriés relatifs aux procédures de communications, aux codes, au balisage, à la signalisation, aux feux et aux autres pratiques et règles d'exploitation qui pourraient être recommandés ou établis en vertu de la présente Convention ;
> c) À collaborer aux mesures internationales destinées à assurer la publication de cartes et plans aéronautiques, conformément aux normes

---

2.7. Convention pour la répression d'actes illicites contre la sécurité de la navigation maritime (Rome, 10 mars 1988).

2.8. Protocole pour la répression d'actes illicites contre la sécurité des plates-formes fixes situées sur le plateau continental (Rome, 10 mars 1988).

2.9. Convention internationale pour la répression des attentats terroristes à l'explosif, adoptée par l'Assemblée Générale des Nations Unies le 15 décembre 1997 ; voir Journal officiel de la République togolaise, n° 7 du 04 mai 2018.

qui pourraient être recommandées ou établies en vertu de la présente Convention.

En parcourant les engagements qui incombent aux États Parties, en vertu de l'article 28 sus indiqué de la Convention de Chicago, l'on relève particulièrement l'obligation de fournir des « installations et services de navigation aérienne afin de faciliter la navigation aérienne internationale ». La mise en œuvre de cet engagement spécifique par le Togo, en sa qualité d'État Partie[280], s'est traduite par la création, entre autres[281], de l'Agence nationale de l'aviation civile du Togo (ANAC-TOGO). Créée par la loi n°2007-007 du 22 janvier 2007 portant code de l'aviation civile, l'ANAC-TOGO est un établissement public administratif doté d'une autonomie administrative et de gestion. Elle a pour missions, notamment : l'élaboration d'une réglementation technique de l'aviation civile conformément aux normes de l'Organisation de l'aviation civile internationale (OACI) ; le contrôle de l'application de la réglementation nationale en vigueur et des conventions internationales signées et ratifiées par le Togo en matière de sûreté, de sécurité et de facilitation ; la gestion de l'ensemble des droits de trafic issus des accords aériens signés par l'État du Togo ; la coordination et la supervision de l'ensemble des activités aéronautiques et aéroportuaires et le suivi de l'activité des organisations internationales et régionales intervenant dans le domaine de l'aviation civile[282].

Dans le même registre des institutions et organismes, dont la création est expressément prescrite par des traités internationaux, mentionnons l'ANIAC-TOGO. D'un point de vue général, la création de cette institution résulte des prescriptions de divers instruments internationaux relatifs à la gestion des substances dangereuses telles que les produits nucléaires, chimiques, biologiques et radiologiques susceptibles d'entrer dans le processus de fabrication des armes de

---

[280] La Convention a été signée pour le compte du Togo le 24 juin 1948 ; le Togo a notifié son accession à cette Convention le 16 septembre 1965.

[281] Rappelons que le Togo s'était déjà doté en 1973 d'une Direction de l'aviation civile. Créée par décret n° 73-12 du 17 janvier 1973, cette Direction était chargée d'organiser, de coordonner et d'harmoniser le transport aérien aux plan national et international. La création de cette Direction était consécutive à l'adhésion du Togo, le 1er janvier 1964, à la Convention de Saint-Louis du Sénégal, du 12 décembre 1959, portant création de l'Agence pour la sécurité de navigation aérienne en Afrique et à Madagascar.

[282] Voir les articles 206 à 226 de la loi n°2007-007 du 22 janvier 2007 portant code de l'aviation civile au Togo.

destruction massive. La création de l'ANIAC-TOGO témoigne, en particulier, du respect par le Togo de ses engagements au titre de la Convention sur l'interdiction de la mise au point, de la fabrication, du stockage et de l'emploi des armes chimiques et sur leur destruction[283]. En effet, cette Convention indique, dans son article VII (4) que :

> Pour s'acquitter des obligations qu'il a contractées en vertu de la présente Convention, chaque État Partie désigne ou met en place une autorité nationale, qui sert de centre national en vue d'assurer une liaison efficace avec l'Organisation et les autres États Parties, et en informe l'Organisation au moment où la Convention entre en vigueur à son égard.

Il y a lieu de relever qu'un État Partie à un traité peut créer un organisme dédié à l'exécution des clauses du traité, sans que cette initiative soit explicitement prescrite par le traité concerné. Dans ce cas, on admet que, sur la base des stipulations générales d'un traité, l'État Partie, de son propre chef, ou suivant une coutume établie, puisse identifier et mettre en place les mécanismes juridiques et institutionnels susceptibles de lui garantir une mise en œuvre « optimale » des obligations découlant du traité en question.

Pour illustrer cette tendance, citons l'exemple de la Commission nationale pour les réfugiés (CNR), créée par la loi n°2000-019 du 29 décembre 2000 portant statut de réfugié au Togo. Selon l'article 3 de cette loi, « [l]es décisions admettant une personne au bénéfice du statut de réfugié ou constatant la perte de ce bénéfice sont prises par une commission dénommée Commission nationale pour les réfugiés (CNR) ». Il est éclairant d'indiquer que cette loi se rapporte à la protection internationale des réfugiés et demandeurs d'asile, telle que prévue par la Convention de Genève de 1951 relative au statut de réfugié[284] complétée par son Protocole de New-York de 1967[285] et la Convention de l'OUA de 1969[286] régissant les aspects propres aux problèmes des réfugiés en Afrique. Il n'est pas superflu de souligner qu'avant la loi de 2000, le Togo s'était déjà doté, depuis 1962, d'un Comité national pour les réfugiés. Institué par décret n° 62-74 du 3 mai 1962, ce Comité avait pour missions « d'accueillir sur l'ensemble du territoire, les réfugiés qui demandent asile au Gouvernement togolais et

[283] Adoptée à Genève le 3 septembre 1992, cette Convention a été ratifiée par le Togo le 23 avril 1997.
[284] Le Togo a notifié sa déclaration de succession à la Convention le 27 février 1962.
[285] Le Togo a adhéré à ce Protocole le 1er décembre 1969.
[286] Cette Convention a été ratifiée par le Togo le 10 avril 1970.

d'étudier tous les problèmes se présentant, relativement à ces réfugiés » et de « proposer à l'autorité les solutions susceptibles d'améliorer la situation matérielle, morale et sociale des intéressés ».

La loi n°2000-019 mentionnée *supra* prévoyait un mécanisme de protection innovant par rapport au décret de 1962 instituant le Comité national pour les réfugiés. À cet égard, il faut relever qu'en 2016, tenant compte de l'évolution de la pratique internationale en matière de protection des réfugiés, le Togo a opté pour la création d'une instance supplémentaire, en vue de renforcer le régime de protection des réfugiés et demandeurs d'asile. C'est ainsi que la loi n°2016-021, du 24 août 2016 portant statut de réfugié au Togo, a actualisé les dispositions de la loi n°2000-019 du 29 décembre 2000, et intégré les dispositions nouvelles relatives, entre autres, à la mise en place d'une instance d'appel[287], dénommée « Commission de Recours ». Ainsi, aux termes de l'article 61 de la loi de 2016 portant statut de réfugié au Togo, « [l]a Commission de Recours (CR), placée sous la tutelle du ministère de la justice, est l'instance administrative nationale devant laquelle, le demandeur d'asile porte son recours après le rejet de sa requête par la Commission nationale pour les réfugiés (CNR) ».

[287] Il convient de préciser que ladite Commission de Recours ne relève pas de l'ordre judicaire. Elle n'est donc pas un organe juridictionnel, mais plutôt un organe administratif. Ses décisions sont susceptibles d'être déférées devant la Chambre administrative de la Cour suprême du Togo.

CHAPITRE 2 :
SUIVI ET CONTRÔLE NON CONTENTIEUX DE LA MISE EN ŒUVRE DES TRAITÉS INTERNATIONAUX

« Tout traité en vigueur lie les Parties et doit être exécuté par elles de bonne foi ». Ainsi s'énonce le principe *pacta sunt servanda*, consacré par l'article 26 de la Convention de Vienne de 1969 sur le droit des traités. En outre, cette Convention stipule, en son article 27 qu'« [u]ne Partie ne peut invoquer les dispositions de son droit interne comme justifiant la non-exécution d'un traité ». Pour s'assurer que les Parties à un traité international s'acquittent de leurs engagements, conformément aux stipulations du traité concerné, des dispositifs de suivi et de contrôle sont généralement institués. Ces dispositifs de contrôle, en l'occurrence non contentieux, se caractérisent notamment par leur diversité procédurale. En ce qui concerne les traités bilatéraux, il est communément admis que le suivi de leur mise en œuvre est garanti par des mécanismes formels et informels qui offrent des perspectives de flexibilité plus accrues[288], comparativement aux traités multilatéraux. Il faut d'emblée convenir, que cette schématisation ne rend que partiellement compte des différences entre les traités bilatéraux et multilatéraux en ce qui concerne leurs mécanismes de suivi et de contrôle. On s'attardera ici sur les traités multilatéraux pour examiner, parmi les procédés déployés dans le cadre du suivi et du contrôle de leur mise en œuvre, les procédés les plus courants, applicables et appliqués au Togo. Il s'agit non seulement des communications nationales et des rapports, mais encore des inspections, des visites et des demandes directes.

---

[288] Il est établi que, pour le suivi de la mise en œuvre des traités bilatéraux, les États concernés privilégient généralement l'approche la plus souple et dynamique possible, indépendamment du type d'instrument en cause (instrument politique ou juridique). Le suivi de la mise en œuvre des traités bilatéraux se réalise à travers les procédés tels que la création de Commissions mixtes permanentes ou *ad hoc* et l'échange d'informations à travers des canaux fixés d'un commun accord. Si le suivi de l'application du traité bilatéral, suivant la périodicité convenue, conclut à son exécution normale ou satisfaisante par les deux Parties, le maintien en l'état des engagements est l'hypothèse la plus évidente. Au contraire, lorsque le suivi fait apparaître des difficultés de mise en œuvre, les ajustements (amendement, révision, etc.) peuvent être envisagés lors des réunions périodiques ou extraordinaires entre les deux Parties. Ces modalités ne préjugent pas de l'exercice des moyens susceptibles d'être actionnés, dans le cadre du contentieux des engagements des Parties concernées.

2.1 Les communications nationales et les rapports

Dans le cadre du suivi de ses engagements internationaux, le Togo élabore et soumet des rapports aux Organes et institutions désignés ou institués par les traités et accords internationaux pour effectuer ce suivi. Le procédé consiste également, pour le Togo, en sa qualité d'État partie à certains traités[289], de présenter des communications nationales aux Organes de suivi et de contrôle des traités concernés. Ces communications nationales et rapports sont élaborés, faut-il le souligner, au titre des mécanismes obligatoires ou facultatifs de suivi et de contrôle des traités internationaux.

Pour mieux rendre compte de la pratique, il apparaît utile d'évoquer la mise en œuvre du contrôle et du suivi des traités relatifs aux droits de l'Homme. À cet égard, nous indiquerons que l'exercice par les Organes de traités des Nations Unies d'un contrôle des obligations internationales du Togo consiste, généralement, en des examens et missions, suivant les échéances fixées par chacune des conventions concernées (voir annexe XI).

Tout d'abord, l'analyse des textes fondateurs des mécanismes de suivi des obligations des États, par les Organes de traités des Nations Unies, permet d'établir qu'à l'exception du Sous-comité pour la prévention de la torture (SPT) [290], tous les Organes de traités des

---

[289] On pourra se référer, à titre d'exemple, aux traités en matière climatique ou environnementale. Ainsi tout État Partie à la Convention-cadre des Nations Unies sur les changements climatiques (CCNUCC), adoptée le 9 mai 1992, est-il tenu de soumettre des Communications nationales portant, entre autres, sur «ses émissions anthropiques par les sources et l'absorption par les puits de tous les gaz à effet de serre (GES) non réglementés par le Protocole de Montréal (inventaires des GES); les programmes nationaux ou, le cas échéant, régionaux, contenant des mesures visant à atténuer les changements climatiques et à faciliter une adaptation appropriée à ces changements (description générale des mesures prises ou envisagées pour appliquer la Convention); et toute autre information jugée utile pour atteindre l'objectif de la Convention » : *Manuel de l'utilisateur relatif aux directives pour l'établissement des communications nationales des Parties non visées à l'Annexe I de la Convention,* Climate Change Secretariat (UNFCC), 2004, 38 p. Le Togo a ratifié la CCNUCC le 08 mars 1995 et a présenté sa Communication nationale initiale à la Conférences des Parties de la CCNUCC, le 20 décembre 2001 [Pour les communications des États parties à la CCNUCC : voir *United Nations, Climate change* : https://unfccc.int/non-annex-I-NCs, dernière consultation le 9 mai 2022].

[290] Le Protocole facultatif se rapportant à la Convention contre la torture et autres peines ou traitements cruels, inhumains ou dégradants, adopté le 18 décembre 2002, qui a créé le Sous-Comité pour la prévention de la torture (SPT), « a pour objectif l'établissement d'un système de visites régulières, effectuées par des organismes internationaux et nationaux indépendants, sur les lieux où se trouvent des personnes

Nations Unies s'attèlent aux missions essentielles suivantes : la réception et l'examen des rapports soumis par les États Parties, la formulation des observations finales ou recommandations pour aider les États Parties à respecter leurs obligations et la rédaction des observations générales ou recommandations qui interprètent les dispositions des traités, en termes de contenu et de procédures[291].

Il incombe à chaque État Partie aux traités internationaux relatifs aux droits de l'Homme, de veiller au respect des engagements auxquels il a souscrit, notamment en fournissant aux Organes de traités et autres entités compétentes, les éléments pouvant leur permettre en particulier d'évaluer l'état d'application de ces traités. Loin d'être des formalités routinières ou anodines, l'élaboration des rapports et leur soumission aux entités chargées d'assurer le suivi de l'application des engagements internationaux de l'État sont, bien au contraire, des tâches exigeantes auxquelles des institutions et administrations nationales s'attèlent à des fréquences régulières. Pour les deux Pactes internationaux de 1966, à savoir le Pacte relatif aux droits civils et politiques et le Pacte relatif aux droits sociaux, économiques et culturels, l'on distingue deux types de rapports : les rapports initiaux et les rapports postérieurs qui ne sont pas soumis aux mêmes règles de délai[292]. En 1989, selon les Directives générales concernant la forme et le contenu des rapports communiquées aux États Parties par le Comité des droits de l'Homme, le rapport initial du Togo, sur la mise en œuvre du Pacte international relatif aux droits civils et politiques, devrait être structuré en deux parties, et contenir les informations suivantes :

---

privées de liberté, afin de prévenir la torture et autres peines ou traitements cruels, inhumains ou dégradants » (voir articles 1 et 2 du Protocole). Par ailleurs, en vertu de l'article 11(a) dudit Protocole, le SPT est appelé à effectuer « les visites [...] et formule[r], à l'intention des États Parties, des recommandations concernant la protection des personnes privées de liberté contre la torture et autres peines ou traitements cruels, inhumains ou dégradants ».

291 Haut-Commissariat des Nations Unies aux droits de l'Homme (HCDH), « Organes de traités sur les droits de l'Homme », consulté sur : https://www.ohchr.org/fr/treaty-bodies. Voir également ISHR (Service International pour les Droits de l'Homme), *Guide simple sur les organes des traités des Nations Unies*, 2015, p. 14. Pour les mécanismes de suivi d'autres accords multilatéraux, consulter par exemple le Portail d'information des Nations Unies sur les accords multilatéraux relatifs à l'environnement : InforMEA :https://www.informea.org.

292 Jean DHOMMEAUX, « Méthodes du Comité des Droits de l'Homme dans l'examen des rapports soumis par les États Parties au Pacte sur les Droits civils et politiques », *AFDI*, vol. 34, 1988, p. 334.

PREMIÈRE PARTIE : Renseignements généraux : Dans cette partie serait brièvement exposé le cadre juridique général qui assure la protection des droits civils et politiques dans l'État intéressé. En particulier, il faudrait indiquer :

a) Si certains des droits mentionnés dans le Pacte sont protégés soit dans la Constitution soit par une « Déclaration des droits », distincte et, si tel est le cas, quelles dérogations sont prévues dans la Constitution ou dans la Déclaration des droits et dans quelles circonstances.

b) Si les dispositions du Pacte peuvent être invoquées devant les tribunaux ou les autorités administratives et être appliquées directement par eux, ou si elles doivent auparavant être transformées en lois ou en règlements administratifs internes pour pouvoir être appliquées par les autorités intéressées.

c) Quelles sont les autorités judiciaires, administratives ou autres dont les décisions peuvent avoir des incidences sur les droits de l'Homme.

d) De quels recours dispose une personne qui prétend que l'un de ses droits a été violé.

e) Quelles autres mesures ont été prises pour garantir l'application des dispositions du Pacte.

DEUXIÈME PARTIE : Informations concernant chacun des articles contenus dans la première, deuxième et troisième partie du Pacte.

Dans cette partie seraient exposés, eu égard aux dispositions de chaque article :

a) Les mesures législatives, administratives ou autres en vigueur concernant chaque droit ;

b) Les restrictions ou limitations, même de caractère provisoire, imposées par la loi ou par la pratique ou de toute autre manière à la jouissance de ce droit ;

c) Tous autres facteurs ou difficultés portant atteinte à la jouissance de ce droit par les personnes relevant de la juridiction de l'État ;

d) Tous autres renseignements sur les progrès réalisés dans la jouissance de ce droit[293].

---

[293] Voir « Directives générales concernant la forme et le contenu des rapports communiqués par les États Parties en vertu de l'article 40 du Pacte », *Doc. offic. A.G. 36e session (1981)*, Supp. n° 40 (A/36/40), annexe IV, pp. 69-70. Il s'agit des Directives adoptées par le Comité des droits de l'Homme, le 26 août 1982. Depuis lors, ces Directives ont été modifiées : voir « Directives unifiées concernant les rapports présentés par les États Parties conformément au Pacte international relatif aux droits civils et politiques », *Document HRI/GEN/2/Rev.6* du 3 juin 2009, p. 45.

Sur ces Directives ainsi que les méthodes de travail du Comité des droits de l'Homme, de 1966 à 1988, voir : Jean DHOMMEAUX, « Méthodes du Comité des Droits de l'Homme dans l'examen des rapports soumis par les États Parties au Pacte sur les Droits civils et politiques », *op. cit.*, pp. 331-363 ; Agnès DORMENVAL, « La

L'élaboration de rapports étatiques conformes aux directives établies et la soumission de ces rapports dans les délais requis constituent des éléments cruciaux dans le cadre de la coopération entre les États et les organes de suivi de l'application des obligations internationales. À cet égard, il est opportun d'illustrer davantage la manière dont le Togo s'acquitte de ses obligations vis-à-vis des Organes conventionnels en matière de droits de l'Homme. Il faut relever qu'à l'occasion du 1er examen de son rapport en 1989, le Comité des droits de l'Homme adressa au Togo diverses questions sur l'application du Pacte international relatif aux droits civils et politiques et du Protocole facultatif s'y rapportant. À titre liminaire, le rapport établi par ce Comité, à l'issue de ce 1er examen du Togo, indique que :

> Les membres du Comité ont favorablement accueilli le rapport qui avait été rédigé conformément aux directives générales du Comité concernant la forme et le contenu des rapports initiaux. Ils ont cependant considéré que ce rapport aurait dû mettre davantage l'accent sur les facteurs et difficultés entravant la mise en œuvre du Pacte au Togo[294].

Au-delà des aspects purement procéduraux, l'examen des questions adressées par le Comité au Gouvernement togolais et des réponses fournies par ce dernier permet, dans une certaine mesure, d'apprécier dans le contexte de l'époque, l'enjeu et la portée du mécanisme de suivi de la mise en œuvre du Pacte international relatif aux droits civils et politiques :

> [*Extrait des questions posées à l'État togolais par le Comité des droits de l'Homme*] :
> En ce qui concerne l'article 2 du Pacte, les membres du Comité ont demandé des détails sur le statut juridique du Pacte au regard du droit interne togolais, et plus particulièrement sur sa place dans l'ordre juridique du Togo, ainsi que sur la question de savoir s'il y avait eu des difficultés pour intégrer les dispositions du Pacte dans le droit interne. Ils ont demandé aussi ce qui se passait en cas de conflit entre les dispositions de la législation togolaise et celles du Pacte; s'il y avait eu des cas où les dispositions du Pacte avaient été invoquées devant les tribunaux ou les autorités administratives ou appliquées par eux, ou des

---

richesse d'une grande diversité de mécanisme », dans *Procédures onusiennes de mise en œuvre des droits de l'homme : Limites ou défauts ?* Genève, Graduate Institute Publications, 1991, pp. 13-88.

294 Rapport du Comité des droits de l'Homme, Assemblée générale, Quarante-quatrième session, Supplément n° 40 (A/44/40), Nations Unies, New York, 1989, p. 58.

cas dans lesquels un tribunal avait estimé que les dispositions du Pacte l'emportaient sur les lois nationales; et si la référence, dans l'article 43 de la Constitution, au principe de la réciprocité s'appliquait également aux traités multilatéraux comme le Pacte. Davantage d'informations auraient été souhaitées sur la nature des différents recours, dont disposent les victimes de violations des droits de l'Homme, en particulier celles commises par des fonctionnaires dans l'exercice de leurs fonctions officielles, et sur le statut juridique des lois françaises héritées de l'époque coloniale.

[*Extrait des réponses fournies par l'État togolais au Comité des droits de l'Homme*] :

En réponse aux questions concernant le statut du Pacte dans la législation togolaise, le représentant de l'État Partie a indiqué que la Constitution prévalait sur les instruments internationaux, mais que ces derniers primaient sur les lois internes. Des mesures avaient été prises pour incorporer le Pacte à la législation interne du Togo, et une commission d'études législatives et réglementaires avait été créée à cette fin. Le Pacte pouvait également être utilisé pour combler les lacunes de la législation nationale, et il était possible de déclarer inapplicable une disposition de droit interne incompatible avec le Pacte. Le Pacte et la Déclaration universelle des droits de l'Homme avaient été invoqués à deux reprises devant les tribunaux, et, dans les deux cas, les actes en cause avaient été jugés illégaux. La réserve formulée à l'article 43 de la Constitution, selon laquelle la validité des instruments dépendait du principe de la réciprocité, ne s'appliquait pas aux instruments multilatéraux tels que le Pacte.

En réponse aux autres questions posées à propos de l'article 2 du Pacte, le représentant a indiqué que les lois de l'époque coloniale occupaient une place importante dans le système juridique en vigueur, mais que le Togo s'était doté d'une série de textes qui lui étaient propres. S'agissant des recours ouverts à ceux dont les droits étaient violés par des personnes agissant dans l'exercice de leurs fonctions officielles, il a indiqué qu'en cas de violation commise au cours de l'internement administratif, l'auteur de l'acte pouvait être condamné pour délit de séquestration[295] .

Comme relevé *supra*, le suivi de la mise en œuvre des traités en matière de droits de l'Homme ne se limite pas à un exercice standardisé de questions-réponses. Il s'agit d'une démarche dynamique qui intègre nécessairement des observations, recommandations et conclusions. En 1989, à l'issue de l'examen du Togo relatif à la mise en œuvre du Pacte

---

[295] Rapport du Comité des droits de l'Homme, (A/44/40), *op. cit.*, pp. 58-62.

international relatif aux droits civils et politiques, les conclusions du Comité étaient formulées en ces termes :

> Les membres du Comité ont remercié les représentants de l'État Partie d'avoir répondu clairement aux questions qui leur avaient été posées, et ont félicité le Gouvernement togolais, notamment pour ses efforts visant à limiter l'application de la peine capitale et pour la création de la Commission nationale des droits de l'Homme [...].
>
> Le Comité a exprimé l'espoir que les autorités togolaises tiendraient compte de ses observations, et qu'il serait informé des progrès réalisés sur la voie du respect des droits de l'Homme au Togo lors de l'examen du deuxième rapport périodique.
>
> Le représentant de l'État Partie a déclaré que sa délégation avait dûment pris note des observations et suggestions du Comité, et qu'il les porterait à l'attention du gouvernement de son pays. Ces observations aideraient le Togo à rendre la législation nationale plus conforme au Pacte[296].

En définitive, on peut s'en convaincre, en s'appuyant sur les éléments du rapport (conclusions et observations) susmentionné du Comité des droits de l'Homme, que les mécanismes de suivi visent fondamentalement à s'assurer de la mise en œuvre effective des instruments juridiques relatifs aux droits de l'Homme. Ils servent ainsi à mesurer les progrès accomplis, à alerter sur les manquements éventuels, suivant les standards établis pour l'évaluation des États Parties, et à encourager, au besoin, l'adoption de mesures correctives.

Il faut souligner l'existence d'autres mécanismes de suivi en vertu desquels les recommandations sont formulées à l'État examiné par d'autres États. C'est le cas par exemple du mécanisme de l'Examen Périodique Universel (EPU)[297], institué dans le cadre du Conseil des droits de l'Homme des Nations Unies. En l'occurrence, l'on ne se trouve pas en présence du mécanisme de suivi d'un traité spécifique, mais d'un mécanisme universel qui consiste en l'évaluation de

---

[296] Rapport du Comité des droits de l'Homme, Supplément n° 40 (A/44/40), Nations Unies,1989, p. 65, §§ 269 - 270.

[297] Établi par la résolution 60/251, du 15 mars 2006, de l'Assemblée générale des Nations Unies, l'EPU est le mécanisme central du Conseil des droits de l'Homme qui « consiste à passer en revue les réalisations de l'ensemble des États membres de l'ONU dans le domaine des droits de l'homme. Il s'agit d'un processus mené par les États, sous les auspices du Conseil des droits de l'homme. Il fournit à chaque État l'opportunité de présenter les mesures qu'il a prises pour améliorer la situation des droits de l'homme sur son territoire et remplir ses obligations en la matière » : Conseil des droits de l'Homme, « Examen Périodique Universel » : https://www.ohchr.org/fr/hr-bodies/hrc.

l'ensemble de la situation en matière de droits de l'Homme dans l'État examiné. À cette occasion, il n'est pas rare que des États ou Organisations insistent, en guise de recommandations, sur la ratification de certains instruments juridiques ou la prise en compte de certains aspects spécifiques pour lesquels l'État examiné se montre réservé, méfiant ou opposé, en raison de particularismes culturels, sociaux de dimension nationale ou régionale, etc. Il reste que, comme le souligne Barbara FONTANA, « [s]i la coopération de l'État est essentielle pour le mécanisme de l'EPU, c'est la volonté politique qui définit l'effective mise en œuvre des recommandations sur le terrain[298] ».

L'analyse des modalités et des rapports du mécanisme de l'EPU peut attester de ce que ce mécanisme donne parfois lieu à une dialectique complexe entre les enjeux du « pluralisme juridique » et les défis liés à la souveraineté des États. Cette situation n'a rien d'étonnant dans la mesure où, semble-t-il, « le pluralisme juridique actuel en droit international des droits de l'Homme est marqué par l'assujettissement social de l'individu et un introuvable équilibre entre États souverains » [299].

D'ordinaire, on observe que les réactions ou réponses des États aux rapports des Organes de traités sur les droits de l'Homme sont formulées en fonction, entre autres, de la pertinence et de la cohérence

[298] Barbara FONTANA, « Droits de l'homme et Nations Unies », dans *Introduction aux droits de l'homme,* Hertig Randall MAYA et Michel HOTTELIER (dir.), Genève, Éditions Yvon Blais, HSEH, Schulthess éditions romandes, 2014, p. 712.

[299] Koffi Kumelio A. AFANĐE, « Les enjeux du pluralisme juridique dans le processus d'élaboration du droit international des droits de l'homme », *Chroniques de l'Institut de Recherche et Débat sur la Gouvernance (IRG),* Paris, Éditions Charles Léopold Mayer, 2011, p. 283. L'auteur fait notamment observer que :« Au plan international, alors que chaque État souverain doit pouvoir faire valoir sa différence, certains États affichent un positivisme, imposant certains instruments juridiques comme droit positif des droits de l'homme. Cela, malgré la Déclaration de Vienne de 1993, dont la valeur obligatoire peut être discutée, sur le respect des "particularités nationales et régionales et de diverses réalités historiques, culturelles et religieuses" dans la promotion et la protection des droits de l'homme. Mieux, certains États, paradoxalement, imposent aux autres des instruments juridiques auxquels eux-mêmes n'ont pas adhéré » : Koffi Kumelio A. AFANĐE « Les enjeux du pluralisme juridique dans le processus d'élaboration du droit international des droits de l'homme », *Chroniques de l'Institut de Recherche et Débat sur la Gouvernance (IRG),* Paris, Éditions Charles Léopold Mayer, 2011, p. 284.

des constatations et des recommandations[300] desdits Organes. En outre, suivant le mandat de chaque Organe et les situations visées, il peut être requis de l'État examiné, des réponses ou mesures urgentes, immédiates ou à brève ou longue échéance. *A priori*, la « réceptivité » de l'État examiné peut être analysée à partir de ses réponses « positives » au rapport d'un Organe de traités. S'agissant du Togo, il y a lieu de relever que l'examen de son 5ème rapport périodique, en 2016, fut l'occasion pour le Comité des droits de l'Homme, d'évaluer l'ampleur des réformes opérées par ce pays[301] en matière des droits de l'Homme et de consolidation de l'État de droit, depuis l'examen de son 1er rapport en 1989.

Sur le cas particulier de la peine de mort, soulevé par le Comité des droits de l'Homme au cours de ce 1er examen du Togo en 1989, des étapes décisives ont été franchies, faisant passer le Togo du statut d'État appliquant la peine de mort à celui d'État abolitionniste. En effet, le Togo a aboli la peine de mort en 2009 et a ratifié le deuxième Protocole se rapportant au Pacte international relatif aux droits civils et politiques visant à abolir la peine de mort, en 2016. Dans sa dynamique d'État abolitionniste sans réserve, le Togo a marqué son attachement au droit à la vie en constitutionalisant l'interdiction de la peine de mort, de la peine à perpétuité et de la peine à vie, à l'occasion des réformes constitutionnelles de 2019. Aussi l'article 13 nouveau de la Constitution de 1992 révisée par la loi n° 2019-003 du 15 mai 2019 dispose-t-elle que : « L'État a l'obligation de garantir l'intégrité physique et mentale, la vie et la sécurité de toute personne vivant sur le territoire national. Nul ne peut être arbitrairement privé de sa liberté. Nul ne peut être privé de sa vie. La condamnation à la peine de mort, à vie ou à perpétuité est interdite. »

2.2 Les inspections, les visites et les demandes directes

Le suivi de l'application des traités internationaux se réalise régulièrement à travers les visites que les experts, mandatés à cette fin, effectuent dans les États Parties. Ainsi, hormis l'examen des

---

[300] Les recommandations émanent, dans le cadre de l'EPU, des États et non directement des Organes conventionnels, même si ces États prennent appui souvent sur les rapports, recommandations ou observations établis par lesdits Organes.

[301] Le propos mérite d'être nuancé. En effet, ce serait sous-estimer les dynamiques internes au Togo et d'autres facteurs exogènes que de considérer que les réformes, notamment en matière de droits de l'Homme, ont été réalisées par les gouvernants, exclusivement, en réponse aux recommandations des Organes de traités.

communications nationales et des rapports des États, certains Organes conventionnels sont mandatés pour remplir des fonctions supplémentaires telles que la conduite des enquêtes indépendamment des visites *in situ* (périodiques ou *ad hoc*) et la conduite des enquêtes dans les États Parties[302]. Il faut rappeler que le mécanisme de visites ne peut trouver à s'appliquer systématiquement du seul fait que l'État ait ratifié le traité international qui les institue[303] ; dans certains cas, la ratification doit être suivie du dépôt d'une déclaration expresse acceptant ces visites ou d'un accord préalable à chaque visite envisagée[304].

Pour certains traités, comme ceux relatifs aux transports maritimes, le suivi de la mise en œuvre des obligations relève d'abord de la responsabilité des États Parties. Par le mécanisme d'inspections, chaque État partie, en qualité d'État du port ou du pavillon[305], fait appliquer les

---

[302] Voir Nations Unies, *Le dispositif conventionnel des Nations Unies relatif aux droits de l'homme*, 2012, p. 12 ss ; Service International pour les Droits de l'Homme (ISHR), *Guide simple sur les organes des traités des Nations Unies*, 2015, p.34.

[303] Soulignons que, s'il est des traités dont la ratification emporte l'engagement de l'État Partie d'accepter systématiquement les visites des Organes de contrôle, le Protocole facultatif se rapportant à la Convention contre la torture et autres peines ou traitements cruels, inhumains ou dégradants, adopté le 18 décembre 2002, figure parmi ceux-ci. Ledit Protocole a institué le Sous-Comité de la prévention de la torture (SPT) dont la mission est notamment d' « effectuer des visites dans tout lieu [...] où se trouvent ou pourraient se trouver des personnes privées de liberté sur l'ordre d'une autorité publique ou à son instigation, ou avec son consentement exprès ou tacite » (voir articles 4 du Protocole). Le Togo a ratifié ce Protocole le 20 juillet 2010 ; le Sous-Comité y a mené sa première visite du 1er au 10 décembre 2014.

[304] C'est le cas de la Convention contre la torture et autres peines ou traitements cruels, inhumains ou dégradants, adoptée le 10 décembre 1984, ayant institué le Comité contre la torture, qui est habilitée à mener des enquêtes lorsqu'il y a « des indications bien fondées que la torture est pratiquée systématiquement sur le territoire d'un État partie ». Il demeure que, dans le cadre de l'enquête, le Comité doit « recherche[r] la coopération de l'État Partie intéressé. *En accord avec cet État Partie, l'enquête peut comporter une visite sur son territoire* » (voir article 20 de la Convention).

[305] Voir à cet égard, le champ d'application de la loi nº 2016-028 du 11 octobre 2016 portant code de la marine marchande au Togo :

« Article premier : Les dispositions du présent code sont applicables à toutes les activités se déroulant dans les eaux maritimes, les lagunes, fleuves et plans d'eau dans les ports.

Les dispositions du présent code sont applicables à tous les navires immatriculés sous pavillon togolais, aux équipages et passagers qui y sont embarqués, ainsi qu'à toutes les personnes, quelle que soit leur nationalité, présentes ou non à bord.

dispositions des Conventions de l'Organisation maritime internationale (OMI) à ses propres navires et, sous certaines conditions, aux navires d'autres États Parties et établit les sanctions à imposer en cas d'infraction[306]. En outre, le suivi et le contrôle des obligations des États membres de l'OMI sont assurés par le Sous-comité de l'application des instruments de l'OMI. Celui-ci a pour attributions, entre autres, de recevoir et analyser les données sur le contrôle des navires par l'État du port, examiner régulièrement les procédures de contrôle des navires par l'État du port et analyser les rapports récapitulatifs des synthèses d'audit du Programme obligatoire d'audit des États membres de l'OMI[307].

Les inspections sont également un procédé auquel recourt l'Agence internationale de l'énergie atomique (AIEA) pour le contrôle de l'application de garanties dans le cadre du Traité sur la non-prolifération des armes nucléaires (TNP). En vertu des accords de garanties signés avec les États membres, l'AIEA est habilitée, notamment à travers des inspections, à « vérifier, de manière indépendante, que les installations nucléaires ne sont pas utilisées de manière abusive et que les matières nucléaires ne sont pas détournées des utilisations pacifiques[308] ». L'Accord entre le Gouvernement de la République togolaise et l'AIEA relatif à l'application de garanties dans le cadre du TNP, signé le 29 novembre 1990 à Washington, fixe en son article 9 le régime des inspections de l'AIEA au Togo. Il y est notamment précisé que l'AIEA doit obtenir le consentement du Togo à la désignation des inspecteurs de l'Agence pour le Togo et que les visites et activités des inspecteurs de l'Agence sont organisées de

---

Les dispositions du présent code s'appliquent également aux équipages, passagers et navires étrangers se trouvant dans les eaux sous juridiction togolaise en application des conventions internationales en vigueur.
Art.2 : Les dispositions du présent code s'appliquent également aux manquements résultant des activités maritimes, fluviales, lagunaires constatés dans les eaux sous juridiction nationale. Toutefois, les infractions aux règles prescrites par le présent code ainsi que ses textes d'application, sont prévues, poursuivies et punies conformément aux dispositions du code pénal et du code de procédure pénale » : *Journal officiel de la République togolaise*, n° 31 du 11 octobre 2016.

[306] OMI, « Conventions » ; consulté sur : https://www.imo.org/fr.

[307] OMI, « Sous-comité de l'application des instruments de l'OMI (III) » ; consulté sur : https://www.imo.org/fr.

[308] IAEA, Agence internationale de l'énergie atomique, « La vérification et les autres activités de garanties » ; consulté sur : https://www.iaea.org/fr.

manière à réduire au minimum les inconvénients et perturbations pour le Togo et pour les activités nucléaires pacifiques inspectées[309].

Il advient que le contrôle des traités internationaux combine des mécanismes plus ou moins particuliers, hormis les mécanismes sus mentionnés de l'élaboration de rapports par les États Parties suivi de l'examen des rapports en question par les Organes institués à cette fin. C'est le cas, notamment, pour les Conventions de l'Organisation internationale du travail (OIT). En effet, les Conventions de l'OIT[310] sont assorties de normes de contrôle constituées d'un système de contrôle et de procédures particulières ; alors que le « système régulier de contrôle de l'application des normes prévoit l'examen de rapports périodiques soumis par les États membres sur les mesures prises pour donner effet aux dispositions des conventions ratifiées », « les procédures particulières », elles, « incluent une procédure de réclamation et une procédure de plainte d'application générale ainsi qu'une procédure spéciale en matière de liberté syndicale[311] ».

L'obligation pour les États membres de soumettre des rapports au Bureau international du travail découle de l'article 22 de la Constitution de l'OIT en vertu duquel : « Chacun des Membres s'engage à présenter au Bureau international du Travail un rapport annuel sur les mesures prises par lui pour mettre à exécution les conventions auxquelles il a

---

309 Voir article 9 de l'Accord entre le Gouvernement de la République togolaise et l'AIEA relatif à l'application de garanties dans le cadre du Traité sur la non-prolifération des armes nucléaires : *IAEA, L'atome pour la paix*, Circulaire d'information, INFCIRC/840, 12 septembre 2012.

310 Le Togo est membre de l'Organisation internationale du travail depuis le 07 juin 1960.

311 OIT, « Application et promotion des normes » ; consulté sur : https://www.ilo.org/global/standards. Il convient de souligner que selon l'OIT, « [u]ne fois qu'un État a ratifié une convention de l'OIT, il est tenu de présenter périodiquement un rapport sur les mesures prises pour lui donner effet. Tous les trois ans, les gouvernements sont tenus de présenter un rapport expliquant les mesures qu'ils ont prises en droit et en pratique pour appliquer l'une quelconque des huit conventions fondamentales et des quatre conventions de gouvernance qu'ils ont ratifiées ; pour les autres conventions, sauf celles qui ont été mises à l'écart (c'est-à-dire dont l'application n'est plus contrôlée de façon régulière), ils doivent présenter un rapport tous les cinq ans. Des rapports sur l'application de conventions peuvent être demandés à des intervalles plus rapprochés. Les gouvernements doivent communiquer un exemplaire de leur rapport aux organisations d'employeurs et de travailleurs qui peuvent faire des commentaires à ce sujet ; ces organisations peuvent également envoyer directement au BIT leurs commentaires sur l'application des conventions » : OIT, « La Commission d'experts pour l'application des conventions et recommandations ».

adhéré. Ces rapports seront rédigés sous la forme indiquée par le Conseil d'administration et devront contenir les précisions demandées par ce dernier. »

Les rapports soumis à l'OIT peuvent donner lieu à des Observations[312], consécutives à des Demandes directes. À cet égard, il convient de mentionner l'Observation faite par l'OIT au Togo, en 2010, au sujet de l'application de la Convention (n° 144) sur les consultations tripartites relatives aux normes internationales du travail, 1976 :

> La commission a pris note des informations détaillées transmises par le gouvernement en mai 2010 en réponse aux observations précédentes.
> La commission a pris note avec intérêt de la création de la Cellule nationale sur les normes, par arrêté n° 018/MTESS du 28 octobre 2008, qui a notamment pour mission de préparer les dossiers techniques nécessaires aux consultations tripartites sur les normes internationales du travail requises par la convention.
> Elle note également avec intérêt que le gouvernement a sollicité et obtenu en novembre 2009 l'assistance technique et financière du BIT pour la formation des membres de la cellule nationale sur les obligations relatives aux rapports dus sur les conventions ratifiées. [...].
> La commission espère que le gouvernement fournira dans son prochain rapport des informations actualisées sur les progrès réalisés avec les partenaires sociaux pour assurer des consultations tripartites efficaces sur les questions relatives aux normes internationales du travail (articles 2 et 5 de la convention)[313].

Les Demandes directes, que l'OIT adresse aux États, concernent notamment l'application des conventions fondamentales de l'Organisation, encore appelées « normes fondamentales du travail[314] ».

---

[312] D'après l'OIT, « [l]es observations contiennent les commentaires sur les questions fondamentales que soulève l'application d'une convention particulière par un Etat. Ces observations sont publiées dans le rapport annuel de la commission. Les demandes directes portent sur des questions plus techniques ou contiennent des demandes d'éclaircissements. Elles ne sont pas publiées dans le rapport mais sont communiquées directement aux gouvernements concernés » : OIT, « La Commission d'experts pour l'application des conventions et recommandations » : consulté sur : https://www.ilo.org/global/standards.

[313] Observation (CEACR) - adoptée 2010, publiée 100ème session CIT (2011).

[314] Les conventions fondamentales de l'OIT sont : la convention (n° 87) sur la liberté syndicale et la protection du droit syndical, conclue à San Francisco le 9 juillet 1948; la convention (n° 98) sur le droit d'organisation et de négociation collective, conclue à Genève le 1er juillet 1949; la convention (n° 29) sur le travail forcé, adoptée à Genève le 28 juin 1930 ; la convention (n° 105) sur l'abolition du travail forcé, adoptée à Genève le 25 juin 1957; la convention (n° 138) sur l'âge minimum, adoptée à Genève le 26 juin 1973 ; la convention (n° 182) sur les pires formes de travail des enfants,

En 2018, la Commission d'experts pour l'application des conventions et recommandations de l'OIT[315] a formulé, à l'endroit du Togo, une Demande directe, au sujet de l'application de la Convention du travail maritime, conclue à Genève le 23 février, et ratifiée par le Togo, le 20 août 2013. La Demande, qui portait précisément sur les mesures d'application de l'article I de cette Convention[316], avait été suscitée par l'adoption de la loi nº 2016-028 du 11 octobre 2016 portant Code de la marine marchande au Togo. Il ressort des termes mêmes de cette Demande, concernant la MLC[317], les constatations suivantes :

> La commission note que le gouvernement indique que la mise en œuvre de la MLC 2006, au niveau national a longtemps relevé de pratiques informelles, en raison du temps nécessaire à la transposition des dispositions de la convention dans l'ordonnancement juridique interne.
> La commission prend note avec intérêt de l'adoption de la loi nº 2016-028 du 11 octobre 2016 portant Code de la marine marchande, dont le Livre IV prend en compte les exigences de la MLC, 2006.
> La commission note cependant que le gouvernement ne lui fournit pas la copie des textes réglementaires d'application adoptés ou en préparation auxquels le nouveau Code de la marine marchande renvoie.
> Rappelant la nécessité de mettre en application au plus vite la convention, la commission prie le gouvernement de lui fournir des explications détaillées sur la mise en œuvre du nouveau Code de la marine marchande et de lui fournir l'ensemble des lois, règlements et autres mesures adoptés ou en préparation destinés à donner effet à la MLC, 2006[318].

---

conclue à Genève le 17 juin 1999; la convention (nº 100) sur l'égalité de rémunération, adoptée à Genève le 29 juin 1951; la convention (nº 111) concernant la discrimination (emploi et profession), adoptée à Genève le 25 juin 1958 ; voir Bureau International du Travail, *Les Conventions fondamentales de l'organisation internationale du Travail : programme focal de promotion de la Déclaration*, 2002, p.8.

315 Connue par son sigle en anglais « CEACR ».

316 L'article I de la Convention sur le travail maritime est libellé comme suit : « 1. Tout Membre qui ratifie la présente Convention s'engage à donner plein effet à ses dispositions conformément aux prescriptions de l'art. VI afin de garantir le droit de tous les gens de mer à un emploi décent. 2. Les Membres coopèrent entre eux pour assurer l'application effective et le plein respect de la présente Convention ».

317 MLC : sigle anglais « Maritime Labour Convention », qui signifie « Convention du Travail Maritime ».

318 Demande directe (CEACR) - adoptée 2018, publiée 108ème session CIT (2019).

Cette Demande directe sur l'application de la Convention sur le Travail Maritime n'a rencontré aucune objection de la part du Togo[319].

L'exigence de rapports, l'envoi de Demandes directes, la formulation de recommandations et tous les autres mécanismes de suivi et de contrôle procèdent du souci de maintenir, autant que possible, l'État Partie dans « l'esprit et la lettre » des obligations auxquelles il a librement et volontairement consenti. L'exigence de soumission de rapports à intervalles réguliers, suivant des canevas bien définis, n'est pas sans soulever des difficultés pour les États Parties. À cet égard, le Secrétariat de l'Organisation des Nations Unies fait remarquer que :

> L'établissement de rapports à l'intention des organes conventionnels peut poser des difficultés considérables. Un État qui a ratifié les neuf instruments internationaux relatifs aux droits de l'Homme principaux est censé produire plus de 20 rapports sur une période de dix ans, soit un rapport tous les six mois. Les États doivent également rédiger des réponses aux listes des points à traiter et se préparer à assister aux séances des organes conventionnels ; ils devront peut-être aussi établir un document sur la suite donnée aux observations finales.
>
> De plus, les États peuvent aussi avoir des obligations au niveau régional. La très lourde charge que constitue l'établissement de rapports s'en trouve accrue et il n'est peut-être pas étonnant que les États ne soient pas à jour dans le calendrier des rapports, ou même n'envoient pas de rapport du tout[320].

Procédés non juridictionnels, les rapports, avis, résolutions et recommandations ne sont pas pour autant de « simples formalismes ». Comme le note le professeur Alain PELLET, le mérite de tels procédés est que : « Indépendamment de leurs effets particuliers et de leur impact politique parfois non négligeable, les recommandations peuvent jouer un rôle considérable de "jalons normatifs" dans le processus de

---

[319] Les informations que la Commission d'experts pour l'application des conventions et recommandations de l'OIT avait sollicitées, dans sa Demande directe de 2018 relative à la MLC, 2006, lui ont été communiquées par les Autorités compétentes togolaises. Après l'entrée en vigueur à l'égard du Togo, des amendements au Code de la MLC, 2006, le 26 décembre 2020, une nouvelle Demande directe a été adressée au Togo ; voir Demande directe (CEACR) - adoptée 2021, publiée 110ème session CIT (2022).

[320] Nations Unies, *Le dispositif conventionnel des Nations Unies relatif aux droits de l'homme*, 2012, p. 30.

cristallisation d'une norme coutumière[321]. » Cette observation vaut particulièrement pour les recommandations d'ordre général, émanant de l'ONU et d'autres organisations internationales. En ce qui concerne précisément les recommandations de l'OIT, prévues à l'article 19, paragraphe 6 de la Constitution de cette Organisation, Michel VIRALLY fait observer que :

> Dans ce système, la recommandation a [...] une force obligatoire, mais limitée. Les États s'engagent seulement à la « prendre en considération » mais non pas du tout à l'adopter et à lui donner force de loi à l'intérieur de leurs frontières. En cela elle ressemble aux « conventions » adoptées par l'O.I.T. Elle en diffère parce que l'État ne s'oblige pas sans retour en conformant son droit interne à la recommandation : il pourra toujours le modifier librement par la suite. La recommandation ne peut être « ratifiée » comme la convention, mais l'État devra rendre compte de l'action qu'il aura prise pour appliquer la convention et, le cas échéant, expliquer et justifier son inaction[322].

Malgré le caractère limité de la « force obligatoire » des recommandations de l'OIT, on admettra néanmoins, comme le font observer Cristina HOSS et Santiago VILLALPANDO, que « le système de contrôle reste un élément indispensable pour la mise en œuvre des normes internationales en matière de droit du travail, un élément qui rend "vivant" et "palpable" l'engagement des États [323] ».

Avant d'entrer dans l'examen du contentieux relatif aux engagements internationaux du Togo, il est important d'évoquer le droit de retrait. En effet, il serait difficile de concevoir qu'un État qui a consenti à être partie à un traité international y soit lié indéfiniment, contre sa volonté. Il a d'ailleurs été admis, par un conseil constitutionnel, que « porte atteinte aux conditions essentielles d'exercice de la souveraineté nationale l'adhésion irrévocable à un engagement international touchant à un domaine inhérent à celle-ci[324] ».

---

[321] Alain PELLET, « Le rôle des résolutions des organisations internationales à la lumière de la jurisprudence de la Cour internationale de Justice », dans *Law for social justice*, International Labour Office, Geneva 2019, p. 156.

[322] Michel VIRALLY, « La valeur juridique des recommandations des organisations internationales », *AFDI*, vol. 2, 1956, pp. 66-96.

[323] Cristina HOSS et Santiago VILLALPANDO, « La contribution de l'OIT au droit des traités », dans Law *for social justice*, International Labour Office, Geneva 2019, p. 182.

[324] Il s'agit en l'occurrence du Conseil constitutionnel français, appelé à trancher la question de savoir si les traités suivants portent atteinte aux conditions essentielles

La dénonciation ou le retrait désigne l'acte unilatéral en vertu duquel un État partie à un accord international décide de cesser d'y être lié. Autrement dit, il s'agit « d'un acte juridique par lequel une partie à un accord international ou à un système de participation volontaire déclare y mettre fin, en tout ou partie, à son égard[325] ». Il est soutenu que le terme « dénonciation » s'applique aux accords bilatéraux et celui de « retrait » aux accords multilatéraux, même si, en réalité, les deux termes renvoient à la même chose. D'ailleurs, il est courant d'observer que les traités multilatéraux, qui ont prévu le mécanisme en question, emploient indistinctement les termes « dénonciation » et « retrait ». Le retrait et la dénonciation sont régis, en droit des traités, par la Convention de Vienne sur le droit des traités, dont l'article 56 a la teneur suivante :

> 1. Un traité qui ne contient pas de dispositions relatives à son extinction et ne prévoit pas qu'on puisse le dénoncer ou s'en retirer ne peut faire l'objet d'une dénonciation ou d'un retrait, à moins :
> a) qu'il ne soit établi qu'il entrait dans l'intention des Parties d'admettre la possibilité d'une dénonciation ou d'un retrait ; ou
> b) que le droit de dénonciation ou de retrait ne puisse être déduit de la nature du traité.
> 2. Une partie doit notifier au moins douze mois à l'avance son intention de dénoncer un traité ou de s'en retirer conformément aux dispositions du paragraphe 1.

Il n'existe pas encore de précédent concernant la dénonciation et le retrait, dans la pratique togolaise en matière de traités internationaux[326]. Du reste, dans l'hypothèse où le droit de retrait ou de dénonciation

---

d'exercice de la souveraineté nationale : le deuxième protocole facultatif se rapportant au Pacte international relatif aux droits civils et politiques, visant à abolir la peine de mort, adopté à New York le 15 décembre 1989 et le protocole n° 13 à la Convention de sauvegarde des droits de l'homme et des libertés fondamentales relatif à l'abolition de la peine de mort en toutes circonstances, adopté à Vilnius le 3 mai 2002 : CC, n° 2005-524/525 DC, 13 octobre 2005, *Engagements internationaux relatifs à l'abolition de la peine de mort*, JORF, 20 octobre 2005, p. 16609.

[325] Robert KOLB, « La dénonciation avec effet immédiat de déclarations facultatives établissant la compétence de la Cour internationale de justice », dans Marcelo Gustavo KOHEN, *Promoting justice, human rights and conflict resolution through international law/La promotion de la justice, des droits de l'homme et du règlement des conflits par le droit international : Liber Amicorum Lucius Caflisch,* Leiden : M. Nijhoff, 2007. pp. 875-890 [voir p. 876].

[326] À notre connaissance (à la date du 30 décembre 2022), il n'existait aucune donnée officielle permettant d'attester que le Togo a déjà exercé son droit de retrait, ou a dénoncé un accord international auquel il était lié.

trouverait à s'appliquer, la démarche à suivre serait celle employée pour matérialiser la ratification ou l'adhésion aux traités. Il s'agirait donc de la notification de la dénonciation par Note verbale en ce qui concerne les traités bilatéraux ; ou le dépôt auprès du Dépositaire du traité multilatéral en cause, de l'instrument de dénonciation ou de retrait, lorsque ledit traité prévoit expressément le dépôt d'un tel instrument. Il n'est pas également exclu, en l'absence d'une prescription conventionnelle expresse, que la notification du retrait ou de la dénonciation puisse s'opérer simplement par l'envoi d'une lettre officielle à l'autorité correspondante de l'État co-contractant (accord bilatéral) ou au Dépositaire du traité international. Enfin, il importe de souligner que les modalités pratiques pour la notification par l'État initiateur d'un retrait ou d'une dénonciation sont d'ordinaire prévues par les traités.

Gardant à l'esprit les développements précédents sur la procédure de ratification des traités internationaux par le Togo (Partie III), il doit être précisé que la dénonciation d'un traité international ne requiert pas l'adoption préalable par l'Assemblée nationale d'une loi y relative. Le retrait du Togo ou sa dénonciation d'un engagement international relève donc exclusivement de la compétence du pouvoir exécutif.

PARTIE V : CONTENTIEUX RELATIF AUX TRAITÉS INTERNATIONAUX AUXQUELS LE TOGO EST PARTIE

Si les motifs des conflits ou différends[327] sont aussi bien prévisibles qu'imprévisibles, des moyens pour les régler sont en revanche connus- et reconnus- de la Communauté des États. Que ce soit dans l'ordre juridique interne ou en droit international, le contentieux, y compris celui né de l'interprétation ou de l'application des traités, est porté devant des instances nationales et/ou internationales permanentes ou *ad hoc*, à travers des mécanismes spécifiques. Le contentieux est envisagé ici sous l'angle de la justiciabilité tant des États et autres entités publiques que des individus[328]. La présente partie examine le règlement diplomatique et le règlement juridictionnel des différends ou conflits relatifs aux traités auxquels le Togo est Partie.

[327] Selon la Cour permanente de justice internationale (CPJI), « [u]n différend est un désaccord sur un point de droit ou de fait, une contradiction, une opposition de thèses juridiques ou d'intérêts entre deux personnes » : CPJI, *Affaire des Concessions Mavromatis en Palestine*, arrêt du 30 août 1924, *Série A*, n° 2, p. 11 ; CIJ, *Sentence arbitrale du 03 octobre 1899 (Guyana c. Venezuela)*, arrêt du 18 décembre 2020, *Rec.*, p.18 § 64.

[328] En l'occurrence, les individus sont d'autant plus concernés qu'ils constituent, dans bien de cas, les destinataires des normes résultant des traités internationaux.

CHAPITRE 1 :
MÉCANISMES ET PRATIQUE DU RÈGLEMENT DIPLOMATIQUE DES DIFFÉRENDS

Il tombe sous le sens que la diplomatie est le substrat nécessaire pour la conclusion d'engagements interétatiques. Lorsque les différends relatifs à ces engagements apparaissent, il est tout aussi logique que pour les régler les Parties concernées recourent, par elles-mêmes ou par le truchement de tiers, aux moyens diplomatiques. L'usage des moyens diplomatiques et la promotion de tels moyens se révèlent aussi bien abondants que variés. En ce qui concerne la pratique togolaise, dans le cadre du présent chapitre, il peut paraître excessif de procéder à un inventaire exhaustif des affaires pour le règlement desquelles les moyens diplomatiques ont été particulièrement utilisés ou promus. On s'attachera néanmoins à examiner un échantillon d'affaires parmi les plus représentatives ou emblématiques. Aussi dans les lignes qui suivent, avant de démontrer que les négociations diplomatiques constituent une voie privilégiée de règlement des différends, convient-il de souligner que le règlement diplomatique des différends internationaux est un mécanisme institutionnalisé.

1.1 Le règlement diplomatique des différends : un mécanisme institutionnalisé[329]

L'examen de divers traités et accords internationaux fait apparaître des indications expresses de l'institutionnalisation du règlement diplomatique des différends. Cette institutionnalisation, qui revêt des aspects juridiques et administratifs, entre autres, sera examinée dans ses

---

[329] Pour une bibliographie indicative sur l'institutionnalisation du règlement diplomatique des différends, voir: Patrick DAILLER, Mathias FORTEAU et Alain PELLET, *Droit international public*, 8ème édition, LGDJ, p.923 ; Pierre-YVES CHICOT, « L'actualité du principe du règlement pacifique des différends : essai de contribution juridique à la notion de paix durable », *RQDI,* n° 16-1, 2003, pp. 5-35 ; Claire GANTET, « L'institutionnalisation d'une négociation : la ritualisation de la paix de Westphalie (1648) », *Hypothèses 2000, Travaux de l'École doctorale d'histoire,* Université Paris I, Paris, Publications de la Sorbonne, 2001, p. 181-187 ; Paul DAHAN, *Diplomates : Dans le secret de la négociation*, CNRS Éditions, 2016, 250 p. ; Wilde D'ESTMAEL, Michel LIEGEOIS, Raoul DELCORDE (dir.), *La diplomatie au cœur des turbulences internationales*, Presses Universitaires de Louvain, 2014, 239 p. ; Robert YANN, *La négociation diplomatique :enjeux, stratégie, norme et langage*, Mémoire en droit public, Université de Strasbourg, 2012, pp. 41-45.

généralités. Par la suite, l'intérêt sera porté à la gestion du contentieux impliquant les personnes jouissant de privilèges et immunités diplomatiques au Togo.

1.1.1 Considérations générales

Les modes diplomatiques constituent, ensemble avec les modes juridictionnels, les moyens pacifiques de règlement des différends. Les modes diplomatiques s'entendent des procédés de règlement pacifique des différends qui font appel à la négociation, la médiation, la conciliation, les bons offices ou l'enquête.

La Charte des Nations Unies, référentiel universel en ce qui concerne les prescriptions relatives au règlement pacifique des différends, ne fournit aucune définition des termes négociation, médiation, conciliation, bons offices et enquête, ni des autres termes relevant des mécanismes juridictionnels. Mais les définitions de ces concepts sont abondantes, et émanent des traités ainsi que des accords internationaux, de la pratique étatique et de celle des Organisations internationales, des auteurs, de la jurisprudence des instances nationales et internationales. Notre ambition n'étant pas de proposer un exposé terminologique sur ces concepts, il suffirait de se contenter ici de quelques définitions communément admises :

▪Dans le contexte d'un différend international, la négociation diplomatique renvoie aux consultations directes par lesquelles les Parties au différend échangent sur leurs divergences en vue d'aboutir à un accord. Il va sans dire que ce moyen ne « consiste [pas seulement] à se réunir formellement autour d'une table et à procéder à un échange de points de vue, [mais il postule que les contacts aient pour finalité] de trouver un commun dénominateur pour résoudre une question en suspens[330] ».

▪La médiation s'entend d'une « procédure consistant pour une tierce partie à aider, avec leur consentement, deux ou plusieurs Parties à prévenir, gérer ou régler un conflit en les aidant à élaborer un accord mutuellement acceptable[331] ». Elle est également comprise comme «

---

[330] Mohamed BENNOUNA, « Le droit entre la lettre et l'esprit », *Recueil des cours de l'Académie de droit international de La Haye*, tome 383, BRILL /NIJHOFF, 2017, p. 124. Au sujet de la notion de négociation, voir également : Grigore GEAMANU, « Les négociations. Moyen principal du règlement pacifique des différends internationaux », dans Jerzy MAKARCZYK (dir.), *Etudes de droit international en l'honneur du juge Manfred Lachs*, La Haye, Martinus Nijhoff, 1984, p. 377.

[331] *Directives des Nations Unies pour une médiation efficace*, Nations Unies, 2012 [Résolution A/66/811 adoptée par l'Assemblée générale le 25 juin 2012, p. 23].

toute action entreprise par un acteur qui, n'étant pas directement impliqué dans la crise, est désigné afin de réduire ou de mettre un terme aux obstacles entravant la négociation et faciliter ainsi la conclusion de la crise elle-même[332] ».

▪Les bons offices désignent les « démarches officielles menées, spontanément ou sur demande, par une personnalité internationale, un État ou groupe d'États tiers ou une organisation internationale ou non gouvernementale pour tenter de susciter un rapprochement entre les Parties en litige, afin de les amener à entamer des pourparlers ou des négociations, ou recourir à un règlement pacifique sans qu'il leur soit proposé ou imposé de solution ni de plan de résolution[333] ».

▪La conciliation est un « mode de règlement des différends internationaux de toute nature dans lequel une Commission constituée par les Parties, soit à titre permanent, soit à l'occasion et à raison d'un différend, procède à un examen impartial du différend et s'efforce de définir les termes d'un arrangement susceptible d'être accepté par elles, ou de prêter aux Parties en vue de son règlement tel concours qui lui aurait été demandé[334] ».

▪L'enquête est un procédé qui « consiste en la mise en place d'une commission chargée de présenter un rapport sur la matérialité des faits constituant l'objet du litige. Il s'agit de procéder à un examen objectif de la situation qui a dégénéré en conflit, sans pour autant se prononcer sur les problèmes de responsabilité[335] ».

Il y a lieu de souligner que l'institutionnalisation du règlement diplomatique des différends découle de divers instruments internationaux, contraignants ou non contraignants. Aussi convient-il de faire observer que le règlement diplomatique, qui était classiquement cantonné dans un « cadre interétatique » s'est, par la suite, ancré dans la sphère des Organisations internationales, à la faveur d'une

---

[332] Oran R. YOUNG, *The Intermediaries: Third Parties in International Crisis*, Princeton: Princeton University Press, 1967, p.34. Pour une synthèse sur le concept de médiation, voir Milena Dieckhoff, « La médiation internationale dans la résolution des conflits : un regard théorique », *Fiche de l'IRSEM n° 6*, janvier 2011.

[333] Jean BEARD et Richard V. DOBENIK (dir.), *Dictionnaire français-anglais des relations internationales et stratégiques*, Ellipses, 2007, pp. 44-45.

[334] Institut de Droit International, « La conciliation internationale », Résolution IDI II/1961, adoptée le 11 septembre 1961, article premier, p. 2.

[335] Raymond RANJEVA et Charles CADOUX, « Droit international public », Universités francophones, EDICEF, 1992, p. 229.

« institutionnalisation progressive »[336]. En effet, les rapports interétatiques, et l'interaction entre les États et les Organisations internationales dans le champ des relations internationales, dans divers domaines, se sont traduits par une institutionnalisation des mécanismes de règlement des différends. Cette institutionnalisation a donc pris corps à travers des organes permanents ou *ad hoc* (commissions, conseils, comités, assemblées, etc.), établis par des instruments juridiques ou politiques (pactes, déclarations, résolutions, chartes, protocoles, accords de coopération, traités constitutifs des organisations internationales, etc.).

À l'échelle mondiale, référence sera faite à la Charte des Nations Unies, adoptée le 26 juin 1945, qui consacre le principe du règlement pacifique des différends[337]. Cette Charte prévoit, à l'usage des États membres des Nations Unies, des mécanismes diplomatiques et juridictionnels. Dans son article 2, paragraphe 3, la Charte des Nations Unies indique que « [l]es membres de l'Organisation [des Nations Unies] règlent leurs différends internationaux par des moyens pacifiques de telle manière que la paix et la sécurité internationales ainsi que la justice ne soient pas mises en danger ». En outre, cette Charte stipule, en son article 33, paragraphe 1 que :

> Les parties à tout différend dont la prolongation est susceptible de menacer le maintien de la paix et de la sécurité internationales doivent en rechercher la solution, avant tout, par voie de négociation, d'enquête, de médiation, de conciliation, d'arbitrage, de règlement judiciaire, de recours aux organismes ou accords régionaux, ou par d'autres moyens pacifiques de leur choix[338].

Les prescriptions de la Charte des Nations Unies concernant le règlement pacifique des conflits, particulièrement par le biais des mécanismes diplomatiques, font écho aux prescriptions de même nature consacrées en droit international, avant la création de l'ONU en

---

[336] Patrick DAILLER, Mathias FORTEAU et Alain PELLET, *Droit international public*, 8ème édition, LGDJ, pp. 923-933.

[337] Le Togo est devenu Partie à la Charte des Nations Unies, le 20 septembre 1960, à la faveur de son admission comme État membre de l'ONU. Selon l'article 4 §1 de la Charte : « Peuvent devenir Membres des Nations Unies tous autres États pacifiques qui acceptent les obligations de la présente Charte et, au jugement de l'Organisation, sont capables de les remplir et disposés à le faire ».

[338] Il est précisé à l'alinéa 2 de l'article 33 de cette Charte que : « Le Conseil de sécurité, s'il le juge nécessaire, invite les parties à régler leur différend par de tels moyens ».

1945[339]. Au rang des traités en vigueur avant la création de l'ONU, citons les Conventions de La Haye de 1899 et de 1907 sur le règlement pacifique des conflits internationaux. Ces Conventions, auxquelles le Togo a adhéré le 18 octobre 2004, ont institué deux modes diplomatiques de résolution des différends, à savoir les bons offices et la médiation. Il est à constater qu'au fur et à mesure de l'amplification du mouvement de codification du droit international[340] , les traités multilatéraux, dans diverses matières, sont presque systématiquement pourvus de clauses relatives au règlement diplomatique des différends. Il en est ainsi pour la Convention-cadre de l'OMS pour la lutte antitabac[341] , adoptée à Genève, le 21 mai 2003, que le Togo a ratifiée le 15 novembre 2005. Cette Convention-cadre énonce, en son article 27, alinéa 1 que :

> Si un différend surgit entre deux ou plusieurs Parties à propos de l'interprétation ou de l'application de la présente Convention, les Parties concernées s'efforcent de le régler par les voies diplomatiques, par la négociation ou par tout autre moyen pacifique de leur choix, y compris en recourant aux bons offices ou à la médiation d'un tiers ou à la conciliation.
> En cas d'échec, les Parties en cause restent tenues de poursuivre leurs efforts en vue de parvenir à un règlement.

Au plan régional africain, les prescriptions de recours aux modes diplomatiques, pour le règlement des différends, figurent en bonne place dans les textes fondateurs de nombre d'organisations, dont l'Organisation de l'Unité africaine (OUA), devenue Union africaine (UA). En effet, il est stipulé à l'article III (4) de la Charte de l'OUA que les États membres adhèrent au principe de « Règlement pacifique des différends, par voie de négociation, de médiation, de conciliation ou

---

[339] Il convient de noter que le Pacte de la Société des Nations avait également institué le règlement pacifique des différends. Le Pacte énonçait, par exemple, en son article 13, alinéa 1 que : « Les membres de la Société conviennent que s'il s'élève entre eux un différend susceptible, à leur avis, d'une solution arbitrale et si ce différend ne peut se régler de façon satisfaisante par la voie diplomatique, la question sera soumise intégralement à l'arbitrage ».

[340] Manuel RAMA-MONTALDO, « La codification du droit international comme instrument de la justice internationale », *Les Cahiers de droit*, vol. 42, numéro 3, 2001, p.713.

[341] Pour plus de détails concernant le règlement des différends au titre de cette Convention-cadre, voir Rapport du Secrétariat de la Convention-cadre 2016 [FCTC/COP/7/20 du 27 juillet 2016].

d'arbitrage ». Pour sa part, l'Acte constitutif de l'Union africaine pose, en son article 4 (e), le principe du « Règlement pacifique des conflits entre les États membres de l'Union par les moyens appropriés qui peuvent être décidés par la Conférence de l'Union ». Un Protocole sur les amendements à l'acte constitutif de l'Union africaine, adopté le 3 février 2003 a, par ailleurs, créé un Conseil de paix et de sécurité (CPS), avec le statut d'« Organe de décision permanent pour la prévention, la gestion et le règlement des conflits[342] ». Les pouvoirs reconnus au CPS sont, entre autres, l'anticipation et la prévention des différends et des conflits, ainsi que l'initiation d'activités de rétablissement et de consolidation de la paix lorsque des conflits éclatent, pour faciliter leur règlement[343]. Les fonctions assignées au CPS consistent en « la prévention, la gestion et le règlement des conflits », et au « rétablissement de la paix, [à travers] les bons offices, la médiation, la conciliation et l'enquête » [344] .

Au plan sous-régional, il existe divers instruments de la CEDEAO consacrés au règlement diplomatique des différends. Parmi eux, on note le Protocole relatif au mécanisme de prévention, de gestion, de règlement des conflits, de maintien de la paix et de la sécurité, adopté le 10 décembre 1999 à Lomé, qui a pour objectifs, « la prévention, la gestion et le règlement des conflits internes [...], ainsi que des conflits inter-États[345] », entre autres. Ce Protocole a institué un Conseil des Sages composé d'« éminentes personnalités qui peuvent, au nom de la CEDEAO, user de leurs bons offices et de leurs compétences pour jouer le rôle de médiateur, de conciliateur, et d'arbitre[346] ». Au demeurant, diverses organisations sous-régionales (comme le Conseil de l'entente et la Communauté des États sahélo-sahariens (CEN-SAD), dont le Togo est membre, sont dotés de « mécanismes qui contribuent à l'accomplissement des fonctions telles [que] le maintien de la paix, la

---

[342] Article 9 §1 du Protocole sur les amendements à l'acte constitutif de l'Union africaine, adopté le 3 février 2003.

[343] Article 7 § 1 du Protocole portant création du Conseil de paix et de sécurité (CPS) de l'Union africaine (UA), adopté le 9 juillet 2002.

[344] Article 6 § 1 du Protocole portant création du Conseil de paix et de sécurité (CPS) de l'Union africaine (UA), adopté le 9 juillet 2002.

[345] Article 3 du Protocole relatif au mécanisme de prévention, de gestion, de règlement des conflits, de maintien de la paix et de la sécurité, adopté le 10 décembre 1999.

[346] Article 20 § 1 du Protocole relatif au mécanisme de prévention, de gestion, de règlement des conflits, de maintien de la paix et de la sécurité, adopté le 10 décembre 1999.

diplomatie préventive, le rétablissement de la paix après les conflits[347] ».

Aborder le règlement diplomatique des différends internationaux, au prisme des instruments que nous venons d'évoquer, manquerait certainement de clarté si les contours des notions de « différend » et « conflit » contenues dans ces instruments, ou auxquelles il est fait référence, ne sont pas précisés. En effet, les différends et conflits, pour lesquels le règlement diplomatique (ou politique) est prévu, englobent selon l'instrument international visé, soit les différends interétatiques exclusivement, soit à la fois les conflits infra[348] et interétatiques. L'on s'attachera à la définition du différend telle qu'admise par la CIJ dans sa jurisprudence, en rappelant qu'« un *différend* est un désaccord sur un point de droit ou de fait, un *conflit*, une opposition de thèses juridiques ou d'intérêts entre des parties[349] ».

S'agissant de la pratique togolaise, et afin d'illustrer le recours aux mécanismes diplomatiques pour le règlement des différends ou la résolution des conflits, il convient de mettre en lumière la variété des différends ou conflits dans lesquels le Togo s'est investi en qualité de médiateur, conciliateur, ou en offrant ses bons offices. Mentionnons à titre indicatif les interventions, ci-après[350], du Togo dans la résolution

---

[347] Tchein NINKABOU, *La diplomatie togolaise dans l'espace CEDEAO (1972-2009)*, Thèse de doctorat en histoire contemporaine, Université de Lomé, 2017, p. 219.

[348] À ce sujet, voir par exemple, International Crisis Group qui relève que le Mécanisme de prévention, de gestion, de règlement des conflits, de maintien de la paix et de la sécurité de la CEDEAO « va bien au-delà de la seule prise en compte des menaces " traditionnelles ", extérieures aux États. Consciente que l'instabilité en Afrique de l'Ouest a souvent pris sa source dans la " mauvaise gouvernance " et la compétition violente pour le pouvoir politique au niveau national, la CEDEAO se donne également les moyens d'agir face à des menaces infra-étatiques, en premier lieu les conflits internes » : International Crisis Group, *Mettre en œuvre l'architecture de paix et de sécurité (III) : l'Afrique de l'Ouest*, Rapport Afrique de Crisis Group n°234, 14 avril 2016, p.3.

[349] CIJ, *Timor oriental (Portugal c. Australie)*, arrêt du 30 juin 1995, *Recueil* 1995, p. 90 § 22 ; nos italiques. Voir également : CPJI, *Concessions Mavrommatis en Palestine*, CPJI., arrêt n° 2, 1924, *Série A*, n°2, p. 11 ; CIJ, *Cameroun septentrional*, arrêt du 2 décembre 1963, *Recueil* 1963, p. 27 ; CIJ, *Applicabilité de l'obligation d'arbitrage en vertu de la section 21 de l'accord du 26 juin 1947 relatif au siège de l'Organisation des Nations Unies,* avis consultatif, *Recueil* 1988, p. 27.

[350] À propos de ces interventions voir, par exemple : Vincent ZAKANE, « Médiation et règlement pacifique des conflits en Afrique : analyse théorique », *Revue CAMES/SJP*, n°001, 2017, p. 243-268 ; Roger Tamasse DANIOUE, *Le général et le diplomate - Essai de sociologie historique des relations internationales du Togo sous*

des différends, tout en soulignant que nombre d'interventions, parfois mises en œuvre sous le sceau de la discrétion la plus absolue, n'apparaissent pas dans les inventaires officiels :

- 1974 : médiation pour réconcilier la Haute-Volta (actuel Burkina Faso) et le Mali en conflit au sujet de la bande d'Agacher ;
- 1978 : bons offices dans le différend opposant la France à la République Arabe Sahraouie Démocratique pour la libération de huit otages, ressortissants Français détenus par le Front Polisario ;
- 1980 : bons offices pour un cessez-le feu, en pleine guerre civile tchadienne entre les partisans de Hissène HABRE et ceux de Goukouni WEDDEYE,
- 1986 : médiation entre les présidents congolais et zaïrois (actuel République démocratique du Congo) pour régler un incident militaire frontalier ;
- 1988 : médiation dans le différend opposant les présidents Joseph MOMO de la Sierra Léone et Samuel DOE du Libéria, suite à la crise libérienne ;
- 1999 : médiation pour mettre fin à la guerre civile au Libéria ; cette médiation s'est soldée par la signature de l'Accord de paix de Lomé entre le gouvernement de la Sierra Leone et le Front Uni Révolutionnaire (RUF), le 7 juillet 1999 ;
- 1996 : médiation dans le différend frontalier entre le Nigéria et le Cameroun au sujet de la presqu'île de Bakassi ;
- 2002 : médiation entre les protagonistes de la crise politico-militaire en Côte d'Ivoire[351];
- 2020-2022 : bons offices dans la résolution des crises sociopolitiques, notamment au Mali et au Tchad ;
- 2022-2023 : médiation en vue de la résolution de la crise entre le Mali et la Côte d'Ivoire consécutive à l'arrestation, le 10 juillet 2022 à l'Aéroport International Modibo Kéita-Senou de Bamako, et à la détention de 49 militaires ivoiriens au Mali.

Les interventions du Togo, que ce soit en qualité de médiateur, de conciliateur, ou par l'entremise de ses bons offices, s'inscrivent parfois comme un complément ou un précurseur à d'autres initiatives, pour le règlement de différends internationaux. Dans le cas, par exemple, de la

Eyadema (1967-2002), Presses Universitaires de Ouagadougou, 2010, 368 p. ; The New Humanitarian (IRIN), « Conflits/Actualités », 15 décembre 1998 ; accessible à : https://www.thenewhumanitarian.org/fr.

[351] Cette crise s'est déroulée pendant la période 2002 - 2010.

médiation entreprise pour le règlement du différend frontalier entre le Nigéria et le Cameroun, concernant la presqu'île de Bakassi, l'initiative du Togo intervint à la suite d'efforts engagés par d'autres personnalités, pour le compte d'Organisations internationales. Aussi convient-il de souligner que dans ce cas précis, tous les procédés diplomatiques entrepris pour la résolution du différend n'empêchèrent pas les protagonistes de recourir à un règlement judiciaire ; ceci traduit le caractère non exclusif du règlement diplomatique. Il tombe sous le sens que le règlement judicaire ne soit pas non plus exclusif. Dans l'espèce examinée, la conclusion qui paraît se dégager est que lorsque le règlement diplomatique eût prouvé ses limites, il n'était concevable autrement que de se résoudre à emprunter la voie judicaire. Pour illustrer notre propos, tâchons de rappeler ce que le juge Bola A. AJIBOLA relevait dans son opinion individuelle, jointe à l'ordonnance du 15 mars 1996, rendue par la CIJ sur le différend susmentionné :

> L'intervention judiciaire de la Cour en l'espèce n'a pas un caractère exclusif ; elle s'ajoute à l'ensemble des démarches engagées par le Conseil de sécurité, le Secrétaire général de l'Organisation des Nations Unies, le président Eyadema du Togo et l'Organisation de l'unité africaine, par l'entremise de son secrétaire général, M. Salim A. Salim ; mais la Cour ne doit s'attacher qu'à l'accomplissement de sa mission juridique et judiciaire et à rien d'autre.
> […]
> [L]a Cour, sur un plan juridique plus large, est tenue de veiller à ce qu'il soit rappelé et prescrit à tous les États Membres de l'Organisation des Nations Unies, dont font partie le Cameroun et le Nigéria, de s'acquitter du devoir sacré que leur impose expressément la Charte des Nations Unies[352].

Il est incontestable que si le Togo offre ses bons offices et est médiateur pour la résolution des différends, il puisse également compter sur la disponibilité des autres États et des Organisations intergouvernementales dont il est membre, pour résoudre des différends dont il serait partie prenante. On doit ici relever que l'histoire du Togo est émaillée de crises politiques internes pour la résolution desquelles des médiations internationales ont été menées. Citons à cet égard la médiation de la CEDEAO, à travers la présidence burkinabè à l'époque, qui a conduit à la signature d'un « accord politique global » entre

[352] CIJ, *Affaire de la frontière terrestre et maritime entre le Nigeria et le Cameroun*, Ordonnance du 15 mars 1996 (Opinion individuelle du juge Bola A. AJIBOLA) : https://www.legal-tools.org/doc/68140a/, p. 46, consulté le 25 juin 2019.

protagonistes de la crise politique togolaise, le 20 août 2006 à Lomé. La CEDEAO a également été médiatrice, dans la résolution de la crise socio-politique que le Togo a connue entre 2017 et 2018.

Cela étant précisé, il convient de souligner que la documentation sur les interventions togolaises dans le cadre du règlement des différends internationaux, de 1960 à nos jours, est très foisonnante[353]. Il est permis d'affirmer que le Togo a une tradition médiatrice et pacificatrice, qui s'analyse comme l'un des principaux déterminants de sa politique étrangère. Dans la lignée de cette tradition, et en rapport avec les initiatives contemporaines de la diplomatie togolaise, en Afrique, pour la résolution des différends, le Professeur Robert DUSSEY affirmait, en 2020 :

> [D]epuis longtemps, l'un des traits caractéristiques de la politique étrangère du Togo est la médiation de la paix. Sans la paix, il n'y a pas de politique de développement qui puisse prospérer. C'est conformément à ce fondement de notre action diplomatique que depuis le début [de la crise au Mali], le Président Faure GNASSINGBE s'est personnellement mobilisé pour soutenir la transition en cours au Mali en maintenant un dialogue régulier et permanent avec tous les acteurs impliqués. De même, à un moment où les positions de la CEDEAO n'étaient pas très bien comprises par le CNPS [Conseil National pour le Salut du Peuple] et vice-versa, le Togo a joué les bons offices pour rapprocher les points de vue[354].

Les interventions du Togo via les mécanismes diplomatiques sont mues non seulement par sa volonté d'assister les protagonistes dans la résolution de leurs différends mais aussi par la conviction que cette contribution permet de sauvegarder, par ricochet, la paix et la stabilité collectives. Pour le Togo, assister les autres États dans la résolution de

[353] Nous renvoyons, pour d'amples informations et analyses sur les interventions du Togo dans le règlement des différends et résolution des conflits, aux nombreux articles et ouvrages qui y sont consacrés. À ce propos, voir par exemple : ONU Infos, « Petite nation, grande contribution : le rôle vital des Casques bleus du Togo à l'ONU » [https://news.un.org/fr/gallery/346992, consulté le 31 décembre 2020] ; Manondoh Kokou KAMA, *La politique étrangère du Togo*, Thèse de doctorat en Science politique, Université Montesquieu-Bordeaux IV, 1998, 510 p. ; Tchein NINKABOU, *La diplomatie togolaise dans l'espace CEDEAO (1972-2009)*, Thèse de doctorat en histoire contemporaine, Université de Lomé, 2017, pp. 221-232 ; « Vision Togo 2030 : sous système politique et gouvernance : Axe 4 : Politique extérieure du Togo », Ministère des Affaires étrangères et de la coopération, 2014 [document inédit].

[354] Ministère des Affaires étrangères, de l'intégration régionale et des Togolais de l'extérieur, « Bilan diplomatique de l'année 2020 », 31 décembre 2020, accessible sur : https://diplomatie.gouv.tg.

leurs différends revient aussi à s'assister soi-même, surtout dans un contexte international et sous-régional marqué de nos jours par divers fléaux, dont celui du terrorisme. En effet, comme le souligne le Professeur Robert DUSSEY :

> La conflictualisation du monde sous sa forme terroriste au XXIe siècle s'est accompagnée de l'intensification de la prise de conscience que nous vivons dans une communauté mondiale du risque. Il s'agit de la fin d'un paradigme et chaque État a désormais la certitude que sa stabilité à l'échelle domestique dépend d'un contexte international, régional et interrégional qui peut l'impacter de diverses façons et parfois remettre en cause l'équilibre acquis. L'inaction et l'indifférence passive coûtent plus chers que la solidarité et l'action[355].

Le recours aux modes diplomatiques pour le règlement des différends ou conflits, en particulier en Afrique, participe d'une tradition solidement établie. C'est à juste titre que Mohammed BEDJAOUI soulignait, en 1972, que l'Afrique « s'est attachée pour l'heure à institutionnaliser le règlement politique par souverains, la justice des pairs, l'arbitrage relationnel du Conseil des Ministres et le règlement diplomatique du forum constitué par la " famille africaine "[356]. Il n'est pas absolument certain que les réalités actuelles sur le continent africain, depuis l'avènement de l'Union africaine, aient apporté un démenti à cette affirmation. Juste conviendrait-il de faire observer que les différends ont de plus en plus des ressorts diffus. La résolution des différends, en particulier sur le continent africain, requiert une prise en compte holistique et dynamique des enjeux internationaux, régionaux, nationaux et locaux. Quoi qu'il en soit, la règle demeure, ainsi que le proclame la *Déclaration relative aux principes du droit international touchant les relations amicales et la coopération entre les États conformément à la Charte des Nations Unies*, que : « Les différends internationaux doivent être réglés sur la

---

[355] Robert DUSSEY, « Au Sahel, il faut travailler à la paix préventive », Tribune libre dans *l'Opinion,* 24 septembre 2021 :https://www.lopinion.fr/edition/international/sahel-il-faut-travailler-a-paix-preventive-robert-dussey-ministre-254446, consulté le 25 septembre 2021.

[356] Mohammed BEDJAOUI, « Le règlement pacifique des différends africains », *AFDI*, vol. 18, 1972, p. 86. Voir également Vincent ZAKANE, « Médiation et règlement pacifique des conflits en Afrique : analyse théorique », *Revue CAMES/SJP*, n°001, 2017, p. 243-268.

base de l'égalité souveraine des États et conformément au principe du libre choix de leur moyen[357]. »

1.1.2 La gestion du contentieux impliquant les personnes jouissant de privilèges et immunités diplomatiques au Togo

L'examen du contentieux diplomatique, dans la sphère nationale, permet de mettre en lumière l'articulation du droit interne avec les traités et accords internationaux relatifs aux privilèges et immunités diplomatiques. Le contentieux qui implique les personnes (physiques et morales) au bénéfice d'une immunité diplomatique sur le territoire togolais est une catégorie particulière de contentieux. La gestion de ce contentieux est assurée par le ministère des Affaires étrangères, à travers la Direction des affaires juridiques et du contentieux. La compétence contentieuse de ce service consiste en l'étude et le règlement du contentieux pouvant surgir :

- d'une part entre l'État togolais et les missions diplomatiques installées au Togo et, d'autre part, entre les missions diplomatiques installées au Togo et d'autres personnes morales et physiques togolaises ;
- entre les missions diplomatiques togolaises à l'étranger et l'État accréditaire[358].

Il faut préciser que tous les litiges ou différends impliquant les personnes physiques et morales jouissant du statut diplomatique sur le territoire togolais ne sont pas des contentieux diplomatiques. Le caractère diplomatique du contentieux résulte de l'appréciation de l'objet du litige et pas uniquement du statut diplomatique de l'un des protagonistes.

La compétence, non juridictionnelle, dévolue au ministère des Affaires étrangères pour connaître d'une affaire impliquant les missions diplomatiques et autres entités assimilées participe de la mise en œuvre par le Togo de ses engagements internationaux en matière d'immunités diplomatiques. À cet égard, il faut en premier lieu garder à l'esprit l'article 41, alinéa 2 de la Convention de Vienne de 1961 sur les relations diplomatiques qui dispose que : « Toutes les affaires officielles traitées avec l'État accréditaire, confiées à la Mission par

---

[357] Résolution 2625(XXV) adoptée par l'Assemblée générale des Nations Unies le 25 octobre 1970, A/RES/2625(XXV).

[358] Article 21 du décret n° 2005-118/PR du 29 décembre 2005 portant attributions et organisation du ministère des Affaires étrangères, de la coopération et de l'intégration africaine.

l'État accréditant, doivent être traitées avec le ministère des Affaires étrangères de l'État accréditaire ou par son intermédiaire, ou avec tel autre ministère dont il aura été convenu[359]. »

Il est donc entendu que les missions diplomatiques et représentations des Organisations internationales sur le territoire togolais ont pour interlocuteur principal le ministère des Affaires étrangères, pour tout ce qui est relatif à leur établissement, leur fonctionnement et tout dossier dont ils ont la charge à l'égard du Togo ; c'est aussi en cela que son rôle de « courroie de transmission » officielle entre ces entités et le Gouvernement ainsi que les administrations publiques est fondamental. En outre, la compétence du ministère des Affaires étrangères, pour connaître des litiges impliquant les missions diplomatiques et autres entités assimilées, s'inscrit dans le cadre réglementaire fixant les attributions de ce ministère[360]. Sur ce point, il convient de rappeler les dispositions du décret n° 61-17 du 17 février 1961 portant organisation de l'administration centrale du ministère des Affaires étrangères selon lesquelles, le ministère des Affaires étrangères « est le département qui représente l'État dans ses relations avec les pays étrangers ainsi qu'avec les Organisations internationales ». Étant donné que les missions diplomatiques et représentations des Organisations internationales accréditées au Togo sont des émanations d'États et d'Organisations internationales », c'est donc fort logiquement que le ministère des Affaires étrangères est chargé de la gestion du contentieux les impliquant, sur le territoire national. Par ailleurs, la compétence du ministère des Affaires étrangères en matière de contentieux diplomatique découle des traités [361] et accords portant sur des matières particulières (accords de siège, arrangements administratifs, protocoles d'entente et mémorandums sur l'exécution de projets, etc.) conclus entre ces entités et le Togo.

---

[359] Le Togo a adhéré à cette Convention, le 27 septembre 1970.

[360] Il faut également mentionner le décret n° 2005-118/PR du 29 décembre 2005 portant attributions du ministère des Affaires étrangères et de l'intégration africaine, qui indique que « le ministère des Affaires étrangères et de l'intégration africaine est le département ministériel habilité à traiter avec les pays étrangers ainsi qu'avec les organisations internationales et les organisations non-gouvernementales à caractère international ».

[361] Il s'agit, à titre principal, de la Conventions de Vienne sur les relations diplomatiques du 18 avril 1961 et de la Convention de Vienne sur les relations consulaires du 24 avril 1963. Ces Conventions ont été ratifiées par le Togo, respectivement le 27 décembre 1970 et le 26 octobre 1983.

La conciliation que le ministère des Affaires étrangères est appelé à mener, dans le cadre de la gestion et du règlement du contentieux impliquant les missions diplomatiques et autres entités assimilées ne vise pas, le cas échéant, à se substituer aux juridictions nationales compétentes. La conciliation a lieu généralement lorsque le ministère est saisi, au moins par l'une des Parties au contentieux. En réalité, le ministère des Affaires étrangères n'a pas vocation à s'autosaisir systématiquement, aux fins de médiation ou de conciliation, des affaires susceptibles de soulever la question de l'immunité diplomatique, et dans lesquelles sont impliquées des missions diplomatiques et entités assimilées accréditées au Togo. En revanche, il y a des situations qui peuvent susciter une intervention d'office, y compris, si nécessaire par la communication d'avis appropriés aux instances judicaires, dans l'hypothèse où ces dernières auraient été déjà saisies. Ce peut être le cas lorsque manifestement la non intervention mettrait en jeu des intérêts vitaux de l'État togolais, dans le cadre de ses relations internationales, de ses engagements internationaux, de sa défense ou de sa sécurité nationale.

Il n'est pas sans intérêt d'indiquer que, dans certaines matières, la législation togolaise trouve application à l'égard des personnes bénéficiaires des immunités diplomatiques, alors qu'elles échappent à cette législation, dans d'autres matières. Ainsi, en matière fiscale et d'impôts, la législation nationale a prévu des aménagements au profit des personnes jouissant du statut diplomatique ou ayant un statut assimilé. À titre d'exemple, il faut relever qu'en vertu de la loi portant code général des impôts au Togo :

> Sont affranchis de l'impôt sur le revenu :
> - les ambassadeurs et agents diplomatiques, les consuls et agents consulaires de nationalité étrangère sous conditions de réciprocité. Cette exemption ne vise toutefois que les rémunérations officielles des intéressés et les revenus privés de source étrangère perçus par eux[362].

[362] Premier tiret de l'article 4 de la loi n° 2018-024 du 20 novembre 2021 portant Code général des impôts.
Il sied de relever que les exemptions et privilèges prévus sont applicables aux ambassades et agents diplomatiques sur la base de la réciprocité ; les ambassades et agents diplomatiques Togolais doivent bénéficier dans les États étrangers des mêmes exemptions et privilèges dont les agents et missions diplomatiques de ces États bénéficient au Togo.

En revanche, le droit du travail togolais est applicable aux contrats de travail entre les missions diplomatiques et leur personnel local. En effet, le code togolais du travail dispose en son article 1er, alinéa 3 que :

> Les dispositions du présent code s'appliquent également aux relations de travail entre un travailleur et tout employeur bénéficiant d'une immunité diplomatique ou consulaire, nonobstant les privilèges et immunités dont l'employeur peut se prévaloir, sous réserve des dispositions légales contraires. Sauf lorsqu'elles sont plus favorables au travailleur, les clauses de tout contrat de travail ainsi que les conventions collectives sont conformes au présent code[363].

En outre, le même code du travail énonce à son article 52, alinéa 3 que :

> Sous réserve de réciprocité et des conventions et traités ratifiés par le Togo, le recrutement d'un travailleur de nationalité étrangère est précédé d'une autorisation d'embauchage et fait l'objet d'un contrat de travail conclu par écrit et visé par le directeur général du travail.

Au plan international, la Convention des Nations Unies sur les immunités juridictionnelles des États et de leurs biens, adoptée le 2 décembre 2004, est sans doute l'une des normes qui se destinent à régler les questions soulevées[364] par l'immunité de juridiction en matière de contrats de travail. Cette Convention, qui intègre le régime juridique établi par les Conventions de Vienne sur les relations diplomatiques[365] et sur les relations consulaires[366], pose le principe selon lequel « un État ne peut invoquer l'immunité de juridiction devant un tribunal d'un autre État, […] dans une procédure se rapportant à un contrat de travail entre l'État et une personne physique pour un travail […] sur le territoire de cet autre État[367] ». Il est ainsi aisé de deviner que le principe posé par la disposition susmentionnée n'est pas absolu. En effet, à l'alinéa 2 de son

[363] Loi n° 2021-012 du 18 juin 2021 portant code du travail au Togo.

[364] De l'avis de certains auteurs, cette Convention représente une codification non exhaustive du droit des immunités puisqu'elle « ne règle pas la question des actions en réparation pécuniaire pour violations graves de droits de l'homme prétendument attribuables à un État et commises en dehors de l'État du for » : François LAROCQUE, « Spleen et idéal : les immunités juridictionnelles en droit canadien », *Les Cahiers de droit*, vol. 57, n° 2, 2016, pp. 311-325.

[365] La Convention de Vienne sur les relations diplomatiques a été adoptée le 18 avril 1961.

[366] La Convention de Vienne sur les relations consulaires a été adoptée le 24 avril 1963.

[367] Article 11, alinéa 1 de la Convention des Nations Unies sur les immunités juridictionnelles des États et de leurs biens, adoptée le 2 décembre 2004.

article 11, la Convention prévoit que l'immunité juridictionnelle peut être invoquée dans divers cas, notamment s'il s'agit d'une personne jouissant de l'immunité diplomatique[368].

La pratique togolaise en matière de gestion du contentieux se rapportant aux contrats de travail entre les missions diplomatiques et leurs employés locaux ne paraît pas être en déphasage avec l'esprit de la Convention des Nations Unies sur les immunités juridictionnelles des États et de leurs biens. Il convient toutefois de souligner que cette Convention n'est pas encore entrée en vigueur, que le Togo ne l'a pas signé, et qu'il n'y a donc pas encore adhéré[369]. La référence à cette

---

[368] L'article 11 de la Convention des Nations Unies sur les immunités juridictionnelles des États et de leurs biens se lit comme suit :

« 1. À moins que les États concernés n'en conviennent autrement, un État ne peut invoquer l'immunité de juridiction devant un tribunal d'un autre État, compétent en l'espèce, dans une procédure se rapportant à un contrat de travail entre l'État et une personne physique pour un travail accompli ou devant être accompli, en totalité ou en partie, sur le territoire de cet autre État.

2. Le paragraphe 1 ne s'applique pas :

a) Si l'employé a été engagé pour s'acquitter de fonctions particulières dans l'exercice de la puissance publique ;

b) Si l'employé est :

i) Agent diplomatique, tel que défini dans la Convention de Vienne sur les relations diplomatiques de 1961 ;

ii) Fonctionnaire consulaire, tel que défini dans la Convention de Vienne sur les relations consulaires de 1963 ;

iii) Membre du personnel diplomatique d'une mission permanente auprès d'une organisation internationale, ou d'une mission spéciale, ou s'il est engagé pour représenter un État lors d'une conférence internationale ; ou

iv) S'il s'agit de toute autre personne jouissant de l'immunité diplomatique ;

c) Si l'action a pour objet l'engagement, le renouvellement de l'engagement ou la réintégration d'un candidat ;

d) Si l'action a pour objet le licenciement ou la résiliation du contrat d'un employé et si, de l'avis du chef de l'État, du chef du gouvernement ou du ministre des Affaires étrangères de l'État employeur, cette action risque d'interférer avec les intérêts de l'État en matière de sécurité ;

e) Si l'employé est ressortissant de l'État employeur au moment où l'action est engagée, à moins qu'il n'ait sa résidence permanente dans l'État du for ; ou

f) Si l'employé et l'État employeur en sont convenus autrement par écrit, sous réserve de considérations d'ordre public conférant aux tribunaux de l'État du for juridiction exclusive en raison de l'objet de l'action. »

[369] En vertu de son article 30, 30 ratifications sont nécessaires pour l'entrée en vigueur de cette Convention. À la date du 31 décembre 2022, la Convention totalisait 23 ratifications : Nations Unies, *Collection des traités,* https://treaties.un.org/, consulté le 30 octobre 2021.

Convention, en l'occurrence, découle de ce qu'elle est considérée comme une norme du droit international coutumier.

Il peut être avancé que la gestion du contentieux diplomatique, au plan interne, s'opère dans l'intérêt du Togo mais aussi de l'État ou de l'Organisation internationale dont la représentation sur le territoire national se retrouve partie prenante à un différend. La philosophie qui sous-tend cette pratique est qu'il faut user des moyens adéquats pour protéger les droits des protagonistes tout en veillant, entre autres, à ce que la gestion du différend impliquant une mission diplomatique établie sur le territoire togolais ne se déteigne négativement sur la qualité des relations bilatérales et internationales du Togo. Enfin, la réciprocité est un paramètre fondamental sur lequel s'articulent les interventions du ministère des Affaires étrangères, dans le cadre de la gestion des contentieux diplomatiques. Au demeurant, il n'est pas d'usage que les litiges impliquant les personnes dotées d'un statut diplomatique soient rangés dans la « forteresse infranchissable » de l'immunité juridictionnelle, au détriment des droits des personnes lésées.

1.2 Les négociations diplomatiques en vue du règlement des différends : un mécanisme privilégié

Il est communément admis que les négociations diplomatiques offrent le cadre propice d'interactions directes entre les Parties en litige. Aussi de par leur fondement et au regard de leur portée, ces négociations apparaissent-elles comme un mécanisme privilégié de règlement des différends.

1.2.1 La consécration du préalable des négociations diplomatiques

Lorsqu'un différend survient entre États, les négociations diplomatiques directes entre ces derniers apparaissent d'ordinaire comme le premier palier, -qui peut d'ailleurs s'avérer l'ultime palier- dans la recherche de solutions au différend. Quelle que soit la nature du différend entre États, le préalable des négociations diplomatiques, comme mode de règlement du différend en question, reste un principe cardinal. Ce préalable, qui consiste à recourir aux négociations diplomatiques comme mode de règlement des différends internationaux[370], a un fondement à la fois coutumier et

[370] Sur ce sujet, voir également : Patrick DAILLER, Mathias FORTEAU et Alain PELLET, *Droit international public*, 8e éd., LGDJ, p.923 ; Pierre-YVES CHICOT, « L'actualité du principe du règlement pacifique des différends : essai de contribution

conventionnel[371]. À cet égard, dans son arrêt rendu en 1986, dans l'*Affaire des activités militaires et paramilitaires au Nicaragua et contre celui-ci (Nicaragua c. États-Unis d'Amérique)*, la CIJ a eu l'occasion de rappeler que le recours aux négociations en vue du règlement des différends est :

> [Un] principe du droit international [...] qu'il est indispensable de respecter dans le monde d'aujourd'hui [...]. Consacré par l'article 33 de la Charte des Nations Unies, qui indique d'autre part plusieurs moyens pacifiques auxquels il est possible de faire appel, ce principe a également le caractère d'une règle de droit international coutumier[372].

Les négociations diplomatiques sont souvent prescrites expressément, aux États Parties à des conventions, comme un procédé préalable de règlement de différend et, dans le cas où il est fait recours à d'autres moyens de règlement, une procédure de « clôture » du différend. La Convention des Nations Unies sur le droit de la mer (dite Convention de Montego Bay), adoptée le 10 décembre 1982[373], contient de telles prescriptions. En vertu de son article 283, intitulé « Obligation de procéder à des échanges de vues », cette convention prévoit que :

> 1.Lorsqu'un différend surgit entre des États Parties à propos de l'interprétation ou de l'application de la Convention, les Parties en litige procèdent promptement à un échange de vues concernant le règlement du différend par la négociation ou par d'autres moyens pacifiques.
> 2.De même, les Parties procèdent promptement à un échange de vues chaque fois qu'il a été mis fin à une procédure de règlement d'un tel différend sans que celui-ci ait été réglé ou chaque fois qu'un règlement

---

juridique à la notion de paix durable », *RQDI*, n° 16-1, 2003, pp. 5-35 ; Claire GANTET, « L'institutionnalisation d'une négociation : la ritualisation de la paix de Westphalie (1648) », *Hypothèses 2000, Travaux de l'École doctorale d'histoire,* Université Paris I, Paris, Publications de la Sorbonne, 2001, p. 181-187 ; Paul DAHAN, *Diplomates : Dans le secret de la négociation*, CNRS Éditions, 2016, 250 p. ; Wilde D'ESTMAEL, Michel LIEGEOIS, Raoul DELCORDE (dir.), *La diplomatie au cœur des turbulences internationales*, Presses Universitaires de Louvain, 2014, 239 p. ; Robert YANN, *La négociation diplomatique :enjeux, stratégie, norme et langage*, Mémoire en droit public, Université de Strasbourg, 2012, pp. 41-45.

[371] Nacer-Eddine GHOZALI, « La négociation diplomatique dans la jurisprudence internationale », *Revue Belge de Droit International,*1992, pp.323-350.

[372] CIJ, *Affaire des activités militaires et paramilitaires au Nicaragua et contre celui-ci (Nicaragua c. Etats-Unis d'Amérique),* Fond, arrêt du 27 juin 1986, *Recueil* 1986, p.14 §290.

[373] La Convention de Montego Bay a été ratifiée par le Togo le 16 avril 1985.

est intervenu et que les circonstances exigent des consultations concernant la manière de le mettre en œuvre.

Les négociations diplomatiques sont parfois le seul mode de règlement de différends prévu dans certains traités et accords internationaux. À titre d'exemple, évoquons l'Accord entre le Conseil fédéral de la Confédération suisse et le Gouvernement de la République populaire de Chine concernant l'importation et l'exportation illicites et le rapatriement de biens culturels, conclu le 16 août 2013. En ce qui concerne le règlement des différends, ledit Accord prévoit, en son article XIII, paragraphe 2 que : « Les États parties se consultent en vue de régler par la négociation tout différend concernant l'interprétation, l'application et l'exécution du présent Accord[374]. »

Par ailleurs, on mentionnera l'Accord de coopération entre le Gouvernement de la République togolaise et le Gouvernement de la République fédérale démocratique d'Éthiopie, signé à Addis Abeba le 1er février 2011. Cet Accord, qui vise à renforcer les relations bilatérales et à étendre la coopération entre les deux pays dans les domaines politique, économique, commercial et scientifique prévoit, en son article 7 que « [t]out conflit qui survient entre les Parties dans la mise en œuvre ou dans l'interprétation du présent Accord est résolu à l'amiable par la voie de négociations bilatérales ».

C'est l'occasion de faire remarquer que certains traités peuvent être dépourvus de dispositions relatives au règlement de différends qui naîtraient de leur application ou interprétation. Aussi en l'absence de dispositions expresses fixant une modalité particulière de règlement de différends, peut-on inférer que ce sont les négociations diplomatiques qui prévaudront. Il est généralement admis que l'absence de clauses dédiées au règlement de différends est l'apanage des traités bilatéraux. Cependant, l'examen de divers traités multilatéraux fait également apparaître, pour nombre d'entre ceux-ci, l'absence de dispositions afférentes au règlement des différends. Citons à cet égard, l'exemple du Traité d'extradition entre la République populaire du Bénin, la République du Ghana, la République fédérale du Nigéria et la République togolaise, conclu le 10 décembre 1984 à Lagos au Nigéria. Précisons que par ce traité les États Parties s'engagent à se livrer réciproquement les individus qui, poursuivis ou condamnés pour des crimes ou délits commis sur le territoire d'une Partie, se trouvent sur le

---

374 Confédération suisse, Fedlex, RO 2014 211 ; consulté sur : https://www.fedlex.admin.ch.

territoire d'une autre Partie. L'absence, dans un traité, de clauses relatives aux règlements des différends est aussi révélatrice de ce que les Parties au traité concerné se sont résolues à recourir aux négociations diplomatiques comme voie privilégiée de règlement des différends ; le recours aux autres voies de règlement pacifique étant, du reste, toujours envisageable.

En définitive, le recours aux négociations diplomatiques en vue du règlement des différends internationaux - dont il peut être affirmé qu'elles sont solidement ancrées dans la pratique des États- est souvent perçu comme le préalable à l'enclenchement d'une procédure judiciaire ou arbitrale. Les arrêts de la CPJI dans l'*Affaire de l'Usine Chorzów* mettent en évidence la force de cette perception. En effet, dans ses arrêts n^os^7 et 8 relatifs à l'*Affaire de l'Usine Chorzów*, la CPJI affirmait :

> Il paraît bien désirable qu'un État ne procède pas à une démarche aussi sérieuse que l'assignation d'un autre État devant la Cour, sans avoir auparavant, dans une mesure raisonnable, tâché d'établir clairement qu'il s'agit d'une différence de vues qui ne peut être dissipée autrement[375].

Dans la même optique, la CPJI n'a pas manqué de souligner, dans son arrêt rendu dans l'*Affaire des Concessions Mavromatis en Palestine,* que :

> [N]e doivent être portées devant elle que des affaires qui ne sont pas susceptibles d'être réglées par négociations ; elle reconnaît, en effet, qu'avant qu'un différend fasse l'objet d'un recours en justice, il importe que son objet ait été nettement défini au moyen de pourparlers diplomatiques[376].

En revanche, l'attitude de la CIJ à l'égard des négociations diplomatiques, envisagées comme préalable au règlement juridictionnel des différends, paraît plus restrictive[377] . En effet, la CIJ n'a pas érigé les négociations diplomatiques comme un préalable systématique à sa

---

375 CPJI, *Interprétation des arrêts n^os^7 et 8 relatifs à l'affaire dite de l'Usine Chorzów,* arrêt n° 11 du 16 décembre 1927, *Série A*, n°13, 1927, pp. 10-11.

376 CPJI, *Affaire des Concessions Mavromatis en Palestine*, arrêt du 30 août 1924, *Série A*, n° 2, p. 15 §2. En l'espèce, la CPJI s'empressa de préciser que pour l'application de la règle du recours préalable aux négociations diplomatiques, elle « [...] ne peut pas se dispenser de tenir compte, entre autres circonstances, de l'appréciation des États intéressés eux- mêmes, qui sont le mieux placés pour juger des motifs d'ordre politique pouvant rendre impossible la solution diplomatique d'une contestation déterminée » ; voir p. 15 §2 de l'arrêt sus évoqué.

377 Nacer-Eddine GHOZALI, « La négociation diplomatique dans la jurisprudence internationale », *Revue belge de droit international*, vol. 2, 1992, pp. 336-340.

saisine[378]. Comme elle l'a indiqué en 1998, dans l'affaire de la *Frontière terrestre et maritime entre le Cameroun et le Nigéria* :

> Il n'existe ni dans la Charte, ni ailleurs en droit international, de règle générale selon laquelle l'épuisement des négociations diplomatiques serait un préalable à la saisine de la Cour. [...]. Il ne figure pas davantage à l'article 36 du Statut de la présente Cour. [...].
> Un préalable de ce type peut être incorporé et est souvent inséré dans les clauses compromissoires figurant dans les traités. Il peut également figurer dans un compromis, les signataires se réservant alors de ne saisir la Cour qu'une fois écoulé un certain délai [...][379].

La CIJ insiste notamment sur le fait que « [l]a « détermination [par ses soins] de l'existence d'un différend est une question de fond, et non de forme ou de procédure[380] », même si, fait-elle observer, « [b]ien que l'existence d'un différend et la tenue de négociations soient par principe deux choses distinctes, les négociations peuvent aider à démontrer l'existence du différend et à en circonscrire l'objet[381] ». Au demeurant, statuant sur l'*Appel concernant la compétence du conseil de l'OACI en vertu de l'article 84 de la convention relative à l'aviation civile internationale (Arabie saoudite, Bahreïn, Égypte et Émirats arabes unis c. Qatar),* la CIJ a laissé entendre, comme elle l'a d'ailleurs fait dans d'autres affaires[382], que les négociations peuvent être une condition préalable pour l'établissement de sa compétence :

---

[378] Dans l'affaire des *Obligations relatives à des négociations concernant la cessation de la course aux armes nucléaires et le désarmement nucléaire*, la CIJ fait observer que « [lorsqu'elle] est saisie sur la base de déclarations faites en vertu du paragraphe 2 de l'article 36 de son Statut, la tenue de négociations préalables n'est pas requise, à moins que l'une des déclarations pertinentes n'en dispose autrement » : CIJ, *Obligations relatives à des négociations concernant la cessation de la course aux armes nucléaires et le désarmement nucléaire (Iles Marshall c. Pakistan)*, arrêt du 5 octobre 2016, *Recueil* 2016, p. 552 § 35.

[379] CIJ, *Frontière terrestre et maritime entre le Cameroun et le Nigéria (Cameroun c. Nigéria)*, arrêt du 11 juin 1998, *Recueil* 1998, p. 275 § 56.

[380] CIJ, *Obligations relatives à des négociations concernant la cessation de la course aux armes nucléaires et le désarmement nucléaire (Iles Marshall c. Pakistan)*, arrêt du 5 octobre 2016, *Recueil* 2016, p. 552 § 35.

[381] CIJ, *Application de la convention internationale sur l'élimination de toutes les formes de discrimination raciale (Géorgie c. Fédération de Russie), exceptions préliminaires*, arrêt du 1er avril 2011, *Recueil* 2011, p. 70 § 30.

[382] Dans l'affaire relative aux *Questions concernant l'obligation de poursuivre ou d'extrader (Belgique c. Sénégal),* « [la CIJ s'est penchée] sur les [...] conditions qui doivent être réunies pour qu'elle ait compétence au titre du paragraphe 1 de l'article 30 de la convention contre la torture [...]. Il s'agit de l'impossibilité de régler le différend par voie de négociation et de l'impossibilité pour les parties, après que l'une

> La référence, à l'article 84 de la convention de Chicago, à un désaccord qui « ne peut être réglé par voie de négociation » rappelle le libellé des clauses compromissoires de plusieurs autres traités. La Cour a déjà dit que plusieurs clauses de ce type contenaient des conditions préalables de négociation qui devaient être remplies pour que sa compétence soit établie[383].

Au final, si au regard de la pratique des États en matière de règlement des différends relatifs à leurs engagements internationaux, le recours aux négociations directes se présente comme une voie privilégiée, c'est que, sans dénier aux autres mécanismes diplomatiques leur mérite, les négociations directes paraissent souvent comme une variable d'anticipation et d'accommodement.

1.2.2 Les négociations diplomatiques comme variable d'anticipation et d'accommodement en matière de règlement des différends

Il est concevable que tous les différends ne puissent pas offrir la possibilité de négociations directes entre Parties, étant entendu que ces négociations peuvent parfois se heurter à des obstacles ou considérations de diverse nature (politique, sociale, économique, financière, etc.). Toutefois, lorsqu'il est pratiqué, le recours aux

---

d'entre elles a formulé une demande d'arbitrage, de se mettre d'accord sur l'organisation d'une telle procédure dans les six mois qui suivent la date de ladite demande » : CIJ, *Questions concernant l'obligation de poursuivre ou d'extrader (Belgique c. Sénégal)*, arrêt du 20 juillet 2012, *Recueil* 2012, p. 422 § 56.
En outre, dans l'affaire relative à l'*Application de la convention internationale sur l'élimination de toutes les formes de discrimination raciale (Géorgie c. Fédération de Russie)*, mentionnée *supra*, « [la CIJ n'a pas manqué] de rel[ever] que, dans chacune des affaires […] où la clause compromissoire invoquée était comparable à celle que contient la [Convention internationale sur l'élimination de toutes les discriminations raciales (CIEDR)], elle a toujours interprété la référence aux négociations comme posant une condition préalable à sa saisine. [La CIJ] estime donc que, pris dans leur sens ordinaire, les termes de l'article 22 [de la CIEDR], à savoir "[t]out différend … qui n'aura pas été réglé par voie de négociation ou au moyen des procédures expressément prévues par ladite Convention", établissent des conditions préalables auxquelles il doit être satisfait avant toute saisine de la Cour » : CIJ, *Application de la convention internationale sur l'élimination de toutes les formes de discrimination raciale (Géorgie c. Fédération de Russie)*, arrêt du 1er avril 2011, *Recueil* 2011, p. 70 §§ 140 -141.

383 CIJ, *Appel concernant la compétence du conseil de l'OACI en vertu de l'article 84 de la convention relative à l'aviation civile internationale (Arabie saoudite, Bahreïn, Egypte et Emirats arabes unis c. Qatar)*, arrêt du 14 juillet 2020, *Recueil* 2020, p.80 § 88.

négociations directes dénote une tendance des Parties à anticiper le recours aux autres modes non juridictionnel et juridictionnel de règlement des différends. Considérées sous ces aspects, les négociations diplomatiques apparaissent donc comme des variables déterminantes, en matière de règlement des différends.

La référence aux négociations diplomatiques comme variable d'anticipation et aussi comme l'un des procédés les plus accommodants, dans le cadre du règlement des différends, est abondante sur le plan conceptuel et confirmée dans la pratique. Ainsi, la doctrine a pu considérer les négociations diplomatiques comme :« la technique de droit commun et [...] le moyen principal, complet et universel, pour régler un différend[384] ». La CIJ abonde dans le même sens. Dans son arrêt portant sur la *Compétence en matière de pêcheries (Royaume-Uni c. Islande)*, elle a affirmé que :« [l]a méthode la plus propre à résoudre le différend est de toute évidence celle de la négociation. Son objectif doit être de circonscrire les droits et les intérêts des Parties[385] ». En outre, dans son arrêt relatif au *Plateau continental de la mer du Nord (République fédérale d'Allemagne/Danemark ; République fédérale d'Allemagne/Pays-Bas),* après avoir relevé que l'obligation de négocier « est à la base de toutes relations internationales », la CIJ souligna qu' « il est inutile d'insister sur le caractère fondamental de cette forme de règlement sinon pour remarquer qu'il est renforcé par la constatation que le règlement judiciaire ou arbitral n'est pas généralement accepté[386] ». Il est d'ailleurs opportun d'indiquer que dans l'espèce sus évoquée, la CIJ enjoignit la République fédérale d'Allemagne et les Pays-Bas d'entamer de nouvelles négociations sur la base de son arrêt du 20

---

[384] Mario PROST et Julien FOURET, « Du rôle de la Cour internationale de justice : peau neuve ou peau de chagrin ? Quelques réflexions sur l'arbitralisation de la cour mondiale », *RQDI*, vol. 16, n° 2, 2003, p. 206. Voir également Grigore GEAMANU, « Les négociations. Moyen principal du règlement pacifique des différends internationaux » dans Jerzy MAKARCZYK (dir.), *Études de droit international en l'honneur du juge Manfred Lachs*, La Haye, Martinus Nijhoff, 1984, pp. 361- 387, cité par Mario PROST et Julien FOURET dans « Du rôle de la Cour internationale de justice : peau neuve ou peau de chagrin ? Quelques réflexions sur l'arbitralisation de la cour mondiale ».

[385] CIJ, *Affaire de la compétence en matière de pêcheries (Royaume-Uni c. Islande*), arrêt du 25 juillet 1974, *Recueil* 1974, p.49 § 65.

[386] CIJ, *Affaires du Plateau continental de la mer du Nord (République fédérale d'Allemagne/Pays-Bas*), arrêt du 20 février 1969, *Recueil* 1969, p.3, § 86.

février 1969[387]. Il est juste d'en inférer qu'il s'agit dans ce cas de figure d'une mesure d'accommodement prescrite aux Parties par la CIJ. L'illustration est ainsi faite que les négociations diplomatiques peuvent parfois compléter ou aider à la finalisation de la solution à un différend, même dans l'hypothèse où le règlement dudit différend aurait nécessité le recours à d'autres procédés. À la lumière de ce qui précède, il faut faire observer, avec Jean-Marc THOUVENIN, que :

> [L]e fait même de la saisine de la [CIJ] conduit parfois à des négociations plus soutenues entre les parties au différend, en vue d'un règlement amiable. Un nombre considérable d'affaires se sont finalement résolues de cette façon. On peut citer comme exemple l'*affaire du Passage par le Grand Belt* (Finlande c. Danemark) (mesures conservatoires), arrêt du 29 juillet 1991, ou encore l'affaire de *Certaines terres à phosphates à Nauru* (compétence), arrêt du 26 juin 1992[388].

S'il est évident que les négociations diplomatiques ne sont pas la panacée, elles constituent, en tout cas, un procédé dont il est permis de soutenir, sans idéalisme, qu'il est « un moyen souple et efficace » de résolution des différends, comme le proclame la Déclaration de Manille sur le règlement pacifique des différends, adoptée par l'Assemblée générale des Nations Unies le 15 novembre 1982 :

> Sans préjudice du droit au libre choix des moyens, les États devraient ne pas perdre de vue que les négociations directes sont un moyen souple et efficace pour régler pacifiquement leurs différends. Lorsqu'ils choisissent de recourir à des négociations directes, les États devraient mener des négociations qui aient un sens, de manière à parvenir rapidement à un règlement acceptable pour les parties[389].

Le Togo a, en ce qui concerne le recours aux négociations diplomatiques pour le règlement des différends, une pratique riche et variée. Sans vouloir être exhaustif dans l'examen de cette pratique, nous évoquerons l'approche togolaise par les négociations directes, dans une perspective bilatérale et multilatérale, à travers quelques illustrations.

---

[387] CIJ, *Affaires du Plateau continental de la mer du Nord (République fédérale d'Allemagne/Pays-Bas),* arrêt du 20 février 1969, *Recueil* 1969, p. 3 § 87.

[388] Jean-Marc THOUVENIN, « Le rôle du juge international dans le règlement pacifique des différends », *Curso de Derecho Internacional, Org. por el Comité Jurídico Interamericano y la Secretaría general de la OEA*, 2004, p. 71.

[389] Résolution A/RES/37/10 adoptée par l'Assemblée générale des Nations Unies le 15 novembre 1982 [italique dans l'original].

La première porte sur les différends frontaliers. Dans le domaine des frontières en effet, s'est établie une pratique constituant à privilégier les négociations diplomatiques en vue de régler les différends s'y rapportant. En premier lieu cette pratique est confortée par la volonté politique des chefs d'État togolais et des pays voisins concernés (Bénin, Ghana et Burkina Faso). Ces chefs d'État ne se privent pas, lors des visites officielles, ou à l'occasion des travaux des Commissions mixtes de coopération, de réaffirmer leur engagement à opter pour les négociations directes en vue du règlement de leurs différends, qu'ils soient frontaliers ou autres. Dans le cas des différends frontaliers qui opposent le Togo au Ghana, il est à noter que dès 2013, les autorités togolaises avaient déjà annoncé leur volonté d'entreprendre des négociations avec leurs homologues ghanéennes. C'est en premier le Président de la République togolaise, Monsieur Faure Essozimna GNASSINGBE, qui officialisa l'initiative des négociations directes, lors de la visite au Togo du Président ghanéen, Monsieur John Dramanani MAHAMA. Sur ce point, il est opportun de se référer au procès-verbal, publié au terme de cette visite, qui, tout en rappelant qu'un climat de bonne entente existe entre les deux Parties (paragraphe 3 du procès-verbal), pose en revanche la nécessité de s'accorder sur les questions frontalières par le biais des négociations (paragraphe 14 du procès-verbal) :

> 13. Abordant les questions politiques d'ordre bilatéral, les Présidents John DRAMANI MAHAMA et Faure Essozimna GNASSINGBE se sont félicités du climat de bon voisinage qui existe entre les deux pays et ont réitéré leur volonté commune de poursuivre la réalisation des projets et programmes mutuellement bénéfiques aux deux pays. Ils se sont accordés sur la nécessité de renforcer le climat de bonne entente qui existe entre les populations togolaises et ghanéennes.
> [...]
> 14. Abordant la question des frontières communes entre les deux pays, [...] Monsieur Faure Essozimna GNASSINGBE a exprimé le vif souhait du Togo d'ouvrir des négociations avec la partie ghanéenne sur la délimitation de leurs frontières maritimes[390].

[390] « Communiqué conjoint sanctionnant la visite d'amitié et de travail de son Excellence Monsieur John Dramani MAHAMA, Président de la République du Ghana au Togo, Lomé, le 09 septembre 2013 » [Archives de la Direction des Affaires politiques, Ministère des Affaires étrangères et de la coopération de la République togolaise].

La volonté politique, qui sous-tend le recours aux négociations diplomatiques, dans le règlement des différends frontaliers entre le Togo et les États voisins, trouve évidemment son ancrage dans les traités et accords internationaux. Sur le plan régional par exemple, la Convention de l'Union africaine sur la coopération transfrontalière (dite Convention de Niamey), adoptée le 27 juin 2014 à Malabo en Guinée Équatoriale, engage les États à recourir à la voie diplomatique pour régler leurs différends. Cette Convention[391] dispose, en son article 13, paragraphes 1 et 2 que :

> Tout différend né de l'application de la présente Convention est réglé à l'amiable, par voie de négociation directe entre les États Parties concernés.
>
> Si le différend ne peut être réglé par voie de négociation directe, les États Parties s'efforcent de le régler par d'autres moyens pacifiques, y compris les bons offices, la médiation et la conciliation, ou tout autre moyen pacifique agréé par les Parties. À cet égard, les États Parties sont encouragés à recourir aux procédures et mécanismes de règlement des différends mis en place dans le cadre de l'Union.

Il est entendu que les questions de frontières sont éminemment sensibles. Elles touchent au substrat même de la souveraineté nationale et internationale des États. Certes, il existe des traités proclamant l'intangibilité des frontières, comme ceux de l'OUA, ou fixant les orientations pour le règlement des différends frontaliers ; mais en règle générale, l'on observe, à la suite de Carlos FERNANDEZ DE CASADEVANTE ROMANI, que :

> [A]ucune règle internationale ne précise les frontières qu'un État doit avoir, le droit international se contentant de fournir aux États une série de règles pour les établir. Elles sont généralement établies par le biais de traités négociés entre États voisins sur la base de considérations de nature essentiellement politique[392].

Une autre illustration de la pratique togolaise concerne les différends relatifs à l'interprétation et à l'application des conventions judicaires. En 2016, un différend, né de l'application d'un traité d'extradition, a opposé le Togo au Ghana. Le différend portait sur la non-exécution par

[391] Le Togo a ratifié la Convention de l'Union africaine sur la coopération transfrontalière le 26 novembre 2018.

[392] Carlos FERNANDEZ DE CASADEVANTE ROMANI, « Sécession et succession en matière de traités de frontières et de régimes de frontière : hypothèse d'étude sur la frontière franco-espagnole », *Revue générale de droit international public*, tome 124, n° 3/4, 2020, p. 278.

le Ghana d'une requête d'extradition formulée par le Togo sur le fondement du traité d'extradition entre la République populaire du Bénin, la République du Ghana, la République fédérale du Nigéria et la République togolaise, conclu le 10 décembre 1984. Il convient de souligner que ce traité ne comporte aucune disposition concernant le règlement des différends nés de son interprétation ou de son application. Il se borne seulement à indiquer, en son article 8, que : « L'État requis fera connaître à l'État requérant par voie diplomatique sa décision sur l'extradition. »

Sans vouloir entrer en détails dans les prétentions et motivations des Parties, en l'occurrence, nous indiquerons que cette affaire s'était greffée à de précédents différends plus ou moins similaires, qui mettaient clairement en lumière certaines difficultés dans la coopération judiciaire entre les deux États. Pour régler leur différend, le Togo et le Ghana entreprirent des négociations diplomatiques en 2017. Après de nombreux échanges épistolaires entre les Autorités administratives et judiciaires ghanéennes et togolaises, des rencontres se tinrent entre les Parties. L'ultime rencontre fut celle qui s'est tenue, du 25 au 27 juillet 2017 à Accra, dans le cadre de la quatrième Grande Commission mixte de coopération Togo-Ghana[393]. Cette Commission a, au terme des discussions directes entre les autorités judicaires, politiques administratives et diplomatiques des deux pays, établi une feuille de route pour la résolution du différend. Le procès-verbal sanctionnant cette quatrième session de la Grande Commission mixte de coopération Togo-Ghana, indique que :

> En ce qui concerne les obstacles actuels à la coopération judiciaire efficace et la nécessité de trouver des moyens d'alléger les procédures et les conditions de coopération et d'assistance mutuelle en matière judiciaire, les deux Parties ont relevé les conflits d'interprétation qu'a occasionnés le Traité d'Extradition de 1984 signé par le Ghana, le Togo, le Bénin et le Nigéria. En particulier, la Partie togolaise a fait cas de ses demandes d'extradition restées sans suite de la part du Ghana. Les deux Parties ont convenu de revisiter ledit Traité afin de clarifier les zones d'ombre et pallier les difficultés en vue d'assurer une mise en œuvre efficace et effective du Traité entre toutes les Parties contractantes[394].

---

[393] L'accord créant la Grande Commission mixte de coopération Togo-Ghana a été conclu le 30 mars 1973.

[394] Procès-verbal sanctionnant la quatrième session de la Grande Commission mixte de coopération Togo -Ghana, 2017, Archives du Ministère des Affaires étrangères et de la coopération de la République togolaise, DVAJ 2017.

S'agissant des relations multilatérales du Togo, les exemples ne manquent pas, qui montrent également que les négociations diplomatiques sont un mode privilégié de règlement des différends. En guise d'illustration, il est intéressant de noter que le différend qui opposa l'Union européenne au Togo, entre 1993 et 2006, fut résolu grâce aux négociations directes entre les deux Parties. Ce différend naquit dans le cadre de l'application des Conventions de Lomé sur le partenariat économique entre les États d'Afrique, des Caraïbes et du Pacifique (ACP), et la Communauté européenne (UE) [395], et de l'Accord de Cotonou[396], qui succéda à ces Conventions. Étaient en cause, des manquements allégués du Togo aux engagements dits de la « clause des droits de l'Homme » prévus dans la Convention de Lomé IV, puis dans l'Accord de Cotonou. Parlant de la « clause des droits de l'Homme, il est fait référence à l'Accord de Cotonou qui dispose, en son article 9, que : « Le respect des droits de l'Homme, des principes démocratiques et de l'État de droit, sur lesquels se fonde le partenariat ACP-UE, inspirent les politiques internes et internationales des Parties et constituent les éléments essentiels [de cet] Accord. » Le désaccord au sujet de la clause susvisée avait connu des tentatives de résolution, qui dans un premier temps s'étaient avérées infructueuses, débouchant sur une suspension de la coopération entre le Togo et l'UE, le 15 novembre 2004[397]. Néanmoins, à l'issue d'autres consultations et au

---

[395] Pour rappel, quatre Conventions ont été conclues : Lomé I adoptée le 28 Février 1975 1975, Lomé II adoptée le 31 octobre 1979, Lomé III adoptée le 8 décembre 1984, Lomé IV adoptée le 15 décembre 1989 et révisée par l'accord de Maurice du 4 novembre 1995.

[396] Cet accord ACP-UE a été signé à Cotonou le 25 juin 2000.

[397] Cette suspension, décidée conjointement par la Commission et le Conseil de l'Europe, avait été fondée sur l'article 96 de l'Accord de Cotonou. Ledit article prévoit, notamment en son paragraphe 2.a, que :

« Si, nonobstant le dialogue politique mené de façon régulière entre les Parties, une Partie considère que l'autre a manqué à une obligation découlant du respect des droits de l'Homme, des principes démocratiques et de l'État de droit visés à l'article 9, paragraphe 2, elle fournit à l'autre Partie et au Conseil des ministres, sauf en cas d'urgence particulière, les éléments d'information utiles nécessaires à un examen approfondi de la situation en vue de rechercher une solution acceptable par les Parties. À cet effet, elle invite l'autre Partie à procéder à des consultations, portant principalement sur les mesures prises ou à prendre par la Partie concernée afin de remédier à la situation.

Les consultations sont menées au niveau et dans la forme considérée les plus appropriés en vue de trouver une solution.

terme de concessions mutuelles, la coopération entre le Togo et l'UE, au titre des Accords ACP-UE, fut reprise en 2006.

L'objet du présent exposé n'est absolument pas de s'étendre sur l'épisode de ce différend, ou sur les enjeux et la portée de la « clause des droits de l'Homme » figurant dans les traités de partenariat économique que l'UE a conclu avec les États du groupe ACP. Néanmoins, il importe d'indiquer que le dialogue direct entre les Parties a lieu, sous l'empire de l'Accord de Cotonou, en vue de « faciliter la définition de priorités et de principes communs, en particulier en reconnaissant les liens existants entre les différents aspects des relations nouées entre les Parties et entre les divers domaines de la coopération[398] ». Ce dialogue est également engagé pour « prévenir les situations dans lesquelles une Partie pourrait juger nécessaire de recourir à la clause de non-exécution[399] ».

À travers ces développements, nous avions pour objectif d'introduire sommairement la pratique du règlement diplomatique des différends. Au terme du survol de l'approche conceptuelle et de la pratique relative au règlement diplomatique des différends, il est possible de convenir que les mécanismes diplomatiques de règlement des différends sont institutionnalisés. En outre, même si, dans le cadre du règlement des différends, les négociations directes constituent un préalable et une variable d'anticipation et d'accommodement, l'on ne peut occulter

---

Les consultations commencent au plus tard quinze jours après l'invitation et se poursuivent pendant une période déterminée d'un commun accord, en fonction de la nature et de la gravité du manquement. Dans tous les cas, les consultations ne durent pas plus de soixante jours.

Si les consultations ne conduisent pas à une solution acceptable par les Parties, en cas de refus de consultation, ou en cas d'urgence particulière, des mesures appropriées peuvent être prises. Ces mesures sont levées dès que les raisons qui les ont motivées disparaissent ».

[398] Article 8, alinéa 2 de l'Accord de Cotonou du 25 juin 2000. Il convient de rappeler qu'un nouvel accord a été conclu entre l'Union européenne et les membres de l'Organisation des États d'Afrique, des Caraïbes et du Pacifique (OEACP) le 15 avril 2021. Cet accord, non encore en vigueur à la date du 30 juin 2022, a vocation à remplacer l'Accord de Cotonou qui a expiré le 30 novembre 2021.

[399] Article 8, alinéa 2 de l'Accord de Cotonou du 25 juin 2000. Cet article précise, en son alinéa 7 : « Le dialogue est mené avec toute la souplesse nécessaire. Il peut, selon les besoins, être formel ou informel, se dérouler dans le cadre institutionnel et en dehors de celui-ci, sous la forme et au niveau les plus appropriés, y compris au niveau régional, sous-régional ou national ».

l'existence et l'intérêt d'autres modes diplomatiques de règlement de différends ; en tout état de cause, il est loisible aux Parties d'y recourir.

Finalement, il se conçoit que lorsque les Parties en conflit n'ont pu trouver de solution satisfaisante à l'issue de l'emploi des mécanismes diplomatiques, elles puissent recourir aux mécanismes juridictionnels existants. Pour le cas particulier des différends nés de la violation, de l'application ou de l'interprétation des traités internationaux, les États aussi bien que les personnes privées (physiques et morales) ont intérêt à saisir les instances juridictionnelles nationales et/ou internationales, conformément à la compétence et aux modalités de saisine de ces instances.

CHAPITRE 2 : MÉCANISMES ET PRATIQUE DU RÈGLEMENT JURIDICTIONNEL DES DIFFÉRENDS

Le présent chapitre a pour objet de dresser à grands traits le tableau du cadre jurisprudentiel dans lequel s'inscrit le contrôle de l'application par le Togo de ses engagements conventionnels. Aussi les éléments fondant la compétence des instances juridictionnelles seront-ils examinés, au moyen d'illustrations jurisprudentielles, afin de mieux d'appréhender l'état des lieux, les enjeux et les perspectives du contentieux des engagements internationaux du Togo, d'abord au plan national, puis aux niveaux communautaires, régional et international.

2.1 L'interprétation et l'application des traités internationaux par les juridictions nationales

Les instruments internationaux occupent, rappelons-le, une place prépondérante dans l'ordonnancement juridique togolais. Il peut être affirmé que l'invocabilité des normes internationales devant le juge national trouve son fondement dans le principe selon lequel « toute disposition qui édicte uniquement des droits au profit des citoyens s'applique immédiatement et peut être invoquée devant les tribunaux qui sont tenus de l'appliquer[400] ». En revanche, ce principe, que le Togo a expressément réaffirmé, notamment en 2010, dans son *Rapport initial sur les mesures d'ordre législatif, réglementaire et pratique prises en vue de donner effet aux droits et libertés énoncés dans le Pacte international relatif aux droits économiques, sociaux et culturels,* mérite d'être clarifié. En effet, le principe de l'application immédiate des normes internationales est tempéré par le fait que certaines de ces normes doivent d'abord être transposées dans la législation interne ; une distinction devant être faite également, en ce qui concerne le contrôle de l'application des normes internationales, entre les droits immédiatement justiciables et les droits programmatiques. Plus précisément, il est soutenu que « toute disposition qui vise

---

[400] E/C.12/TGO/1, Conseil économique et social, Application du Pacte international relatif aux droits économiques, sociaux et culturels, Rapports initiaux présentés par les États Parties en vertu des articles 16 et 17 du Pacte, Togo, 26 janvier 2010, p. 38.

l'incrimination d'un acte ou d'un fait est sujette à la mise en conformité avec la loi interne, laquelle devra prévoir les sanctions applicables[401] ».

Pour mieux cerner, par le prisme de la jurisprudence togolaise, l'effectivité du contrôle de la mise en œuvre du droit international, il importe d'examiner les recours relatifs aux traités et accords internationaux devant les juridictions de l'ordre constitutionnel et de l'ordre judiciaire.

2.1.1 Les recours devant la Cour constitutionnelle

La Cour constitutionnelle a été instituée par la loi organique n° 97-01 du 8 janvier 1997, conformément à l'article 103, alinéa 2 de la Constitution du 14 octobre 1992[402]. Avant l'adoption de la Constitution de 1992, les attributions dévolues à la Cour constitutionnelle étaient assumées par la Cour suprême, étant précisé que cette dernière a été instituée par une loi en 1961[403]. Consacrée par la Constitution du 11 mai 1963, la Cour suprême avait pour compétences, entre autres, de connaître de la constitutionnalité des lois et des engagements internationaux ainsi que des conflits de compétence entre le Gouvernement et le Parlement[404].

Plus haute juridiction en matière constitutionnelle[405], la Cour constitutionnelle du Togo est juge en premier et dernier ressort de la constitutionnalité des lois. Elle est également chargée de réguler le fonctionnement des institutions, l'activité des pouvoirs publics, et de garantir les droits fondamentaux des personnes et les libertés publiques[406]. Il importe de mettre en évidence le contrôle de

[401] E/C.12/TGO/1, E/C.12/TGO/1, Conseil économique et social, Application du Pacte international relatif aux droits économiques, sociaux et culturels, Rapports initiaux présentés par les États Parties en vertu des articles 16 et 17 du Pacte, Togo, 26 janvier 2010, p.39.

[402] L'article 103, alinéa 2 de la Constitution du 14 octobre 1992 se lit comme suit : « Une loi organique détermine l'organisation et le fonctionnement de la Cour constitutionnelle, la procédure suivie devant elle, notamment les délais pour sa saisine, de même que les immunités et le régime disciplinaire de ses membres. »

[403] Loi n° 61-26 du 16 août 1961 instituant la Cour suprême, publiée au Journal officiel de la République togolaise, n° 170 du 1er septembre 1961.

[404] Article 70 de la Constitution du 11 mai 1963.

[405] Article 99 de la Constitution togolaise du 14 octobre 1992.

[406] La Cour constitutionnelle est également « juge de la régularité des consultations référendaires, des élections présidentielles, législatives et sénatoriales. Elle statue sur le contentieux de ces consultations et élections » : article 104, alinéa 2 de la Constitution togolaise de 1992. Dans ces cas seules les Parties ont qualité pour porter

constitutionnalité des lois, qui s'analyse comme l'une des compétences phares de la Cour constitutionnelle. À titre préliminaire, notons que ce contrôle s'opère *a priori* et *a posteriori.*

S'agissant du contrôle de constitutionnalité *a priori* des lois, il est exercé par la Cour constitutionnelle sur les lois ordinaires et les lois organiques avant leur promulgation[407]. La saisine est facultative, en ce qui concerne les lois ordinaires non encore promulguées[408], mais obligatoire lorsque le contrôle porte sur les lois organiques et les règlements intérieurs de l'Assemblée nationale et du Sénat, de la Haute autorité de l'audiovisuel et de la communication, du Conseil économique et social, de la Commission nationale des droits de l'Homme et du Conseil supérieur de la magistrature[409].

Il doit être précisé que la Cour constitutionnelle assume une fonction consultative[410] à l'égard des traités internationaux non encore ratifiés ou approuvés. Il s'agit en réalité d'un contrôle de compatibilité de la Constitution avec les clauses des traités internationaux, dont la

---

les contentieux devant la Cour constitutionnelle : Cour constitutionnelle du Togo, TOG/P 06/1999, p 4.

[407] Article 104, alinéas 4 et 5 de la Constitution du 14 octobre 1992.

[408] Il faut relever que, outre les recours ouverts à l'article 104, alinéas 4 et 5 susmentionnés de la Constitution togolaise, un mécanisme d'auto saisine de la Cour constitutionnelle, dans le cas particulier des « lois censées porter atteinte aux droits fondamentaux de la personne et aux libertés publiques » a été instauré en 2019. En pareil cas, la loi organique n° 2019-023 du 26 décembre 2019 sur la Cour constitutionnelle précise également, en son article 39, que la Cour constitutionnelle peut se saisir et se prononcer d'office sur la constitutionnalité de ces lois : Cour constitutionnelle du Togo, « Loi organique Cour constitutionnelle du Togo », 2019 ; consulté sur : https://courconstitutionnelle.tg.

Il convient de souligner que le mécanisme d'auto saisine de la Cour, concernant la constitutionnalité des « lois censées porter atteinte aux droits fondamentaux de la personne et aux libertés publiques », est une innovation majeure. Les lois organiques sur la Cour constitutionnelle (loi organique n°97-07 du 8 janvier 1997 et loi n° 2004-004 du 1er mars 2004) ne prévoyaient pas un tel mécanisme.

[409] Article 104, alinéa 5 de la Constitution de 1992.

[410] Le dossier de saisine est constitué, entre autres, du projet de loi de ratification et d'une copie du traité international que la Cour constitutionnelle est appelée à examiner. Il est par ailleurs intéressant de relever que des précautions (examen et avis juridiques), visant à s'assurer que les clauses des traités internationaux ne sont pas en contradiction avec les dispositions constitutionnelles, sont d'ordinaire prises à la diligence du ministère des Affaires étrangères (service juridique) et du Secrétariat général du gouvernement, avant l'adoption des projets de lois de ratification des traités et accords internationaux en Conseil des ministres et leur transmission à l'Assemblée nationale, pour examen et adoption.

ratification est envisagée par le Togo[411]. Dans cette occurrence, et conformément à l'article 139 de la Constitution de 1992, les autorités habilitées à solliciter l'avis de la Cour sont : le Président de la République, le Premier ministre et le Président de l'Assemblée nationale. Ainsi, lorsque, de l'avis de la Cour constitutionnelle, « un engagement international comporte une clause contraire à la Constitution, l'autorisation de la ratifier ou de l'approuver ne peut intervenir qu'après la révision de la Constitution[412] ».

En ce qui concerne le contrôle *a posteriori* de la constitutionnalité des lois, il est opéré par la Cour constitutionnelle, à la suite d'un renvoi préjudiciel, sur les lois déjà promulguées. Ce cas de figure est désigné par la Constitution de 1992 sous le vocable d'« exception d'inconstitutionnalité [de la] loi »[413]. La Cour constitutionnelle togolaise définit l'exception d'inconstitutionnalité comme « la possibilité pour un justiciable, à l'occasion d'un procès devant les cours et tribunaux, d'invoquer la non-conformité à la Constitution d'une disposition légale[414] ». Selon le mécanisme de saisine prévu par cette Constitution, en son article 104, alinéa 8, il faut que l'exception d'inconstitutionnalité d'une loi soit soulevée par les justiciables au seuil du procès[415], au cours d'une instance judiciaire, devant les cours et tribunaux. Dès lors, la juridiction concernée sursoit à statuer et saisit la Cour constitutionnelle en vue de trancher la question de la constitutionnalité de la loi en cause[416].

---

[411] Il convient de souligner que l'avis préalable de la Cour constitutionnelle n'est pas obligatoire pour tout projet de loi de ratification d'un traité international, comme c'est le cas pour les lois organiques et les règlements intérieurs des institutions mentionnées à l'article 104 susvisé de la Constitution.

[412] Article 139 *in fine* de la Constitution togolaise du 14 octobre 1992.

[413] Article 104, alinéa 8 de la Constitution du 14 octobre 1992.

[414] Cour constitutionnelle du Togo, *Exception d'inconstitutionnalité [Monsieur N. K. D. A. c. Madame A. A. L]*, Décision C-001/22 du 21 avril 2022.

[415] Notons qu'aux termes de l'article 8, alinéas 1 et 2 de la loi n° 2021-007 du 20 avril 2021 portant code de procédure civile : « *Les exceptions doivent, à peine d'irrecevabilité, être soulevées simultanément et avant toute défense au fond ou fin de non-recevoir. Il en est ainsi alors même que les règles invoquées au soutien de l'exception seraient d'ordre public* ». Avant l'adoption de cette loi, la question des exceptions était régie par le décret n° 82-50 du 15 mars 1982 portant code de procédure civile au Togo, dont l'article 8, alinéa 1 disposait que « *[l]es exceptions doivent, à peine d'irrecevabilité être soulevées simultanément et avant toute défense au fond ou fin de non-recevoir* ».

[416] Article 104, alinéa 8 de la Constitution togolaise du 14 octobre 1992.

De manière générale, l'analyse des textes constitutionnels, confirmée par la pratique, montre que le contrôle que la Cour constitutionnelle est appelée à opérer, à l'égard des traités internationaux, n'est pas négligeable. Intervenant en matière consultative, et saisie facultativement, la Cour rend des avis qui sont parfois obligatoires. C'est le cas, faut-il le rappeler, dans l'hypothèse où elle déclarait qu'un engagement international comporte une clause contraire à la Constitution ; en l'occurrence, la ratification ou l'approbation de l'engagement international visé ne sera possible qu'à la seule condition que la Constitution soit révisée[417]. Dans le cadre d'un contrôle de constitutionnalité, la Cour constitutionnelle est souvent amenée, entre autres actions, à interpréter des instruments juridiques internationaux considérés comme faisant partie du « bloc de constitutionnalité ». Elle n'hésite pas en pareils cas, par exemple, à écarter une norme nationale au profit d'une norme de droit communautaire lorsque la norme nationale de degré inférieur comporte des dispositions contraires à la norme communautaire. Ainsi, en 2020, lorsque la Cour constitutionnelle eut à connaitre d'une affaire où les dispositions nationales, de nature réglementaire, étaient en conflit avec un règlement communautaire, elle fit prévaloir ce dernier :

> Considérant que le litige opposant Maître [A. A. K] à l'Ordre des Avocats du Togo repose principalement sur le Règlement N° 005/2014/CM/UEMOA relatif à l'harmonisation des règles régissant la profession d'Avocat dans l'espace UEMOA du 25 septembre 2014 ;
> [...]
> Considérant que dans l'ordre juridique des États membres d'une organisation d'intégration économique régionale, le Règlement est supérieur aux lois ordinaires et aux autres dispositions nationales infra-législatives ; que le Règlement est en dessous de la Constitution et, de manière générale, à l'ensemble du bloc de constitutionnalité et des traités; qu'il en résulte que les dispositions nationales contraires se situant dans le champ du Règlement sont de droit abrogées à l'exception des droits fondamentaux remis en cause par ledit Règlement;
> Qu'en conséquence, toute institution d'un État membre d'une organisation d'intégration économique régionale a l'obligation d'appliquer intégralement le Règlement communautaire et de protéger les droits que celui-ci confère directement aux particuliers, en laissant inappliquée toute disposition de la législation nationale éventuellement contraire ;

[417] Article 139 de la Constitution togolaise du 14 octobre 1992.

Considérant que les Règlements prévus aux articles 42 et 43 du Traité de l'UEMOA ont une portée impersonnelle et générale ; qu'ils sont obligatoires dans tous leurs éléments et sont directement applicables dans tout État membre ; que les dispositions nationales contraires se situant dans le champ d'application desdits Règlements sont automatiquement abrogées […] ;

Considérant que le Règlement N° 005/2014/CM/UEMOA relatif à l'harmonisation des règles régissant la profession d'Avocat dans l'espace UEMOA du 25 septembre 2014 se situe dans l'ordonnancement juridique togolais au-dessus de l'Ordonnance N° 80-11 du 09 janvier 1980 relative à l'exercice de la profession d'Avocat et du Décret N° 80-30 du 07 mars 1980 pris pour son application ; que les dispositions de ces deux textes contraires audit Règlement sont de droit abrogées[418].

Hormis les autorités auxquelles la saisine directe est formellement ouverte, les autres personnes physiques ou morales ne peuvent saisir directement la Cour constitutionnelle. Ainsi, lorsqu'elle est saisie d'une action contentieuse ou à titre consultatif par les personnes physiques ou morales qui n'ont pas la qualité pour agir, l'action en question est déclarée irrecevable. Le principe selon lequel « aucune disposition constitutionnelle ne permet aux individus de solliciter l'avis de la Cour Constitutionnelle » est rappelé à maintes reprises par la Cour, comme c'est le cas dans sa décision n° AV/001-99 du 03 mars 1999 relative à la *Demande d'avis de M. Messan Kodjo DONYOH* :

Par requête en date du 05 février 1999, monsieur Messan Kodjo DONYOH sollicite l'avis de la Cour Constitutionnelle sur la question suivante :

---

[418] Cour constitutionnelle du Togo, *Exception d'inconstitutionnalité Maître [A. A. K.] c/ Ordre des Avocats du Togo,* Décision n°C-003/20 du 13 mai 2020.
Concernant la primauté de la norme communautaire ouest africaine, voir par exemple, l'arrêt rendu par la Cour de Justice de l'UEMOA, le 19 mai 2021, suite à une demande de décision préjudicielle introduite par la Cour de cassation du Burkina Faso. En l'occurrence, la Cour de justice de l'UEMOA a affirmé que : « [L]es États ont le devoir de veiller à ce qu'une norme de droit national incompatible avec une norme de droit communautaire qui répond aux engagements qu'ils ont pris, ne puisse pas être valablement opposée à celle-ci ; Qu'ainsi, le juge national, en présence d'une contrariété entre le droit communautaire et une règle de droit interne, devra faire prévaloir le premier sur la seconde en appliquant l'un et en écartant l'autre » : Cour de Justice de l'UEMOA, *Recours préjudiciel N°RP 20 RP005 du 24 avril 2020, introduit par la Cour de Cassation du Burkina Faso*, arrêt n° 1 /2021 du 19 mai 2021, Bulletin officiel, n° 109, 2ème trimestre 2021, p. 66.

Quels sont désormais les textes applicables en matière d'exécution forcée d'une décision juridictionnelle constitutive d'un titre exécutoire au regard de l'article 140 de la Constitution du 14 octobre 1992 d'une part, et aux dispositions de l'Acte Uniforme de l'OHADA relatives aux procédures simplifiées de recouvrement de créances et des voies d'exécution d'autre part, posant ainsi le problème de la hiérarchie des textes de l'OHADA par rapport aux textes nationaux en matière de recouvrement de créances [...] ;
Considérant que monsieur Messan Kodjo DONYOH expose qu'à l'issue d'une longue procédure judiciaire le tribunal de Lomé a rendu en sa faveur un jugement assorti d'exécution provisoire dans la proportion de 50% nonobstant toute voie de recours et sans caution ;
Que l'employeur refuse d'exécuter ledit jugement pourtant revêtu de la formule exécutoire [...] ;
Considérant que le requérant pose la question de savoir, après l'entrée en vigueur du traité de l'OHADA et de son Acte Uniforme susvisé, quels sont désormais les textes applicables en matière d'exécution forcée d'une décision juridictionnelle constitutive d'un titre exécutoire et portant condamnation à payer des sommes d'argent, s'agissant en l'espèce de recouvrement d'une créance civile tant alimentaire qu'indemnitaire ;
Considérant que la Constitution détermine elle-même les organes habilités à solliciter l'avis de la Cour ;
Considérant qu'aucune disposition constitutionnelle ne permet aux individus de solliciter l'avis de la Cour Constitutionnelle,
Qu'en l'occurrence, la Cour ne peut recevoir la requête aux fins d'avis de monsieur Messan Kodjo DONYOH[419].

En l'espèce, il est évident que la Cour constitutionnelle togolaise a refusé d'entrer en matière sur la demande d'avis en raison du défaut de qualité pour agir du requérant. Du reste, lorsque les conditions de sa saisine sont remplies, la Cour est régulièrement amenée à examiner, entre autres, le degré d'attache à la Constitution de la norme dont la violation est alléguée[420]. Son statut de « gardien juridictionnel » de la

---

[419] Cour Constitutionnelle du Togo, *Demande d'avis de M. Messan Kodjo DONYOH*, Décision n° AV 001/99 du 03 mars 1999 ; nos italiques.

[420] Voir en ce sens, Cour constitutionnelle du Togo, *Exception d'inconstitutionnalité [Monsieur N. K. D. A. c. Madame A. A. L]*, Décision C-001/22 du 21 avril 2022. En l'espèce, appelée à se prononcer sur une exception d'inconstitutionnalité soulevée par le requérant dans une procédure d'annulation de mariage, notamment la non-conformité de certaines dispositions du Code togolais des personnes et de la famille aux dispositions pertinentes de la Constitution et de la Charte africaine des droits de l'Homme et des peuples, la Cour constitutionnelle releva que « les stipulations de la Charte africaine des droits de l'Homme et des peuples telles que visées, qui font

Constitution la conduit à en protéger la « substance », y compris le champ lexical propre à cette Constitution avec, dans certains cas, une méticulosité qui peut paraître, pour un observateur non avisé, sans enjeu autre que littéral. À titre illustratif, dans une décision rendue le 31 mars 2016, la Cour constitutionnelle a jugé que la formulation des dispositions d'une loi organique devrait être mise en conformité avec le libellé textuel des dispositions de la Constitution traitant de la situation visée par ladite loi organique. Or, la loi organique en cause avait été adoptée dans le cadre de la mise en œuvre d'un traité que le Togo a ratifié, lequel traité consacre d'ailleurs l'expression que la Cour a considéré, en l'espèce, comme non conforme à celle inscrite dans la Constitution. L'attachement de la Cour constitutionnelle à faire prévaloir la formulation des dispositions constitutionnelles sur toute autre formulation est très clairement affirmé :

> Saisie par lettre n° 0050/2016/ PR du 18 mars 2016, enregistrée au greffe de la Cour le 21 mars 2016 sous le n° 002-G, par laquelle le Président de la République soumet au contrôle de conformité à la Constitution la loi organique relative à la composition, à l'organisation et au fonctionnement de la Commission Nationale des Droits de l'Homme (CNDH), votée le 11 mars 2016 ;
> [...]
> Considérant que la saisine du Président de la République est régulière ;
> Qu'il y a lieu de la déclarer recevable ;
> Considérant l'article 152, alinéa 2 de la Constitution qui dispose : « La composition, l'organisation et le fonctionnement de la Commission Nationale des Droits de l'Homme sont fixés par une loi organique » ;
> Considérant que, de l'analyse, article par article, de la loi objet du contrôle, il ressort que toutes ses dispositions sont conformes à la Constitution du 14 octobre 1992 à l'exception de l'article 6, alinéa 1 et de l'article 6, alinéa 1, tirets 2,3 et 4 ;
> Considérant que les formulations desdites dispositions doivent être mises en conformité avec l'article 21, alinéa 2 de la Constitution ; Que cette dernière utilise la formule « *d'autres formes de traitements cruels, inhumains ou dégradants* » alors que la présente loi organique soumise au contrôle emploie l'expression « *autres peines ou traitements cruels, inhumains ou dégradants* »

---

d'ailleurs partie intégrante de la Constitution, n'ont pas entendu remettre en cause les principes de liberté et d'égalité reconnus aux conjoints en matière de mariage ». Elle conclut que « les articles 49 et 82-5 du Code togolais des personnes et de la famille ne violent ni la Constitution, ni la Charte africaine des droits de l'Homme et des peuples » [paragraphes 9 et 10 de la Décision].

DÉCIDE
[…] ;
Article 2 : La loi organique relative à la composition, à l'organisation et au fonctionnement de la Commission Nationale des Droits de l'Homme (CNDH), votée le 11 mars 2016, est conforme à la Constitution sous réserve de mise en conformité de l'article 6, alinéa 1 et de l'article 6, alinéa 1 tirets 2,3 et 4 avec l'article 21, alinéa 2 de la Constitution[421].

Pour mieux saisir le contexte de cette décision de la Cour constitutionnelle, notons que la loi organique soumise au contrôle de constitutionnalité a été adoptée notamment pour étendre les compétences de la CNDH. Créée par la loi n°87-09 du 09 juin 1987, la CNDH a été érigée par la Constitution du 14 octobre 1992, comme institution nationale indépendante chargée de la promotion et de la protection des droits de l'Homme. Consécutivement à la ratification par le Togo de la Convention contre la torture et autres peines ou traitements cruels, inhumains ou dégradants, le 18 novembre 1987, et de son adhésion, le 20 juillet 2010, au Protocole facultatif à cette Convention, la CNDH s'est vue attribuer le mandat de mécanisme national de prévention de la torture et autres peines ou traitements cruels, inhumains ou dégradants. Ce mandat est défini dans le Protocole facultatif, dont l'article 3 énonce précisément que « [c]haque État Partie met en place, désigne ou administre, à l'échelon national, un ou plusieurs organes de visite chargés de prévenir la torture et autres peines ou traitements cruels, inhumains ou dégradants (ci-après dénommés mécanisme national de prévention) ». Ce mandat, qui s'ajoute aux attributions ordinaires de la CNDH, s'est traduit dans la loi organique

---

[421] Cour Constitutionnelle du Togo, *Contrôle de constitutionnalité de la loi organique relative à la composition, à l'organisation et au fonctionnement de la Commission Nationale des Droits de l'Homme (CNDH),* Décision N°C- 001/16 du 31 mars 2016, JORT, n° 21 du 20 juin 2016, p. 2 ; nos italiques. Il convient de souligner que la loi organique de la CNDH adoptée par l'Assemblée nationale, et qui fit l'objet de la présente décision de la Cour constitutionnelle, n'a pas été promulguée. Une nouvelle loi organique, validée cette-fois-ci également par la Cour constitutionnelle, et qui comporte des innovations (composition et ressources de la Commission, entre autres) qui ne figuraient pas dans celle de 2016, a été promulguée le 20 juin 2018. Voir loi organique n° 2018-006 du 20 juin 2018 relative à la composition, à l'organisation et au fonctionnement de la Commission Nationale des Droits de l'Homme (CNDH), publiée au Journal officiel de la République togolaise, n° 10 du 20 juin 2018.

n° 2018-006 du 20 juin 2018, validée par la Cour constitutionnelle[422], par l'article 6 qui s'énonce comme suit :

> La Commission a pour mission de prévenir *la torture et d'autres formes de traitements cruels, inhumains ou dégradants* notamment dans les lieux de privation de liberté ou tout autre lieu qu'elle aura identifié. Elle est habilitée à :
> 1) faire des visites régulières et inopinées dans tous les lieux de privation de liberté [...] ;
> 2) examiner régulièrement la situation des personnes privées de liberté se trouvant dans les lieux de détention en vue de renforcer, le cas échéant, leur protection contre *la torture et d'autres formes de traitements cruels, inhumains ou dégradants* ;
> 3) formuler des recommandations à l'attention des autorités compétentes afin d'améliorer le traitement et la situation des personnes privées de liberté et de prévenir *la torture et d'autres formes de traitements cruels, inhumains ou dégradants,* conformément aux normes pertinentes de l'Organisation des Nations Unies et autres organismes sous-régionaux africains ;
> 4) présenter des suggestions et des observations au sujet de la législation en vigueur ou des projets de loi en matière de *torture et d'autres formes de traitements cruels, inhumains ou dégradants* ;
> 5) faire le suivi de la mise en œuvre des recommandations formulées à l'issue de chaque visite et celles formulées par le sous-comité de prévention de la torture des Nations Unies (SPT) ;
> 6) coopérer avec les organes et mécanismes pertinents, notamment africains et des Nations Unies[423].

La rédaction de l'article 6 susmentionné, de la loi organique de la CNDH, répond à l'exigence de conformité à l'article 21, alinéa 2 de la Constitution togolaise qui dispose que « [n]ul ne peut être soumis à la torture ou à d'autres formes de traitements cruels, inhumains ou dégradants ».

En schématisant, il est tentant de considérer que cette exigence de la Cour constitutionnelle, selon laquelle la formulation de l'article 6 de la loi organique de la CNDH doit être conforme à l'expression utilisée par l'article 21, alinéa 2 de la Constitution, manifeste en réalité le souci sous-jacent de ne pas procéder à un contrôle de conformité de la loi

---

[422] Cour Constitutionnelle du Togo, *Contrôle de constitutionnalité de la loi organique relative à la composition, à l'organisation et au fonctionnement de la Commission Nationale des Droits de l'Homme (CNDH),* Décision N° C- 001/16 du 31 mars 2016, Décision N° C-002/ du 19 juin 2018.

[423] Loi organique n° 2018-006 relative à la composition, à l'organisation et au fonctionnement de la CNDH.

organique de la CNDH à la Convention contre la torture et autres peines ou traitements cruels, inhumains ou dégradants et à son Protocole facultatif. En effet, si la Cour constitutionnelle avait validé l'expression *« autres peines ou traitements cruels, inhumains ou dégradants »*, consacrée par les instruments internationaux sus cités, au lieu de la formule *« d'autres formes de traitements cruels, inhumains ou dégradants »*, inscrite dans la Constitution togolaise, elle aurait ainsi effectué un contrôle de conformité « conceptuelle et syntaxique » de la loi organique de la CNDH à la Convention contre la torture sus évoquée.

Toutefois, cette interprétation est susceptible d'être nuancée. Dans l'absolu, la décision de la Cour constitutionnelle n'est pas de nature à conduire à la conclusion qu'en exigeant que l'article 6 de la loi organique de la CNDH corresponde au libellé textuel de l'article 21, alinéa 2 de la Constitution togolaise et non à la formulation consacrée par les instruments internationaux[424], la Cour évite explicitement d'opérer un contrôle de conventionnalité de cette loi organique. Au final, il est indéniable que la formule *« autres peines ou traitements cruels, inhumains ou dégradants »* découle des traités internationaux auxquels le Togo est Partie. Par conséquent, il eût été concevable que la Cour constitutionnelle adoptât la formulation consacrée par les instruments internationaux en cause dans la loi organique de la CNDH. Mais il serait difficile de suggérer que, dans l'espèce examinée, en décidant de maintenir une formulation manifestement différente de celle consacrée par les traités internationaux pertinents, la Cour constitutionnelle a altéré le sens et la portée de la formulation en question ou des dispositions auxquelles elle renvoie.

En somme, l'analyse de la jurisprudence de la Cour constitutionnelle laisse transparaître une approche interprétative qui repose sur le souci constant de garantir, entre autres, l'intégrité textuelle de la « Loi

---

[424] Outre qu'elle figure dans la Convention contre la torture et autres peines ou traitements cruels, inhumains ou dégradants et dans le Protocole facultatif à ladite Convention, cette formule est employée dans divers autres textes internationaux. C'est le cas du Pacte international relatif aux droits civils et politiques, adopté le 19 décembre de 1966, dont l'article 7 est libellé comme suit : « Nul ne sera soumis à la torture ni à des peines ou traitements cruels, inhumains ou dégradants. En particulier, il est interdit de soumettre une personne sans son libre consentement à une expérience médicale ou scientifique », et de la Déclaration universelle des droits de l'Homme, adoptée le 10 octobre 1945 qui proclame, en son article 5, que :« Nul ne sera soumis à la torture, ni à des peines ou traitements cruels, inhumains ou dégradants. »

fondamentale de la République togolaise[425] ». Au terme de la présente analyse, on ne saurait, sans avoir égard aux circonstances de chaque espèce, tirer des conclusions péremptoires sur les méthodes d'interprétation de la Cour. Organe régulateur du fonctionnement des institutions de la République et de l'activité des pouvoirs publics, la Cour constitutionnelle togolaise est, comme évoqué plus haut, juge de la constitutionnalité des lois[426] ; elle est également appelée à statuer sur la compatibilité des traités internationaux à la Constitution, selon une procédure spécifique[427]. Il doit être rappelé que dans ce dernier cas de figure, l'intervention du juge constitutionnel s'opère avant l'introduction des dispositions du traité ou de l'accord international en cause dans le droit interne[428]. Au demeurant, la Cour constitutionnelle togolaise ne peut entrer en matière sur un contrôle de conventionnalité de la loi, car ce type de contrôle n'est pas prévu par le texte instituant ladite Cour. D'ailleurs, au vu de sa jurisprudence, rien ne permet de spéculer sur une propension de la Cour constitutionnelle à vouloir s'ériger, en l'absence de tout texte l'y habilitant expressément, en

[425] Cette expression figure à la fin du dernier article de la Constitution togolaise du 14 octobre 1992 à savoir l'article 159 dont la teneur est la suivante : « La présente Constitution sera exécutée comme Loi Fondamentale de la République Togolaise. »

[426] Le contrôle de constitutionnalité des lois au Togo est exclusivement dévolu à la Cour constitutionnelle.

[427] Voir notamment l'article 139 de la Constitution du 14 octobre 1992 : « Lorsque la Cour constitutionnelle, saisie par le Président de la République, par le Premier ministre ou le Président de l'Assemblée nationale, a déclaré qu'un engagement international comporte une clause contraire à la Constitution, l'autorisation de la ratifier ou de l'approuver ne peut intervenir qu'après la révision de la Constitution ».

[428] Pour un aperçu de la doctrine sur le contrôle de conventionnalité, voir par exemple : Adama KPODAR, *Commentaire des grands avis et décisions de la Cour Constitutionnelle togolaise*, Lomé, Presses de l'Université de Lomé, 2007 ; Brusil Miranda METOU, « Le moyen de droit international devant les juridictions internes en Afrique : quelques exemples d'Afrique noire francophone », *RQDI*, vol. 22, n° 1, 2009, p. 150 ; Christine MAUGÜE, « Le conseil constitutionnel et le droit supranational », *Pouvoirs*, n° 105, 2003, pp. 53-71 ; Luc SINDJOUN, *Les grandes décisions de la justice constitutionnelle africaine. Droit constitutionnel jurisprudentiel et politique constitutionnelle au prisme des systèmes politiques africains*, Bruxelles, Bruylant, 2009 ; Denys DE BECHILLON, « De quelques incidences du contrôle de conventionnalité internationale des lois par le juge ordinaire (Malaise dans la Constitution) », *RFDA*, 1998, n° 2, pp. 225- 242 ; François KIPOUTOU, *Les rapports du droit interne et du droit international dans les Constitutions et la pratique des États africains francophones (Étude de droit constitutionnel comparé et de droit international),* Thèse de doctorat, Université Paris II, 1992.

garante de la conformité des lois aux traités internationaux. Quoi qu'il en soit, la question du contrôle de conventionnalité des lois- question qui soulève évidemment de nombreux enjeux juridiques[429] - n'est pas inconnue du droit togolais. Les juridictions de droit commun demeurent compétentes pour connaître des recours portant sur les traités et accords internationaux auxquels la République togolaise est Partie.

2.1.2 Les recours devant les juridictions de droit commun

Le système judicaire togolais est constitué de juridictions de droit commun que sont la Cour suprême, les cours d'appel et les cours criminelles d'appel, les tribunaux de grande instance et les tribunaux criminels, les tribunaux d'instance à compétence correctionnelle et civile et les tribunaux d'instance à compétence civile[430]. Au sommet de ce système judicaire, trône la Cour suprême. Cette hiérarchie est établie par la Constitution togolaise de 1992, dont l'article 120 dispose que : « La Cour suprême est la plus haute juridiction de l'État en matière judiciaire et administrative. »

Sans avoir à nous étendre davantage sur l'organisation judiciaire, il y a lieu de relever, à titre préliminaire, que l'analyse des décisions de l'ensemble de ces juridictions ordinaires témoigne de ce que les juges sont souvent amenés à interpréter et à appliquer les traités et accords internationaux auxquels le Togo est Partie. Au demeurant, avec la mondialisation, la prégnance du droit international conventionnel est

---

[429] Voir, par exemple, en droit français, la jurisprudence relative au contrôle de conventionnalité : CC, Décision n° 74-54 DC du 15 janvier 1975, *Loi relative à l'interruption volontaire de grossesse*, JORF,16 janvier 1975, p.671 ; C. cass., Ch. mixte, 24 mai 1975, *Société des cafés Jacques Vabre*, n° 73-13556, 24 mai 1975, *Bull.* n°4, p.6 ; Cour de cassation, Rapport 2020, « Groupe de travail sur le contrôle de conventionnalité », 40 p. ; Laurent COUTRON, « Contrôle abstrait / contrôle concret : l'impossible systématisation de la jurisprudence de la Cour de justice de l'Union européenne relative au contrôle des actes des États membres, *Revue des droits et libertés fondamentaux*, 2019, chron. n°3 [consulté le 12 juin 2021 sur : http://www.revuedlf.com]. Pour l'« articulation entre contrôles de conventionnalité et de constitutionnalité », voir : «Chronique de jurisprudence Constitutionnelle française 2010 », *Cahiers de la Recherche sur les Droits Fondamentaux* [Juliette LECAME, Ellen LEMESLE, Ahmed OUEDROGO, Antoine SIFFERT et Vincent SOUTY], PUC, n°9, 2011, pp. 145-154 ; voir également : Denis SIMON, « Conventionnalité et constitutionnalité », dans *La question de constitutionnalité », Pouvoirs*, n° 137, avril 2011, pp. 19-31.

[430] Les juridictions spécialisées regroupent les tribunaux du travail, les tribunaux de commerce, les juges des enfants et les tribunaux pour enfants, le tribunal militaire et la cour d'appel militaire. Voir article 21 de la loi n° 2019-015 du 30 octobre 2019 portant code de l'organisation judiciaire au Togo.

une réalité qui n'échappe pas aux juges nationaux. D'ailleurs ne concourent-ils pas eux-mêmes à sa « notoriété », lorsqu'ils s'en réfèrent et en font application dans les affaires dont ils sont saisis ?

Même si l'impact du droit international sur les décisions rendues par les juridictions togolaises est indéniable, il importe encore d'examiner les dynamiques d'appropriation ou d'« apprivoisement » de ce droit international. Il est d'autant plus intéressant de questionner l'interaction entre le droit international et le droit interne, par le prisme des décisions judicaires, dans la mesure où le système juridique togolais, à l'instar d'autres[431], s'efforce de concilier les coutumes nationales et les normes juridiques en vigueur. À cet égard, notons que la loi portant code de l'organisation judicaire au Togo dispose, en son article 26 :

> Les juridictions appliquent, pour toutes les matières, les lois et les règlements en vigueur ainsi que, s'il en existe, les coutumes dès lors qu'elles ne sont pas contraires à la loi et à l'ordre public. Lorsqu'elles statuent en matière coutumière, les juridictions peuvent solliciter l'avis d'un ou de plusieurs experts agréés. Les experts sont choisis parmi les personnalités du monde universitaire ou de la recherche, les autorités coutumières ou autres, connues en raison de leur connaissance du droit coutumier[432].

Une jurisprudence abondante de la Cour suprême souligne le rôle et l'importance de la coutume en droit togolais[433]. Ainsi, par exemple en matière de propriété foncière, la Cour suprême a pu juger que les règles

---

[431] Pour un aperçu de la jurisprudence des juridictions africaines sur l'application de la coutume, voir par exemple Jean MATRINGE, « La position des droits étatiques », *Droits africains et pluralisme juridique en Afrique* [https://droitsafricainsonline.com/themes/droits-africains-et-pluralisme-juridique-en-afrique/3-la-gestion-du-pluralisme-juridique-en-afrique/3-1-la-position-des-droits-etatiques, consulté le 21 juin 2022].

[432] Article 26 de la loi n° 2019-015 du 30 octobre 2019 portant code de l'organisation judiciaire. Il faut noter que l'ordonnance n° 78-35 du 07 septembre 1978 portant organisation judiciaire et ses textes modificatifs subséquents accordaient également une place de choix au droit coutumier togolais.

[433] Pour un aperçu sur la reconnaissance et la mise en œuvre des droits traditionnels, coutumiers et religieux en Afrique, voir : Koffi Kumelio A. AFANĐE, « Les enjeux relatifs au pluralisme juridique dans les processus d'élaboration du droit international des droits de l'homme », *La gouvernance en révolution(s) : Chroniques de la gouvernance*, Ed. Charles Léopold Mayer, 2012 ; Samuel Jacques PRISO-ESSAWE, « Pratiques traditionnelles et intégrité physique en Afrique subsaharienne, Droit international, Législations nationales et protection des femmes et des enfants », *Cahiers de l'Institut de droit européen des droits de l'Homme*, n°7, 1999 ; Jean MATRINGE, « La position des droits étatiques », *Droits africains et pluralisme juridique en Afrique* [consulté sur : https://droitsafricainsonline.com].

coutumières dont relèvent les parties à l'instance prévalent en ce qui concerne la prescription acquisitive :

> Attendu, sur la seconde branche du moyen tirée de la violation de la règle de la prescription, que pour ce qui est de la règle énoncée par l'arrêt attaqué selon laquelle en droit coutumier, la propriété ne se perd pas par le non usage, cette règle est bien connue en coutumes éwé et guin, dont relèvent les parties en cause et est d'application constante en droit positif togolais ; qu'en outre cette règle exclut l'application des règles relatives à la prescription, lesquelles sont inconnues dans les coutumes appliquées en la cause ;
> Attendu qu'il résulte de ce qui précède que la Cour d'Appel de Lomé a fait une bonne application des principes de droit ainsi que des règles juridiques et coutumières visés au moyen ; qu'il s'ensuit que le moyen n'est pas fondé et doit être rejeté[434].

La prise en considération de la coutume peut également entraîner, dans des cas précis, l'inapplicabilité des dispositions légales du code civil :

> [A]ttendu que l'action en revendication intentée par le propriétaire dépossédé de son immeuble est imprescriptible en droit d'une part et que la prescription acquisitive n'est pas un mode d'acquisition du droit de propriété en matière coutumière, d'autre part ; qu'en l'espèce, le défendeur, prétendu propriétaire de l'immeuble revendiqué, ne justifie d'une possession réunissant toutes les conditions exigées pour la prescription acquisitive ni aucun élément du dossier ne permet de dire que l'immeuble litigieux sis à Sokodé est immatriculé au livre foncier ; qu'il en résulte que le régime juridique applicable est incontestablement celui de la coutume et non celui du droit moderne, donc l'inapplicabilité des dispositions du code civil relatives à la prescription acquisitive ; qu'en ayant statué comme ils l'ont fait, les juges d'appel ont méconnu le principe de l'imprescriptibilité du droit de propriété immobilière coutumière[435].

Par ailleurs, l'analyse de la jurisprudence des juridictions togolaises permet de mettre en évidence la question de l'articulation entre le droit interne et le droit international. À cet égard, l'on mentionnera une affaire dans laquelle le juge togolais était conduit à faire prévaloir une norme internationale sur une loi nationale, elle-même d'essence coutumière. En effet, en 2009, dans l'affaire *MATHEY-ADELY*

---

[434] Cour suprême, Chambre judiciaire, 17 mars 2016, *Collectivité ADU-KPEDO c. Familles Akollor et Ndor*, arrêt n° 034/16.

[435] Cour suprême, Chambre judiciaire, 22 décembre 2016, *Succession Yaya Touré c. El Hadj Ouro-Sama Zakari et El Hadj Suberu Karimou*, arrêt n° 117/16.

Mathéky Michel c. Veuve MATHEY-ADELY Dédévi Virginie née BOCCOVI, la Cour d'appel de Lomé[436] a écarté l'application du Code togolais des personnes et de la famille (CTPF) au profit de la Convention pour l'élimination de toutes les formes de discrimination à l'égard des femmes (CEDEF)[437]. En l'occurrence, le juge de première instance, saisi par la demanderesse (veuve de son état) en matière successorale, écarta l'application de l'article 391 du CTPF, au motif que ledit article excluait la veuve de la succession de son défunt mari, qui n'avait pas renoncé, de son vivant, à son statut coutumier en matière successorale.

L'article 391 du CTPF susmentionné énonce que « les dispositions du présent Titre ne sont applicables qu'à la succession de ceux qui auront déclaré renoncer au statut coutumier en matière de succession. Cette déclaration peut résulter soit d'un testament, soit d'une option déclarée devant l'officier d'état civil ». Or, il ressort des faits de l'espèce que le *de cujus* n'avait pas renoncé à son statut coutumier en matière successorale. En l'état, la question de droit était donc celle de savoir si l'article 391 du CTPF[438] du 31 janvier 1980 pouvait s'appliquer à la veuve en matière successorale, au détriment de la Convention sur l'élimination de toutes les formes de discrimination à l'égard des femmes (CEDEF). Dans le cas d'espèce, les juges du fond étaient-ils fondés à faire primer la CEDEF sur le CTPF ? Pour la Cour d'appel de Lomé :

> [C]ontrairement à ce que semble soutenir les appelants, le premier juge n'a ni légiféré à la place du législateur, ni modifié ou abrogé d'une manière souveraine les textes mis à sa disposition, mais il n'a fait qu'interpréter ceux-ci par rapport à la Constitution de la IVème République et aux traités internationaux ; [...] les traités ou accords, les conventions internationales, ont, aux termes de l'article 140 de la Constitution togolaise, une autorité supérieure à celle des lois internes, dès leur ratification ; qu'ainsi donc la Convention sur l'élimination de toutes les formes de discrimination à l'égard de la femme[*sic*] (CEDEF), parce qu'elle a été ratifiée par le Togo (la loi n° 93-15 du 20 juin 1983), a acquis une autorité supérieure à celle de la loi interne, en l'occurrence l'article 391 du CTPF, lequel article, en ce qu'il est

[436] Cet arrêt de la Cour d'appel de Lomé a confirmé le jugement n° 3306/2005, rendu le 02 décembre 2005 par le Tribunal de première instance de Lomé.

[437] Cette Convention a été ratifiée par le Togo au moyen de la loi n° 93-15 du 20 juin 1983.

[438] Ordonnance n° 80-16 du 31 janvier 1980 portant Code des personnes et de la famille.

> discriminatoire à l'égard de la femme, est contraire à cette Convention, et par conséquent, ne peut être appliqué ; il doit être écarté au profit de l'application de l'article 431 du CTPF. [E]nfin cette Convention invite en son article 16, les États à adopter toutes les mesures pour éliminer la discrimination à l'égard des femmes dans toutes les prestations sociales[439].

En prenant appui sur la convention internationale et la Constitution togolaise, la Cour d'appel écarte, en l'occurrence, l'application de la loi interne, rejetant ainsi la prétention de la partie défenderesse selon laquelle :

> [L]orsqu'une convention internationale contient des dispositions contraires à la loi nationale, il revient au législateur d'harmoniser cette loi afin qu'elle soit conforme à la convention internationale ; [...] le juge n'a ni qualité, ni pouvoir pour abroger souverainement une loi nationale sous prétexte qu'elle n'est pas conforme à une convention internationale ; [...] le juge est tenu d'appliquer la loi nationale mise à sa disposition ; [...] toutefois, lorsque le conflit oppose deux sujets de nationalités différentes, le juge applique seulement la convention internationale à celui dont l'État l'a ratifiée[440].

Dans l'espèce examinée, les dispositions en cause de la législation nationale, telles que relevées par la Cour d'appel de Lomé, n'eurent qu'un répit relativement bref, après l'appel à leur adaptation à la CEDEF. Fort logiquement, à la suite d'une révision intervenue en 2012, la loi portant Code des personnes et de la famille fut ajustée aux engagements internationaux pertinents. La conclusion d'ensemble que l'on peut tirer de ce qui précède est que la jurisprudence des juridictions ordinaires, concernant les instruments conventionnels liant le Togo, influe sur l'activité normative du législateur togolais. Il reste toutefois à déterminer les enjeux et l'ampleur de cette influence. Globalement, il s'agirait d'examiner et de mener une réflexion sur les enjeux et les défis de l'influence de la jurisprudence judiciaire, relative au droit international, sur l'activité normative du législateur togolais. L'intérêt d'une telle thématique justifierait qu'on y consacre une étude approfondie, laquelle n'est pas envisagée dans le cadre du présent ouvrage.

---

[439] Cour d'appel de Lomé, *Affaire MATHEY-ADELY Mathéky Michel c. Veuve MATHEY-ADELY Dédévi Virginie née BOCCOVI*, arrêt n° 140/2009 du 24 septembre 2009 [pp. 5 et 6 de l'arrêt].

[440] Cour d'appel de Lomé, *Affaire MATHEY-ADELY Mathéky Michel c. Veuve MATHEY-ADELY Dédévi Virginie née BOCCOVI*, arrêt n° 140/2009 du 24 septembre 2009 [p. 5 de l'arrêt].

Il importe également de souligner l'importance qu'attachent les juridictions à l'application des traités et accords internationaux auxquels le Togo est Partie, notamment en matière sociale. Dans les décisions qu'ils rendent, les juges togolais ne se bornent pas à viser uniquement les principes constitutionnels ou les lois internes, mais ils s'attachent aussi, dès que nécessaire, à mettre clairement en évidence les normes internationales pertinentes. L'affaire *Dame Sanvee Karine c. La Brasserie du Bénin*[441], du 23 mars 2004, en est l'illustration parfaite. Selon toute vraisemblance, c'est cette espèce qui offrit, pour la première fois, au Tribunal du travail de Lomé, l'occasion d'interpréter et d'appliquer des dispositions de la Convention (n° 111) concernant la discrimination (emploi et profession), 1958 et de la Convention (nº 100) sur l'égalité de rémunération, 1951, de l'Organisation internationale du travail (OIT). Il ressort des faits établis par le Tribunal du travail de Lomé que Dame Sanvee Karine (demanderesse), salariée à la retraite, était bénéficiaire d'une police d'assurance maladie complémentaire, souscrite par son employeur (défenderesse), la Brasserie du Bénin (Brasserie BB S.A*)*. En vertu de cette police d'assurance qui donnait droit à un remboursement de 100% des frais de santé, valable même en cas de retraite, la demanderesse, après son admission à la retraite, s'était vu opposer un taux de remboursement fixé à 80 % pour les retraités de l'entreprise, alors même que d'autres salariés retraités, par ailleurs expatriés, bénéficiaient d'un taux de remboursement de 100%.

Le Tribunal du travail de Lomé, appelé à se prononcer sur le caractère discriminatoire ou non du traitement réservé à la requérante, apprécia la cause, entre autres, à la lumière des conventions internationales ratifiées par le Togo et conclut que la requérante avait fait l'objet d'une discrimination[442]. Ce jugement fut confirmé par la Cour d'appel de Lomé en 2007[443]. Toutefois, il y a lieu d'indiquer que l'appel interjeté n'avait pas porté sur la protection contre la discrimination dans l'emploi et la profession, relevée d'office par le tribunal en première instance ; au demeurant la Cour d'appel de Lomé s'est contentée, dans son arrêt susmentionné, de reprendre la teneur du

[441] Tribunal du travail de Lomé, *Dame SANVEE Carine, née RIEDEL c. Brasserie BB Lomé SA*, jugement nº 038/2004 du 23 mars 2004 [p. 5 du jugement].
[442] Dans cette affaire, la Brasserie BB S.A fut condamnée au paiement de dommages-intérêts.
[443] Cour d'appel de Lomé, *Brasserie du Bénin contre Dame Karine SANVEE*, arrêt n° 01/07a du 04 janvier 2007.

jugement du Tribunal du travail de Lomé[444]. Ledit jugement témoigne du souci de garantir une parfaite adéquation entre droit interne et droit international, une juste conformité « aux dispositions légales en vigueur et aux engagements internationaux du Togo en matière sociale, en ne prenant en compte aucune distinction autre que celles fondées sur le mérite ou les exigences des emplois occupés ». Dans le cas d'espèce, le Tribunal du travail releva :

> [Q]u'il résulte de l'article 1er de la Convention n° 111 de l'Organisation internationale du Travail concernant la discrimination en matière d'emploi et de profession, [1958] ratifiée par le Togo le 05 novembre 1983, que la discrimination s'entend de « toute distinction, exclusion ou préférence fondée sur la race, la couleur, le sexe, la religion, l'opinion politique, l'ascendance nationale ou l'origine sociale, qui a pour effet de détruire ou d'altérer l'égalité de chance ou de traitement en matière d'emploi ou de profession ;
> [Q]ue de l'analyse de cette disposition, il ressort que les employés d'une même structure ne sauraient être traités différemment ou moins favorablement en raison de caractéristiques qui n'ont pas de lien avec leur mérite, ni avec les exigences requises pour l'emploi concerné ;
> [E]n l'espèce que la mesure qui consiste à octroyer un taux de couverture différent selon qu'il s'agisse d'un expatrié ou d'un national, crée de profondes inégalités qui trouvent leurs sources, non dans un critère objectif de différenciation en matière sociale, mais bien dans l'origine des intéressés ; que dans la mesure où, au sens de l'article 1er de la Convention de l'O.I.T sur l'égalité de rémunération, le terme « rémunération » comprend non seulement le salaire, ou le traitement ordinaire mais aussi tous les autres avantages payés directement ou indirectement, en espèces ou en nature, par l'employeur au travailleur en raison de son emploi, il y a lieu de conclure que la mesure sus indexée est abusive, discriminatoire et illégale et d'ordonner à la Brasserie BB S.A de se conformer à la législation togolaise en matière prud'homale et aux normes internationales du travail qui en sont parties intégrantes, en application de l'article 140 de la Constitution du 14 octobre 1992[445].

Au-delà de l'attachement à la primauté de la norme internationale sur les lois ordinaires, l'un des constats qui semble se dégager de l'examen de la jurisprudence togolaise est celui de la propension à

---

[444] Tribunal du travail de Lomé, *Dame SANVEE Carine, née RIEDEL c. Brasserie BB Lomé SA*, jugement n° 038/2004, du 23 mars 2004.

[445] Tribunal du travail de Lomé, *Dame SANVEE Carine, née RIEDEL c. Brasserie BB Lomé SA*, jugement n° 038/2004 du 23 mars 2004.

exercer un pouvoir exclusif d'interprétation des engagements internationaux, prégnante en particulier dans le contentieux des accords de siège conclus entre le Gouvernement togolais et les Organisations intergouvernementales ou internationales.

En l'occurrence, le sujet abordé se rapporte aux questions préjudicielles en interprétation. Un arrêt rendu par la Cour suprême du Togo, le 17 avril 1986, dans l'affaire *Banque Ouest Africaine de Développement (B.O.A.D) c. Dame HU* témoigne de cette tendance. Était en cause, dans cette affaire, un arrêt rendu par la Cour d'appel de Lomé, le 22 décembre 1983, par lequel celle-ci rejetait l'exception d'incompétence soulevée par la BOAD[446] dans le litige pour licenciement abusif qui l'opposait à son employée, dame HU. En l'espèce, l'exception d'incompétence soulevée par la BOAD portait sur les privilèges et immunités prévus dans ses statuts ainsi que dans l'accord de siège qu'elle a signé avec le Gouvernement de la République togolaise. Tout en reconnaissant qu'en général, l'interprétation des accords internationaux relève de la compétence gouvernementale, la Cour suprême fit valoir qu'en l'espèce, cette interprétation ne pouvait être prise en compte que si le sens et la portée des accords internationaux en cause présentaient des ambigüités, lacunes ou omissions :

> Attendu que la Banque Ouest Africaine de Développement soutient [...] que les textes qui la régissent sont [des] traités et qu'il est de principe et de jurisprudence constante que l'interprétation des accords internationaux conclus relève de la compétence gouvernementale ; qu'il est unanimement reconnu que l'interprétation des traités sur la portée et la nature de l'immunité dont jouit une organisation internationale doit être demandée au Ministre des Affaires étrangères dont l'avis s'impose aux tribunaux ; que les juges du fond auraient dû surseoir à statuer en attendant l'interprétation officielle des dispositions de la convention instituant l'immunité de juridiction à son profit ;
>
> [...]

[446] La BOAD est un établissement public à caractère international créé le 14 novembre 1973 par les États membres de l'Union Monétaire Ouest Africaine (UMOA) à savoir : le Bénin, le Burkina Faso, la Côte d'Ivoire, le Niger, le Sénégal et le Togo, à laquelle ont adhéré le Mali le 1er juin 1984 et la République de Guinée-Bissau le 02 mai 1997. La BOAD est une personne morale jouissant de la pleine personnalité juridique et bénéficiant dans chacun de ses États membres de la capacité juridique la plus large reconnue aux personnes morales par les législations nationales : BOAD, « Présentation », consulté sur : https://www.boad.org.

> Attendu que pour rejeter la demande aux fins de sursis à statuer par la Banque Ouest Africaine de Développement, les juges du fond ont énoncé que l'obligation de recourir à l'interprétation gouvernementale d'un accord international n'apparaît que si lors de son application, cet accord se révèle contenir des lacunes ou omissions ;
> Attendu que par ce motif suffisant, la Cour d'Appel a implicitement reconnu que les statuts de la Banque Ouest Africaine de Développement et l'accord de siège étaient clairs et qu'ils n'avaient pas besoin d'être interprétés mais appliqués tels qu'ils sont ;
> Attendu par ailleurs que bien qu'un texte soit clair, il est permis au juge d'en rétablir le sens ou d'en délimiter le domaine d'application.
> [...]
> Mais attendu qu'il est stipulé au Titre II intitulé « Statut Juridique » que la Banque Ouest Africaine de Développement peut ester en justice et que les personnes qui ne peuvent intenter aucune action contre elle sont les États membres de l'Union et les personnes qui les représentent ou détiennent le droit desdits États membres ;
> Attendu qu'il ressort donc de ces dispositions que la Banque Ouest Africaine de Développement, institution financière internationale ne bénéficie que d'une immunité de juridiction restreinte ;
> Attendu que c'est le caractère restreint de cette immunité que les juges d'appel ont constaté lorsqu'ils ont accueilli l'action en dommages-intérêts pour licenciement abusif intentée par dame HU au motif que celle-ci ne représente aucun membre de l'Union et ne détient non plus le droit d'aucun d'eux ; qu'ainsi, loin d'avoir dénaturé les statuts de la Banque Ouest Africaine de Développement, les juges du fond en ont correctement appliqué les dispositions et ont suffisamment motivé leur décision[447].

Dans l'arrêt susmentionné, il apparaît que l'une des questions essentielles était de savoir si l'interprétation d'un accord international, qui soulève une question d'ordre diplomatique, appartenait aux tribunaux ou au Gouvernement. Les juges devraient-ils valablement statuer dans cette affaire impliquant une institution internationale jouissant de privilèges et immunités, sans égard à l'interprétation gouvernementale[448] de l'accord de siège existant ? Il est notable que, aussi bien en première instance qu'à la Cour d'appel, les juges ont cru bon devoir « substituer l'interprétation judiciaire à l'interprétation

---

[447] Cour suprême du Togo, *Affaire Banque Ouest Africaine de Développement (B.O.A.D) c. Dame HU*, arrêt n° 9 du 17 avril 1986.
[448] En l'occurrence, il s'agit de l'interprétation fournie par le ministère des Affaires étrangères.

gouvernementale de l'accord de siège et des statuts de la Banque [BOAD] ». Soulignons que les juges ont estimé qu'il n'y avait pas place pour l'interprétation par le Gouvernement togolais de l'accord de siège, car ils ont considéré que les statuts de la BOAD, sur lesquels ils avaient fondé leur décision, étaient suffisamment clairs. Or, il était stipulé dans l'accord de siège que la BOAD - institution internationale dont le Togo est membre - jouit sur le territoire togolais d'une immunité pleine ; ce qui induirait, en cas de contentieux, une interprétation gouvernementale des textes qui régissent les relations entre cette institution internationale et le Togo.

De l'avis de la Cour suprême, les statuts de la BOAD ne conféraient à cette Organisation qu'une immunité de juridiction restreinte. Les statuts en question stipulent que les personnes qui ne peuvent intenter une action contre la BOAD sont les États membres de l'Union et les personnes qui les représentent ou détiennent le droit desdits États membres ; ce qui manifestement n'est pas le cas de la requérante, qui avait donc qualité pour attraire la BOAD en justice. La Cour suprême avait également jugé suffisant l'argument de la Cour d'appel de Lomé, selon lequel « les Statuts [de la BOAD] et l'accord de siège étaient clairs et qu'ils n'avaient pas besoin d'être interprétés mais appliqués tels qu'ils sont ». Toutefois, la Cour suprême ne paraît pas remettre en cause le principe de l'interprétation gouvernementale des traités et accords internationaux, lorsqu'elle affirme :

> [I]l est vrai, qu'une convention internationale intéressant l'ordre public international ne peut être interprétée, s'il y a lieu, que par les puissances entre lesquelles elle est intervenue, qu'il appartient cependant aux tribunaux de l'appliquer lorsque son sens ou sa portée ne présente aucune ambiguïté[449].

Par cette affirmation, la Cour suprême du Togo reprend à son compte l'argumentaire développé par la Chambre criminelle de la Cour de cassation française, le 04 mars 1954, dans le cadre de poursuites contre un ressortissant américain au Maroc, pour violation de la législation des changes. En effet, la Chambre criminelle de la Cour de cassation, qui elle-même reprenait les formules qu'elle avait utilisées la veille, le 3 mars 1954, dans l'affaire *Dame Dubreuil*[450], déclarait dans l'affaire *Bedangan* :

---

[449] Cour suprême du Togo, *Affaire Banque Ouest Africaine de Développement (B.O.A.D) c. Dame HU*, arrêt n° 9 du 17 avril 1986.

[450] C. cass., ch. crim., 3 mars 1954, *Dame Dubrentl, Bull.*, p. 174.

> Attendu d'ailleurs que [la] déclaration de compétence, résultant de la lettre même, comme de l'esprit de la Convention d'Algésiras [...], et de l'arrêt de la Cour internationale de Justice du 27 août 1952 a été prise légalement et échappe aux griefs que formule contre elle le pourvoi; qu'en effet si les conventions internationales sont des actes d'administration qui ne peuvent être interprétés, s'il y a lieu, que par les puissances entre lesquelles elles sont intervenues, il appartient au contraire aux tribunaux judiciaires de les appliquer lorsque, comme en l'espèce, leur sens et leur portée ne présentent pas d'ambiguïté[451].

Il convient de noter qu'en cas de difficulté d'interprétation, les juridictions judiciaires et administratives françaises avaient recours à l'interprétation gouvernementale des traités internationaux, laquelle interprétation s'imposait auxdites juridictions, dès lors qu'elle n'était pas considérée comme ambiguë. Ce fut le cas en 1963, par son arrêt *Compagnie des eaux d'Hanoï*, le Conseil d'État français jugea que « *l'interprétation [donnée par le ministre des Affaires étrangères] dépourvue de toute ambigüité s'impose à la juridiction administrative, laquelle ne peut qu'en tirer les conséquences juridiques*[452] ». Cependant, plus de deux décennies plus tard, le Conseil d'État opéra un revirement jurisprudentiel au sujet du renvoi préjudiciel à l'interprétation gouvernementale des traités internationaux. En effet, par son arrêt GISTI du 29 juin 1990, le Conseil d'État interpréta lui-même l'accord franco-algérien du 27 décembre 1968 portant sur les conditions d'entrée et de séjour des Algériens en France, sans recourir à l'avis du ministre des Affaires étrangères[453]. Ainsi, comme l'a relevé la Cour européenne des droits de l'Homme, dans son arrêt relatif à l'affaire *Chevrol c. France* du 13 février 2003 :

> Depuis l'arrêt du Conseil d'État *GISTI* du 29 juin 1990, la pratique du renvoi préjudiciel au ministre [des Affaires étrangères] a été abandonnée et le Conseil d'État interprète désormais lui-même les accords internationaux ; s'il recueille l'avis du pouvoir exécutif, il ne se considère pas lié par lui (voir l'arrêt GISTI du 29 juin 1990, *Recueil des arrêts du Conseil d'État*, p. 171, et l'arrêt de la Cour dans l'affaire *Beaumartin c. France* du 24 novembre 1994, série A n° 296-

[451] C. cass., ch. crim., 4 mars 1954, *Bendagan, Bull.*, p. 182.

[452] CE, 19 juin 1963, *Cie des Eaux d'Hanoï, Rec. 375*, cité par Alexandre Charles Kiss, « Jurisprudence française relative au droit international », *AFDI*, vol. 10, 1964, p. 859 ; nos italiques.

[453] CE, Ass. 29 juin 1990, *Groupe d'information et de soutien des travailleurs immigrés (GISTI), Rec.* 171.

B, arrêt rendu à propos d'un litige tranché avant que ce revirement ait été opéré)[454].

Partant, on peut se demander si et dans quelle mesure le pouvoir qu'a le juge français d'interpréter les traités internationaux est un « pouvoir exclusif ou partagé ». À cet égard, dans leur commentaire sur l'arrêt GISTI, Alain PELLET et Alina MIRON relèvent que « [l]'idée d'une obligation a été contestée par certains commentateurs au motif qu'il n'y a pas de raison de retarder le cours du procès dès lors que le juge n'est pas dans l'impossibilité de résoudre la difficulté d'interprétation par ses propres moyens ». Toutefois, font-ils observer :

> Dans l'affaire qui lui était soumise par le GISTI, le Conseil d'État a consulté le ministre des Affaires étrangères - et cette consultation était présentée par le Commissaire du gouvernement comme devant rester obligatoire à l'avenir : « le juge pourra et devra consulter le ministre des Affaires étrangères chaque fois qu'une difficulté d'interprétation surgira à propos d'un engagement international » déclarait-il[455] .

D'un point de vue pratique, la question posée appelle une réponse nuancée. Certains auteurs, comme Henri BATIFFOL, suggèrent que pour déterminer si le pouvoir du juge d'interpréter un traité international est un pouvoir exclusif ou partagé, une distinction devrait être opérée entre les questions qui touchent au droit privé et celles qui soulèvent des difficultés diplomatiques. Du reste, contestée par d'autres auteurs, qui la jugent « insuffisamment précise », une telle distinction ne semble pas dénuée d'intérêt et de pertinence :

> [I]l paraît expédient que les tribunaux interprètent eux-mêmes les traités pour ne pas paralyser le cours de la justice, s'agissant généralement de questions qui touchent au droit privé au sens le plus certain du terme, sur lesquelles les difficultés diplomatiques sont inexistantes ou peu à craindre, et sur lesquelles le Gouvernement, comme tel, n'est guère compétent pour se prononcer. Il paraît cependant raisonnable et utile de réserver la compétence du Gouvernement quand la question en cause soulève, ou risque de soulever, des difficultés diplomatiques ; par exemple, quand il y a eu des négociations à ce sujet entre les États contractants : il ne faut pas que les tribunaux interfèrent dans la liberté du Gouvernement de mener l'action diplomatique ; il y a là une question

---

[454] CEDH, *Chevrol c. France*, arrêt du 13 février 2003 [CEDH, Recueil des arrêts et décisions 2003-III, consulté sur https://hudoc.echr.coe.int; italique dans l'original].
[455] Alain PELLET et Alina MIRON (dir.), *Les grandes décisions de la jurisprudence française de droit international*, Dalloz, 2015, p. 192-204.

> de séparation des pouvoirs, on s'explique donc qu'une distinction soit désirable.
> Mais cette distinction, si on lui donne ce sens, revient à chercher simplement si, dans la question en jeu, une difficulté d'ordre international est en cause ou à craindre ; et il s'ensuit qu'il paraît peu utile d'essayer de dresser des listes de matières qui répartiraient les questions, entre l'interprétation judiciaire et l'interprétation gouvernementale. Tout est question d'espèces et de problèmes[456].

Quoi qu'il en soit, les vertus du renvoi préjudiciel au ministre des Affaires étrangères, pour l'interprétation des traités internationaux, sont indéniablement reconnues. Au surplus, l'étude de la jurisprudence française- celle précisément du Conseil d'État -donne à penser que le renvoi préjudiciel au ministre des Affaires étrangères pour l'interprétation d'un traité ou accord international relève, dans certaines occurrences[457], non pas d'une simple faculté mais d'une obligation procédurale. Ainsi que le Conseil d'État l'a indiqué, dans son arrêt *Madame Cheriet-Benseghir* du 9 juillet 2010 :

> [I]l appartient au juge administratif, lorsqu'est soulevé devant lui un moyen tiré de ce qu'une décision administrative a à tort, sur le fondement de la réserve énoncée à l'article 55 [de la Constitution], soit écarté l'application de stipulations d'un traité international, soit fait application de ces stipulations, de vérifier si la condition de réciprocité est ou non remplie ; qu'à cette fin, il lui revient, dans l'exercice des pouvoirs d'instruction qui sont les siens, après avoir recueilli les observations du ministre des affaires étrangères et, le cas échéant, celles de l'État en cause, de soumettre ces observations au débat

---

456 Henri BATIFFOL, « L'interprétation des traités diplomatiques par les tribunaux judiciaires », *Travaux du Comité français de droit international privé*, Dix-neuvième et vingtième année (1958-1959), Librairie Dalloz, 1960, p.100.

457 Voir notamment, au sujet du contrôle du respect de la condition de réciprocité en matière de traités internationaux, l'arrêt *Rekhou* du 29 mai 1981. En l'espèce le Conseil d'État jugea qu' « *il n'appartient pas au juge administratif d'apprécier si et dans quelle mesure les conditions d'exécution par l'autre partie d'un traité ou d'un accord sont de nature à priver les stipulations de ce traité ou de cet accord de l'autorité qui leur est conférée par la constitution* ; que, par suite, *il y a lieu pour le Conseil d'État, avant dire droit sur la requête de M. REKHOU, de renvoyer au ministre des Affaires étrangères la question de savoir si* en 1964, époque de la décision attaquée les conditions dans lesquelles les autorités algériennes appliquaient les déclarations gouvernementales du 19 mars 1962 étaient de nature à priver de leur autorité les stipulations précitées de l'article 15 de la déclaration relative à la coopération économique et financière, qui garantissent les droits à pension acquis auprès d'organismes français » (Nous soulignons) : Conseil d'État, 29 mai 1981, *Rekhou*, n° 15092, *Lebon* 220.

contradictoire, afin d'apprécier si des éléments de droit et de fait suffisamment probants au vu de l'ensemble des résultats de l'instruction sont de nature à établir que la condition tenant à l'application du traité par l'autre partie est, ou non, remplie[458].

Dans le prolongement de l'analyse comparative, au sujet du renvoi au gouvernement pour interprétation des traités internationaux lors des instances judicaires, il convient d'examiner la pratique y relative dans d'autres systèmes juridiques. Dans cette optique, le cas des États-Unis d'Amérique offre une illustration saisissante de la place conférée à l'interprétation gouvernementale des traités internationaux par la loi et la jurisprudence. Il faut d'emblée souligner que, selon la *Loi sur les relations étrangères des États-Unis*, publiée en 1987 (*Restatement of the Law, (Third) : The Foreign Relations Law of the United States*), « [l]es tribunaux des États-Unis ont le pouvoir final d'interpréter un accord international en vue de l'appliquer comme loi aux États-Unis, mais ils accorderont une grande importance à une interprétation fournie par le pouvoir exécutif» [TRADUCTION] [459].

La pratique américaine, mise en exergue notamment par le Professeur Scott M. SULLIVAN, de *The University of Texas School of Law*, montre que lorsque le traité interprété est susceptible d'avoir des incidences sur les relations extérieures, les juges recourent quasi-systématiquement à l'interprétation gouvernementale dudit traité :

---

[458] CE, Ass., 9 juillet 2010, *Mme Souad Chériet-Benseghir*, n° 317747. Voir Agnès ROBLOT-TROIZIER, « Constitution et Droit international »[commentaires des arrêts : CE, Ass., 9 juillet 2010, Mme Souad Cheriet-Benseghir, n° 31774737 ; CE, Sect.,9 juillet 2010, *Fédération nationale de la libre pensée et autres*, n° 327663], Gweltaz EVEILLARD, Aurélie DUFFY-MEUNIER, Laetitia JANICOT, Agnès ROBLOT-TROIZIER et Guillaume DRAGO (dir.), « Observatoire de jurisprudence constitutionnelle. Chronique n° 8 Octobre-Décembre 2011 », *Les nouveaux cahiers du Conseil constitutionnel*, Dalloz, n° 30, 2011, pp. 187-2012 [pp.206-2012] ; Laurent BENOITON, « Note sous Conseil d'État, Assemblée, 9 juillet 2010, numéro 317747, Madame Souad Cheriet-Benseghir », *Revue juridique de l'Océan Indien*, Association " Droit dans l'Océan Indien " (LexOI), 2011, pp.219-230.

[459] "*Courts in the United States have final authority to interpret an international agreement for the purposes of applying it as law in the United States, but will give great weight to an interpretation made by the executive branch*", RESTATEMENT (THIRD) OF THE FOREIGN RELATIONS LAW OF THE UNITED STATES § 326(2) (AM. LAW INST. 1987), [Cité par Harlan Grant COHEN, *The Death of Deference and the Domestication of Treaty Law,* 2015 Brigham Young University Law Review 1467, 2015: https://digitalcommons.law.byu.edu/lawreview/vol2015/iss6/4, consulté le 19 novembre 2019.

> When the Court believes that it is well equipped to settle a properly presented question of textual construction, it engages in interpretation alone. When enough concerns arise about the potential foreign effects of an interpretive decision, it defers.
> This tension is consistent with the conceptual difficulty posed by treaties as both political and legal instruments. Courts are institutionally designed for the practical application of legal norms but ill-suited to balancing political interests, especially when those political interests are foreign in nature. Treaties, intrinsically both political and legal, thus pose a special challenge to courts in disentangling those competing threads[460].

Pour sa part, après avoir relevé que la Cour suprême des États-Unis d'Amérique recourt fréquemment à l'interprétation gouvernementale des traités, le Professeur Joshua WEISS, de *The George Washington University Law School,* fait remarquer que, dans la majorité des cas, cette Cour suprême fait prévaloir l'interprétation gouvernementale :

> Whatever its standard, the Court in fact frequently defers to the Executive. Deference to the Executive is "the single best predictor of interpretive outcomes in American treaty cases." Professor Robert Chesney studied sixty-seven treaty interpretation cases and found that the Executive's interpretation prevailed fifty-three times. In another study, Professor David Bederman found that the Executive's interpretation won in nineteen of twenty-three cases. Clearly, the Executive's interpretation frequently prevails[461].

La réflexion que suscite les positions doctrinales et jurisprudentielles sus examinées, concernant le recours du juge national à l'interprétation gouvernementale des traités internationaux et la suite qu'il réserve à l'interprétation reçue, n'appelle pas des conclusions définitives. En effet, on ne peut se hâter de conclure que les traités et accords internationaux sont toujours suffisamment clairs et sans ambiguïté pour les juridictions nationales, au point que celles-ci n'aient plus besoin d'interprétation gouvernementale au cours des instances judiciaires. Ce sont les circonstances particulières de chaque espèce qui déterminent l'orientation ou la valeur que le juge interne accorde à l'interprétation gouvernementale d'un traité ou d'un accord international. Au final, la solution qu'offriront les juridictions nationales dépendra, dans une

---

[460] Scott M. SULLIVAN, *Rethinking Treaty Interpretation*, 86, Texas Law Review, 777, 2008: 791-792 [https://www.nyulawreview.org, consulté le 13 novembre 2019].
[461] Joshua WEISS, *Defining Executive Deference inTreaty Interpretation Cases, 79,* George Washington Law Review, *1592, 1594–95 (2011)* [https://www.gwlr.org, consulté le 16 janvier 2020].

grande mesure, des conventions diplomatiques, dont elles ont à faire application[462].

Au Togo, le recours à l'interprétation gouvernementale ou le renvoi préjudiciel au ministre des Affaires étrangères conserve une place de choix dans les mécanismes juridictionnels où les accords internationaux sont invoqués, surtout lorsque ces accords soulèvent des questions d'ordre diplomatique ou de politique étrangère. Pour en témoigner, il convient de se référer à l'arrêt de la Cour suprême, du 21 novembre 2002, rendu à l'issue d'une procédure au cours de laquelle l'une des parties se prévalait de l'immunité diplomatique. En l'occurrence, après avoir constaté que la Cour d'appel de Lomé n'avait pas suffisamment motivé sa décision sur l'exception d'incompétence soulevée, la Cour suprême conclut à l'incompétence de ladite Cour d'appel :

> Attendu que la Banque Ouest Africaine de Développement a, en effet, soutenu, tant devant le Tribunal de Première Instance que devant la Cour d'Appel, qu'il ressort aussi bien de l'Accord de siège la liant à l'État Togolais ainsi que de ses statuts que les privilèges et immunités des Institutions Financières Internationales lui sont reconnus ; qu'elle a indiqué qu'à l'instar de la Banque Centrale des États de l'Afrique de l'Ouest (BCEAO), elle est une institution spécialisée de l'Union Monétaire [et Économique] Ouest Africaine (UEMOA) et qu'elle n'est justiciable que devant la Cour de Justice de cette Union ;
> Attendu qu'aucun juge, exerçant ses fonctions avec soin, ne saurait raisonnablement considérer ces moyens comme des arguments auxquels la Cour d'Appel n'est pas astreinte à donner une réponse ;
> Attendu que la Cour d'Appel, en affirmant sur l'exception d'incompétence, « qu'à la lecture des prétentions des parties en cause d'appel, il s'est avéré qu'elles ne proposent pas de moyens nouveaux, ni n'offrent les mêmes en appel que devant le Tribunal qui les a correctement appréciés », a commis un défaut de réponse à conclusions équivalent à un défaut de motifs emportant violation caractérisée de l'ordonnance n° 78-35 du 07 septembre 1978 [p]ortant Organisation Judicaire[463].

Cette jurisprudence fut confirmée en 2005 dans l'affaire *Procureur général près la Cour d'appel de Lomé, Communauté Économique des États de l'Afrique de l'Ouest (CEDEAO), ECOBANK contre AG.* En l'espèce, la Cour suprême rappela l'incompétence des juridictions

---

[462] Luc MURACCIOLE, « Jurisprudence française relative au droit international public (année 1954) », *AFDI*, vol. 1, 1955. p. 540.

[463] Cour suprême du Togo, *Affaire Banque Ouest Africaine de Développement (BOAD) c. SO*, arrêt n° 18 du 21 novembre 2002.

nationales pour connaître d'actions intentées contre toute organisation internationale qui, en vertu de ses statuts, jouit au Togo d'une immunité de juridiction :

> Sur le premier moyen tiré de la violation de l'article 3, alinéa 1 et 2 de la convention sur les privilèges et immunités de la CEDEAO en ce que le Tribunal est entré en condamnation contre la CEDEAO alors que cette institution accréditée au Togo est bénéficiaire d'une exemption de juridiction qu'elle soit pénale, civile ou administrative et de ce fait peut invoquer l'incompétence de la juridiction à son endroit ;
> Attendu que l'article 3, alinéa 1 de la convention générale sur les privilèges et immunités de la CEDEAO signée à Lagos le 22 avril 1978 dispose que l'immunité de juridiction s'applique à la communauté, à ses avoirs meubles et immeubles, aux différents sièges de la communauté et de ses institutions ainsi qu'aux détenteurs des avoirs, des biens meubles et immeubles ;
> Attendu que l'alinéa 2 de l'article 3 poursuit : les biens meubles et immeubles de la communauté sont inviolables, ses biens et avoirs sont exempts de perquisition, réquisition, confiscation expropriation et de toute contrainte exécutive, administrative, judiciaire ou législative ;
> Attendu que l'immunité dont bénéficie la CEDEAO s'entend non seulement d'une exemption de juridiction mais aussi d'exemption d'exécution forcée ;
> Attendu que de toute évidence un Tribunal ne peut se déclarer compétent pour connaître d'une affaire initiée contre ladite institution sans violer l'immunité dont elle bénéficie, qu'il y a lieu d'accueillir favorablement le moyen et de casser le jugement déféré sans renvoi et sans examen des autres moyens développés[464].

En règle générale, le juge interne conserve la faculté d'user de diverses méthodes et même de se référer aux jurisprudences internationales relatives à l'application d'un moyen, ainsi qu'au droit comparé des autres États[465]. Sans préjudice des règles afférentes aux procédures et modalités de fonctionnement de chaque ordre judiciaire, il est admis que le juge interne jouit, lorsqu'il est appelé à appliquer une norme internationale, d'une indépendance totale d'appréciation. À cet égard, dans sa résolution *L'activité du juge interne et les relations*

[464] Cour suprême du Togo, *Affaire Procureur général près la Cour d'appel de Lomé, Communauté Économique des États de l'Afrique de l'Ouest (CEDEAO), ECOBANK c. AG*, arrêt n°2 du 17 février 2005.

[465] Voir Brusil Miranda METOU, « Le moyen de droit international devant les juridictions internes en Afrique : quelques exemples d'Afrique noire francophone », *RQDI*, vol. 22, n° 1, 2009, p. 150.

internationales de l'État, adoptée en 1993, l'Institut de droit international soulignait que :

> Lorsqu'elles déterminent l'existence ou le contenu du droit international, soit à titre principal, soit à titre préalable ou incident, les juridictions nationales devraient disposer de la même liberté d'interprétation et d'application que pour d'autres règles juridiques, en s'inspirant des méthodes suivies par les tribunaux internationaux[466].

Toutefois, l'usage de la liberté d'interprétation des normes internationales par le juge interne ne fait pas obstacle à ce que celui-ci sollicite, dans des cas précis, l'avis du ministère des Affaires étrangères en particulier. C'est dans cette optique que, selon l'Institut de droit international :

> Les juridictions nationales devraient avoir la possibilité de déférer au pouvoir exécutif, et notamment aux organes chargés de la politique étrangère, l'établissement de faits qui ont trait aux relations internationales de l'État du for ou d'autres États[467].

L'arrêt de la Cour suprême du Togo, dans l'affaire *Banque Ouest Africaine de Développement (B.O.A.D) c. dame HU*, mentionné plus haut, a marqué de son empreinte la jurisprudence togolaise relative aux accords de siège. Les principes dégagés ont parfois conduit certains tribunaux à considérer qu'elles ne devraient tenir aucun compte de l'interprétation fournie par le ministère des Affaires étrangères concernant certains traités et accords internationaux. Au final, quand bien même les tribunaux se départiraient de l'interprétation gouvernementale[468], lorsque sont en jeu des immunités diplomatiques et qu'ils viendraient à condamner l'entité en cause, par quels moyens feraient-ils exécuter la décision rendue ? Il va de soi que, dans l'hypothèse où elles nécessiteraient une exécution forcée, de telles décisions se heurteraient, le cas échéant, à l'immunité d'exécution, si l'entité en cause s'en prévalait. Par ailleurs, quels que soient les moyens qui viendraient à être mobilisés, on pourrait s'interroger sur l'incidence éventuelle de telles décisions sur les relations extérieures de l'État. En

---

466 *L'activité du juge interne et les relations internationales de l'État*, Résolution de l'Institut de Droit international, Session de Milan-1993 [article premier, paragraphe 2] consulté sur : https://www.idi-iil.org/fr.

467 *L'activité du juge interne et les relations internationales de l'État*, Résolution de l'Institut de Droit international, Session de Milan-1993 [article 7, paragraphe 1].

468 Il s'agit précisément de l'interprétation fournie par le ministère des Affaires étrangères.

tout état de cause, la solution idoine, dans ces cas de figure, serait de concilier la nécessité pour l'État de garantir le respect de ses engagements internationaux, en assurant le respect de l'immunité de juridiction et d'exécution des personnes et entités concernées, tout en garantissant aussi la justice et la protection nécessaires aux citoyens, afin d'éviter le déni de droit et l'abus de droit.

La solution susmentionnée trouve un écho notamment dans l'avis que la Cour de Justice de l'UEMOA a rendu le 30 octobre 2011 au sujet de l'éligibilité à son système judiciaire de la Banque Ouest Africaine de Développement (BOAD) :

> Tenant compte de l'impossibilité pour ses agents de s'adresser aux juridictions nationales des États du fait de l'immunité de juridiction et d'exécution dont elle jouit en vertu de ses textes fondateurs et de la compétence expressément affirmée de la Cour de Justice de l'UEMOA, la BOAD se doit de préciser, dans les statuts de son personnel, la question de la compétence en ce qui concerne ses différends avec ledit personnel pour lui permettre l'exercice du droit fondamental que constitue le recours à la Justice.
>
> Ce vide dans les statuts du personnel ne constitue pas un frein à la saisine de la Cour de Justice compte tenu des compétences que le Traité de l'UEMOA a expressément attribué à la Cour. Cependant, l'ignorance entretenue dans ce domaine fait que la situation qui prévaut dans cette Institution spécialisée autonome de l'UEMOA du point de vue du traitement des litiges avec le personnel est caractéristique d'un déni de justice alors que l'article 3 du Traité de l'UEMOA précise que, dans son action, l'Union respecte les droits fondamentaux énoncés dans la Déclaration universelle des droits de l'Homme de 1948 et la Charte africaine des droits de l'Homme et des peuples de 1981. Parmi ces droits fondamentaux, figure le droit qu'a toute personne à ce que sa cause soit entendue équitablement et publiquement par un tribunal indépendant et impartial, qui décidera de ses droits et obligations[469] .

---

[469] Cour de Justice de l'UEMOA, *Demande d'avis de la Banque Ouest africaine de Développement (BOAD) relative à son éligibilité au système judiciaire de la Cour de justice de l'UEMOA*, avis n° 01/2011 du 30 octobre 2011, pp. 7-8. Il faut rappeler qu'en vertu du Traité de l'Union Économique et Monétaire Ouest Africaine (UEMOA) du 10 janvier 1994 et du Traité révisé du 29 janvier 2003, il n'est plus possible aux tribunaux nationaux de connaître des litiges découlant des relations de travail entre la BOAD et ses employés. Selon l'article 41 du traité révisé, cette compétence est désormais dévolue à la Cour de justice de l'UEMOA ; voir UEMOA, « Le traité modifié », consulté sur : http://www.uemoa.int.

Comme le montre cet avis de la Cour de Justice de l'UEMOA[470], il ne s'agit pas de promouvoir le principe de l'immunité juridictionnelle au détriment du respect des droits de l'Homme. En clair, il faut s'attacher à une appréciation réaliste et équitable qui concilie les droits régaliens des États et des Organisations internationales avec les droits de l'Homme.

2.2 Le contentieux des engagements internationaux du Togo devant les instances communautaires, régionales et internationales

Les avis et décisions des instances judiciaires et arbitrales internationales permettent de cerner différents enjeux et défis liés aux engagements internationaux des États. Il va sans dire qu'ils constituent des éléments indispensables, en particulier, à l'analyse, entre autres, de la contextualisation et de l'évaluation de l'effectivité de l'application du droit international. Aussi est-il opportun d'examiner, à la lumière des mécanismes institutionnels et procéduraux qui caractérisent les instances juridictionnelles, le contentieux des engagements internationaux du Togo porté devant celles-ci à l'échelle communautaire, régionale et internationale.

2.2.1 Le contentieux juridictionnel devant les instances communautaires et régionales

Les organes juridictionnels des Communautés économiques régionales en Afrique sont devenus, depuis quelques années, le réceptacle par excellence des revendications des citoyens à l'égard des États. Le foisonnement des affaires auprès de ces instances communautaires est révélateur d'une double dynamique : les particuliers ont besoin de se protéger d'une part, contre les actes ou les comportements des institutions de la Communauté, et d'autre part, contre les actes ou les comportements des États membres[471].

Il est possible de voir dans cette dynamique une relativisation de l'opinion bien diffuse selon laquelle les instances communautaires seraient des organes inféodés aux Exécutifs des États membres et ne seraient pas assez proches des peuples, suggérant qu'il faille

---

[470] Il convient de souligner que cet avis prescrivit l'inscription expresse dans les statuts du personnel de la BOAD de « la compétence de la Cour de justice de l'UEMOA en ce qui concerne les différends avec ses agents ». Voir p.9 de l'avis n° 01/2011 du 30 octobre 2011 précité.

[471] Voir Frédérique HAGNER, *Les particuliers et l'ordre juridique communautaire : l'égalité de traitement entre les hommes et les femmes*, Institut européen de l'Université de Genève, Euryopa, 2003, p. 20.

définitivement quitter la CEDEAO des dirigeants pour la CEDEAO des peuples. S'il est vrai que l'adoption des traités et protocoles de la CEDEAO sont une affaire des États membres, il est tout autant admis que leurs destinataires finaux sont les « peuples » avec et à travers lesquels l'intégration socio-économique est censée se réaliser. Afin d'examiner les mécanismes de contrôle des engagements internationaux du Togo, dans le cadre d'instances communautaires, il importe de s'appesantir notamment sur la jurisprudence de la Cour de Justice de la CEDEAO[472].

La Cour de Justice de la CEDEAO a été créée suite à la révision du Traité de la CEDEAO en 1993. Elle ne sera effective, toutefois, qu'à partir de 2002. À l'origine, cette Cour avait compétence pour trancher les différends relatifs à l'application et à l'interprétation des normes communautaires ; puis elle fut également habilitée à émettre des avis à la demande de toute institution de la CEDEAO. Par ailleurs, la Cour de Justice de la CEDEAO ne pouvait être saisie que par les États membres, y compris au nom de leurs ressortissants. En effet, selon l'article 9.3 du Protocole A/P.1/7/91 du 6 juillet 1991, « un État membre peut, au nom de ses ressortissants, diligenter une procédure contre un autre État membre ou une institution de la Communauté, relative à l'interprétation et à l'application des dispositions du Traité, en cas d'échec des tentatives de règlements à l'amiable ». En clair, les ressortissants des États membres de la CEDEAO n'avaient pas la possibilité de saisir eux-mêmes cette Cour.

L'amendement introduit par le Protocole additionnel A/SP.1/01.05 du 19 janvier 2005 offre désormais la possibilité aux individus de saisir directement la Cour. Cette saisine de la Cour est régie par l'article 10 du Protocole additionnel :

> Peuvent saisir la Cour :
> a) tout État membre et, à moins que le Protocole n'en dispose autrement, le Secrétaire Exécutif[473], pour les recours en manquement aux obligations des États membres ;
> b) tout État membre, le Conseil des Ministres et le Secrétaire Exécutif pour les recours en appréciation de la légalité d'une action par rapport aux textes de la Communauté ;

---

472 La CEDEAO est composée des États suivants : Bénin, Burkina Faso, Cabo Verde, Côte d'Ivoire, Gambie, Ghana, Guinée, Guinée -Bissau, Libéria, Mali, Niger, Nigeria, Sénégal, Sierra Léone et Togo. La Mauritanie, anciennement membre de la CEDEAO, s'en est retiré en 2000.

473 Le Secrétariat exécutif institué en 1975 a été transformé en Commission en 2006.

c) toute personne physique ou morale pour les recours en appréciation de la légalité contre tout acte de la Communauté lui faisant grief ;
d) toute personne victime de violations des droits de l'Homme ; la demande soumise à cet effet : i) ne sera pas anonyme ; ii) ne sera pas portée devant la Cour de Justice de la Communauté lorsqu'elle a déjà été portée devant une autre Cour internationale compétente ;
e) tout membre du personnel des institutions de la Communauté après épuisement sans succès des recours prévus par le Statut et le Règlement du personnel de la Communauté ;
f) les juridictions nationales ou les parties concernées, lorsque la Cour doit statuer à titre préjudiciel sur l'interprétation du Traité, des Protocoles et Règlements ; les juridictions nationales peuvent décider elles-mêmes, ou à la demande d'une des parties au différend, de porter la question devant la Cour de Justice de la Communauté pour interprétation.

Il se dégage de l'examen des décisions rendues jusqu'alors par la Cour de Justice de la CEDEAO, une forte proportion d'affaires relatives aux droits de l'Homme et aux libertés individuelles[474]. À cet égard, il importe de souligner le rôle catalyseur joué par le Protocole additionnel sus cité, qui a créé le droit d'accès direct des ressortissants des États membres de la CEDEAO à cette juridiction. Toutefois, le principe, énoncé à l'article 10 (a) du Protocole additionnel A/SP.1/01.05 de 2005 demeure qu'à l'exception des États membres eux-mêmes et du Président de la Commission de la CEDEAO, aucune autre personne physique ou morale ne peut saisir la Cour concernant des manquements desdits États à leurs obligations communautaires.

Faut-il le rappeler, la saisine de la Cour de Justice de la CEDEAO n'est ouverte aux individus que dans les cas prévus aux paragraphes c), d) et e) de l'article 10 du Protocole mentionné *supra* :

Peuvent saisir la Cour :
[…]
c) toute personne physique ou morale pour les recours en appréciation de la légalité contre tout acte de la Communauté lui faisant grief ;
d) toute personne victime de violations des droits de l'Homme ; […] ;

---

474 Le nouveau Traité révisé de la CEDEAO du 24 juillet 1993 a apporté, au Traité initial de 1975, des modifications significatives, notamment en matière de droits de l'Homme et de sécurité régionale : son chapitre X est dédié à la « coopération dans les domaines des affaires politiques, judiciaires et juridiques, de la sécurité régionale et de l'immigration » : Yves Hamuli KABUMBA, « La répression internationale de l'esclavage. Les leçons de l'arrêt de la cour de justice de la Communauté économique des États de l'Afrique de l'ouest dans l'affaire Hadijatou Mani Koraou c. Niger (27 octobre 2008 », *RQDI*, vol. 21-2, 2008, pp. 25-56.

e) tout membre du personnel des institutions de la Communauté après épuisement sans succès des recours prévus par le Statut et le Règlement du personnel de la Communauté.

La Cour n'a de cesse de rappeler les dispositions relatives au droit de saisine des individus dans plusieurs de ses arrêts. Ce fut le cas notamment dans son arrêt consécutif à une requête du Parti politique béninois dénommé « Alternative Citoyenne » et du sieur Roch Gnahoui David contre la République du Bénin. En l'espèce, les requérants alléguaient le non-respect par la République du Bénin du Protocole sur la démocratie et la bonne gouvernance additionnel au Protocole relatif au mécanisme de prévention, de gestion, de règlement des conflits, de maintien de la paix et de la sécurité[475] et du Traité révisé de la CEDEAO[476]. Cependant, considérant qu'il s'agissait en l'occurrence d'un recours contre la République du Bénin pour manquement allégué à ses obligations communautaires, introduit par des entités qui n'avaient pas qualité pour agir, la Cour jugea la requête irrecevable :

> Attendu que dans le cas d'espèce, le recours des requérants tend à faire constater par la Cour de céans, que l'État du Bénin a manqué à ses obligations résultant des dispositions du Protocole sur la Démocratie et la Bonne Gouvernance ; qu'il s'agit donc d'un recours en manquement ;
> Attendu qu'il résulte de l'article 10-a du Protocole Additionnel du 19 janvier 2005 que, seul un État membre ou le Président de la Commission de la CEDEAO peut saisir la Cour d'un tel recours ; que la Cour a affirmé cela dans l'arrêt Hissène HABRE c/ État du Sénégal du 18 novembre 2010, décision dans laquelle elle a estimé que « s'agissant de manquement à une obligation communautaire par un État Membre le requérant (...) n'est pas habilité à saisir la Cour aux termes de l'article 10 du Protocole additionnel », et dans l'arrêt Karim M. WADE c/ État du Sénégal du 19 juillet 2013 où elle affirmait au paragraphe 89 dudit arrêt « qu' (....) elle est compétente pour examiner tout différend relatif à l'examen des manquements d'un État Membre (...). En conséquence la requête introduite sur un tel objet par une personne physique ou morale autre qu'un État Membre et/ou le Président de la Commission doit être déclarée irrecevable pour défaut de qualité ».

[475] Le Protocole A/SP1/12/01 sur la démocratie et la bonne gouvernance additionnel au protocole relatif au mécanisme de prévention, de gestion, de règlement des conflits, de maintien de la paix et de la sécurité a été adopté à Dakar le 21 décembre 2001.
[476] Le traité révisé de la CEDEAO a été adopté à Cotonou le 24 décembre 1994.

> Qu'en application de l'article 10-a ci-dessus cité, il échet de déclarer le présent recours irrecevable, pour défaut de qualité des requérants[477].

Par ailleurs, il doit être signalé que la Cour de Justice de la CEDEAO, statuant sur les violations alléguées des droits de l'Homme par les États membres, n'intervient pas comme une instance d'appel à l'égard des juridictions nationales. Par conséquent, il n'est pas nécessaire que les requérants aient épuisé les voies de recours internes, comme la Cour l'a rappelé en 2015, dans l'affaire *Aziali Abla & Anor c. République du Bénin*. En l'espèce, l'État béninois avait soulevé une exception tenant à la non saisine, par les requérants, de la Cour constitutionnelle du Bénin. Cette espèce offrit à la Cour de Justice de la CEDEAO, l'occasion de réaffirmer ses positions antérieures sur cette question fondamentale de l'épuisement des voies de recours internes :

> De façon plus précise encore, la Cour estime que la question de l'épuisement des voies de recours internes ne se pose pas devant elle. Non seulement ce préalable n'est prescrit dans aucun texte en vigueur, mais elle a eu, dans le passé, à faire justice des thèses qui tendaient à réintroduire cette règle, par le biais d'interprétations diverses, mais qui avaient toutes en commun de ne reposer précisément sur aucun texte. Dans sa décision avant dire droit du 14 mars 2007, rendue dans l'affaire *Professeur Etim Moses Essien c/ République de Gambie et Université de Gambie*, elle avait spécifié que « *l'exception préliminaire soulevée par les défenderesses et portant sur le non-épuisement préalable des recours internes n'a aucun rapport avec la procédure de saisine de la Cour* ». Puis, dans son arrêt du 27 octobre 2008, « *Dame Hadijatou Mani Koraou et République du Niger* », la Cour, répondant à l'affirmation de l'État du Niger suivant laquelle « tout en reconnaissant que la condition d'épuisement des voies de recours internes ne figure pas parmi les conditions de recevabilité (…) devant la Cour de justice de la CEDEAO, la République du Niger considère cette absence comme une lacune que la pratique de la Cour devrait combler », la Cour a clairement répondu qu'« il n'y a pas (…) lieu de considérer l'absence d'épuisement préalable des voies de recours internes comme une lacune que la pratique de la Cour doit combler ; car celle-ci ne saurait, sans violer les droits des individus, leur imposer des conditions et des formalités plus lourdes que celles prévues par les textes communautaires ». Elle a encore rappelé ce point dans bien d'autres

[477] Cour de Justice de la CEDEAO, *Alternative citoyenne et Roch Gnahoui David c. République du Bénin*, arrêt n° ECW/CCJ/JUD/21/15 du 23 octobre 2015, pp. 7-8 §§ 16-18.

arrêts (arrêt du 8 juillet 2011, Oceanking c/ État du Sénégal par exemple)[478].

En revanche, la Cour estime qu'il est de son droit d'apprécier le caractère équitable ou non des procédures internes des États membres. Elle en a ainsi décidé, par exemple, en 2016, dans l'affaire *Djibril Yipéné Bassolé c. État du Burkina Faso*, en rappelant sa jurisprudence « *Messieurs Aziabede Kokou et 33 autres c/ République Togolaise* » *(arrêt du 3 juillet 2013)* :

> [L]a Cour relève qu'il n'entre pas dans sa fonction de protection des droits de l'Homme de substituer sa propre appréciation des faits à celle des juridictions nationales, déjà saisies, ou de déterminer la force probante de certaines pièces présentées en rapport avec les faits de nature pénale. Il en va tout autrement si la question qui lui est soumise se limite à la détermination du caractère équitable de l'ensemble de la procédure qui aurait eu cours au plan national[479].

L'examen de la jurisprudence de la Cour de Justice de la CEDEAO suggère que celle-ci s'interdit de se prononcer sur le droit interne, *stricto sensu*, des États membres. La démarche de la Cour, à cet égard, est d'éviter que l'appréciation des dispositions du droit interne d'un État membre ne se transforme en un contrôle de la légalité interne des actes de l'État concerné. À titre illustratif, dans l'affaire *[B. A.] Pascal c. République [togolaise]*[480], la Cour de Justice de la CEDEAO refusa d'examiner les dispositions du droit constitutionnel togolais qu'avaient invoquées, au soutien de leurs prétentions, les conseils du sieur B.A Pascal, demandeur, et de l'État togolais, défendeur.

En l'espèce, en réponse aux arguments du sieur [B.A.] Pascal, la Cour de Justice de la CEDEAO réaffirma sa « jurisprudence établie », selon laquelle elle n'avait pas vocation à s'appesantir sur les sous-entendus qu'un dossier peut comporter, mais plutôt que sa tâche était d'« apprécier, de façon factuelle, si des violations des droits des requérants ont été commises ». Ceci étant précisé, la Cour se refusa catégoriquement à tout examen des moyens de légalité interne qui,

---

478 Cour de Justice de la CEDEAO, *Affaire Aziali ABLA & ANOR c. République du Benin,* arrêt n° ECW/CCJ/APP/04/14 du 23 avril 2015, pp. 6-7 §§ 25-26 [italique dans l'original].

479 Cour de Justice de la CEDEAO, *Affaire Djibril Yipéné Bassolé c. État du Burkina Faso, Cour de Justice de la CEDEAO*, arrêt n° ECW/CCJ/APP/03/16 du 1er juillet 2016, p. 13.

480 Cour de Justice de la CEDEAO, *Affaire [B.A] Pascal c. République [togolaise]*, arrêt n° ECW/CCJ/JUD/06/15 du 24 avril 2015.

admit-elle, relèvent de la compétence des juridictions nationales togolaises :

> La Constitution togolaise est en effet, fréquemment citée par les deux parties. Or, il n'appartient pas à la Cour de procéder à un contrôle de constitutionnalité ou de légalité interne des actes pris par des autorités nationales. Cette mission incombe à des juridictions des États membres, et la Cour de justice de la CEDEAO ne peut se substituer à elles. Dans son analyse, elle se réfèrera donc exclusivement à des normes de droit international, normes qui s'imposent en principe aux États qui y ont souscrit. Pour la même raison, la Cour va écarter des débats un point de la défense du requérant, relatif à l'énumération limitative des mesures de contrôle judiciaire.
>
> On sait que M. [B.A.] conteste l'interdiction de sortie du territoire qui lui a été faite, au motif qu'elle ne figure pas parmi les mesures qui peuvent être prises dans le cadre d'un contrôle judiciaire. Il va de soi que la Cour ne peut que s'abstenir de se prononcer sur un tel point, dont l'évocation serait en réalité un contrôle de la légalité interne des actes de l'autorité judiciaire togolaise[481].

De même, en 2018, une requête pour violations des droits de l'Homme contre la République togolaise a amené la Cour de Justice de la CEDEAO à reprendre dans des termes similaires, les formules utilisées dans l'affaire *[B. A] Pascal c. République [togolaise]* sus évoquée :

> Sur le fond, la Cour doit d'abord faire deux observations. La première concerne l'invocation du droit togolais. À l'appui de sa requête, le demandeur se prévaut en effet de dispositions de la Constitution togolaise, du Code de procédure pénale et du Code du travail du Togo. Or, la Cour a toujours souligné que, comme juge de la violation des droits de l'Homme, elle applique les normes internationales opposables aux États, c'est-à-dire, notamment, les engagements internationaux de ceux-ci, qui consistent souvent en [des]traités ratifiés ou [des]actes unilatéraux d'institutions internationales auxquelles ils sont membres.
>
> La Cour ne saurait donc, en principe, apprécier la conduite des États en vertu de leur droit national. C'est pourquoi elle doit, dans la présente affaire, écarter tous les arguments reposant sur la Constitution du Togo,

---

[481] Cour de Justice de la CEDEAO, *Affaire [B.A] Pascal c. République [togolaise]*, arrêt n° ECW/CCJ/JUD/06/15 du 24 avril 2015, pp. 8-9 §§ 36-37.

ainsi que sur le Code de procédure pénale et le Code du travail du pays[482].

Il paraît essentiel que les requêtes portées devant la Cour de Justice de la CEDEAO se fondent sur des instruments juridiques contraignants auxquels les États membres sont Parties ; car en principe, l'office des juges communautaires en matière de droits de l'Homme s'exerce dans le cadre de violations alléguées des textes internationaux juridiquement contraignants. Une illustration particulièrement saisissante témoigne de la propension de requérants à se prévaloir d'instruments internationaux sans égard au caractère contraignant ou non des textes sur lesquels ils fondent leurs prétentions. En effet, en 2016, dans une affaire portée devant la Cour de Justice de la CEDEAO, il était allégué que le Togo avait :

> [V]iolé [les droits du requérant garantis par] la Constitution togolaise du 14 octobre [1992], la Charte africaine des droits de l'Homme et des peuples, le Pacte international relatif aux droits civils et politiques, la Convention des Nations Unies contre la torture et autres peines ou traitements cruels, inhumains ou dégradants, les dispositions de l'Ensemble des principes pour la protection de toutes les personnes soumises à une forme quelconque de détention ou d'emprisonnement du 14 décembre 1988 et des principes fondamentaux relatifs au traitement des détenus du 14 décembre 1990[483].

Fidèle à sa jurisprudence constante sur le sujet, la Cour de Justice de la CEDEAO rappela, en l'espèce, la distinction entre le « droit dur » et le « droit mou », et écarta « des débats trois instruments [auxquels s'était référé le requérant] qui ne sont pas en tant que tels des actes à portée obligatoire ». Le raisonnement de la Cour dans cette affaire était le suivant :

> Le requérant a [...] invoqué, au soutien de ses prétentions, un certain nombre d'instruments internationaux dont le statut normatif reste douteux. Plus précisément, il s'agit de textes relevant plutôt du « droit mou » (« Soft Law »), textes à portée simplement incitative ou recommandatoire, qui seraient donc intrinsèquement dépourvus de caractère obligatoire et partant, non susceptibles d'être opposés aux États. De tels instruments ne sont évidemment pas dépourvus de tout

---

[482] Cour de Justice de la CEDEAO, *Affaire ALAZA Y. PAWIMONDOM c. République [togolaise]*, arrêt n° ECW/CCJ/JUD/06/18 du 19 février 2018, pp. 4 -5.
[483] Cour de justice de la CEDEAO, *Affaire Konso Kokou PAROUNAM c. République [togolaise]*, arrêt n° ECW/CCJ/JUD/02/16 du 16 février 2016, p. 4 §§ 15-17.

intérêt pour la Cour ; ils peuvent notamment constituer des indices précieux dans l'appréciation d'un « consensus » autour de règles données, dans la perspective notamment de l'émergence d'une coutume internationale, source incontestable de droit. Mais en eux-mêmes, ces instruments à portée déclarative ne lient pas les États, et la Cour a toujours insisté sur le fait que les allégations de violation des droits de l'Homme doivent reposer sur des textes qui obligent effectivement ces États. Comme elle a eu à le déclarer dans son arrêt « Peter David » du 11 juin 2010, « le régime international de protection des droits de l'Homme devant les organes internationaux repose essentiellement sur les traités auxquels les États sont parties (...) » (§46). De même dans l'arrêt précité du 13 juillet 2015, « CDP et autres contre Burkina Faso », la Cour estime qu'« elle n'a vocation à sanctionner que la méconnaissance d'obligations résultant de textes internationaux opposables aux États » [...].
Il résulte de cette considération qu'il faut également écarter des débats trois instruments auxquels se réfère la requête, qui ne sont pas en tant que tels des actes à portée obligatoire : les « Principes pour la protection de toutes les personnes soumises à une forme quelconque de détention ou d'emprisonnement », du 19 décembre 1988 ; les « Principes fondamentaux relatifs aux traitements des détenus », adoptés le 14 décembre 1990 et la « Déclaration sur les principes fondamentaux de justice relatifs aux victimes de la criminalité et victimes d'abus de pouvoir »[484].

La profusion d'affaires portées devant la Cour de Justice de la CEDEAO est illustrative de la notoriété que cette juridiction a su se construire au sein de la communauté ouest-africaine, tant à l'endroit des citoyens que des Exécutifs des États membres. La Cour de Justice participe notamment, de ce fait, à la dynamique de la consolidation de l'État de droit dans l'espace communautaire.

En matière de contrôle de l'application des traités par les États membres, la Cour de Justice de la CEDEAO est certes plus en vue, en raison, sans nul doute, du retentissement des affaires qui sont portées devant elle. Mais rappelons que dans cet espace sous-régional dont fait partie le Togo, opère également la Cour de Justice de l'Union Économique et Monétaire Ouest Africaine (UEMOA) . Cette Cour

---

[484] Cour de justice de la CEDEAO, 16 février 2016, *Affaire Konso Kokou PAROUNAM c. République [togolaise]*, arrêt n° ECW/CCJ/JUD/06/18 du 19 février 2018, p. 7 § 26. Sur la jurisprudence portant sur les textes internationaux considérés comme dépourvus de caractère impératif, voir également Cour de Justice de la CEDEAO, *Affaire Alaza.Y. PAWIMONDOM c. République [togolaise]*, arrêt n° ECW/CCJ/JUD/06/18 du 19 février 2018, p.5.

instituée par l'article 38, alinéa 1 du Traité de 1994, veille au respect du droit concernant l'interprétation et l'application du Traité de l'Union[485]. Elle assume une fonction consultative et contentieuse[486].

C'est précisément en matière consultative qu'en 2000, la Cour de Justice de l'UMEOA a émis un avis clarifiant les compétences respectives de la Commission de l'UEMOA et des États membres en ce qui concerne la négociation et la conclusion des traités en matière commerciale. En l'espèce, le Président de la Commission de l'UEMOA avait saisi la Cour de Justice de l'UEMOA suite aux divergences[487] nées lors des discussions sur des projets d'accords commerciaux ou d'investissement entre l'Union et des États tiers. Pour y remédier, le Président de la Commission avait demandé à la Cour de se prononcer sur la portée de l'article 84 du Traité, en matière de compétence à conclure les accords internationaux dans le cadre de la politique commerciale commune. En réponse à la question posée, la Cour, par son avis n°002/2000 du 2 février 2000, considéra, sur le fondement des dispositions pertinentes du Traité de l'UEMOA, que la négociation et la conclusion d'accords commerciaux relève de la compétence exclusive de l'Union :

> [O]n peut dire que dans l'hypothèse de compétences exclusives ou pour la mise en œuvre d'une politique commune, l'Union a pris, par actes communautaires, des dispositions communes, les États membres ne sont plus en droit ni individuellement, ni collectivement, de contracter, encore moins de négocier avec des États tiers des obligations portant sur ce domaine. En effet, les dispositions de l'article 7 du Traité prescrivent aux États membres l'obligation de s'abstenir de prendre toute mesure de nature à compromettre l'application du Traité.
> Tel est le cas de la négociation et de la conclusion d'accords relevant de la politique commerciale commune de l'Union dont le régime, aux termes de l'article 82 du Traité, est fixé par voie de règlement communautaire, la conclusion relevant du Conseil des Ministres de

---

485 La fonction consultative de la Cour est prévue à l'article 27 de l'acte additionnel n° 10/96 portant statuts de la Cour de justice de l'UEMOA. Voir article 1er du Protocole additionnel n° 1 relatif aux organes de contrôle de l'UEMOA et l'article 27 de l'acte additionnel n° 10/96 portant statuts de la Cour de justice de l'Union économique et monétaire ouest-africaine.

486 Statuts de la Cour de justice de l'UEMOA : http://www.uemoa.int/fr.

487 En l'occurrence, il s'agit de divergences entre la Commission et le Comité des experts, institué par l'article 25 du Traité pour préparer les délibérations du Conseil des ministres de l'UEMOA.

l'Union et la négociation, elle, de la Commission, ce en vertu des dispositions de l'article 84 du Traité.

[...]

EN CONCLUSION

La Cour est d'avis qu'en vertu des dispositions des articles précités du Traité de l'UEMOA :

- la politique commerciale commune tant intérieure qu'extérieure de l'Union relève de la compétence exclusive de cette dernière ;

- sous peine de violation des dispositions de l'article 7 du Traité, les États membres ne peuvent ni individuellement, ni collectivement négocier ou conclure des accords internationaux en matière commerciale, sauf dans le cas prévu à l'article 85 du Traité ou dans celui relevant d'accords dits mixtes couvrant à la fois des domaines relevant des compétences exclusives respectives de l'Union et des États membres[488].

Sur le fondement de ce qui précède, l'on pourrait inférer que la faculté qu'a chacun des États membres de l'UEMOA, de négocier et de conclure des traités de commerce devra être conciliée avec les exigences du droit communautaire telles qu'elles découlent notamment des articles 13, 82, 83 et 84 du traité constitutif de l'Union.

Par ailleurs, comme nous l'avons relevé au sujet de l'UEMOA, la vitalité du droit communautaire en matière économique s'observe également au niveau de l'Organisation pour l'Harmonisation en Afrique du Droit des Affaires (OHADA), dont le Togo est membre[489]. La jurisprudence de la Cour commune de justice et d'arbitrage de l'OHADA (CCJA) confirme cette dynamique relative à l'ancrage du droit communautaire des affaires. Créée par le traité de l'OHADA, la CCJA joue le rôle d'une Cour de Cassation pour ses 17 États membres[490]. Elle peut être saisie par la voie du recours en cassation contre les décisions rendues par les juridictions d'appel nationales et d'une manière générale, contre les décisions non susceptibles d'appel, à condition que dans les deux cas, l'affaire soulève des questions

---

[488] Cour de Justice de l'UEMOA, *Avis de la Cour de Justice de l'UEMOA du 2 février 2000 relatif à l'interprétation de l'article 84 du Traité de l'UEMOA,* avis n° 002/2000 du 2 février 2000, p. 7-8.

[489] Le traité de l'OHADA, adopté le 17 octobre 1993 à Port-Louis (Ile Maurice), a été ratifié par le Togo le 27 octobre 1995.

[490] Les États membres de l'OHADA sont : Bénin, Burkina Faso, Cameroun, Comores, Congo, Côte d'Ivoire, Gabon, Guinée, Guinée -Bissau, Guinée Equatoriale, Mali, Niger, République Centrafricaine, République démocratique du Congo, Sénégal, Tchad et Togo.

relatives à l'application des Actes Uniformes ou des Règlements prévus par le traité[491]. La jurisprudence de la CCJA sur la question de l'immunité de juridiction des personnes morales de droit public est l'un des principaux sujets qui porte à débat. Rappelons d'entrée de jeu que le traité de l'OHADA a consacré un article sur cette question d'immunité : il s'agit de l'article 30 de l'Acte Uniforme portant organisation des procédures simplifiées de recouvrement et des voies d'exécution (AUPSRVE), qui accorde l'immunité d'exécution aux entreprises publiques. Dans son application jurisprudentielle, cette disposition a généré des difficultés, dont la doctrine s'est fait abondamment l'écho. La question de l'immunité de juridiction des personnes morales de droit public dans l'espace OHADA est donc un sujet crucial, dont la genèse mérite d'être retracée.

En effet, par son arrêt n° 043/2005, rendu le 7 juillet 2005, dans l'affaire *Aziablévi YOVO et autres contre Société TOGO TELECOM*, la CCJA posait, pour la première fois, le principe de l'insaisissabilité des biens des personnes morales de droit public et des entreprises publiques[492] ; en clair, elle reconnaissait, à ces dernières, l'immunité d'exécution. En l'espèce, la CCJA avait été saisie du pourvoi en cassation d'un arrêt rendu par la Cour d'appel de Lomé[493], condamnant la Société TOGO TELECOM, société de droit privé investie d'une mission de service public, à payer des dommages-intérêts aux requérants Aziablévi YOVO et autres, ex-employés de ladite Société. Les requérants ayant fait pratiquer une saisie-attribution de créances sur les comptes de la Société TOGO TELECOM, cette dernière, se prévalant d'une immunité d'exécution, excipa de l'illégalité de la saisie. Pour sa défense, devant la CCJA, la Société TOGO TELECOM argua que la saisie-attribution dont elle faisait l'objet violait l'article 30 de l'AUPSRVE qui accorde l'immunité d'exécution aux entreprises publiques. Dans cette affaire, les juges de la CCJA devaient répondre à deux questions majeures : d'abord celle de savoir quelles sont les modalités de détermination des bénéficiaires de l'immunité d'exécution, ensuite quels sont les critères spécifiques d'identification

[491] *Recueils d'études sur l'OHADA et les normes juridiques africaines*, Aix-Marseille Université, Presses Universitaires d'Aix-Marseille, 2013, p. 23.
[492] Voir Filiga Michel SAWADOGO, « La question de la saisissabilité ou de l'insaisissabilité des biens des entreprises publiques en droit OHADA », *Penant*, n° 860, juillet-septembre 2007, p. 305.
[493] Cour d'appel de Lomé, Chambre sociale, arrêt n° 186/2003 du 26 septembre 2003.

des bénéficiaires de cette immunité[494]. Après avoir analysé avec soin les dispositions en cause de l'Acte uniforme de l'OHADA, la CCJA adopta l'arrêt de la Cour d'appel de Lomé[495], et conclut que la Société TOGO TELECOM, en sa qualité d'entreprise publique, bénéficiait de l'immunité d'exécution. Le raisonnement de la CCJA, qui s'articule autour de l'interprétation de l'article 30 de l'AUPSRVE, mérite d'être reproduit :

> Attendu qu'aux termes de l'article 30, alinéas 1er et 2, de l'Acte uniforme susvisé, « l'exécution forcée et les mesures conservatoires ne sont pas applicables aux personnes qui bénéficient d'une immunité d'exécution. [...] » ;
> Attendu que de l'analyse des dispositions [de l'article 30, alinéas 1er et 2 de l'Acte uniforme de l'OHADA], il ressort, contrairement aux allégations des requérants, qu'en énonçant en son alinéa 1er que « l'exécution forcée et les mesures conservatoires ne sont pas applicables aux personnes qui bénéficient d'une immunité d'exécution » et en son alinéa 2 que « toutefois, les dettes certaines, liquides et exigibles des personnes morales de droit public ou des entreprises publiques, quelles qu'en soient la forme et la mission, donnent lieu à compensation avec les dettes également certaines, liquides et exigibles dont quiconque sera tenu envers elles, sous réserve de réciprocité », l'article 30 de l'Acte uniforme susvisé pose, audit alinéa 1er, le principe général de l'immunité d'exécution des personnes morales de droit public et en atténue les conséquences audit alinéa 2 à travers le procédé de la compensation des dettes ; que ladite compensation, qui s'applique aux personnes morales de droit public et aux entreprises publiques, ne peut s'analyser que comme un tempérament au principe de l'immunité d'exécution qui leur bénéficie en vertu de l'alinéa 1er dudit texte ; qu'il suit qu'en jugeant que « l'article 30, alinéa 1er de l'Acte uniforme susvisé pose le principe d'immunité d'exécution, et que les entreprises publiques, catégorie dans laquelle est classée TOGO TELECOM, figurent dans l'énumération des Sociétés contre lesquelles s'applique la compensation, il n'y a aucun doute à l'égard de cette dernière sur sa

---

494 Mahutodji Jimmy Vital KODO, « Évolution de la jurisprudence de la Cour Commune de Justice et d'Arbitrage de l'OHADA en matière d'immunité d'exécution », 15 mai 2018, *OHADA.com* [https://www.ohada.com, consulté le 13 mai 2019].

495 Voir Filiga Michel SAWADOGO, « L'immunité d'exécution des personnes morales de droit public dans l'espace OHADA, *Revue camerounaise de l'arbitrage*, numéro spécial, février 2010, pp. 135-159.

qualité de bénéficiaire de l'immunité d'exécution », la Cour d'appel de Lomé n'a point erré dans l'interprétation dudit article et donc point violé celui-ci ; qu'il échet en conséquence de rejeter ce premier moyen comme étant non fondé[496].

Cet arrêt de principe révèle, comme cela a été souligné par la doctrine, l'étendue de l'interprétation qui était donnée par la CCJA à l'Acte uniforme portant organisation des procédures simplifiées de recouvrement et des voies d'exécution (AUPSRVE). En effet, par « une interprétation extensive des alinéas 1 et 2 de l'article 30 de l'AUPSRVE[497] », la haute juridiction assurait l'immunité d'exécution à toutes les entreprises publiques, quelle qu'en étaient la forme ou la mission[498]. Cette position, la CCJA la réaffirmera notamment dans son arrêt du 13 mars 2014, rendu dans l'affaire dite « Port Autonome de Lomé ». En l'espèce la CCJA avait estimé que les entreprises publiques, telles que le Port Autonome de Lomé, bénéficiaient de l'immunité d'exécution en vertu de l'article 30, alinéa 1 de l'AUPSRVE, même si des dispositions nationales les soumettaient aux règles de droit privé[499].

L'interprétation extensive de l'article 30 de l'Acte Uniforme susmentionné a donné lieu, à juste titre, à d'abondantes réflexions et critiques de la doctrine, dont une bonne frange trouvait en l'application stricte de cette disposition une entorse aux garanties d'investissement[500]. Toutefois, dans l'espace OHADA, la sacro-sainte règle de l'immunité d'exécution des entreprises publiques n'a pu

---

[496] CCJA, *Azablévi Yovo c/ Société Togo Télécom*, arrêt n° 043/2005 du 07 juillet 2005, *Recueil de Jurisprudence de la CCJA*, n° 6, juillet-décembre 2005, pp. 25 - 29.

[497] Bira Lo NIANG, « L'immunité d'exécution à la lumière de la jurisprudence de la Cour commune de justice et d'arbitrage de l'OHADA », *Revue RAMRes/SJP*, 2019, pp. 121-148.

[498] *Ibid.*

[499] CCJA, *Azablévi Yovo c/ Société Togo Télécom*, arrêt n° 043/2005 du 07 juillet 2005, *Recueil de Jurisprudence de la CCJA*, n° 6, juillet-décembre 2005, pp. 25-29 ; voir observations de F. M. SAWADOGO, *Ohadata D-07-16*, consulté le 26 décembre 2019.

[500] Selon Guy NAHM -TCHOUGLI : « Si au surplus, et au bénéfice de l'immunité d'exécution, [les entreprises publiques] doivent engloutir les deniers privés des sociétés privées, c'est d'un côté la perspective de mort du secteur privé et de l'autre l'hypothèque sur toutes les perspectives de développement des pays. Aussi, pour maintenir un secteur privé viable et s'inscrire dans une perspective de développement au sens large, convient-il de relativiser le principe de l'immunité d'exécution » : Guy NAHM-TCHOUGLI, « L'immunité d'exécution ou de saisie des entreprises publiques dans l'espace OHADA », *Revue Africaine de droit, d'Économie et de Développement*, 2005, n° 6, p. 577.

résister longtemps aux impératifs du droit des affaires dans un monde globalisé, même s'il a fallu pour cela attendre une quinzaine d'années. Le revirement jurisprudentiel de la CCJA, du reste espéré et tant « réclamé » par la doctrine, intervint finalement le 26 avril 2018, par le truchement de l'affaire *MBULU MUSESO contre la Société des Grands Hôtels du Congo SA*. En l'espèce, était en cause, l'ordonnance prise par la juridiction du travail de Kinshasa/Gombe qui, suite à un recours intenté par la Société des Grands Hôtels du Congo (SA), avait annulé les saisies opérées par le requérant, le sieur MBULU MUSESO, sur les comptes bancaires de ladite Société[501]. Faisant preuve d'une démarche pragmatique, qui a pu être considérée comme « un alignement de [sa] position au contexte normatif de l'espace OHADA[502] », la CCJA jugea qu'une entreprise publique ne peut bénéficier de l'immunité d'exécution, dès lors qu'elle est d'économie mixte et constituée sous forme de personne morale de droit privé :

> Attendu que l'article 30 de l'Acte Uniforme susvisé pose, en son alinéa 1er, le principe général de l'immunité d'exécution des personnes morales de droit public et en atténue les conséquences à l'alinéa 2, à travers le procédé de la compensation des dettes qui s'applique aux personnes morales de droit public et aux entreprises publiques ; qu'en l'espèce, il est établi que le débiteur poursuivi est une société anonyme dont le capital social est détenu à parts égales par des personnes privées et par l'État du Congo et ses démembrements ; qu'une telle société étant d'économie mixte, et demeure une entité de droit privé soumise comme telle aux voies d'exécution sur ses biens propres ; qu'en lui accordant l'immunité d'exécution prescrite à l'article 30 susmentionné, la Cour de Kinshasa/Gombe a fait une mauvaise application de la loi et expose sa décision à la cassation ; qu'il échet de casser l'arrêt déféré[503].

L'examen de certains avis et décisions rendus par des instances sous-régionales et régionales africaines a permis de mettre en relief l'interprétation et l'application que ces instances font de divers instruments juridiques internationaux. C'est dans ce cadre qu'ont été analysées, entre autres, les jurisprudences portant directement ou

---

[501] Sabina NYALUTALA, « Saisies et voies d'exécution, une nouvelle face cachée du droit à un procès équitable, note sous CCJA, arrêt n° 103/2018, 26 avril 2018 », *Cahiers du CERDHO*, août 2020, p. 21.

[502] Bira Lo NIANG, « L'immunité d'exécution à la lumière de la jurisprudence de la Cour commune de justice et d'arbitrage de l'OHADA », *op. cit.*, p. 132.

[503] CCJA, 3ème ch., *Affaire MBULU MUSESO c/ la Société des Grands Hôtels du Congo (SA) et consorts*, arrêt n°103/2018 du 26 avril 2018 [consulté sur : http://www.institut-idef.org].

indirectement sur le Togo, en sa qualité de sujet du droit communautaire. Il importe, pour compléter ce panorama, d'étendre la sphère d'analyse aux avis et décisions des autres instances internationales concernant le Togo ou aux jurisprudences qui permettraient d'établir un lien de connexité avec le Togo, comme membre de la « communauté juridique internationale[504] ».

2.2.2 Le contentieux juridictionnel devant les instances internationales

Au premier rang des juridictions internationales compétentes pour connaître des affaires impliquant la République togolaise, figure la Cour internationale de justice (CIJ) [505]. Pour assumer ses missions, la CIJ s'appuie sur des règles de diverse nature. Selon l'article 38 (1) de son Statut :

> La Cour, dont la mission est de régler conformément au droit international les différends qui lui sont soumis, applique :
> a) les conventions internationales, soit générales, soit spéciales, établissant des règles expressément reconnues par les États en litige ;
> b) la coutume internationale comme preuve d'une pratique générale acceptée comme étant le droit ;
> c) les principes généraux de droit reconnus par les nations civilisées ;

[504] Nous empruntons l'expression de « communauté juridique internationale » à Santiago VILLALPANDO pour illustrer l'idée, assez basique, que tous les États Parties aux mêmes instruments internationaux forment une communauté juridique. En effet, VILLALPANDO soutient que la « communauté juridique internationale » est une réalité consubstantielle à la notion de droit international : elle naîtrait de la coexistence de sociétés indépendantes organisées et de la conviction de ces dernières d'être liées par un certain nombre de règles et donc par des droits et des devoirs réciproques ». S'inspirant de diverses sources, l'auteur relève également que « les membres du groupe social international ont conscience de l'opportunité, pour tous et chacun d'eux, de respecter un certain nombre de règles coordonnées et de voir ainsi protégés leurs propres intérêts : il y aurait là un intérêt commun au respect du droit se trouvant au fondement de l'ordre juridique international. [...] Au-delà de l'intérêt commun au respect du droit, les membres de la « communauté internationale » ont conscience de l'existence de valeurs communes, qui transcendent leurs intérêts individuels, et s'engagent solidairement dans la protection de ces valeurs » : Santiago VILLALPANDO, « Le système social international en tant que communauté », dans *L'émergence de la communauté internationale dans la responsabilité des États*, Nouvelle édition, Genève : Graduate Institute Publications, 2005, pp. 9-41.

[505] La Cour internationale de Justice est, selon l'article 92 de la Charte des Nations Unies, l'Organe judicaire principal de l'ONU.

d) sous réserve de la disposition de l'article 59, les décisions judiciaires et la doctrine des publicistes les plus qualifiés des différentes nations, comme moyen auxiliaire de détermination des règles de droit.

La justiciabilité des États devant la CIJ est notamment fondée sur l'article 36, alinéa 2 du Statut de ladite Cour, en vertu duquel :

> Les États Parties au présent Statut pourront, à n'importe quel moment, déclarer reconnaître comme obligatoire de plein droit et sans convention spéciale, à l'égard de tout autre État acceptant la même obligation, la juridiction de la Cour sur tous les différends d'ordre juridique ayant pour objet :
> a) l'interprétation d'un traité ;
> b) tout point de droit international ;
> c) la réalité de tout fait qui, s'il était établi, constituerait la violation d'un engagement international ;
> d) la nature ou l'étendue de la réparation due pour la rupture d'un engagement international.

La formalité énoncée à l'article 36, alinéa 2 du Statut de la CIJ susmentionné, qui se rapporte à la clause facultative de juridiction obligatoire, a été accomplie par le Togo, le 25 octobre 1979, à travers le dépôt d'une Déclaration (voir annexe X). Il convient de relever que la CIJ a une double compétence : une compétence consultative et une compétence contentieuse ; en effet, elle a pour mission de « règle[r], conformément au droit international, les différends juridiques qui lui sont soumis par les États (compétence contentieuse) et donne[r] des avis consultatifs sur les questions d'ordre juridique que lui posent les organes des Nations Unies et les institutions spécialisées [...] dûment autorisés à le faire (compétence consultative) [506] ».

Selon les décomptes, entre le 22 mai 1947[507] et le 19 janvier 2023, cent quatre-vingt-six (186) affaires ont été inscrites au rôle de la CIJ[508]. À cet égard, il y a lieu de souligner que, depuis l'accession du Togo à l'indépendance, son adhésion aux Nations Unies et sa reconnaissance subséquente de la compétence de la Cour, jusqu'en janvier 2023, la CIJ n'a enregistré aucune affaire impliquant directement l'État du Togo.

---

[506] Cour internationale de Justice, « Compétence », consulté sur : https://www.icj-cij.org/fr ; voir également les articles 34 à 38 et 65 à 68 du Statut de la CIJ.

[507] Il s'agit de la date à laquelle la première affaire, *Détroit de Corfou* (Royaume-Uni c. Albanie), a été inscrite au rôle général de la Cour internationale de Justice [CIJ, *Affaire du détroit de Corfou*, Ordonnance du 31 juillet 1947, *Recueil* 1947, p. 4] : CIJ, « Affaires » : https://www.icj-cij.org/fr, consulté le 15 octobre 2020.

[508] CIJ, « Affaires » : https://www.icj-cij.org/fr, dernière consultation le 30 juin 2022.

Au demeurant, la République togolaise n'a été citée comme protagoniste dans aucune des affaires portées devant la CIJ, que ce soit par voie contentieuse ou par voie consultative[509]. Il faut bien admettre que, pour un État quelconque, avoir été cité ou ne pas avoir été cité dans un avis ou un arrêt de la CIJ, ne devrait constituer en soi, le gage d'une réputation internationale. Aussi l'absence d'affaires ayant impliqué la République togolaise devant la CIJ n'est-elle relevée, en l'occurrence, que pour souligner l'inexistence de données jurisprudentielles de cette Cour, concernant la responsabilité juridique internationale du Togo découlant de ses engagements conventionnels. En tout état de cause, il n'est pas superflu de faire observer que, parmi les affaires pendantes et celles qui sont tranchées par la CIJ, depuis sa première saisine en mai 1947 jusqu'au 31 janvier 2023[510], après un peu plus de 76 ans d'existence, le nom du Togo n'y est mentionné[511] qu'incidemment, dans une ordonnance rendue en 1996, dans l'affaire relative à la *Frontière terrestre et maritime entre le Cameroun et le Nigéria*. La raison en est que le conflit ayant donné lieu à la saisine de la CIJ avait fait l'objet d'une médiation du Togo[512]. La médiation en question avait débouché sur la conclusion d'un accord entre le Cameroun et le Nigéria, le 17 février 1996 à Kara au Togo. Dans son ordonnance du 15 mars 1996 sur cette affaire, la CIJ se fonda, entre autres, sur l'accord conclu au Togo entre les belligérants d'alors, pour indiquer des mesures conservatoires :

> Considérant que, par des lettres en date du 29 février 1996, le Président du Conseil de sécurité, agissant sur requête des membres du Conseil, a adressé aux gouvernements des deux Parties l'appel suivant :
> « Les membres du Conseil demandent aux Parties de respecter le cessez-le-feu dont elles ont convenu le 17 février à Kara (Togo) et de s'abstenir de tous nouveaux actes de violence. Ils leur demandent également de prendre les mesures nécessaires pour retirer leurs forces jusqu'aux positions qu'elles occupaient avant que la Cour internationale [de Justice] ne soit saisie du différend » ;

---

[509] Constat établi en 2018 et 2022, après vérifications auprès du Greffe et dans les bases documentaires pertinentes de la CIJ.

[510] Date de la dernière mise à jour avant la mise sous presse du présent ouvrage.

[511] Hormis les cas fréquents, où le nom du Togo est mentionné notamment dans les mémoires des parties à une procédure devant la CIJ, au rang d'État frontalier, État partie à des traités, État membre d'Organisations internationales, ou pour illustrer la pratique d'une règle de droit international d'origine conventionnelle ou coutumière.

[512] Cette médiation fut menée sous l'égide du président de la République togolaise, M. Eyadema GNASSINGBE.

Considérant que le Secrétaire général des Nations Unies a proposé de dépêcher une mission d'enquête dans la presqu'île de Bakassi ; que les membres du Conseil de sécurité se sont félicités de la proposition du Secrétaire général ;
[...]
Par ces motifs,
La Cour,
Indique à titre provisoire, en attendant sa décision dans l'instance introduite comme il est dit ci-dessus, les mesures conservatoires suivantes :
[...]
2) Par seize voix contre une,
Les deux Parties se conforment aux termes de l'accord auquel sont parvenus les ministres des Affaires étrangères à Kara (Togo), le 17 février 1996, aux fins de l'arrêt de toutes les hostilités dans la presqu'île de Bakassi[513].

Au terme de cette sommaire mise en exergue des modalités et fondements de la justiciabilité du Togo devant le CIJ, nous pouvons conclure, qu'à ce jour[514] , il n'est pas établi, au regard de la pratique et de la jurisprudence, que la République togolaise ait déjà soumis un différend ou qu'elle ait été attraite, par les entités ayant qualité pour engager une procédure, devant la CIJ.

Par ailleurs, l'un des domaines dans lesquels l'invocabilité des engagements conventionnels du Togo est susceptible d'être mise en œuvre demeure, sans conteste, l'arbitrage international en matière d'investissement. Il faut souligner que l'accès à l'arbitrage international se fonde notamment sur la qualité d'État membre d'une institution arbitrale, telle que la Cour permanente d'arbitrage (CPA). Le Togo est, depuis le 17 décembre 2004, un État Partie à la Convention de 1907 pour le règlement pacifique des conflits internationaux[515]. Cette Convention, qui a institué la CPA, pose, en son article 1, qu'« [e]n vue

---

[513] CIJ, *Frontière terrestre et maritime entre le Cameroun et le Nigeria*, mesures conservatoires, ordonnance du 15 mars 1996, *Recueil* 1996, p. 13 §§ 45-49.

[514] À la date du 31 janvier 2023, avant la mise sous presse du présent ouvrage.

[515] Cette Convention, qui a été adoptée à la Haye le 18 octobre 1907, révise et complète la Convention pour le règlement pacifique des conflits internationaux, du 29 juillet 1899, également adoptée à la Haye. Il faut noter que « [l]es activités de la CPA ne se limitent pas à l'arbitrage et comprennent aussi le soutien administratif dans le cadre d'autres moyens de règlement pacifique des différends internationaux, dont la médiation, la conciliation et d'autres mécanismes de règlement des différends alternatifs (ADR) » : CPA, « Service de règlement des différends », consulté sur : https://pca-cpa.org/fr.

de prévenir autant que possible le recours à la force dans les rapports entre les États, les Puissances contractantes conviennent d'employer tous leurs efforts pour assurer le règlement pacifique des différends internationaux ».

On ajoutera à la liste des instances internationales compétentes en matière d'arbitrage et de conciliation, pour les affaires qui impliqueraient éventuellement le Togo, la Commission des Nations Unies pour le droit commercial international (CNUDCI)[516]. Il convient de souligner que les États adhèrent au mécanisme d'arbitrage de la CNUDCI, dès lors qu'ils notifient à son Secrétariat, l'adoption d'une législation fondée sur la *Loi type de la CNUDCI sur l'arbitrage commercial international* conclu en 1985 avec les amendements adoptés en 2006[517]. Sur ce fondement, le Togo a adopté la Loi type de la CNUDCI sur l'insolvabilité internationale (1997) en 2015, la Loi type sur le commerce électronique (2006) en 2017 et la Loi type de la CNUDCI sur la médiation commerciale internationale et les accords de règlement internationaux issus de la médiation de 2018 (modifiant la Loi type de la CNUDCI sur la conciliation commerciale internationale de 2002) en 2017. Du reste, l'Acte uniforme relatif à la médiation (OHADA), adopté le 11 novembre 2017 à Conakry en Guinée et entré en vigueur à l'égard du Togo le 15 mars 2018, intègre la Loi type de la CNUDCI et les principes sur lesquels elle repose[518].

De plus, au sein des nombreux traités et accords internationaux d'investissement conclus par le Togo, et qui reconnaissent ou prévoient le recours à l'arbitrage, la référence aux clauses compromissoires de la Convention pour le règlement des différends relatifs aux investissements entre États et ressortissants d'autres États (dite Convention de Washington ou encore Convention CIRDI), conclue à Washington le 18 mars 1965, est abondante. La Convention de Washington, qui a institué, en son article 1er, un Centre international pour le règlement des différends relatifs aux investissements (CIRDI),

---

[516] La CNUDCI a été créée par la résolution 2205(XXI) adoptée par l'Assemblée générale des Nations Unies le 17 décembre 1966.

[517] Pour un aperçu détaillé sur les dispositions de cette Loi type, voir : Commission des Nations Unies pour le droit international, *Loi type de la CNUDCI sur l'arbitrage commercial international 1985 avec les amendements adoptés en 2006*, Nations unies, Vienne, 2008[accessible sur : www.unictral.un.org].

[518] Voir CNUDCI, « Textes et ratifications », consulté sur : https://uncitral.un.org.

a été ratifiée par le Togo le 11 août 1967[519]. Les compétences arbitrales du CIRDI sont fixées à l'article 25 de la Convention de Washington. Précisément, selon l'article 25, paragraphe 1 de cette Convention :

> La compétence du Centre s'étend aux différends d'ordre juridique entre un État contractant (ou telle collectivité publique ou tel organisme dépendant de lui qu'il désigne au Centre) et le ressortissant d'un autre État contractant qui sont en relation directe avec un investissement et que les Parties ont consenti par écrit à soumettre au Centre. Lorsque les Parties ont donné leur consentement, aucune d'elles ne peut le retirer unilatéralement.

Comme il a été souligné plus haut, le Togo a conclu divers traités et accords d'investissement qui prévoient la compétence du CIRDI pour connaître des différends éventuels relatifs à l'interprétation ou à l'application desdits traités et accords. En vertu de ses engagements internationaux et de sa législation interne, le Togo a décidé, plus d'une fois, d'accepter le recours à l'arbitrage du CIRDI.

Pour rendre compte de l'effectivité des recours du Togo à l'arbitrage du CIRDI, il conviendrait d'évoquer, à titre illustratif, l'affaire *Togo Electricité et GDF-Suez Energie Services contre République togolaise*, qui donna lieu à la sentence arbitrale du CIRDI, du 10 août 2010. Ce différend portait sur l'exécution d'une convention de concession du service public national de distribution et de vente de l'énergie électrique, signée le 5 septembre 2000 à Lomé, entre l'État du Togo et les sociétés Togo Electricité et GDF-Suez Energie Services[520]. Saisi aux fins d'arbitrage, le CIRDI identifia, en l'occurrence, un large éventail de règles applicables :

---

[519] Voir ordonnance n° 32 du 24 juillet 1967 portant ratification par la République togolaise de la Convention pour le règlement des différends relatifs aux investissements entre États et ressortissants d'autres États [Journal officiel de la République togolaise, n° 362 du 16 août 1967]. La Convention CIRDI est entrée en vigueur à l'égard du Togo le 10 septembre 1967.

[520] À l'époque de ce différend, GDF-Suez Energie Services était une société anonyme de droit français et que Togo Électricité était une société anonyme de droit togolais mais dont les actions étaient détenues à 100 % par GDF-Suez Energie Services. Les parties avaient soumis leur différend d'un commun accord à l'arbitrage, en se fondant sur les dispositions pertinentes de la Convention de Washington ratifiée par la République togolaise le 11 août 1967 et par la France le 21 août 1967, et sur l'article 53 de la convention de concession. Le Tribunal arbitral fut constitué le 8 septembre 2006 conformément à l'article 37(2)(a) de la Convention de Washington : CIRDI, *Togo Électricité et GDF Suez Energie Servies c. La République togolaise*, affaire n° ARB/06/07, Sentence du 10 août 2010.

Le système juridique togolais comprend toutes les règles du droit national de la République Togolaise y compris les accords internationaux conclus par le Togo ainsi que les principes de droit international applicable en la matière. C'est donc selon ces règles que doivent être appréciées et interprétées les dispositions de la Convention de Concession ainsi que les rapports de droit entre les parties au présent litige.

En résumé, les relations des parties sont donc régies par :

- les stipulations de la Convention de Concession et ses annexes ;
- le droit du Togo, y compris, entre autres, la loi togolaise n° 2000-12, relative au secteur d'électricité (pièce D4) ainsi que l'acte uniforme relatif aux droits des sociétés commerciales et du groupement d'intérêt économique, entré en vigueur le 1er janvier 1998 et adopté conformément au Traité relatif à l'Organisation pour l'Harmonisation en Afrique du Droit des Affaires (OHADA) ;
- les accords internationaux conclus par le Togo ; et
- le droit international, en particulier les principes du droit international sur la protection des investissements. Ceci est confirmé par la jurisprudence du CIRDI qui reconnaît que lorsqu'un système juridique interne contient une lacune ou quand le droit international est violé par la seule application du droit interne, le tribunal est tenu, en application de l'article 42 de la Convention de Washington, de faire directement application des règles et des principes pertinents du droit international[521].

Ainsi que l'a relevé le Tribunal arbitral, le différend entre la République togolaise (défenderesse) et Togo Electricité et GDF-Suez Energie Services (demanderesses) était un « différend d'ordre juridique en relation directe avec un investissement au sens de la Convention de Washington[522] » ; le recours à l'arbitrage CIRDI ayant été décidé par les parties puisqu'« [a]ucune solution au différend n'a[vait] été trouvée par la voie de la conciliation[523] ». En l'espèce, les arbitres du CIRDI ont dû résoudre plusieurs questions. Mais, la question centrale à laquelle ils devraient répondre était celle de savoir si les demanderesses, Togo Electricité et GDF-Suez Energie Services, avaient valablement résilié la convention de concession qui les liait à la défenderesse, la

[521] CIRDI, *Togo Électricité et GDF Suez Energie Servies c. La République togolaise*, affaire n° ARB/06/07, Sentence du 10 août 2010, §§ 137-138.

[522] CIRDI, *Togo Électricité et GDF Suez Energie Servies c. La République togolaise*, affaire n° ARB/06/07, Sentence du 10 août 2010, § 124.

[523] CIRDI, *Togo Électricité et GDF Suez Energie Servies c. La République togolaise*, affaire n° ARB/06/07, Sentence du 10 août 2010, § 125.

République togolaise, et si la contre-mesure décrétée par cette dernière, suite à la résiliation de ladite concession, était régulière.

Au terme de son appréciation des faits et des preuves de l'espèce, le Tribunal arbitral répondit par l'affirmative concernant la validité de la résiliation, et par la négative concernant la régularité de la contre-mesure. Contestant cette sentence arbitrale, l'État du Togo intenta un recours en annulation, conformément à l'article 52 de la Convention CIRDI et à l'article 50 du Règlement d'arbitrage. Devant le Comité *ad hoc*, l'État du Togo fonda sa demande d'annulation de la sentence arbitrale sur les trois motifs suivants : l'excès de pouvoir manifeste du Tribunal, un défaut de motifs et l'inobservation grave d'une règle fondamentale de procédure[524]. Sur le fond, le Comité *ad hoc* était appelé particulièrement à examiner si le Tribunal arbitral avait statué *ultra vires*, c'est-à-dire, s'il avait outrepassé ses compétences. En l'occurrence :

> Selon la République Togolaise, la Sentence est entachée de nullité pour les griefs visés aux articles 52(1)(b) et (e) de la Convention CIRDI, parce qu'elle a condamné la République Togolaise à une indemnité au titre des Biens du Service Concédés non amortis et des Biens Propres du Concessionnaire sur la base des éléments d'évaluation fournis par Togo Electricité et contestés par la République Togolaise, au lieu d'avoir fait appel à un expert indépendant en vertu des articles 5.6 et 53.6 de la Convention de Concession, qui prévoient qu'une indemnité pour de tels biens doit être fixée « *à l'amiable ou à titre d'expert* ». La République Togolaise est d'avis que le Tribunal, en refusant d'appliquer la clause d'expertise et en fixant lui-même l'indemnité due à Togo Electricité, « *s'est arrogé une compétence qu'il n'avait pas* »[525].

Sans qu'il soit besoin de s'appesantir, plus en détails, sur les moyens que les parties ont soulevés, il y a lieu de relever qu'au final, les prétentions portées par les conseils de la partie demanderesse en annulation, à savoir l'État du Togo, n'ont pu l'emporter sur les convictions des arbitres du Comité *ad hoc* du CIRDI. Dans sa décision en annulation, rendue le 6 septembre 2011, le Comité *ad hoc* soutenait, en substance :

---

[524] CIRDI, *Togo Electricité et GDF Suez Energie Servies c. La République togolaise*, affaire nº ARB/06/07, Sentence du 10 août 2010, § 39.

[525] Comité *ad hoc*, CIRDI, *Togo-Electricité et GDF Suez Energie Servies c. La République togolaise,* affaire nº ARB/06/07, Décision en annulation du 6 septembre 2011, § 151 [italiques dans l'original].

> Il est vrai qu'il prête à ambiguïté quand le Tribunal [arbitral] n'explique pas pourquoi l'obligation de payer la rémunération au titre de l'assistance technique, ni l'obligation de compenser une perte due aux découverts bancaires, représentent des droits patrimoniaux acquis. Le Tribunal s'est contenté de faire référence au compte rendu des négociations des parties à la veille de la résiliation. *Un tel déficit d'argumentation juridique ne justifie pas pour autant l'annulation de la Sentence*. Il convient de souligner à nouveau qu'il ne relève pas de la compétence du Comité de juger de l'élégance, l'excellence doctrinale et l'exactitude de la Sentence. Ceci équivaudrait à un examen au fond. *En effet, il est peu probable qu'il y ait des sentences arbitrales qui ne puissent pas être critiquées ou améliorées*. L'un des objectifs de l'article 53 de la Convention de CIRDI est de couper court à cette tentation éternelle.
> Par conséquent, *même si les termes choisis par le Tribunal peuvent laisser à désirer* le Tribunal s'est conformé à son interprétation de l'article 57, tout d'abord en lui reconnaissant toute son importance comme déclencheur des effets juridiques et financiers et ensuite en évaluant les différentes demandes à la lumière de la Convention de Concession et en constatant l'exigibilité d'autres demandes, l'adjudication desquelles relevait, selon sa décision, de sa compétence. Il n'appartient pas au Comité de trancher la question de savoir si le Tribunal a eu raison d'interpréter l'article 57 de cette manière[526].

Dans le cas d'espèce, on peut regretter que le Comité *ad hoc* n'ait pas tiré toutes les conclusions de ce qu'il a lui-même qualifié de « *déficit d'argumentation juridique* » du Tribunal arbitral. Sans doute aurait-il été plus intéressant que le Comité se prononçât sur la justesse ou l'exactitude de la sentence arbitrale ; mais, le Comité *ad hoc* s'est contenté d'indiquer que des dispositions de la Convention CIRDI font obstacle à une telle démarche. Il n'est guère étonnant que le Comité *ad hoc* ait admis qu'il ne pouvait apprécier l'exactitude de la sentence arbitrale. L'attitude adoptée confirme les limites de son pouvoir discrétionnaire et globalement celles de l'instance en annulation du CIRDI. En effet, s'il est vrai qu'elle garantit une voie de recours contre la sentence arbitrale, il n'en demeure pas moins que l'annulation « est un recours exceptionnel et étroitement circonscrit et [que] le rôle d'un

526 Comité *ad hoc*, CIRDI, *Togo Electricité et GDF Suez Energie Servies c. La République togolaise,* affaire n° ARB/06/07, Décision en annulation du 6 septembre 2011, §§ 200-201 ; nos italiques.

Comité *ad hoc* est limité[527] ». Sur ce sujet, prenant appui sur l'article 52 de la Convention CIRDI, la jurisprudence constante du CIRDI est de considérer qu'un Comité *ad hoc* n'est pas une instance d'appel et qu'il ne peut pas substituer sa décision à celle du Tribunal arbitral sur le fond. Ainsi, dans sa décision relative à l'affaire *Helnan International Hotels A/S c. La République Arabe d'Égypte,* le Comité *ad hoc* considéra que :

> Il ne fait pas partie des fonctions d'un comité d'annulation de réexaminer les conclusions de fait auxquelles est parvenu un tribunal arbitral CIRDI. Au contraire, les questions dévolues à ce Comité sont circonscrites par les termes de l'article 52(1) de la Convention du CIRDI et concernent le Tribunal lui-même : ses pouvoirs ; son processus ; et le raisonnement suivi par lui pour rendre sa Sentence[528].

En outre, dans l'affaire *Consortium R.F.C.C. c. Le Royaume du Maroc*, le Comité *ad hoc* a jugé que « [m]ême l'erreur de fait la plus flagrante dans une sentence n'est pas en soi un grief d'annulation[529] ». Faut-il le rappeler, dans son refus de donner suite aux moyens soulevés par le Togo, le Comité *ad hoc* a certes relevé un *« déficit d'argumentation juridique du Tribunal ».* Nonobstant ce constat, le Comité *ad hoc* s'est refusé à apprécier l'exactitude de la sentence arbitrale défavorable au Togo, en déclarant qu'*« [u]n tel déficit d'argumentation juridique ne justifie pas pour autant l'annulation de la Sentence* ». Au surplus, le Comité *ad hoc* jugea qu'« il est peu probable qu'il y ait des *sentences arbitrales qui ne puissent pas être critiquées ou améliorées*. L'un des objectifs de l'article 53 de la Convention de CIRDI est de *couper court à cette tentation éternelle*[530] ». Il serait prétentieux, voire exagéré de vouloir trouver dans le raisonnement du Comité *ad hoc*, en l'espèce, la quête d'objectifs

---

[527] CIRDI, « Note d'information mise à jour relative à l'annulation à l'attention du Conseil administratif du CIRDI », 05 mai 2016, p. 28 [consulté sur :https://icsid-archive.worldbank.org].

[528] Comité *ad hoc,* CIRDI, *Helnan International Hotels A/S c. La République Arabe d'Égypte,* affaire CIRDI n° ARB/05/19, 14 juin 2010, §20, p. 52 [cité dans *CIRDI*, Note d'information mise à jour relative à l'annulation à l'attention du Conseil administratif du CIRDI, 05 mai 2016, p. 51].

[529] Comité *ad hoc,* CIRDI, *Consortium R.F.C.C. c. Le Royaume du Maroc*, Affaire CIRDI n° ARB/00/6, 18 janvier 2006, § 222 [cité dans *CIRDI*, « Note d'information mise à jour relative à l'annulation à l'attention du Conseil administratif du CIRDI », 05 mai 2016, p. 48].

[530] Comité *ad hoc*, CIRDI, *Togo Electricité et GDF Suez Energie Servies c. La République togolaise,* affaire n° ARB/06/07, Décision en annulation du 6 septembre 2011, § 200 ; nos italiques.

autres que ceux visés par la Convention CIRDI. Mais, au final, il paraît plus pertinent de pointer les inconvénients qui résultent du caractère définitif de la sentence arbitrale, étant entendu que « la sentence arbitrale est obligatoire et non susceptible d'appel sur le fond[531] ». Tout bien considéré, et comme le faisaient déjà observer, en 2011, Franck LATTY et Patrick JACOB : « la multiplication des annulations de sentences arbitrales imparfaites affecterait [...] probablement la stabilité de l'édifice CIRDI, déjà ébranlé par *l'imprévisibilité résultant de décisions arbitrales contradictoires* sur des questions pourtant fondamentales du droit des investissements et les *demandes de récusation d'arbitres de plus en plus fréquentes*[532] ».

Le propos n'est nullement de sous-estimer les vertus qui s'attachent au caractère définitif des sentences arbitrales. Cependant, il est tentant d'admettre, avec Catherine YANNACA-SMALL, que nonobstant les avantages qu'il recèle, en termes de *« gain d'argent et de temps »,* le caractère définitif de l'arbitrage international « risque parfois d'obliger à *s'accommoder de sentences erronées ou d'incohérences* entre des sentences rendues sur des questions ou faits identiques ou très semblables » [533]. En tout état de cause, il faut souligner que, dans le respect de ses engagements internationaux, le Togo s'est conformé, de bonne foi, à la décision du Comité *ad hoc* du CIRDI[534] du 06 septembre 2011.

De manière générale, le recours à l'arbitrage semble connaître un regain d'intérêt, même si pour diverses raisons, certains États continuent d'observer une certaine réserve à l'égard de ce mécanisme. Pour autant, l'appréhension qu'on relève n'est pas assez déterminante, nous semble-t-il, au point de rendre ces États « suspicieux sur la nécessité de garantir aux investisseurs étrangers la possibilité de

[531] Catherine YANNACA-SMALL, « Améliorer le mécanisme de règlement des différends entre investisseurs et États : vue d'ensemble » ; *OCDE*, Documents de travail sur l'investissement international, n° 2006/1, février 2006, p 9 [https://www.oecd.org/fr, consulté le 18 novembre 2020].

[532] Franck LATTY et Patrick JACOB, « Arbitrage transnational et droit international général », *AFDI,* vol. 57, 2011, p. 595 ; nos italiques.

[533] Catherine YANNACA-SMALL, « Améliorer le mécanisme de règlement des différends entre investisseurs et États : vue d'ensemble », *OCDE*, Documents de travail sur l'investissement international, n° 2006/1, février 2006, p. 9 ; nos italiques.

[534] La décision en annulation du Comité *ad hoc* du CIRDI confirma la sentence rendue par le Tribunal arbitral le 10 août 2010.

recourir à l'arbitrage international[535] ». L'arbitrage n'est plus un phénomène marginal- si tant qu'il l'ait été réellement- dans le commerce international. On peut estimer que pour nombre d'États, ce qui importe ce sont, au-delà de la volonté politique, les prédispositions juridiques pour y souscrire. En effet, comme l'a souligné le Tribunal arbitral du CIRDI dans l'affaire *Millicom International Operations B.V. et Sentel GSM SA c. La République du Sénégal* :

> Si l'arbitrage a été pendant longtemps considéré comme un système d'exception, l'évolution récente établit au contraire que ce système est devenu en pratique dans le commerce international le mode ordinaire de résolution des différends. Pour cette raison les exigences posées à la formulation de la clause qui en prévoit l'application ne sont plus aussi élevées qu'elles pouvaient l'être il y a quelques années. Ce qui importe en effet, c'est de s'assurer que les parties ont suffisamment et clairement manifesté leur volonté de se soumettre, non aux juridictions étatiques, mais à l'arbitrage[536].

Dans le contexte de la mondialisation de l'économie et du développement des échanges internationaux, le contrat constitue un outil incontournable dans la réalisation des opérations de commerce international et, de ce fait, l'arbitrage devient lui aussi un mécanisme indispensable[537]. Les États ont conscience de ces paramètres avec lesquels ils sont désormais appelés à composer. En ce qui le concerne, la prédisposition du Togo à l'arbitrage, solidement ancrée dans sa législation interne, n'est plus à démontrer.

---

[535] Voir Makane MBENGUE, « L'Afrique continent en marche », *Campus* [Le magazine scientifique de l'Université de Genève], n° 122, septembre 2015, p. 43.

[536] CIRDI, *Millicom International Operations B.V. et Sentel GSM SA c. La République du Sénégal*, affaire n° ARB/08/20, Sentence du 16 juillet 2010 § 98.

[537] Besma ARFAOUI, *L'interprétation arbitrale du contrat de commerce international*, Thèse de doctorat, Faculté de droit et des sciences économiques de l'Université de Limoges, 2008, [p. 4] 441 p.

CONCLUSION GÉNÉRALE

L'intérêt de l'examen de la pratique suivie par les membres de la société internationale en matière conventionnelle est incontestable. Il est soutenu que les conventions internationales sont les premières- et sans doute les plus importantes- des trois principales sources du droit international[538], et que l'analyse s'y rapportant permet notamment de cerner les contours du « droit de contribution[539] » de chaque membre de ladite société à l'élaboration, au respect et à la promotion du droit international. Consécutivement à l'accession du Togo à la souveraineté internationale en 1960 et, de toute évidence, répondant à des facteurs endogènes et exogènes, la pratique togolaise relative au droit international conventionnel s'est établie et consolidée sous l'effet conjugué de l'adhésion à la Convention de Vienne de 1969 sur le droit des traités et de la mondialisation[540] du droit.

Il n'est d'ailleurs pas superflu de rappeler que c'est l'adhésion du Togo à cette Convention qui en facilita l'entrée en vigueur[541]. Il paraîtrait présomptueux de vouloir démontrer que ce fait illustre autre chose que la manifestation d'une diplomatie volontariste faisant, en l'espèce, œuvre de pionnier, avec le concours de circonstances particulièrement opportunes. En tout état de cause, une mise en perspective des aspects diplomatiques et procéduraux aiderait à

---

538 Voir article 38 du Statut de la Cour internationale de justice.

539 En l'occurrence, l'expression « droit de contribution » est empruntée à Guillaume Pambou TCHIVOUNDA et Jean-Bernard MOUSSAVOU-MOUSSAVOU, *Eléments de la pratique gabonaise en matière de traités internationaux*, Paris, Librairie générale de droit et de jurisprudence, 1986, p.1[Voir note 3 du Préambule du présent ouvrage]. Ces auteurs affirment qu'au sein de « la communauté internationale », dans le domaine de la pratique en matière de traités, « chaque acteur ne peut guère revendiquer, tout au plus, qu'un modeste droit de contribution ».

540 La mondialisation est entendue ici comme un « [c]oncept de relations internationales décrivant l'état du monde contemporain marqué en même temps par un renforcement des interdépendances et des solidarités, par le désenclavement des États et des espaces régionaux et par une uniformisation des pratiques et des modèles sociaux à l'échelle de la planète tout entière » : Guy HERMET, Bertrand BADIE, Pierre BIRNBAUM et Philippe BRAUD, *Dictionnaire de la science politique,* Armand Colin, 4e éd., 2000, pp. 177-178.

541 Il pourrait être soutenu que, loin d'être anecdotique, le fait que ce soit l'instrument d'adhésion du Togo qui ait permis l'entrée en vigueur de la Convention de Vienne de 1969 sur le droit des traités est un témoignage évocateur d'une certaine empreinte historique du Togo sur ladite Convention.

comprendre si et dans quelle mesure, l'instrument d'adhésion du Togo à la Convention de Vienne de 1969 sur le droit des traités a été déterminant pour le développement du droit international.

L'objectif principal du présent ouvrage était d'examiner l'approche de la République togolaise à l'égard du droit international, et notamment les traits caractéristiques de sa contribution à l'activité normative au sein de la « communauté internationale des États[542] ». Aussi était-il indispensable d'aborder les aspects fondamentaux de la conclusion et de la transposition en droit togolais des traités et accords internationaux, les mécanismes qui président à leur ratification et mise en œuvre, ainsi que les caractéristiques et enjeux des contentieux y afférents.

Sous le bénéfice de ce qui précède, il s'avère utile de relever qu'il se dégage du droit positif et de la pratique en vigueur au Togo une certaine prégnance du droit international conventionnel sur le droit international coutumier. On peut certes convenir que le Togo reconnaît et applique le droit international coutumier à caractère obligatoire à condition que celui-ci soit clairement établi[543]. Toutefois, la reconnaissance et

---

[542] Cette expression est tirée de la Convention de Vienne de 1969 sur le droit des traités. Elle découle précisément de la définition qui est consacrée, dans ladite Convention, au *jus cogens* (norme impérative de droit international général). Selon l'article 53 de cette Convention, une norme impérative de droit international général s'entend d'« une norme acceptée et reconnue par *la communauté internationale des États* dans son ensemble en tant que norme à laquelle aucune dérogation n'est permise et qui ne peut être modifiée que par une nouvelle norme du droit international général ayant le même caractère » (Nous soulignons).

[543] La pratique togolaise s'arrime parfaitement à la position de la Cour internationale de justice sur la détermination d'« une règle de droit international coutumier à caractère obligatoire », telle qu'elle l'a énoncée dans son arrêt, sur les *Affaires du Plateau continental de la Mer du Nord,* du 20 février 1969 : « Non seulement les actes considérés doivent représenter une pratique constante, mais en outre ils doivent témoigner, par leur nature ou la manière dont ils sont accomplis, de la conviction que cette pratique est rendue obligatoire par l'existence d'une règle de droit. [...]. Les États intéressés doivent donc avoir le sentiment de se conformer à ce qui équivaut à une obligation juridique. Ni la fréquence ni même le caractère habituel des actes ne suffisent. Il existe nombre d'actes internationaux, dans le domaine du protocole par exemple, qui sont accomplis presque invariablement mais sont motivés par de simples considérations de courtoisie, d'opportunité ou de tradition et non par le sentiment d'une obligation juridique » : CIJ, *Plateau continental de la mer du Nord,* Arrêt du 20 février 1969, *Recueil,* 1969, p. 3. Voir également : CIJ, *Plateau continental (Tunisie/Jamahiriya arabe libyenne*), arrêt du 24 février 1982, *Recueil,* 1982, p. 18, § 43 ; CIJ, *Délimitation de la frontière maritime dans la région du Golfe du Maine*, arrêt du 12 octobre 1984, *Recueil* 1984, pp. 246, §111.

l'application du droit international coutumier par le Togo doivent être comprises sous le prisme de la réaffirmation constante de son attachement aux principes de souveraineté et de non-ingérence dans les affaires intérieures des États.

En effet, et sans préjudice de ses engagements conférant à la coutume internationale une place de choix- comme par exemple ceux découlant de la Convention de Vienne de 1961 sur les relations diplomatiques[544] -les positions officielles du Togo sur certaines problématiques internationales suggèrent qu'il n'accorde pas au droit international coutumier, pris dans son acception la plus large, une « licence générale et illimitée». La question de l'exercice de la compétence universelle[545] en offre une parfaite illustration. En l'occurrence, il y a lieu de distinguer la compétence universelle sur le plan conventionnel de la compétence universelle sur une base coutumière. Notons d'emblée que la reconnaissance conventionnelle de la compétence universelle par le Togo ne souffre d'aucune ambiguïté. Il doit être rappelé, à cet égard, que le Togo a ratifié divers traités qui répriment les principaux crimes internationaux et font obligation aux États de poursuivre ou d'extrader leurs auteurs.

Du reste, si la compétence universelle sur une base conventionnelle ne semble pas poser débat, il en va autrement de la compétence universelle sur une base coutumière. Le débat reste, en effet, animé et controversé sur cette question ; la controverse qui s'est cristallisée sur la notion de compétence universelle est assez révélatrice des enjeux qu'elle charrie. De nombreux États et groupes régionaux à l'ONU,

---

[544] La Convention énonce, au paragraphe 5 de son préambule, que « les règles du droit international coutumier doivent continuer à régir les questions qui n'ont pas été expressément réglées dans les dispositions de la présente Convention ». Il convient de relever que cet énoncé est repris dans des ternes quasiment identiques au paragraphe 8 du préambule de la Convention de Vienne de 1969 sur le droit des traités, où il est affirmé que « les règles du droit international coutumier continueront à régir les questions non réglées dans les dispositions de la présente Convention ».

[545] Selon la Commission du droit international, « [l]e principe de “ compétence universelle ” ou “ principe d'universalité ” est un fondement de compétence en droit international qui peut permettre à un État d'exercer sa juridiction à l'égard de certains crimes dans l'intérêt de la communauté internationale » : Assemblée générale, Documents officiels, Soixante-treizième session, Supplément, n° 10, A/73/10, [p. 331].

comme le Groupe des États d'Afrique[546], qui redoutent les risques de politisation ou d'utilisation à des fins abusives de la compétence universelle, ont eu à exprimer, au sujet de cette notion, des positions plus ou moins tranchées. Pour sa part, le Togo qui, faut-il le préciser, dispose d'une législation répondant aux standards internationaux en matière de lutte contre l'impunité à l'échelle internationale a, sur la compétence universelle, une position explicite et constante. Un aperçu des déclarations officielles, notamment lors des travaux de la Sixième commission de l'Assemblée générale des Nations Unies, témoigne de ce que le Togo a invariablement préconisé une approche strictement encadrée du « principe de compétence universelle » :

> Le principe de compétence universelle ne doit pas être invoqué comme prétexte pour porter atteinte à des principes fondamentaux du droit international tels que le principe de non-intervention et le principe de l'égalité souveraine des États, et il ne saurait permettre à certaines juridictions extérieures de se substituer aux juridictions nationales. De plus, il ne doit pas permettre d'écarter les droits de la défense et les principes cardinaux du droit pénal, ni porter atteinte aux immunités sur lesquelles repose l'harmonie des relations internationales. Étant donné le risque de politisation, il convient de définir strictement la portée et l'application du principe de compétence universelle[547].

[546] Il convient de relever que l'Union africaine a exprimé, à diverses occasions, ses préoccupations concernant l'exercice de la compétence universelle. Ainsi à sa 11ème session qui s'est tenue du 30 juin au 1er juillet de 2008 à Sharm El-Sheikh en Égypte, la Conférence des Chefs d'État et de gouvernements de l'Union africaine adopta une décision en ces termes : « [...] i. L'utilisation abusive du principe de compétence universelle est un acte qui pourrait compromettre le droit, l'ordre et la sécurité au niveau international ; ii. La nature politique et l'utilisation abusive du principe de compétence universelle par des juges de certains États non africains contre des dirigeants africains, en particulier du Rwanda, est une violation flagrante de la souveraineté et de l'intégrité territoriale de ces États ; iii. L'abus et l'utilisation abusive de chefs d'accusation contre les dirigeants africains ont un effet déstabilisateur qui aura un impact négatif sur le développement économique, politique et social des États et sur leur capacité à entretenir des relations internationales ; [...] » : Union africaine, *Décision sur le rapport relatif à l'utilisation abusive du principe de compétence universelle*, Assembly/AU/Dec.199(XI).

[547] Déclaration prononcée en 2017 par le Représentant permanent du Togo aux Nations Unies sur la portée et l'application du principe de compétence universelle ; voir Nations Unies, Assemblée générale, Soixante-douzième session, Documents officiels, A/C.6/72/SR.13. Dans la même Déclaration, il est par ailleurs indiqué que : « Le Togo est engagé dans la lutte contre l'impunité et la promotion d'une justice fondée sur l'équité. Il est Partie à plusieurs conventions internationales prévoyant l'obligation d'extrader ou de poursuivre, notamment les quatre Conventions de

En définitive, il est à relever que la politique étrangère du Togo, notamment dans sa composante juridique, est en phase avec les principes fondamentaux du droit international dans leurs constances et évolutions. Depuis plus d'une décennie, l'activité gouvernementale et parlementaire afférente aux traités et accords internationaux ne cesse de se densifier, en adéquation avec un appareil diplomatique revitalisé, et une politique étrangère ambitieuse et proactive.

Cette proactivité que l'on observe, entre autres, dans la conclusion des traités et accords internationaux ainsi que dans l'accomplissement des formalités nécessaires à leur mise en œuvre, participe de la dynamique induite par l'évolution du droit international ces dernières années. D'ailleurs la dynamique en question est caractérisée par une inflation normative[548] dans des domaines divers et variés comme le droit international des droits de l'Homme, le droit international humanitaire, la santé, l'économie et les finances, le climat et l'environnement, la lutte contre le terrorisme, l'éducation, la culture et

Genève de 1949 et la Convention contre la torture et autres peines ou traitements cruels, inhumains ou dégradants. Le nouveau Code pénal réprime tous les actes de torture, et les tribunaux togolais sont, aux termes de l'article 155 de celui-ci, compétents pour juger toute personne soupçonnée d'avoir commis un crime grave, quels que soient sa nationalité ou le lieu où le crime a été commis. Par « crime grave », le législateur togolais entend le crime de génocide, les crimes de guerre, les crimes contre l'humanité et le crime d'apartheid ». Du reste, il faut noter que le Togo n'est pas Partie au Statut de Rome instituant la Cour pénale internationale (CPI), adopté le 17 juillet 1998 à Rome en Italie. On ne peut manquer de rappeler le principe de la complémentarité de la CPI tel qu'énoncé au paragraphe 10 du préambule du Statut de Rome : « [S]oulignant que la Cour pénale internationale dont le présent Statut porte création est complémentaire des juridictions pénales nationales ». Ce principe est en outre consacré par l'article 1 dudit Statut : « Il est créé une Cour pénale internationale (la " Cour ") en tant qu'institution permanente, qui peut exercer sa compétence à l'égard des personnes pour les crimes les plus graves ayant une portée internationale, au sens du présent Statut. Elle est complémentaire des juridictions pénales nationales. Sa compétence et son fonctionnement sont régis par les dispositions du présent Statut. »

[548] À titre illustratif, à la date du 1er avril 2009, on comptabilisait déjà 507 traités multilatéraux, déposés auprès du Secrétaire général des Nations Unies, couvrant la période 1959-2009. En outre, à la date du 12 décembre 2021, la Section des traités du Bureau des affaires juridiques des Nations Unies informe que *« Le Secrétaire général de l'Organisation des Nations Unies est le dépositaire de plus de 560 traités multilatéraux [...] »* : Nations Unies, *Collection des traités*, « Dépositaire de traités » [consulté sur : https://treaties.un.org].Voir également *Document ST/LEG/SER.E/26*, Traités multilatéraux déposés auprès du Secrétaire général.

les sciences. Il apparaît évident qu'aux défis posés par une société internationale hyper-normée, la République togolaise réponde de manière pragmatique, à travers une articulation optimale des différentes perspectives juridiques avec les contingences notamment diplomatiques, politiques, économiques, sociales et culturelles.

SOURCES ET BIBLIOGRAPHIE SÉLECTIVE

I. ARCHIVES

Archives du ministère des Affaires étrangères de la République togolaise :

- Répertoires des traités et accords internationaux conclus par le Togo ou auxquels il a adhéré (Docs. DAJC/DVAJ).
- Répertoires des accords de siège conclus entre le Gouvernement togolais et les Organisations internationales (Docs. DAJC/DVAJ).

Archives Nationales du Togo (A.N.T) -Lomé :

- Sous série 1 APA /Rapports Annuels à la SDN/ONU (1922-1955).
- Sous série 5 APA/Assemblée Territoriale Représentative du Togo.
- Sous série 8 APA/ Direction des Affaires Politiques.

Archives de l'Office des Nations Unies à Genève (ONUG) :

- Secrétariat de la Société des Nations (1919-1946 et de 1946 à présent) : Section juridique, Section politique et Section des mandats.
- SO 261/9 (2-2) TOGO, (10/1962 - 3/1963) Signatures and Accessions to the Convention Relating to the Status of Refugees - Geneva 28 July 1951 -Togo.
- SO 252/9 (1-2) TOGO (CN), (9/1962 - 11/1962), Circular Notes Regarding Signatures and Accessions to the International Slavery Convention 1926 Signed at Geneva on 25 September 1926 -Togo.
- Archives de la Société des Nations (ASDN) :
- ASDN, 1 R 57, Rapport de la sous-commission de la CPM sur le statut national des habitants des territoires sous mandats B et C, Genève, 1922, document C.54(a). M.45. 1922.VI.
- ASDN S 1675, Rapport sur la question du statut national des habitants des territoires sous mandats B et C, adressé par Theodoli, président de la CPM, au conseil de la SDN, 1922, document n° CPM 35.
- ASDN 1 R 57, Rapport de William Rappard à sir Eric Drummond, Genève 11 mai 1923.

II. OUVRAGES ET MANUELS

ADOKUE Messavussu-Akue, *Aperçu historique du Togo*, Lomé, Éditions ATP, 1978.

AGBANON II Fio, *Histoire de Petit-Popo et du royaume guin (1934)*, [Texte présenté par N. L. Gayibor, assisté de Y. Marguerat et de R. Pazzi], Lomé, Karthala et Éditions Haho, 1991.

AIVO Fréderic Joël, *Le juge constitutionnel et l'État de Droit en Afrique. L'exemple du modèle béninois*, Paris, L'Harmattan, Études africaines, 2006.

ALANGUE Joseph, *Guide pratique des associations et ONG internationales au Togo : Précis de la législation et des procédures administratives*, 1e éd., Éditions AWOUDY, 2018.

ALLAND Denis et RIALS Stéphane (dir.), *Dictionnaire de la culture juridique*, 1e éd., Paris, Quadrige, Dicos Poche Lamy, PUF, 2003.

ALLAND Denis, *Manuel de droit international public*, 7e éd., Presses Universitaires de France-PUF, 2020.

BASDEVANT Jules, *Dictionnaire de la terminologie du droit international*, Paris, 1960.

BEN ACHOUR Rafâa et LAGHMANI Slim (dir.), *Droit international et droits internes, développements récents*, Pédone, 1999.

BOUTANT Charles-Alphonse, *Les mandats internationaux*, Librairie du Recueil SIREY, 1936.

CARREAU Dominique et MARRELLA Fabrizio, *Droit international*, 11e éd., Pédone, 2012.

COMBACAU Jean et SUR Serge, *Droit international public*, 12e éd., Paris, Montchrestien, 2016.

COT Jean-Pierre et PELLET Alain (dir.), *La Charte des Nations Unies, Commentaire article par article*, Economica Bruylant, Paris / Bruxelles, 1985.

DAILLIER Patrick, PELLET Alain, FORTEAU Mathias (NGUYEN QUOC Dinh), *Droit international public*, 8e éd., Paris, LGDJ, 2009.

DANIOUE Tamasse Roger, *Le général et le diplomate - Essai de sociologie historique des relations internationales du Togo sous Eyadema (1967-2002)*, Presses Universitaires de Ouagadougou, 2010.

DEBBASCH Charles, *L'État du Togo, 1967-2014*, Paris, Jouve, 2004.

DECAUX Emmanuel, *Droit international public*, 4e éd., Paris, Dalloz, 2004.

DISTEFANO Giovanni, GAGGIOLI Gloria et HECHE Aymeric, *La Convention de Vienne de 1978 sur la succession d'États en matière de traités. Commentaire article par article et études thématiques*, vol. 1, Éditions Bruylant, 2016.

DROCOURT Nicolas et SCHNAKENBOURG Éric (dir.), *Thémis en diplomatie : Droit et arguments juridiques dans les relations internationales*, Presses Universitaires de Rennes, 2016.

GAYIBOR Nicoué Lodjou (dir.), *Le Togo sous domination coloniale* (1884-1960), Lomé, Les Presses de l'Université du Bénin, 1997.

GAYIBOR Nicoué Lodjou (dir.), *Histoire des Togolais. Des origines à 1884*, vol. I, Lomé, Presses de l'Université du Bénin, 1997.

GAYIBOR Nicoué Lodjo (dir.), *Histoire des Togolais. De 1884 à 1960*, vol. II, tome II, Presses de l'Université de Lomé, 2005.

GAYIBOR Nicoué Lodjo (éd.), *Histoire des Togolais. Des origines aux années 1960*, tome III, Karthala et Presses de l'Université de Lomé, 2011.

GLASER Stefan, *Droit international pénal conventionnel*, Etablissements Emile BRUYLANT, 1970.

KOLB Robert, *La bonne foi en droit international public : Contribution à l'étude des principes généraux de droit*, Graduate Institute Publications, 2000.

MARGUERAT Yves, *La naissance du Togo selon les documents de l'époque. Première période : l'ombre de l'Angleterre*, Editions Haho et Karthala, 1993.

MARGUERAT Yves, *Dynamiques urbaines, jeunesse et histoire au Togo (1984-1993)*, Presses de l'Université du Benin, Lomé, ORSTOM Lomé, 1993, 2e éd., 1999.

OUAZZANI-CHAHDI Hassan, *Le Maroc et les traités internationaux : Tradition et modernité*, L'Harmattan, 2018.

REUTER Paul, *Introduction au droit des traités*, Genève, Graduate Institute Publications, 1985.

ROUSSEAU Jean-Jacques, 2001, *Du contrat social*, éd. B. Bernardi, Paris, GF- Flammarion.

RUZIE David et TEBOUL Gérard (dir.), *Droit international public*, 25e éd., Dalloz, 2019.

SALMON Jean (dir.), *Dictionnaire de droit international public*, Bruylant, AUF, Bruxelles, 2001.

SALOMON Charles, *L'occupation des territoires sans maître, Etude de droit international*, (Edit. 1889), Hachette BnF, 2012.

SANTAMARIA Yves et WACHE Brigitte (dir.), *Du printemps des peuples à la Société des Nations : Nation, nationalités et nationalismes en Europe (1850-1920)*, Paris, La Découverte, 1996.

SARR Amadou Yaya, *L'Intégration juridique dans l'Union Économique et Monétaire Ouest Africaine (UEMOA) et dans l'Organisation pour l'Harmonisation du Droit des Affaires en Afrique (OHADA)*, Presses universitaires d'Aix-Marseille, 2009.

TALL Saïdou Nourou, *Droit des organisations internationales africaines : théorie générale, droit communautaire comparé, droit de l'homme, paix et sécurité*, L'Harmattan, 2015.

ZÖLLER Hugo, *Le Togo en 1884 selon Hugo Zöller*, (traduction K. Amégan et A. Ahadji, éd. Y. Marguerat), collection « Les Chroniques anciennes du Togo », n° 1, Lomé, Haho et Karthala, 1990.

III. REVUES, RAPPORTS, ÉTUDES ET ARTICLES

AFANĐE Koffi Kumelio A., « Les enjeux du pluralisme juridique dans le processus d'élaboration du droit international des droits de l'homme », *Chroniques de l'Institut de Recherche et Débat sur la Gouvernance (IRG),* Paris, Éditions Charles Léopold Mayer, 2011, pp. 277-289.

AKAKPOVIE Ekoué Didier, « L'importance de la capacité des parties lors de la conclusion d'un accord international. Vers une redéfinition du traité international », *Études internationales*, vol. 41, n° 3, 2010, pp. 383-396.

BANTIGNY Ludivine, « Historicités du 20e siècle. Quelques jalons sur une notion », *Vingtième Siècle. Revue d'histoire*, 2013, n° 117, pp. 13-25.

BARBERIS Julio Alberto, « Le concept de " traité international " et ses limites », *AFDI*, vol. 30, 1984, pp. 239-270.

BASTID BURDEAU Geneviève, « Les engagements internationaux de la France et les exigences de l'État de droit », *AFDI*, vol. 32, 1986, pp. 837-956.

BATCHANA Essohanam, « Togo : quels repères pour un pays en quête de son identité nationale ? (1958-2010) », *Sciences Humaines,* vol. 1, n° 3 (2014), pp. 37-61.

BATIFFOL Henri, « L'interprétation des traités diplomatiques par les tribunaux judiciaires », *Travaux du Comité français de droit international privé*, Dix-neuvième et vingtième année (1958-1959), Librairie Dalloz, 1960, pp. 99-121.

BEDJAOUI Mohammed, « Le règlement pacifique des différends africains », *AFDI*, vol. 18, 1972, pp. 85-99.

BENNOUNA Mohamed, « Le droit entre la lettre et l'esprit », *Recueil des cours de l'Académie de droit international de La Haye*, tome 383, BRILL /NIJHOFF, 2017, pp. 9-231.

BESSON Samantha et AMMANN Odile, « La pratique suisse relative à la détermination du droit international coutumier », *Cahiers fribourgeois de droit européen* n° 21, 2016.
BOISSON DE CHAZOURNES Laurence, « Qu'est-ce que la pratique en droit international ? », dans Société française pour le droit international, *La pratique et le droit international : Colloque de Genève*, Paris, Éditions A. Pedone, 2004, pp. 13-47.
CHEMILLIER-GENDREAU Monique, « L'État de droit au carrefour des droits nationaux et du droit international », dans *Etat de droit, Mélanges en l'honneur de Guy BRAIBANT*, Paris, Éditions Dalloz, 1996, pp. 57-68.
COHEN Harlan Grant, *The Death of Deference and the Domestication of Treaty Law,* 2015 Brigham Young University Law Review, 1467 (2016).
COLLIARD Claude Albert, « L'évolution du statut des territoires du Togo », *AFDI,* vol. 2, 1956, pp. 222-241.
Conseil fédéral, *Le rôle de la Suisse en tant que dépositaire des Conventions de Genève*, Feuille fédérale 2007.
Conseil fédéral, *La relation entre droit international et droit interne, Rapport en réponse au postulat 07.3764 de la Commission des affaires juridiques du Conseil des États du 16 octobre 2007 et au postulat 08.3765 de la Commission des institutions politiques du Conseil national du 20 novembre 2008*, 5 mars 2010, Feuille fédérale 2010.
DAVID Philipe, *Recueil de législation togolaise*, vol. 2,1991, pp. 32-36.
DELEAU Olivier, « Les positions françaises à la Conférence de Vienne sur le droit des traités », *AFDI,* vol. 15, 1969, pp. 7-23.
DEPERCHIN Annie et LEKEAL Farid, « Le protectorat, alternative à la colonie ou modalité de colonisation ? Pistes de recherche pour l'histoire du droit », *Clio@Themis n° 4, Revue électronique d'histoire du droit,* mars 2011.
DIOP El Hadji Omar, « L'ordre juridique interne des organisations d'intégration africaine », *Afrilex,* 2017.
DHOMMEAUX Jean, « La conclusion des engagements internationaux en droit français, dix-sept ans de pratique », *AFDI*, vol. 21, 1975, pp. 815-858.
DHOMMEAUX Jean, « Méthodes du Comité des Droits de l'Homme dans l'examen des rapports soumis par les États parties au Pacte sur les Droits civils et politiques », *AFDI*, vol. 34, 1988, pp. 331-363.

DORMENVAL Agnès, « La richesse d'une grande diversité de mécanismes », dans *Procédures onusiennes de mise en œuvre des droits de l'homme : Limites ou défauts ?* Genève, Graduate Institute Publications, 1991, pp. 13-88.

DISTEFANO Giovanni, « La pratique subséquente des États parties à un traité », *AFDI,* vol. 40, 1994, pp. 41-71.

DU BOIS DE GAUDUSSON Jean, « Les procédures de garantie et leurs limites dans les constitutions francophones africaines », *Revue trimestrielle des droits de l'homme*, n°3, 1er juillet 1990, pp. 249-256.

DUBOUIS Louis, « L'erreur en droit international public », *AFDI*, vol. 9, 1963, pp. 191-227.

DUSSEY Robert, « Au Sahel, il faut travailler à la paix préventive », Tribune libre dans *l'Opinion,* 24 septembre 2021.

FERNANDEZ DE CASADEVANTE ROMANI Carlos, « Sécession et succession en matière de traités de frontières et de régimes de frontière : hypothèse d'étude sur la frontière franco-espagnole », *Revue générale de droit international public*, tome 124, n° 3/4, 2020, pp. 475-487.

FORTEAU Mathias, « Les renvois inter-conventionnels », *AFDI*, vol. 49, 2003, pp. 71-104.

GAYIBOR Nicoué Lodjou, « Des défis de l'écriture d'une histoire nationale en Afrique : l'exemple du Togo », dans N. A GOEH-AKUE & N. L. GAYIBOR, *Histoires nationales et/ou identités ethniques un dilemme pour les historiens africains ?* Presses de l'Université de Lomé/ L'Harmattan, Paris-Lomé, 2010, pp. 24-27.

GEAMANU Grigore, « Les négociations. Moyen principal du règlement pacifique des différends internationaux », dans Jerzy MAKARCZYK (dir.), *Études de droit international en l'honneur du juge Manfred Lach*s, La Haye, Martinus Nijhoff, 1984, pp. 361- 387.

GHOZALI Nacer-Eddine, « La négociation diplomatique dans la jurisprudence internationale », *Revue Belge de Droit International*,1992, pp. 323-350.

GIRAUT Frédéric, HOUSSAY-HOLZSCHUCH Myriam, GUYOT Sylvain, « Au nom des territoires ! Enjeux géographiques de la toponymie », *L'Espace géographique,* vol. 37, Éditions Belin, 2008, pp. 97-105.

GUILLOREL Hervé, « Onomastique, marqueurs identitaires et plurilinguisme. Les enjeux politiques de la toponymie et de l'anthroponymie », *Droit et cultures*, n° 64, 2012, pp. 11-50.

GONIDEC Pierre-François, « De la dépendance à l'autonomie : l'État sous tutelle du Cameroun », *AFDI*, vol. 3, 1957, pp. 597-626.

HAGNER Frédérique, *Les particuliers et l'ordre juridique communautaire : l'égalité de traitement entre les hommes et les femmes*, Institut européen de l'Université de Genève, Euryopa, 2003.

IMBERT Pierre-Henri, « À l'occasion de l'entrée en vigueur de la Convention de Vienne sur le droit des traités, réflexions sur la pratique suivie par le Secrétaire Général des Nations Unies dans l'exercice de ses fonctions de dépositaire », *AFDI*, vol. 26, 1980, pp. 524-541.

International Crisis Group, *Mettre en œuvre l'architecture de paix et de sécurité (III) : l'Afrique de l'Ouest*, Rapport Afrique de Crisis Group n°234, 2016, 40 p.

KAMTO Maurice, « La volonté de l'État en droit international », *Cours de l'Académie de Droit International de La Haye*, vol. 310, 2004, pp. 9-428.

KAMTO Maurice, « La codification du droit international en Afrique : méthode et défis », *Journal of African international law,* 2nd Edition, African Union Commission on International Law/ La Commission de l'Union africaine sur le droit international, 2015, pp. 248-268.

KENIG Maria Magdalena « Le Règlement des Différends entre les États Africains », *Verfassung und Recht in Übersee / Law and Politics in Africa, Asia and Latin America*, vol. 19, n°1, 1986, pp. 76-91.

KISS Alexandre-Charles, « Jurisprudence française relative au droit international », *AFDI*, vol. 10, 1964, pp. 851-899.

KODO Mahutodji Jimmy Vital, « Évolution de la jurisprudence de la Cour Commune de Justice et d'Arbitrage de l'OHADA en matière d'immunité d'exécution », 15 mai 2018, *OHADA.com.*

KOKOROKO Dodzi Komla, « Révolution et droit international », *Revue togolaise des Sciences juridiques*, n° 0002, janvier-juin 2012, pp. 7-21.

KOLB Robert, « Mondialisation et droit international », *Relations internationales*, Presses Universitaires de France, 2005, n° 123, 2005, pp. 69-86.

KOUBI Geneviève, « Exposé des motifs d'un projet de loi et circulaire administrative », *Droit criTIC*, 23 mai 2009.

LACHAUME Jean-François, « Jurisprudence française relative au droit international (année 2000) », *AFDI*, vol. 47, 2001, pp. 517-553.

LAROCQUE François, « Spleen et idéal : les immunités juridictionnelles en droit canadien », *Les Cahiers de droit*, vol. 57, n° 2, 2016, pp. 311-325.

LESAGE Michel, « Les procédures de conclusion des accords internationaux de la France sous la Ve République », *AFDI*, vol. 8, 1962, pp. 873-888.

LATTY Franck et JACOB Patrick, « Arbitrage transnational et droit international général », *AFDI,* vol. 57, 2011, pp. 533-595.

McLACHLAN Campbell, « Entre le conflit de lois, le droit international public et l'application internationale du droit public : le droit des relations externes des États », *Revue critique de droit international privé,* n° 2, Dalloz, 2018, pp. 191-209.

MALOWIST Marian, « La lutte pour le commerce international et ses implications pour l'Afrique », dans *Histoire générale de l'Afrique, L'Afrique du XVIe au XVIIIe siècle*, vol V, 1999, Éditions UNESCO, pp. 19-41.

METOU Brusil Miranda, « Le moyen de droit international devant les juridictions internes en Afrique : quelques exemples d'Afrique noire francophone », *RQDI*, vol. 22, n° 1, 2009, pp. 129-165.

MURACCIOLE Luc, « Jurisprudence française relative au droit international public (année 1954) », *AFDI,* vol. 1, 1955, pp. 533-592.

NAHM -TCHOUGLI Guy, « L'immunité d'exécution ou de saisie des entreprises publiques dans l'espace OHADA », *Revue Africaine de droit, d'Économie et de Développement*, n° 6, 2005, pp. 574-582.

NDIKUM Philip Forsang and NDIKUM Serge-Delors, *Encyclopaedia of international aviation law,* vol 2, [Version anglaise et française, édition 2014] 2014, pp. 504-505.

NIANG Bira Lo, « L'immunité d'exécution à la lumière de la jurisprudence de la Cour commune de justice et d'arbitrage de l'OHADA », *Revue RAMRes/SJP*, numéro spécial, 2019, pp. 121-148.

NYALUTALA Sabina, « Saisies et voies d'exécution, une nouvelle face cachée du droit à un procès équitable, note sous CCJA, arrêt n° 103/2018, 26 avril 2018 », *Cahiers du CERDHO*, août 2020, pp. 21-30.

PELLET Alain, « Histoire du droit international : Irréductible souveraineté ? », dans *La vie internationale et le droit*, Gilbert GUILLAUME (dir.), Paris, Hermann, 2017, pp. 7-24.

PELLET Alain, « Le rôle des résolutions des organisations internationales à la lumière de la jurisprudence de la Cour internationale de Justice », dans *Law for social justice*, International Labour Office, Geneva 2019, pp. 149-160.

PEPY Daniel, « La République autonome du Togo devant les Nations Unies », *Politique étrangère*, n°6, 1957, pp. 671-690.

POIRMEUR Yves, « La réception du préambule de la constitution de 1946 par la doctrine juridique ; la construction de la juridicité du préambule par ses premiers commentateurs », dans *Le Préambule de la Constitution de 1946 : Antinomies juridiques et contradictions politiques*, Paris, PUF, 1996, pp. 99-127.

PROST Mario et FOURET Julien, « Du rôle de la Cour internationale de justice : peau neuve ou peau de chagrin ? Quelques réflexions sur l'arbitralisation de la cour mondiale », *RQDI*, vol. 16, n° 2, 2003, pp. 191-233.

QUENEUDEC Jean-Pierre, « Avant-propos », dans *La pratique et le droit international : Colloque de Genève,* Société française de droit international, Paris, Éditions A. Pedone, 2004, pp. 7-12.

RAMA-MONTALDO Manuel, « La codification du droit international comme instrument de la justice internationale », *Les Cahiers de droit*, vol. 42, n° 3, 2001, pp. 711–723.

RAYNAL Jean-Jacques, « Intégration et souveraineté : le problème de la constitutionalité du traité OHADA », *Penant, Janvier-avril 2000*, n° 832, pp. 5-22.

RIETIKER Daniel, « Préambule », dans *Convention de Vienne de 1978 sur la succession d'Etats en matière de traités. Commentaire article par article et études thématiques*, Giovanni DISTEFANO, Gloria GAGGIOLI et Aymeric HÊCHE (dir.), Bruxelles, 2016, pp. 7-60.

SALL Alioune, « Processus démocratiques et bicéphalisme du pouvoir exécutif en Afrique noire francophone : un essai de bilan », *Revue juridique et politique des États francophones*, vol. 60/3, 2006, pp. 412-462.

SAWADOGO Filiga Michel, « La question de la saisissabilité ou de l'insaisissabilité des biens des entreprises publiques en droit OHADA », *Penant*, n° 860, juillet-septembre 2007, p. 305.

SAWADOGO Filiga Michel, « L'immunité d'exécution des personnes morales de droit public dans l'espace OHADA », *Revue camerounaise de l'arbitrage*, numéro spécial, février 2010, pp. 135-159.

SIGNAT Carine, « Le dispositif de protection contre les clauses abusives : regards croisés franco-allemands », *Revue internationale de droit comparé*, vol. 68, n°4, 2016, pp. 863-882.

SOMA/KABORE Valérie Edwige, « L'évolution du statut de l'individu en droit international », *Revue CAMES SJP*, n°001/2015 (1er semestre), pp. 15-36.

SULLIVAN Scott M., *Rethinking Treaty Interpretation*, 86, Texas Law Review, 777, 791-792 (2008).

SURUN Isabelle, « Une souveraineté à l'encre sympathique ? Souveraineté autochtone et appropriations territoriales dans les traités franco-africains au XIXe siècle », *Annales HSS*, n°2, 2014, pp. 313-348.

TAMA Jean-Nazaire, « Le nouveau constitutionnalisme africain des années 90 entre dextérité et bégaiement : esquisse de bilan », *Revue juridique et politique des États francophones,* vol. 66, n°3, 2012, pp. 317-347.

TAVERNIER Paul, « Réflexions sur les mécanismes assurant le respect du droit international humanitaire, conformément aux Conventions de Genève et aux Protocoles additionnels », *Actualité et Droit International*, février 2000.

THOUVENIN Jean-Marc, « Le rôle du juge international dans le règlement pacifique des différends », dans *Curso de Derecho Internacional, Org. por el Comité Jurídico Interamericano y la Secretaría general de la OEA*, 2004, pp. 59-75.

TREVES Tullio, « Les tendances récentes du Droit conventionnel de la responsabilité et le nouveau Droit de la Mer », *AFDI*, vol. 21, 1975, pp. 767-783.

TSIGBE Koffi Noutefé, « Frontières et mobilité transfrontalière au Togo sous domination coloniale (1884-1960) », *Revue neuchâteloise de géographie,* Patrick RÉRAT et Doris WASTL-WALTER (dir.), Géo-regards, n° 4, 2011, pp. 187-200.

VILLALPANDO Santiago, « Le système social international en tant que communauté », dans *L'émergence de la communauté internationale dans la responsabilité des États*, Genève, Graduate Institute Publications, 2005, pp. 9-41.

WEISS Joshua, *Defining Executive Deference in Treaty Interpretation Cases, 79,* George Washington Law Review, *1592,* 1594-95 (2011).

WISSKIRCHEN Alfred, « Le système normatif de l'OIT : Pratique et questions juridiques », *Revue internationale du Travail*, vol. 144, n° 3, 2005, pp. 267-305.

ZAKANE Vincent, « Médiation et règlement pacifique des conflits en Afrique : analyse théorique », *Revue CAMES/SJP*, n°001, 2017, p. 243-268.

ZONGO Relwendé Louis Martial, « L'invocabilité des ratifications imparfaites en droit international des traités », *Afrilex*, 2020.

IV. THÈSES ET MÉMOIRES

ARFAOUI Besma, *L'interprétation arbitrale du contrat de commerce international*, Thèse de doctorat en droit public, Université de Limoges, 2008, 441 p.

BURUIANA Monica-Elena, *L'application de la loi étrangère en droit international privé,* Thèse de doctorat en droit privé, Université de Bordeaux, 2016, 720 p.

De SOUZA Kodzo Nyamad, *Conditions des travailleurs togolais pendant la période coloniale allemande au Togo de 1884 à 1914,* Thèse de doctorat d'histoire et de civilisation, Université Paul Verlaine - Metz, 1990, 349 p.

DIALLO Thierno Abdoulaye, *Regard sur l'État justiciable en droit international,* thèse de doctorat en droit public, Université de Limoges, 2016, 662 p.

DIOMPY Hervé Abraham, *Le paradoxe de l'internationalisation du droit constitutionnel en Afrique : réflexions sur les interactions normatives, institutionnelles et politiques dans l'espace CEDEAO*, Thèse de doctorat en droit public, Université de Bordeaux, 2017, 1010 p.

KAMA Manondoh Kokou, *La politique étrangère du Togo*, Thèse de doctorat en Science politique, Université Montesquieu, Bordeaux IV, 1998, 510 p.

KPRI Kobenan Kra, *Le conseil constitutionnel ivoirien et la suprématie de la constitution : étude à la lumière des décisions et avis,* Thèse de doctorat en droit public, Université de Bourgogne Dijon- et Université Felix Houphouët-Boigny Abidjan-Cocody, 2018, 512 p.

NINKABOU Tchein, *La diplomatie togolaise dans l'espace CEDEAO (1972-2009),* Thèse de doctorat en histoire contemporaine, Université de Lomé, 2017, 472 p.

PAGNIOU Tchah, *Le Togo sous le mandat et la tutelle de la France : une évolution politique et institutionnelle singulière (1920 -1958)*, Thèse de doctorat en droit, Université Lyon III-Jean-Moulin, Lyon, 2005, 551 p.

SALAMI Aboudou Ibrahim, *La protection de l'État de droit par les cours constitutionnelles africaines : analyse comparative des cas béninois, ivoirien, sénégalais et togolais,* Thèse de doctorat en droit public, Université de Tours, 2005, 459 p.

SOMALI Kossi, *Le parlement dans le nouveau constitutionnalisme en Afrique. Essai d'analyse comparée à partir des exemples du Bénin, du Burkina Faso et du Togo,* Thèse de doctorat en droit public, Université Lille 2, 2008, 491 p.

V. TEXTES CONSTITUTIONNELS, LÉGISLATIFS ET RÉGLEMENTAIRES DE LA RÉPUBLIQUE TOGOLAISE (LISTE SÉLECTIVE)

Constitutions (ou textes constitutionnels togolais) des 23 août 1960, 14 avril 1961, 11 mai 1963, 9 janvier 1980 et 14 octobre 1992.

Acte Constitutif de l'Union africaine, du 11 juillet 2000, ratifiée par le Togo le 14 septembre 2000.

Loi organique n° 2018-006 du 20 juin 2018 relative à la composition, à l'organisation et au fonctionnement de la Commission nationale des droits de l'Homme (CNDH).

Loi n° 2019-005 du 17 juin 2019 portant code des investissements en République togolaise.

Loi n° 2019-015 du 30 octobre 2019 portant code de l'organisation judiciaire.

Loi n° 2016-006 du 30 mars 2016 portant liberté d'accès aux informations et à la documentation publiques.

Loi n° 2016-021 du 24 août 2016 portant statut de réfugié au Togo.

Loi n° 2007-007 du 22 janvier 2007 portant code de l'aviation civile au Togo.

Ordonnance n° 80-16 du 31 janvier 1980 portant code des personnes et de la famille.

Ordonnance n° 79-49 bis du 18 décembre 1979 autorisant l'adhésion à la convention de Vienne sur le droit des traités, [adoptée] à Vienne le 23 mai 1969.

Ordonnance n° 78-35 du 07 septembre 1978 portant organisation judiciaire.

Ordonnance n° 32 du 24 juillet 1967 portant ratification par la République togolaise de la Convention pour le règlement des différends relatifs aux investissements entre États et ressortissants d'autres États.

Règlement intérieur de l'Assemblée nationale togolaise, adopté le 1er juin 1994.

Décret nº 2009-221/PR du 19 octobre 2009 portant organisation des services de la présidence de la République.

Décret nº 80-282 du 23 octobre 1980 ordonnant la publication de la Convention de Vienne sur le droit des traités, adoptée à Vienne le 23 mai 1969.

Décret nº 61-17 du 17 février 1961 portant organisation de l'administration centrale du ministère des Affaires étrangères.

Arrêté nº 96/PM du 25 mai 1960 modifiant les arrêtés des 20 mai 1958, 11 mai et 11 juin 1959 portant nomination des membres du gouvernement.

VI. JURISPRUDENCES NATIONALE, COMMUNAUTAIRE ET INTERNATIONALE

Juridictions nationales :

- RÉPUBLIQUE TOGOLAISE :

Cour constitutionnelle :

Cour Constitutionnelle du Togo, *Demande d'avis de M. Messan Kodjo DONYOH*, Décision nº AV 001/99 du 03 mars 1999.

Cour Constitutionnelle du Togo, *Contrôle de constitutionnalité de la loi organique relative à la composition, à l'organisation et au fonctionnement de la Commission Nationale des Droits de l'Homme (CNDH),* Décision N°C- 001/16 du 31 mars 2016.

Cour constitutionnelle du Togo, *Exception d'inconstitutionnalité Maître [A.A.K] c. Ordre des Avocats du Togo,* Décision N°C-003/20 du 13 mai 2020.

Cour constitutionnelle du Togo, *Exception d'inconstitutionnalité [Monsieur N. K. D. A.] c. Madame A. A. L]*, Décision N°C-001/22 du 21 avril 2022.

Cour suprême :

Cour suprême du Togo, *Affaire Banque Ouest Africaine de Développement (B.O.A.D) c. Dame HU*, arrêt nº 9 du 17 avril 1986.

Cour suprême du Togo, *Affaire Banque Ouest Africaine de Développement (BOAD) c. SO*, arrêt nº 18 du 21 novembre 2002.

Cour suprême du Togo, *Affaire Procureur général près la Cour d'appel de Lomé, Communauté Economique des Etats de l'Afrique de l'Ouest (CEDEAO), ECOBANK c. AG.*, arrêt nº2 du 17 février 2005.

Cours d'appel et tribunaux :

Cour d'appel de Lomé, Chambre sociale, arrêt n° 186/2003 du 26 septembre 2003.

Cour d'appel de Lomé, *Brasserie du Bénin contre Dame Karine SANVEE*, arrêt n° 01/07a du 04 janvier 2007.

Cour d'appel de Lomé, *Affaire MATHEY-ADELY Mathéky Michel c. Veuve MATHEY-ADELY Dédévi Virginie née BOCCOVI*, arrêt n° 140/2009 du 24 septembre 2009.

Tribunal du travail de Lomé, *Dame SANVEE Carine, née RIEDEL c. Brasserie BB Lomé SA*, jugement n° 038/2004, du 23 mars 2004.

JURIDICTIONS COMMUNAUTAIRES AFRICAINES ET EUROPÉENNES :

Juridictions africaines :

Cour africaine des droits de l'Homme et des peuples (CADHP) :

CADHP, *Lohé Issa Konaté c. Burkina Faso*, arrêt du 5 décembre 2014, *Recueil de jurisprudence de la Cour africaine (RJCA)*, 1 RJCA 324.

Cour de Justice de la Communauté des États de l'Afrique de l'Ouest (CJCEDEAO) :

Cour de Justice de la CEDEAO, *Affaire Aziali Abla & Anor c. République du Benin,* arrêt n° ECW/CCJ/APP/04/14 du 23 avril 2015.

Cour de Justice de la CEDEAO, *Affaire [B.A] Pascal c. République [togolaise]*, arrêt n° ECW/CCJ/JUD/06/15 du 24 avril 2015.

Cour de Justice de la CEDEAO, *Alternative citoyenne et Roch Gnahoui David c. République du Benin*, arrêt N° ECW/CCJ/JUD/21/15 du 23 octobre 2015.

Cour de Justice de la CEDEAO, *Affaire Konso Kokou Patouna c. République [togolaise]*, Arrêt n° ECW/CCJ/JUD/02/16 du 16 février 2016.

Cour de Justice de la CEDEAO, *Affaire Djibril Yipéné Bassolé c. Etat du Burkina Faso*, arrêt n° ECW/CCJ/APP/03/16 du 1er juillet 2016.

Cour de Justice de la CEDEAO, *Affaire Alaza Y. Pawimondom c. République [togolaise],* arrêt n° ECW/CCJ/JUD/06/18 du 19 février 2018.

Cour de Justice de l'UEMOA :

Cour de Justice de l'UEMOA, *Avis de la Cour de Justice de l'UEMOA du 2 février 2000 relatif à l'interprétation de l'article 84 du Traité de l'UEMOA,* avis n° 002/2000 du 2 février 2000.

Cour de Justice de l'UEMOA, *Demande d'avis de la Commission de l'UEMOA relative à la création d'une Cour des Comptes au Mali*, avis n° 001/2003 du 18 mars 2003.
Cour de Justice de l'UEMOA, *Demande d'avis de la Banque Ouest africaine de Développement (BOAD) relative à son éligibilité au système judiciaire de la Cour de Justice de l'UEMOA*, avis n° 01/2011 du 30 octobre 2011.
Cour de Justice de l'UEMOA, *Recours préjudiciel N°RP 20 RP005 du 24 avril 2020, introduit par la Cour de Cassation du Burkina Faso*, arrêt n° 1 /2021 du 19 mai 2021.

Cour Commune de Justice et d'Arbitrage de l'OHADA (CCJA) :

CCJA, *Azablévi Yovo c/ Société Togo Télécom*, arrêt n° 043/2005 du 07 juillet 2005.
CCJA, 3ème ch., *Affaire MBULU MUSESO c/ la Société des Grands Hôtels du Congo (SA) et consorts*, arrêt n° 103/2018 du 26 avril 2018.

JURIDICTIONS EUROPÉENNES :

Cour européenne des droits de l'Homme et des (CEDH) :

CEDH, *Chevrol c. France*, arrêt du 13 février 2003, Req. no 49636/99

Cour de Justice des Communautés Européennes (CJCE) :

CJCE, *La société N.V. AlgemeneTransport- en Expeditie Onderneming van Gend & Loos*, arrêt du 5 février 1963, aff. 26-62, *Rec.*, p. 3.
CJCE, *Yvonne Van Duyn c/ Home office*, arrêt du 4 décembre 1974, aff. 41-74, *Rec.*, p. 1337.
CJCE, *Skoma-Lux*, arrêt du 11 décembre 2007, aff. C-161/06, *Rec.*, 2007, p. I-10841.

Cour de justice de l'Union européenne (CJUE) :

CJUE, *Avis 1/19 relatif à la conclusion de la convention d'Istanbul*, 6 octobre 2021, *CJUE* [CURIA, 6 octobre 2021].

JURIDICTIONS ET INSTANCES ARBITRALES INTERNATIONALES :

Centre International de Règlement des Différends relatifs à l'Investissements (CIRDI) :

CIRDI, *Millicom International Operations B.V. et Sentel GSM SA c. La République du Sénégal*, Affaire no ARB/08/20, Sentence du 16 juillet 2010.
CIRDI, *Togo Electricité et GDF Suez Energie Servies c. La République togolaise*, affaire no ARB/06/07, Sentence du 10 août 2010.
Comité ad hoc, CIRDI, *Togo-Electricité et GDF Suez Energie Servies c. La République togolaise*, affaire no ARB/06/07, Décision en annulation du 6 septembre 2011.
Comité *ad hoc*, CIRDI, *Helnan International Hotels A/S c. La République Arabe d'Égypte*, affaire CIRDI n° ARB/05/19, 14 juin 2010.
Comité *ad hoc*, CIRDI, *Consortium R.F.C.C. c. Le Royaume du Maroc*, affaire CIRDI n° ARB/00/6, 18 janvier 2006.

Cour Permanente de Justice Internationale (CPJI) :
CPJI, *Affaire du vapeur Wimbledon, (France c. Allemagne)*, arrêt du 17 août 1923, *Série A*, no 1, p.20.
CPJI, *Affaire des Concessions Mavromatis en Palestine, arrêt du 30 août 1924*, *Série A,* no 2, p. 15.
CPJI, *Interprétation des arrêts nos7 et 8 relatifs à l'affaire dite de l'Usine Chorzów*, arrêt du 16 décembre 1927, *Série A*, no13, p. 11.

Cour Internationale de Justice (CIJ) :
CIJ, *Affaire du détroit de Corfou*, ordonnance du 31 juillet 1947, *Recueil* 1947, p. 4.
CIJ, *Réparation des dommages subis au service des Nations Unies*, avis consultatif du 11 avril 1949, *Recueil* 1949, p.174.
CIJ, *Affaires du Sud-Ouest africain (Éthiopie c. Afrique du Sud ; Libéria c. Afrique du Sud)*, arrêt du 21 décembre 1962, *Recueil* 1962, p. 319.
CIJ, *Plateau continental de la mer du Nord (République fédérale d'Allemagne/Pays-Bas)*, arrêt du 20 février 1969, *Recueil* 1969, p. 3.
CIJ, *Compétence en matière de pêcheries ((Royaume-Uni c. Islande) (République fédérale d'Allemagne c. Islande)*, arrêt du 2 février 1973, *Recueil* 1974, p. 49.
CIJ, *Sahara occidental*, avis consultatif du 16 octobre 1975, *Recueil* 1975, p. 12.
CIJ, *Affaire du Plateau continental de la mer Egée (Grèce c. Turquie)*, arrêt du 19 décembre 1978, *Recueil* 1978, p. 3.

CIJ, Plateau continental (Tunisie/Jamahiriya arabe libyenne), arrêt du 24 février 1982, Recueil 1982, p. 18.

CIJ, *Délimitation de la frontière maritime dans la région du Golfe du Maine*, Arrêt du 12 octobre 1984, *Recueil* 1984, p. 246.

CIJ, *Affaire des activités militaires et paramilitaires au Nicaragua et contre celui-ci (Nicaragua c. États-Unis d'Amérique)*, arrêt du 27 juin 1986, *Recueil* 1986, p.14.

CIJ, *Délimitation maritime et questions territoriales entre Qatar et Bahreïn*, arrêt du 1er juillet 1994, *Recueil* 1994, p. 112.

CIJ, *Frontière terrestre et maritime entre le Cameroun et le Nigéria*, mesures conservatoires, ordonnance du 15 mars 1996, *Recueil* 1996, p. 13.

CIJ, *Projet Gabčíkovo-Nagymaros (Hongrie/Slovaquie)*, arrêt du 25 septembre 1997, *Recueil* 1997, p.7.

CIJ, *Frontière terrestre et maritime entre le Cameroun et le Nigéria (Cameroun c. Nigéria)*, arrêt du 11 juin 1998, *Recueil* 1998, p. 275.

CIJ, *Timor oriental (Portugal c. Australie)*, arrêt du 30 juin 1995, *Recueil* 1995, p. 90

CIJ, *Activités armées sur le territoire du Congo (nouvelle requête : 2002) (République démocratique du Congo c. Rwanda)*, arrêt du 3 février 2006, Recueil 2006, p. 6.

CIJ, *Affaires relatives à l'application de la convention internationale sur l'élimination de toutes les formes de discrimination raciale (Géorgie c. Fédération de Russie)*, exceptions préliminaires, arrêt du 1er avril 2011, *Recueil* 2011, p. 70.

CIJ, *Questions concernant l'obligation de poursuivre ou d'extrader (Belgique c. Sénégal)*, arrêt du 20 juillet 2012, *Recueil* 2012, p. 422.

CIJ, *Obligations relatives à des négociations concernant la cessation de la course aux armes nucléaires et le désarmement nucléaire (Iles Marshall c. Pakistan)*, arrêt du 5 octobre 2016, *Recueil* 2016, p. 552.

CIJ, *Appel concernant la compétence du conseil de l'OACI en vertu de l'article 84 de la convention relative à l'aviation civile internationale (Arabie saoudite, Bahreïn, Égypte et Émirats arabes unis c. Qatar)*, arrêt du 14 juillet 2020, *Recueil* 2020, p.80.

CIJ, *Sentence arbitrale du 03 octobre 1899 (Guyana c. Venezuela), compétence de la Cour*, arrêt du 18 décembre 2020, *Recueil* 2020, p.455.

Tribunal International du Droit de la Mer (TIDM) :
TIDM, *Délimitation de la frontière maritime dans le golfe du Bengale (Bangladesh/Myanmar)*, arrêt du 14 mars 2012, *Recueil* 2012, p.4.

VII. WEBOGRAPHIE

Académie du droit international : https://www.hagueacademy.nl
Afrilex : Revue d'étude et de recherche sur le droit et l'administration dans les pays d'Afrique : http://afrilex.u-bordeaux.fr
Archive ouverte UNIGE [Université de Genève] : https://archive-ouverte.unige.ch
Association pour l'unification du droit en Afrique :
https://www.ohada. com
Centre d'études juridiques européennes : https://www.ceje.ch
Centre international pour le règlement des différends relatifs aux investissements : https://icsid.worldbank.org
Commission du droit international : https://legal.un.org/ilc
Communauté économique des Etats de l'Afrique de l'Ouest : https://www.ecowas.int
Conseil constitutionnel français : http://www.conseil-constitutionnel.fr
Cour africaine des droits de l'Homme et des peuples :https://fr.african-court.org
Cour constitutionnelle du Togo : https://courconstitutionnelle.tg
Cour d'appel de Lomé : https://lacourdappeldelome.com
Cour de justice de la CEDEAO : http://prod.courtecowas.org
Cour européenne des droits de l'Homme : http://www.echr.coe.int.
Cour internationale de justice : https://www.icj-cij.org.
Cour pénale internationale : https://www.icc-cpi.int
Cour permanente d'arbitrage : https://pca-cpa.org/fr
Cour suprême du Togo : http://www.coursupremetogo.tg
Digithèque de matériaux juridiques et politiques (Digithèque MJP) : https://mjp.univ-perp.fr
Haut-Commissariat des Nations Unies aux droits de l'Homme : https://www.ohchr.org
Institut de droit international : https://www.idi-iil.org/fr
Journal officiel de la République française : https://www.journal-officiel.gouv.fr
Journal officiel de la République togolaise : http://jo.gouv.tg
Nations Unies, Collection des traités : https://treaties.un.org
Normes internationales du Travail, NORMLEX : http://www.oit.org/dyn/normlex/fr

OpenEdition : https://www.openedition.org
Organisation des Nations Unies : https://www.un.org/fr
Organisation pour l'harmonisation en Afrique du droit des affaires : https://www.ohada.org
Portail d'information des Nations Unies sur les accords multilatéraux relatifs à l'environnement : https://www.informea.org/fr
Portail du droit des affaires en Afrique : http://www.ohada.com
Portail Persée : http://info.persee.fr
Précis de la pratique du Secrétaire général en tant que dépositaire de traités multilatéraux : https://treaties.un.org
Tribunal de commerce de Lomé : http://tribunaldecommercedelome.tg
Tribunal international du droit de la mer : https://www.itlos.org
Union économique et monétaire ouest-africaine : http://www.uemoa.int
Union africaine : https://au.int/fr

ANNEXES

Liste des annexes :

Annexe I : Traité de protectorat entre le Roi MLAPA du Togo et le Consul Gustav NACHTIGAL de l'empire allemand, signé le 5 juillet 1884 à Baguida

Annexe II : Décret du 23 octobre 1980 ordonnant la publication de la Convention de Vienne sur le droit des traités du 23 mai 1969 au Journal officiel de la République togolaise

Annexe III : Notification de l'entrée en vigueur de la Convention de Vienne sur le droit des traités, à la faveur du dépôt par le Togo de son instrument d'adhésion

Annexe IV : Modèles d'instruments de Pleins pouvoirs

Annexe V : Exposé des motifs du projet de loi autorisant la ratification du Protocole pour éliminer le commerce illicite des produits du tabac, adopté à Séoul le 12 novembre 2012

Annexe VI : Loi du 30 août 2000 autorisant la ratification de l'Acte constitutif de l'Union africaine

Annexe VII : Déclaration du Togo consécutivement au dépôt de son instrument de ratification de la Convention pour l'unification de certaines règles relatives au transport aérien international, adoptée à Montréal le 28 mai 1999

Annexe VIII : Objection du Togo à la réserve formulée par El Salvador, lors de l'adhésion de ce pays au deuxième Protocole facultatif se rapportant au Pacte international relatif aux droits civils et politiques, visant à abolir la peine de mort

Annexe IX : Instrument d'acceptation de l'accord de coopération économique et technique entre le Togo et le Koweït, signé le 05 novembre 2014 à Koweït City

Annexe X : Déclaration d'acceptation de la juridiction obligatoire de la Cour internationale de Justice (CIJ) faite par la République togolaise le 24 octobre 1979 (déposée auprès du Secrétaire général de l'ONU, le 25 octobre 1979)

Annexe XI : Tableau de synthèse de l'état de ratification par le Togo ou de son adhésion aux principaux traités internationaux relatifs aux droits de l'Homme, les Organes de traités correspondants et la périodicité des rapports sur leur mise en œuvre

Annexe I : Traité de protectorat entre le Roi MLAPA du Togo et le Consul Gustav NACHTIGAL de l'Empire Allemand, signé le 5 juillet 1884 à Baguida

Bagida[*sic*], le 5 juillet 1884,

Le Consul général de l'Empire Allemand, le Dr Gustav NACHTIGAL, au nom de Sa Majesté l'Empereur, et MLAPA, Roi de Togo, représenté par PLAKOO, porte-canne du Roi MLAPA, en son nom propre, au nom de ses héritiers et en celui de ses Chefs, ont établi aujourd'hui l'accord suivant :

§1

Le Roi MLAPA de Togo, désireux de protéger le commerce légitime, qui est, dans ce pays, principalement fait par des commerçants allemands, et d'assurer à ceux-ci une totale sécurité pour leurs vies et leurs biens, demande la protection de Sa Majesté l'Empereur Allemand, afin d'être capable de maintenir l'indépendance de son territoire, qui s'étend, sur la côte occidentale de l'Afrique, de la frontière orientale de Porto-Seguro à la frontière occidentale de Lomé ou Beh-Beach.

S.M. l'Empereur Allemand accorde sa protection, tous les droits légitimes des tiers étant garantis.

§2

Le Roi ne cédera aucune partie de son pays, avec des droits de souveraineté, à une puissance étrangère ou à une personne étrangère ; il ne fera aucun traité avec des puissances étrangères sans l'accord préalable de S. M. l'Empereur.

§3

Le Roi MLAPA accorde pleine protection et libre commerce à tous les sujets allemands protégés [de l'Allemagne] qui se trouvent dans son pays. Il ne donnera à aucune personne ou nation plus de facilités, faveur ou protection qu'il n'en donne aux Allemands ou aux protégés [de l'Allemagne].

Le Roi MLAPA ne lèvera pas de droits de douane ou de taxes autres que ceux que l'on doit payer selon la coutume (à savoir : 1 shilling par tonne de noix palmistes et 1 shilling par tonneau d'huile de palme) aux divers chefs locaux, sans l'accord préalable de S. M. l'Empereur Allemand.

§4

S.M. l'Empereur d'Allemagne respectera tous les autres traités de commerce signés auparavant entre le Roi MLAPA et des tiers ; il n'interviendra en aucune façon dans le commerce libre existant déjà sur le territoire du Roi MLAPA.

§5

S. M. l'Empereur d'Allemagne ne s'immiscera pas dans la manière de lever l'impôt que le Roi MLAPA et ses chefs ont utilisée jusqu'ici.

§6

Les Parties contractantes se réservent de se mettre d'accord ultérieurement sur les sujets et les affaires d'intérêt commun qui ne sont pas mentionnés dans ce traité.

§7

Ce traité entrera en vigueur dès qu'il aura été ratifié par le Gouvernement allemand.

En foi de quoi, nous avons signé ce traité devant les témoins mentionnés ci-dessous.

Témoins :

Chef PLAKOO	COODAYEE
Chef ADEY de Lome ou Bey	DADZI, 2ème chef de Bey
H. RANDAD OKLOO	NUKOO
Josua LEUZE	Roi GARSU de Bagida
MANDT, lieutenant de vaisseau	
Dr Max BUCHNER	Dr G. NACHTIGAL

[Interprètes : I.J.B GARBER et J.B AHJEVOR]

Source : Le texte du traité de protectorat de 1884 est ici repris de l'ouvrage de Yves MARGUERAT, *La naissance du Togo selon les documents de l'époque. Première période : l'ombre de l'Angleterre,* Éditions Haho, Karthala, 1993, pp. 424-426 [notes omises].

Annexe II : Décret du 23 octobre 1980 ordonnant la publication de la Convention de Vienne sur le droit des traités du 23 mai 1969 au Journal officiel de la République togolaise

DÉCRET N° 80-252 DU 23 OCTOBRE 1980 ORDONNANT LA PUBLICATION DE LA CONVENTION DE VIENNE SUR LE DROIT DES TRAITÉS, [ADOPTÉE] A VIENNE LE 23 MAI 1969

LE PRÉSIDENT DE LA RÉPUBLIQUE

Sur le rapport du ministre des Affaires étrangères et de la coopération ;
Vu la constitution spécialement en ses articles 15 et 43 ;
Vu l'ordonnance n° 79-49 bis du 18 décembre 1979 autorisant l'adhésion à la convention de Vienne sur le droit des traités, [adoptée] à Vienne le 23 mai 1969 :

DÉCRÈTE :

Article premier : La convention de Vienne sur le droit des traités, [adoptée] à Vienne le 23 mai 1969 et dont l'instrument de ratification a été déposé le 28 décembre 1979, sera publiée au Journal officiel de la République togolaise.
Article 2 : Le ministre des Affaires étrangères et de la coopération est chargé de l'exécution du présent décret qui sera publié au Journal officiel de la République togolaise.

Lomé, le 23 octobre 1980
GNASSINGBE EYADEMA

Source : Journal officiel de la République togolaise, n° 31 du 26 décembre 1980.

Annexe III : Notification de l'entrée en vigueur de la Convention de Vienne sur le droit des traités, à la faveur du dépôt par le Togo de son instrument d'adhésion

---

VIENNA CONVENTION ON THE LAW OF TREATIES
CONCLUDED AT VIENNA ON 23 MAY 1969
ACCESSION BY TOGO
FULFILMENT OF THE CONDITIONS PROVIDED FOR BY
ARTICLE 84 (1) OF THE
CONVENTIONS FOR THE PURPOSE OF ITS ENTRY INTO FORCE

Sir,

I have the honor, upon instructions from the Secretary-General, to inform you that, on 28 December 1969, the instrument of accession by the Government of Togo to the Vienna Convention on the law of Treaties, concluded at Vienna on 23 May 1969, was deposited with the Secretary-General.

The accession by the Government of Togo has brought to 35 the number of instruments of ratification and accession deposited with the Secretary-General in respect of the Convention, and the condition provided for by article 84 (1) of the latter for the purpose of its entry into force have consequently been fulfilled.

It should be noted, however, that several of the 35 instruments thus deposited with the Secretary-General in respect of the Convention were accompanied with reservations or declarations. Those, as well as certain objections thereto, have all been circulated in due course by the Secretary-General and are reproduced in Secretariat publication entitled Multilateral Treaties in respect of which the Secretary-General performs depositary functions –List of Signatures, Ratification, Accession, etc. as at 31 December 1978 (doc. ST/LEG/SER.D/12). (No reservation, declaration or objection were formulated after 31 December 1978.).

In this connection, it will be recalled that, by resolutions 598 (VI) and 1452 B (XIV), the General Assembly instructed the Secretary-General not to pass, in the exercise of this functions as depositary, on the legal effects of document containing reservations or objections, and to leave it to each State to draw legal consequences from such communications.

It may be assumed that, without prejudice to the position which they may adopt concerning the application of the Convention as between themselves and each of the reserving States, the intention of States concerned is to have all the 35 instruments deposited with the Secretary-General as at 28 December 1979 be taken into account for the purpose of determining the date of entry into force of the Convention : reference is made in this regard to the Secretary-Generals report entitled "Depositary Practice in relation to Reservations", part

II , paragraphs 31 to 33 in Yearbook of the International Law Commission , 1965 , Vol. II, p. 103. Accordingly, the Convention would be considered as having entered into force on the thirtieth day following the deposit of the instrument of accession by Togo, that is to say on 27 January 1980.

In the absence of a notification to the contrary by the Contracting States within 90 days from the date of this letter, it will be the Secretary-General's understanding that those States are in agreement with the above.

Accept Sir, the assurances of my highest consideration.

Valentin ROMANOV

Director of the Codification Division
in charge of the Office of Legal Affairs

Source : Nations Unies, *Collection des traités* (Réf. : C.N.293. 1979.TREATIES-3).

Annexe IV : Modèles d'instrument de Pleins pouvoirs

A- Pleins pouvoirs de représentation du Togo à une conférence/réunion internationale

PLEINS POUVOIRS

Nous, *[Professeur Robert DUSSEY]*, Ministre des Affaires étrangères, de l'intégration régionale et des Togolais de l'extérieur de la République togolaise, avons trouvé bon et entendu de constituer, comme suit, la délégation togolaise à .... (*nom de la réunion ou de la conférence*) qui se tiendra (*date de la réunion ou de la conférence*) à............ (*Ville /pays hôte de la réunion ou de la conférence*) :

- M. ou Mme...... (*titre et fonction du ou de la plénipotentiaire*), chef de délégation ;
- M. ou Mme...... (*titre et fonction du ou de la plénipotentiaire*), membre ;
- M. ou Mme...... (*titre et fonction du ou de la plénipotentiaire*), membre.

Conférons aux représentants, ci-dessus, les Pleins pouvoirs à l'effet de prendre part à ladite (*réunion ou conférence*) et d'y exercer tous les droits qui appartiennent aux participants.

En foi de quoi nous avons signé les présentes et y avons apposé le sceau de la République togolaise.

Fait à ...... (*date et lieu de signature*)

Signé (*nom de l'Autorité et sceau de la République togolaise*)

B- Pleins pouvoirs pour la signature d'un traité ou accord international au nom de la République togolaise

PLEINS POUVOIRS

Nous, *[Professeur Robert DUSSEY]*, Ministre des Affaires étrangères, de l'intégration régionale et des Togolais de l'extérieur de la République togolaise, donnons, par les présentes, Pleins pouvoirs à ...... (*titre et fonction du ou de la plénipotentiaire*), à l'effet de procéder à la signature de .... (*Intitulé du traité ou de l'accord international*).

En foi de quoi nous avons signé les présentes et y avons apposé le sceau de la République togolaise.

Fait à...... (*date et lieu de signature*)

Signé *(nom de l'Autorité et sceau de la République togolaise)*

Annexe V : Exposé des motifs du projet de loi autorisant la ratification du Protocole pour éliminer le commerce illicite des produits du tabac, adopté à Séoul le 12 novembre 2012

LE PREMIER MINISTRE

REPUBLIQUE TOGOLAISE
Travail-Liberté-Patrie

EXPOSÉ DES MOTIFS DU PROJET DE LOI AUTORISANT LA RATIFICATION DU PROTOCOLE POUR ÉLIMINER LE COMMERCE ILLICITE DES PRODUITS DU TABAC, SIGNÉ À SEOUL LE 12 NOVEMBRE 2012

....

Adopté par le Gouvernement

....

L'Assemblée mondiale de la santé a adopté, en 2003, la Convention-cadre pour la lutte antitabac (CCLAT), qui a pour objectif de réduire, partout dans le monde, de manière globale, le nombre de décès et de maladies liés au tabac. Le Togo a ratifié cette convention par la loi n° 2005-011 du 17 octobre 2005.

L'article 15 de la CCLAT reconnaît que l'élimination du commerce illicite des produits du tabac, y compris la contrebande, la fabrication illicite et la contrefaçon, constitue un aspect essentiel de la lutte antitabac et impose aux Parties d'adopter et d'appliquer des mesures efficaces pour éliminer ce commerce illicite.

L'adoption, le 12 novembre 2012, à Séoul en République de Corée, du Protocole pour éliminer le commerce illicite des produits du tabac répond à cette exigence.

Ce Protocole vise à combattre, dans un objectif de santé publique, le trafic illicite du tabac en assurant un contrôle accru de la chaîne logistique de l'offre du tabac notamment par une meilleure traçabilité des produits, le renforcement des sanctions pénales et la coopération internationale des services de répression des fraudes et des services judiciaires.

Il représente une contribution importante aux efforts entrepris au niveau international pour éliminer toutes les formes de commerce illicite des produits du tabac et, partant, lutter contre le contournement des obligations en matière de taxes et de droits de douane et réduire l'offre de produits du tabac conformément à l'article 15 de la CCLAT de l'OMS.

Le Protocole est composé d'un préambule et de quarante-sept (47) articles regroupés en dix (10) parties.

Dans le préambule, les États Parties, qui réaffirment leur engagement à protéger la santé publique, mettent en exergue les méfaits du commerce illicite du tabac en termes économiques, sociaux et sécuritaires et insistent sur la nécessité de renforcer la coopération internationale sur ces problématiques.

- *la partie I est consacrée à la définition des termes, aux relations entre le Protocole et les autres instruments juridiques et à l'objectif du Protocole ;*
- *la partie II expose les obligations générales des Parties, notamment en matière de protection des données personnelles en fonction de la législation nationale et des règles internationales en vigueur ;*
- *la partie III est consacrée au contrôle de la chaîne logistique ;*
- *la partie IV est relative aux infractions et aux sanctions y afférentes ;*
- *la partie V traite de la coopération internationale ;*
- *la partie VI énonce les mécanismes de notification et d'échange d'informations ;*
- *la partie VII a trait aux dispositions institutionnelles et aux ressources financières ;*
- *la partie VIII se rapporte au règlement des différends ;*
- *la partie IX détaille les modalités d'amendements du Protocole ;*
- *la partie X énonce les dispositions finales.*

La ratification du Protocole pour éliminer le commerce illicite des produits du tabac permettra à notre pays de renforcer son arsenal juridique en matière de protection de la santé publique, notamment la loi n° 2010-017 du 31 décembre 2010 relative à la production, à la commercialisation et à la consommation du tabac et de ses produits dérivés.

Le Togo pourra également bénéficier des ressources et des technologies pertinentes pour éliminer toutes les formes du commerce illicite des produits du tabac et de ses dérivés.

Tel est, l'objet du présent projet de loi que j'ai l'honneur de soumettre à la délibération de l'Assemblée nationale.

Fait à Lomé, le 05 mai 2017

[Signé] Selom Komi KLASSOU

Source : Ministère des Affaires étrangères de la République togolaise (Archives DAJC : 2017).

Annexe VI : Loi du 30 août 2000 autorisant la ratification de l'Acte constitutif de l'Union africaine

Loi n°2000-14 du 30 août 2000 autorisant la ratification de l'Acte Constitutif de l'Union africaine, adopté à Lomé, le 11 juillet 2000
L'Assemblée nationale a délibéré et adopté ;
Le Président de la République promulgue la loi dont la teneur suit :
Article premier : Est autorisée la ratification de l'Acte Constitutif de l'Union africaine adopté à Lomé le 11 juillet 2000.
Article 2 : La présente loi sera exécutée comme loi de l'État.

Fait à Lomé, le 30 août 2000
Le Président de la République

Eyadéma GNASSINGBE

Le Premier Ministre

Eugène Koffi ADOBOLI

Source : Journal officiel de la République togolaise, n° 23 du 30 août 2000.

Annexe VII : Déclaration du Togo consécutivement au dépôt de son instrument de ratification de la Convention pour l'unification de certaines règles relatives au transport aérien international, adoptée à Montréal le 28 mai 1999

DÉCLARATION DE LA RÉPUBLIQUE TOGOLAISE AU TITRE DE L'ARTICLE 57 DE LA CONVENTION POUR L'UNIFICATION DE CERTAINES RÈGLES RELATIVES AU TRANSPORT AÉRIEN INTERNATIONAL, ADOPTÉE À MONTRÉAL LE 28 MAI 1999

……………………

La République togolaise,

En sa qualité d'État ayant ratifié la convention pour l'unification de certaines règles relatives au transport aérien international dénommée « convention de Montréal », adoptée à Montréal le 28 mai 1999,

Déclare, conformément à l'article 57 de la convention suscitée, exclure l'application des dispositions de cette convention :

- aux transports aériens internationaux effectués et exploités par le Togo à des fins non commerciales relativement à ses fonctions et devoirs d'État souverain et,
- au transport de personnes, de bagages et de marchandises effectués pour les autorités militaires togolaises à bord d'aéronefs immatriculés au Togo ou loués par le Togo et dont la capacité entière a été réservée par ces autorités ou pour le compte de celles-ci.

Fait à Lomé, le 26 novembre 2016

[Signé] Prof. Robert DUSSEY

Source : Ministère des Affaires étrangères de la République togolaise (Archives DAJC : 2016).

Annexe VIII : Objection du Togo à la réserve formulée par El Salvador lors de l'adhésion de ce pays au deuxième Protocole facultatif se rapportant au Pacte international relatif aux droits civils et politiques, visant à abolir la peine de mort

DEUXIÈME PROTOCOLE FACULTATIF SE RAPPORTANT AU PACTE INTERNATIONAL RELATIF AUX DROITS CIVILS ET POLITIQUES, VISANT À ABOLIR LA PEINE DE MORT, NEW YORK, 15 DÉCEMBRE 1989

TOGO : OBJECTION À LA RÉSERVE FORMULÉE PAR EL SALVADOR LORS DE L'ADHÉSION

Le Secrétaire général de l'Organisation des Nations Unies, agissant en sa qualité de dépositaire, communique :
L'action susmentionnée a été effectuée le 14 septembre 2016.
(Original : français)

« Le Gouvernement togolais, qui a choisi d'être abolitionniste sans réserve, a examiné la réserve formulée par le Gouvernement salvadorien à l'article 2 du Deuxième Protocole facultatif se rapportant au Pacte international relatif aux droits civils et politiques, visant à abolir la peine de mort. Le Gouvernement togolais rappelle qu'en stipulant à son article 1, alinéa 1 qu'« aucune personne relevant de la juridiction d'un Etat Partie au présent Protocole ne sera exécutée », le Protocole engage précisément et sans ambigüité les Etats Parties à l'abolition, en toutes circonstances et sans exclusive, de la peine de mort.

Or, en ne limitant pas expressément l'application de la peine de mort aux crimes de caractère militaire, d'une gravité extrême, commis en temps de guerre, et en ne précisant pas les dispositions pertinentes de la législation interne salvadorienne qui s'appliquent en temps de guerre et qui doivent être communiquées au Secrétaire général de l'Organisation des Nations Unies lors de l'adhésion, conditions fixées par le Protocole à son article 2, la réserve émise par le Gouvernement salvadorien contrevient à l'esprit et à la lettre du Protocole.

En conséquence, le Gouvernement togolais fait objection à cette réserve. Toutefois, la présente objection n'exclut pas l'entrée en vigueur du Protocole entre la République togolaise et la République d'El Salvador. »

Le 26 septembre 2016

Source : Nations Unies, *Collection des traités*, C.N.706. 2016.TREATIES-IV.12 (Notification dépositaire) [notifications dépositaires C.N.201. 2014.TREATIES-IV.12 du 8 avril 2014 (Adhésion : El Salvador) et C.N.623. 2016.TREATIES-IV.12 du 14 septembre 2016 (Adhésion : Togo)].

Annexe IX : Instrument d'acceptation par le Togo de l'accord de coopération économique et technique entre le Togo et le Koweït, signé le 05 novembre 2014 à Koweït City

ACCEPTATION DE LA RÉPUBLIQUE TOGOLAISE

Ayant vu et examiné l'accord de coopération économique et technique entre le gouvernement de la République togolaise et le gouvernement de l'Etat de Koweït, signé à Koweït city, le 05 novembre 2014 ;

Nous, professeur Robert DUSSEY, ministre des Affaires étrangères, de la coopération et de l'intégration africaine de la République togolaise ;

Déclarons solennellement que le Togo l'accepte intégralement et promettons qu'il sera inviolablement observé.

En foi de quoi nous avons signé les présentes et y avons apposé le sceau de la République togolaise.

Fait à Lomé, le 12 mars 2015

[Signé] Robert DUSSEY

Source : Ministère des Affaires étrangères de la République togolaise (Archives DAJC : 2015).

Annexe X : Déclaration d'acceptation de la juridiction obligatoire de la Cour internationale de Justice (CIJ) faite par la République togolaise le 24 octobre 1979 (déposée auprès du Secrétaire général de l'ONU, le 25 octobre 1979)

LA RÉPUBLIQUE TOGOLAISE,

Représentée par Son Excellence Monsieur Akanyi-Awunyo KODJOVI, Ambassadeur Extraordinaire et Plénipotentiaire, Représentant Permanent du Togo auprès de l'Organisation des Nations Unies,

Agissant en application des dispositions des paragraphes 2 et 3 de l'article 36 du Statut de la Cour internationale de Justice, annexé à la Charte des Nations Unies,

Guidée par le souci qui l'a toujours animée de parvenir au règlement pacifique et équitable de tous les différends internationaux, en particulier ceux dans lesquels elle pourrait être impliquée, et désireuse de contribuer à la consolidation de l'ordre juridique international fondé sur les principes énoncés par la Charte des Nations Unies,

Déclare reconnaître comme obligatoire, de plein droit et sans convention spéciale vis-à-vis de tout autre Etat acceptant la même obligation, c'est-à-dire sous condition de réciprocité, la juridiction de la Cour internationale de Justice sur tous les différends ayant pour objet :

a) l'interprétation d'un traité ;

b) tout point de droit international ;

c) la réalité de tout fait qui, s'il était établi, constituerait la violation d'un engagement international;

d) la nature ou l'étendue de la réparation due pour la rupture d'un engagement international.

La présente déclaration est faite pour une durée illimitée sous réserve de la faculté de dénonciation et de modification qui s'attache à tout engagement pris par un Etat souverain dans ses relations internationales. Elle entrera en vigueur à compter du jour de la réception au Secrétariat de l'Organisation des Nations Unies.

New York, le 24 octobre 1979

[Signé] Akanyi-Awunyo KODJOVI

Source : Cour internationale de justice, « Déclarations d'acceptation de la juridiction obligatoire », 13.05.2018.

Annexe XI : Tableau de synthèse de l'état de ratification par le Togo ou de son adhésion aux principaux traités internationaux relatifs aux droits de l'Homme, les Organes de traités correspondants et la périodicité des rapports sur leur mise en œuvre (1966-2022)

TRAITÉS	DATES DE SIGNATURE DU TOGO	DATES DE RATIFICATIO N/ADHESION DU TOGO	ORGANES DE SUIVI DE L'APPLICATION	PERIODICITE DES RAPPORTS A SOUMETTRE AUX ORGANES DE TRAITES ET VISITES A EFFECTUER PAR CES ORGANES
Convention internationale sur l'élimination de toutes les formes de discrimination raciale, adoptée le 07 mars 1966 à New York	---	1er septembre 1972	Comité pour l'élimination de la discrimination raciale (CERD)	Rapport initial : 01 an *(Rapport du Togo soumis le 21 mars 1983)*
				Rapports suivants : 02 ans
Pacte international relatif aux droits civils et politiques, adopté le 16 décembre 1966 à New York	---	24 mai 1984	Comité des droits de l'Homme (HRC)	Rapport initial : 01 an *(Rapport du Togo soumis le 15 septembre 2004)*
				Rapports suivants : 04 ans
Pacte international relatif aux droits économiques, sociaux et culturels, adopté le 16 décembre 1966 à New York	---	24 mai 1984	Comité des droits économiques, sociaux et culturels (CESCR)	Rapport initial : 02 ans *(Rapport du Togo soumis le 26 janvier 2010)*
				Rapports suivants : 05 ans
Convention sur l'élimination de toutes les formes de discrimination à l'égard des femmes, adoptée le 18 décembre 1979 à New York	---	26 septembre 1983	Comité pour l'élimination de la discrimination à l'égard des femmes (CEDAW)	Rapport initial : 01 an *(Rapport initial et les 2ème ,3ème ,4ème et 5ème rapports périodiques combinés, soumis le 11 mars 2004)*
				Rapports suivants : 04 ans
Convention contre la torture et autres peines ou traitements cruels, inhumains ou dégradants, adoptée le 10 décembre 1984 à New York	27 mars 1987	18 novembre 1987	Comité contre la torture (CAT)	Rapport initial : 01 an *(Rapport du Togo soumis le 15 septembre 2004)*
				Rapports suivants : 04 ans
Protocole facultatif se rapportant à la Convention contre la torture et autres peines ou traitements cruels, inhumains ou dégradants, adopté le 18 décembre 2002 à New York	15 septembre 2005	20 juillet 2010	Sous-Comité pour la prévention de la torture (SPT)	Mise en place d'un mécanisme national de prévention indépendant, 01 an après la ratification ou l'adhésion au Protocole (*Au Togo : loi organique N° 2018-006 du 20 juin 2018 relative à la composition, à l'organisation et au fonctionnement de la*

				Commission Nationale des Droits de l'Homme (CNDH).
				Périodicité indéterminée pour les visites. *(Visite effectuée par le Comité au Togo, du 1er au 10 décembre 2014)*
Convention relative aux droits de l'enfant, adoptée le 20 novembre 1989 à New York	26 janvier 1990	1er août 1990	Comité des droits de l'enfant (CRC)	Rapport initial : 02 ans *(Rapport du Togo soumis le 27 février 1995)*
				Rapports suivants : 05 ans
Convention relative aux droits des personnes handicapées, adoptée le 13 décembre 2006 à New York	23 septembre 2008	1er mars 2011	Comité des droits des personnes handicapées (CRPD)	Rapport initial : 02 ans *(Rapport du Togo soumis le 04 août 2016)*
				Rapports suivants : 04 ans
Convention pour la protection de toutes les personnes contre les disparitions forcées, adoptée le 20 décembre 2006 à New York	27 octobre 2010	21 juillet 2017	Comité des disparitions forcées (CED)	Rapport initial : 02 ans
				Rapports suivants : Renseignements complémentaires à la demande du Comité
Convention internationale sur la protection des droits de tous les travailleurs migrants et des membres de leur famille, adoptée le 18 décembre 1990 à New York	15 novembre 2001	16 décembre 2020	Comité pour la protection des droits de tous les travailleurs migrants et des membres de leur famille (CMW)	Rapport initial : 01 an *(Le rapport initial est dû, le 22 avril 2022 au plus tôt)*

Source : Togbé Agbessi ALANGUE, tableau réalisé sur la base des informations recueillies auprès du Ministère des Affaires étrangères de la République togolaise et du Haut-Commissariat des Nations Unies aux Droits de l'Homme, mars 2022.

INDEX ALPHABÉTIQUE

K

L

M

N

O

P

R

S

T

U

POSTFACE

Par le Juge Dr Koffi Kumelio A. AFANĐE

Introduction

1. Comme le dit l'adage de chez nous « celui qui prend le fleuve à contre-courant risque de croire que le fleuve coule à reculons ». Les relations entre la République togolaise depuis le Togoland et le droit international des traités ainsi que le droit international coutumier relèvent d'un dilemme similaire, au point qu'il est presque impossible de savoir dans quel sens aborder la question.

2. L'auteur du présent ouvrage, qui m'a fait l'honneur d'en commettre la postface, a osé prendre l'initiative de fixer un sens spécifique de l'analyse à savoir l'articulation entre la théorie et la pratique du droit international en République togolaise. La démarche est louable et le résultat édifiant. L'ouvrage emporte une série de mérites incontestables, dont deux doivent absolument être évoqués.

3. Le premier mérite est que l'ouvrage fournit des clefs, rares et essentiels de lecture de l'ossature du droit international, telle que conçue et pratiquée par la diplomatie de la République togolaise, à travers les instruments juridiques internationaux, auxquels le Togo est partie. La démarche concilie avec habileté la « théorie » et la « pratique » au moyen d'une réflexion patiente, disqualifiant ainsi ce reflexe précipité et discutable, qui conduit bien trop souvent à opposer les deux.

4. Le second mérite de l'ouvrage est d'avoir enfin révélé que la question de la relation que la République togolaise entretient avec le droit international des traités ou coutumier est absolument indissociable de l'histoire de ladite République et que l'une ne saurait être comprise sans l'autre. En effet, l'histoire depuis le Togoland à la République togolaise est bien trop longtemps restée l'apanage des historien(ne)s, sociologues, anthropologues coloniaux, politicien(ne)s, écrivains, militaires, artistes de la chanson, praticiens des arts plastiques, etc. Elle est à peine ou pas du tout officiellement abordée par les architectes, agriculteurs, forgerons, pêcheurs, juristes, etc. Cet ouvrage marque un tournant cardinal en posant le droit international comme grille de lecture de l'histoire depuis le Togoland jusqu'à la République togolaise. Il ne peut en être autrement, car le Togoland devenu la République togolaise est né du « Traité de protectorat » du 5 juillet 1884 (« Traité de 1884 »), qui bien que discutable, demeure un acte de droit international des traités et coutumier signé entre l'Empire Allemand et

le Togoland. Ce « Traité de 1884 » est intervenu après 12 siècles d'esclavages arabo-musulman, puis judéo-chrétien respectivement au VIIe et XVIe siècles, ayant favorisé l'invasion de ce territoire par une cohorte de marchands néerlandais, portugais, allemands et de tous les coins du monde au mépris du droit international. Quoique l'on en dise, ce « Traité de 1884 » a inauguré la colonisation allemande, convertie en colonisation française par le Traité de Versailles en 1919, au sortir de la guerre de 1914-1918[1].

5. En somme, la rencontre inattendue du Togoland avec le droit international en 1884 a été tumultueuse pendant soixante-quinze ans, jusqu'en 1960 avant de connaître une sorte d'accalmie jusqu'à nos jours. Sans développer les détails des affres et des réalités des colonisations successives, cette période peut être scindée en trois phases au regard du droit international. La première phase du « Togoland » s'est déroulée du « Traité de 1884 », signé avec l'Empire Allemand, le privant curieusement de la capacité de signer d'autres traités, mais dont les termes n'ont pas non plus été respectés par la partie allemande, au mépris des principes du droit international en vigueur à l'époque. Pendant la deuxième phase, de 1919 à 1960, le régime de privation de la capacité d'agir en droit international et de signer des traités a été maintenu, tous les traités étant négociés puis signés en son nom, sans d'ailleurs lui appliquer ceux de ces traités qui pouvaient lui être bénéfiques. La troisième phase confrontait précocement la République togolaise, accédant à la souveraineté en 1960, à la décision de nouer un nouveau lien avec le droit international, forgé et formulé sans lui. Depuis lors, et fort de son histoire, la République togolaise a compris que si le droit international des traités semble être plus accessible parce que les dispositions en sont connues, même si l'interprétation peut surprendre, le droit international coutumier est le plus imprévisible, fluctuant, insaisissable et intrigant. En d'autres termes, le droit international est un monstre à deux têtes que la République togolaise doit apprendre à dompter tout en affirmant sa souveraineté.

6. Cette histoire émaillée de multiples violations du droit international au préjudice des populations de son territoire, aux prix de vies humaines, justifie de se poser une simple question : La République togolaise doit-elle faire confiance au droit international et s'y conformer et si oui, comment et pour quelle(s) raison(s) ? Certes, la faculté n'est pas laissée à la République togolaise de se soustraire au

[1] Généralement appelée « première guerre mondiale »

droit international. Toutefois, telle que posée, la question révèle un double impératif, dont la République togolaise doit tenir compte pour aussi bien, mesurer ses engagements en droit international des traités et coutumier, que pour apprivoiser le droit international au plan national.

7. Le premier impératif est celui d'une participation « décisive », voire « incisive » à la formation du droit international, auquel elle va se soumettre, en faisant incorporer ses intérêts et cultures dans les instruments juridiques internationaux déjà lors de la phase des négociations. Cette question précède celle de ratification, d'accession, d'adhésion et d'acceptation d'un instrument juridique international. Elle s'est présentée sous diverses formes aux deux tournants décisifs de l'histoire. En 1884, face à la partie allemande, le Togoland n'avait, sans doute, pas eu l'opportunité de négocier les termes et l'esprit du « Traité de protectorat ». En 1960, la République togolaise a dû souscrire à des traités et accords négociés et adoptés en son nom pendant quarante-et-un (41) ans par le pays colonisateur français, depuis le Traité de Versailles en 1919.

8. Le second impératif est la nécessité de la mise en place d'un dispositif juridique national pour encadrer l'application des instruments juridiques internationaux en droit national, après la ratification, l'adhésion, l'acceptation ou l'accession. L'état actuel des recherches ne montre pas que le Togoland avait mis en place un tel dispositif. Pour ce qui est de la République togolaise, l'article 140 de la Constitution de 1992, qui reprend plus ou moins les dispositions des précédentes constitutions, semble vouloir offrir une solution lorsqu'il dispose que « les traités ou accord régulièrement ratifiés ou approuvé ont, dès leur publication, une autorité supérieure à celle des lois sous réserve, pour chaque accord ou traité, de son application par l'autre partie ».

9. Ces deux impératifs, pris individuellement ou collectivement, sont cruciaux pour façonner les liens entre la République togolaise et le droit international. Mais, mieux encore, ils sont d'un poids décisif dans la problématique, lorsqu'ils sont placés dans le contexte de l'histoire du déroulement du droit international depuis le Togoland jusqu'à la République togolaise.

10. Selon les récits, les peuples locaux ou leurs chefs auraient sollicité la protection de l'Empire allemand. Toutefois, aucun récit ne dit laquelle des parties togolandaise et allemande, a opté pour la forme de « *schutzgebiet* » ou « protectorat » et de « *Schutzgegietvertrag* » ou « Traité de protectorat », tel que signé le 5 juillet 1884 (Traité de 1884). La question demeure la quadrature du cercle. Toutefois, peu importe si

les populations du territoire concerné, elles-mêmes, avaient sollicité la protection par la partie allemande, mais la question demeure de savoir quelle partie contractante a pris l'initiative du « Traité de 1884 ». Il demeure que le « Traité de 1884 » proposé pour aménager la protection, selon le droit international fondé sur les principes des nations civilisées, avait déjà des visées d'exproprier ces peuples de leur territoire. Autrement dit, la rencontre impromptue du Togoland avec le droit international n'a pas ménagé la souveraineté de la partie togolandaise. Cet angle de déviation initiale, par rapport au droit international, et l'amertume dans la dignité humaine qui en a résulté (I), ont occasionné un grand écart, entre le Togo souverain et le droit international, sur fond de prudence (II).

11. D'où la présente postface s'articule autour de deux axes pivots de réflexions et d'analyse, à savoir d'une part, le point de départ de la rencontre du Togo(land) et du droit international (A), et d'autre part, le point d'inflexion et de non-retour (B).

A – Le point de départ de la rencontre du Togo(land) avec le droit international

12. Au commencement était le « Traité de 1884 », ayant en principe valeur juridique en droit international pour les signataires togolandais et allemands. Ce « Traité de 1884 » faisait naître des droits et obligations précis pour chacune des deux parties. Mais, la partie allemande avait fait une application discutable du « Traité de 1884 ». De toute évidence, le texte du « Traité de 1884 », qui est purement commercial, à n'en pas douter au regard du droit international (**I**) a été transfiguré par la réalité d'une occupation coloniale inattendue, qui était plutôt l'intention cachée de la partie allemande (**II**).

I – Le texte et l'esprit du « Traité de 1884 » dit « Traité de protectorat »

13. Le « Traité de 1884 », perçu comme l'acte de naissance du Togo(land), dont la partie orientale est devenue plus tard la République Togolaise, a été une triple surprise socio-culturelle, politique et juridique au regard du droit international.

14. D'abord, le choc était géopolitique et sociologique. En effet, l'annonce de la signature du « Traité de 1884 », scellant la présence de l'Allemagne sur cette partie du Continent a été une surprise peu agréable pour le colon français du Danhome à l'Est, actuellement la

République du Bénin, et pour celui britannique du Gold Coast à l'Ouest, devenu plus tard la République du Ghana.

15. Ensuite, le choc a été culturel, car ce « Traité de 1884 », dit de « protectorat », donc pour protéger les populations de ce territoire, était contraire aux coutumes juridiques internationales, qui régissaient les rapports entre les peuples dans cette région de notre Continent. L'ambivalence du « Traité de 1884 » est réelle en ce sens que, même s'il a semblé être une source de soulagement et de prestige pour certaines familles, il est tout aussi source de contentieux du point de vue historiographique. Ces contentieux n'ont pas cessé de marquer la vie des populations jusqu'à nos jours sur la partie occidentale et orientale du Togoland, aujourd'hui la République togolaise. Ce « Traité de 1884 » reconnaissait sans conteste, entre autres, d'abord, la souveraineté du Togoland et admettait d'engager le commerce légitime, excluant ainsi l'esclavage dans son article 1er, ensuite, la liberté de commerce (article 4), et enfin, l'indépendance fiscale (article 5). Au regard du droit international pur, le « Traité de 1884 », demeure un accord commercial. Une analyse des termes dans la version originale en langue allemande du « Traité de 1884 » montre qu'il s'agissait plutôt, ni plus, ni moins que d'un accord commercial. En droit international, le « Traité de 1884 » contenait une disposition en son article 3, qui devait uniquement valoir une « clause de la nation la plus favorisée », qui accordait une primauté aux marchands allemands sur ceux des autres « pays colonisateurs » dans la région.

16. Enfin, le choc venait de ce que le « Traité de 1884 » n'était pas conforme au droit international dans sa rédaction, et encore moins dans l'esprit qui animait déjà la partie allemande. L'analyse des circonstances permet d'ailleurs de conclure à un dol du côté de la partie allemande, qui avait certainement vicié le consentement de la partie togolandaise et devant invalider le « Traité de 1884 ». Même si le contexte n'est pas assez connu, il y a de fort doute que la négociation du « Traité de 1884 » ait été conduite de bonne foi par la partie allemande. Les éléments circonstanciels confirment ce doute. Il est peut-être recommandé d'user de prétérition pour éviter d'affirmer que le Togo est un « enfant bien mal conçu ». Pour preuve, ledit « Traité de 1884 » se situait dans la droite ligne de la politique peut-être un peu « commerciale », mais surtout « coloniale » des années 1879-1890 du Chancelier allemand Otto von Bismark. Lui-même a résumé sa politique dans un aphorisme, où il déclarait que « le marchand doit précéder le soldat », sans susciter le moindre émoi. La politique a-t-elle

changé entre-temps en Allemagne ? La question mérite au moins d'être posée, en sachant que la réponse peut être délicate.[1] Qu'à cela ne tienne, la corrélation active entre l'économie et l'armée demeure une constante dans la pensée politique, pas seulement en Allemagne. C'est dans cette logique qu'en 1884, la partie allemande signait le « Traité de 1884 » avec la partie togolandaise, en affichant une intention commerciale, mais en ayant à l'esprit son dessein « colonial », annoncé cinq ans auparavant, en prévoyant de déployer des soldats sur le territoire de la colonie.

17. Pour preuve, il faut noter que le « Traité de 1884 » a fait suite à une demande persistante au Chancelier Otto von Bismark en mars 1883, par Adolph Woermann, commerçant et président de la chambre de commerce hambourgeois. En 1883, soit deux années avant la signature du « Traité de 1884 », ce dernier demandait au Chancelier Bismark, d'acquérir des « colonies » en Afrique de l'Ouest. Selon ce marchand Woermann, acquérir des colonies était la meilleure manière de protéger les commerçants allemands contre les excès de taxes qu'ils étaient sommés de payer aux autres pays colonisateurs déjà présents dans la région. Le marchand Woermann affirmait lui-même que « *durch solche Erwerbungen dem deutschen Handel in transatlantischen Ländern nur eine festere Position und ein sicherer Rückhalt gegeben würde; denn ohne politischen Schutz kann heute kein Handel recht gedeihen und weiterkommen* ».[2] Ce veut dire que « de telles acquisitions [« colonies »] ne feraient que donner au commerce allemand dans les pays transatlantiques une position plus solide et un soutien plus sûr, car sans protection politique, aucun commerce ne peut prospérer et progresser correctement aujourd'hui ».[3]

18. Puis en 1897, le ministre allemand des Affaires étrangères Bernhard von Bülow résumait la position de l'Allemagne en ces termes *« Wir wollen niemand in den Schatten stellen, aber wir verlangen auch unseren Platz an der Sonne ».* Autrement dit « nous ne voulons rester dans l'ombre de personne, mais nous réclamons aussi notre place au soleil ». Cette déclaration, si besoin en est, révèle que l'intention de la partie allemande, lors de la signature du « Traité de 1884 » était de

[1] https://www.theguardian.com/world/2010/may/31/german-president-horst-kohler-quits

[2] Klaus J. Bade, Friedrich Fabri und der Imperialismus in der Bismarckzeit: Revolution – Depression - Expansion, Atlantis Verlag, Freiburg i. Br, 1975 / Internet-Ausgabe, Osnabrück 2005, pp. 316–318.

[3] Traduction libre par nous-même de la langue allemande vers la langue française.

coloniser le Togoland et non pas seulement de faire du commerce. Du reste, la partie allemande n'a pas mis long après la signature du « Traité de 1884 », faisant du Togoland un « protectorat », pour plutôt consacrer l'appellation de « *Musterkolonie* », c'est-à-dire « colonie modèle », mais une « colonie » tout de même et non plus un « protectorat ». Une multitude de lois, ordonnances, circulaires et autres textes juridiques avaient été adoptés, sans commune mesure avec le commerce dans le cadre du « Traité de 1884 ». Cet arsenal juridique, dont une partie était commune à toutes les colonies allemandes disposait, entre autres, de la création de juridictions pour les colonisés, de l'exercice du pouvoir et des sanctions disciplinaires contre les peuples de la colonie, des sanctions pénales, des centres de détention correctionnelle, du recours à la punition corporelle et de l'utilisation du fouet, des prisons à proprement parler, sans prétendre être exhaustif.[1] Par ailleurs, des

[1] *Verfügung des Reichskanzlers betreffend die Gerichtsbarkeit über die Eingeborenen in den afrikanischen Schutzgebieten*, 27. Februar 1896 ; *Verfügung des Reichskanzlers wegen Ausübung der Strafgerichtsbarkeit und der Disziplinargewalt gegenüber den Eingeborenen in den deutschen Schutzgebieten von Ostafrika, Kamerun und Togo*, 22. April 1896 ; *Kaiserliche Verordnung betreffend die Rechtsverhältnisse in den deutschen Schutzgebieten*, 9. Nov. 1900 ; *Verordnung des Gouverneurs betreffend Strafmittel gegen Eingeborene*, 24. Nov. 1902 ; *Verfügung des A.A.K.A. betreffend den Sitz des Kaiserlichen Obergerichts für die Schutzgebiete Kamerun und Togo*, 4. Dez. 1903 ; *Dienstanweisung des Gouverneurs betreffend die Ausübung der Strafgerichtsbarkeit und der Disziplinargewalt gegenüber den Eingeborenen gemäß der Verfügung des Reichskanzlers vom 22. April 1896*, 10. Januar 1906 ; *Gesetz über die Konsulargerichtsbarkeit*, 07. April 1900 (KonsGG) ; *Runderlaß des Gouverneurs betreffend die Bestrafung der Straftaten der Eingeborenen*, 11. Februar 1907 ; *Verordnung des Reichs-Kolonialamts betreffend die Anwendung körperlicher Züchtigung als Strafmittel gegen Eingeborene der afrikanischen Schutzgebiete*, 12. Juli 1907; *Gefängnisdisziplinarordnung des Gouverneurs (Verordnung des Gouverneurs betreffend die Anwendung von Disziplinarstrafmitteln im Gefängnisbetriebe)*, 13. Juli 1909 ; *Runderlaß des Gouverneurs betreffend die Begründung von Besserungssiedlungen*, 23. Oktober 1909 ; *Runderlaß des Gouverneurs zur Änderung der Verfügung des Reichskolonialamts vom 12. Juli 1907 betreffend die Anwendung körperlicher Züchtigung als Strafmittel gegen die Eingeborenen der afrikanischen Schutzgebiete*, 27. April 1910 ; Friedrich DOERR : Deutsches Kolonialstrafprozessrecht, C.L. Hirschfeld Verlag, Leipzig, 1913 ; Werner GÜNTHER : Die Verfassungsrechtlichen Verhältnisse der Deutschen Schutzgebiete und ihre künftige Neugestaltung, Druck von Thomas u. Hubert, Weida i. Thür., 1939 ; HOFFMAN : Deutsches Kolonialrecht, Leipzig, 1907 ; HOFFMAN : Einführung in das Deutsche Kolonialrecht, Leipzig, 1911 ; Hans KARLOWA : Die Strafgerichtsbarkeit über die Eingeborenen in den Deutschen Kolonien, Buchdruckerei R. Noske, Leipzig, 1911 ; KÖBNER u. GERSTMEYER : Die Deutsche Kolonial-Gesetzgebung; 11. Band, Ernst Siegfried

recherches et études socio-anthropologiques, peu réalistes, ont été menées sur les coutumes des populations en vue de les codifier et en faire un droit écrit pour le Togoland,[1] qui devait être seulement un partenaire dans le commerce selon le « Traité de 1884 ». Autant d'indicateurs qui montrent que les relations entre le Togoland et l'Empire allemand n'étaient plus un partenariat commercial, mais plutôt de colonisateur à colonisés.

19. À s'en tenir strictement à son texte et son esprit, le « Traité de 1884 », dont l'essence est déjà visiblement désavantageuse pour la partie togolandaise, devrait pouvoir être mis en œuvre sans équivoque

---

Mittler u. Sohn, Berlin, 1900 ; Die Landesgesetzgebung des Schutzgebietes Togo (L.G.G.T.), Ernst Siegfried Mittler und Sohn, Berlin, 1910 ; Rudolf SCHRADER : Die Zwangsarbeit in Afrika nach deutschem und britischem Kolonialrecht, Hamburg, 1919 Josef; SCHRAMM : Togo, 2. Aufl., Kurt Schroder, Bonn, 1962 ; Fritz SEELBACH : Grundzüge der Rechtspflege in den Deutschen Kolonien, Friedrich Cohen Verlag, Bonn, 1904 ; Ludwig SIEGLIN : Die Koloniale Rechtspflege und ihre Emanzipation vom Konsularrecht, Heft 1., Franz Coppenrath Verlag, Münster (Westfalen), 1908 ; Alfred ZIMMERMANN : Die Deutsche Kolonial-Gesetzgebung; 2. Theil, Ernst Siegfried Mittler und Sohn, Berlin, 1898

[1] Rudolf ASMIS : Die Stammesrechte der Bezirke Misahöhe, Anecho und Lomeland, *in Zeitschrift für vergleichende Rechtswissenschaft* (*Z.v.R.*), 26. Band, Ferdinand Enke Verlag, Stuttgart, 1911 ; Rudolf ASMIS : Die Stammesrechte des Bezirks Atakpame, *in Zeitschrift für vergleichende Rechtswissenschaft* (*Z.v.R.*), 25. Band, Ferdinand Enke Verlag, Stuttgart, 1911 ; Rudolf ASMIS : Die Stammesrechte des Bezirkes Sansane-Mango, *in Zeitschrift für vergleichende Rechtswissenschaft* (*Z.v.R.*), 27. Band; Ferdinand Enke Verlag, Stuttgart; 1912 ; Josef KOHLER : Bemerkungen zu dem Bericht von Asmis über die Rechte von Misahöhe, Anecho und Lome, *in Zeitschrift für vergleichende Rechtswissenschaft* (*Z.v.R.*), 26. Band, Ferdinand Enke Verlag; Stuttgart, 1911 ; Josef KOHLER : Bemerkungen zum Bericht von Asmis über die Akposso und Atakpame, *in Zeitschrift für vergleichende Rechtswissenschaft* (*Z.v.R.*), 25. Band, Ferdinand Enke Verlag, Stuttgart, 1911 ; Josef KOHLER : Bemerkungen zu den Stammesrechten von Sansane-Mango, *in Zeitschrift für vergleichende Rechtswissenschaft* (*Z.v.R.*), 27. Band, Ferdinand Enke Verlag, Stuttgart, 1912 ; Josef KOHLER : Das Togorecht, *in Zeitschrift für vergleichende Rechtswissenschaft* (*Z.v.R.*), 27. Band, Ferdinand Enke Verlag, Stuttgart, 1912 ; Josef KOHLER : Bemerkungen zu dem Bericht von Asmis über die Rechte von Misahöhe, Anecho und Lome, in Zeitschrift für vergleichende Rechtswissenschaft (Z.v.R.), 26. Band, Ferdinand Enke Verlag, Stuttgart, 1911 ; Josef KOHLER : Bemerkungen zum Bericht von Asmis über die Akposso und Atakpame, *in Zeitschrift für vergleichende Rechtswissenschaft (Z.v.R.)*, 25. Band, Ferdinand Enke Verlag, Stuttgart, 1911 ; Josef KOHLER : Bemerkungen zu den Stammesrechten von Sansane-Mango, *in Zeitschrift für vergleichende Rechtswissenschaft (Z.v.R.)*; 27. Band, Ferdinand Enke Verlag, Stuttgart, 1912 ; Josef KOHLER : Das Togorecht, *in Zeitschrift für vergleichende Rechtswissenschaft (Z.v.R.)*; 27. Band, Ferdinand Enke Verlag, Stuttgart, 1912.

aucune, selon les principes élémentaires de droit international. Seule l'intention inavouée de la partie allemande explique, sans toutefois la justifier, sa déviation aussi inattendue dans l'exécution du « Traité de 1884 », au point d'engendrer une mésaventure juridico-historique pour la partie togolandaise.

II – La réalité de l'application détournée du « Traité de 1884 » par la Partie allemande

20. En droit international, le « Traité de 1884 » ne consacrait nullement pas à l'Allemagne le droit d'y fonder une quelconque autorité publique, encore moins un pouvoir politique et de s'en prévaloir pour instaurer une administration politique coloniale sur le Togoland. Pourtant, l'intention de la partie allemande a très tôt pris le dessus sur le texte du « Traité de 1884 » ; le vrai objectif du Chancelier Otto von Bismark étant non pas uniquement commercial, mais surtout politique et colonialiste.

21. C'est à la faveur du dol par la partie allemande sur la substance même du « Traité de 1884 », que le Togoland a basculé dans la colonisation, cette « mésaventure historique », comme l'a écrit si judicieusement Maître KOUASSIGAN.[1] Le dol s'est traduit sur le terrain par une mise en œuvre discutable du « Traité de 1884 », en tant qu'instrument de droit international, et en violation de l'un des grands principes du droit international. Il s'agit d'un principe, qui était en vigueur en droit international coutumier et que les « pays colonisateurs » eux-mêmes appliquaient dans les traités entre eux, déjà bien avant la signature du « Traité de 1884 ». Ce principe, qui a été méconnu par la partie allemande dans la mise en œuvre du « Traité de 1884 », est celui dit de la *pacta sunt servanda* devenu l'article 26 de la Convention de Vienne sur le droit des traités de 1969. Selon ce principe « tout traité en vigueur lie les parties et doit être exécuté par elles de bonne foi ». Sur la base de ce principe, la partie allemande aurait dû s'en tenir au texte du « Traité de 1884 » et se limiter à ne faire que du commerce avec le Togoland, et ne pas aller jusqu'à coloniser le territoire. Pour avoir plutôt colonisé le Togoland, sous le prétexte de ce « Traité de 1884 », la partie allemande en avait substantiellement

---

[1] Guy A. KOUASSIGAN, Quelle est ma loi ? Tradition et modernisme dans le droit privé de la famille en Afrique francophone, Editions Pedone ; Paris, 1974, cité par Koffi Kumelio A. Afanɖe, Jeune délinquant et jeune marginal au Togo ; aperçus de comparaison Allemagne-France, Edition Iuscrim, Freiburg, Allemagne, décembre 1997, p. 59.

modifié l'objet et les termes, qui étaient d'offrir une protection au Togoland en contrepartie d'un régime préférentiel en matière de commerce pour les marchands allemands. Cette pratique décalée du « Traité de 1884 » par la partie allemande par rapport au principe du droit international de la *pacta sunt servanda* devait permettre à la partie togolandaise d'évoquer le principe du *rebus sic stantibus*,[1] devenu l'article 62 de la Convention de Vienne sur le droit des traités de 1969. Selon ce principe, une partie à un traité, peut se retirer dudit traité dans trois hypothèses. D'abord, lorsqu'il survient un changement fondamental imprévu de circonstances par rapport à celles qui existaient au moment de la conclusion d'un traité. Ensuite, lorsque l'application du traité modifie les circonstances ayant constitué une base essentielle du consentement de l'autre partie à être liée par ledit traité. Enfin, une partie peut se retirer d'un traité en cas de changement ayant transformé radicalement la portée des obligations, qui restent à exécuter en vertu d'un traité.

22. La partie allemande ne peut pas ne pas avoir connaissance de ce principe du *rebus sic stantibus*, dans la mesure où non seulement, elle a soutenu son application par la Russie, mais elle y avait recouru elle-même quelques années avant la signature du « Traité de 1884 » avec le Togoland. D'une part, déjà en 1871, le Chancelier Otto von Bismark lui-même avait soutenu[2] la Russie lors du Traité de Londres[3] pour se prévaloir de ce principe du *rebus sic stantibu*s sur le motif d'un changement de circonstances pour dénoncer l'accord de Paris de 1856, qui fragiliserait sa souveraineté[4] en l'obligeant de démilitariser la mer noire et laisser passage libre à tous les navires de commerçants des autres pays.[5] D'autre part, l'Allemagne elle-même a eu recours au principe du *rebus sic stantibus* dans le cadre du Traité de Francfort de 1871, signé après les hostilités avec la France. En substance, alors que ce Traité de 1871 disposait que les ressortissants de chacune des parties devraient avoir le droit à un libre accès et à une résidence dans chaque

[1] James T. Shotwell, A short History of the Question of Constantinople and the Straits, November 1922, p. 521.

[2] James T. Shotwell, A short History of the Question of Constantinople and the Straits, November 1922, p. 517.

[3] The Treaty of London, 1871, *in James T. Shotwell*, A short History of the Question of Constantinople and the Straits, November 1922, pp. 517-527.

[4] James T. Shotwell, A short History of the Question of Constantinople and the Straits, November 1922, p. 519.

[5] Treaty of Paris, 1856, Articles XI-XIV, in James T. Shotwell, A short History of the Question of Constantinople and the Straits, November 1922, pp. 512-516.

pays avec un traitement de la nation la plus favorisée, l'Allemagne avait évoqué le principe du *rebus sic stantibus* pour exciper d'un changement de conditions et la nécessité d'« auto-préservation » pour justifier d'ignorer ses obligations.[1]

23. Parce que ces deux principes, existaient et s'appliquaient déjà avant la date de la signature du « Traité de 1884 », ils devaient s'appliquer et étaient applicables pour l'exécution dudit traité. Ces deux principes n'ont d'ailleurs jamais cessé d'exister et d'être en vigueur en droit international coutumier, jusqu'à leur codification par les articles 26 et 62 de la Convention de Vienne sur le droit des traités de 1969. Il va sans dire que le fait pour la partie allemande d'avoir exécuté le « Traité de 1884 » à la lisière du principe de la *pacta sunt servanda* ou de la bonne foi, créait les trois conditions en faveur de la partie togolandaise pour mettre fin au traité ou pour s'en retirer en vertu du principe du *rebus sic stantibus*. Premièrement, le fait pour la partie allemande d'avoir converti le « Traité de 1884 » dit de « protectorat » en instrument de « colonisation » valait un changement fondamental de circonstances par rapport à celles qui existaient lors de la conclusion du « Traité de 1884 » et qui n'étaient pas prévues par le Togoland. Deuxièmement, la mise en œuvre détournée du « Traité de 1884 » par la partie allemande aux fins d'administrer le Togoland au plan politique modifiait de manière substantielle les circonstances formant la base essentielle du consentement du Togoland à être lié par ledit traité. Troisièmement, et de surcroît, ce changement a transformé radicalement la portée des obligations, qui restent à exécuter en vertu du traité, en ce sens que les obligations attendues de la partie togolandaise n'étaient plus commerciales, mais exigeaient une soumission coloniale et débordant le cadre du « Traité de 1884 ». Comme conséquences de la méconnaissance de ces deux principes, deux autres principes ont été érodés à savoir celui du sens ordinaire à donner aux termes du « Traité de 1884 » pour les interpréter et celui de la nullité, qui devait en découler pour ce traité.

24. Par conséquent, la partie togolandaise aurait pu se fonder sur la violation de ces quatre principes cardinaux pour dénoncer ce « Traité de 1884 », voire s'en retirer. Dès lors, au Traité de Versailles en 1919, la Société des Nations (SDN) aurait dû procéder autrement que de

[1] John P. Bullington, International Law Treaties and the Clause "Rebus Sic Stantibus", University of Pennsylvania Law Review, December 1927, p. 157; Gustave Rolin-Jacquemyns, La question des passeports en Alsace-Lorraine, Revue de Droit International et de Législation Comparée, 20 (1888), pp. 615-623.

placer le Togoland sous le mandat de la France et de la Grande Bretagne. En droit, le Traité de Versailles, aurait dû purement et simplement constater la violation de la *pacta sunt servanda* par la partie allemande dans l'application du « Traité de 1884 » pour annuler le « Traité de 1884 » en vertu du principe du *rebus sic stantibus* et proclamer la souveraineté internationale du Togoland, pour lui épargner le régime de mandat des colonisateurs français et britannique. Par la suite, l'Organisation des Nations Unies (ONU) aurait dû rectifier la décision de la SDN, à laquelle elle a succédé, proclamer la souveraineté du Togoland en vertu du droit international et ne pas convertir le régime de « mandat » en celui de « tutelle » française et britannique.

25. Quoi que l'on en pense, un constat s'impose : La partie allemande a rédigé, négocié et exécuté le « Traité de 1884 » au désavantage de la partie togolandaise, en glissant du « protectorat » à la « colonisation » du Togoland. Mais, un proverbe de chez nous enseigne qu'« une fois mordu par le serpent, l'on est sur sa garde, à la vue d'un lombric ». Le Togo souverain, succédant au Togoland, a tiré une double leçon de cette fâcheuse mésaventure juridico-historique : Désormais, il ne peut plus se mettre en marge du droit international, mais ce droit est une forêt dense, où il faut s'aventurer avec prudence et expertise. Ce double postulat façonne et infléchit l'approche de la République togolaise depuis l'accession à la souveraineté, lorsqu'elle doit prendre des engagements au regard du droit international.

B – Le point d'inflexion et de non-retour

26. En 1960, lorsque la République togolaise accédait à sa souveraineté, le droit international avait atteint un développement et une codification complexe, plus ou moins rigide, et irréversible. Le Togo avait choisi de souscrire aux instruments juridiques internationaux pertinents, pour marquer son arrivée dans le concert des nations (I), ignorant qu'il allait prendre une revanche psychologique et juridique sur le droit international, au regard du sort qu'il a enduré dans le passé (II).

I – L'adoption réaliste et tempérée du droit international

27. Ce n'est, ni à pas forcé, ni par conformisme que la République togolaise a fait siens nombre d'instruments de droit international, dès son accession à la souveraineté. C'est davantage par réalisme pour faire valoir ses intérêts au niveau international et défendre ses idéaux. Toutefois, fort de sa souveraineté, le Togo avait moult raisons, sinon

pour dénoncer plusieurs de ces instruments juridiques internationaux, du moins pour ne les approcher qu'à reculons, et d'adhérer seulement à quelques-uns d'entre eux.

28. La première raison juridiquement fondée, aurait été qu'au moment des négociations et de l'adoption de ces instruments juridiques internationaux, le Togo qui était encore une colonie était privé du droit de participer directement et activement aux processus. Le régime de mandat et celui de tutelle auxquels le Togo était soumis, respectivement sous la SDN et l'ONU, lui ôtait tous les droits de négocier et signer des accords et traités. Cette privation du Togo de sa capacité de négocier et signer les accords et traités ne peut traduire qu'une volonté de domination, d'autant plus que le Togo est né en 1884 en signant lui-même le « Traité de protectorat », et peut toujours en signer.

29. Pour n'avoir pas eu droit au chapitre, le Togo n'a pas eu cette opportunité d'exprimer sa philosophie et sa vision du monde lors de la conception de ces instruments juridiques et coutumes, qui fondent ce droit international. En réalité, les principes directeurs, voire les instruments juridiques internationaux essentiels, qui constituaient déjà le droit des traités avaient été négociés et adoptés par le colonisateur français au nom et pour le compte du Togo avant son accession à la souveraineté internationale le 27 avril 1960. Ces instruments juridiques internationaux étaient davantage la codification des volontés et concepts, qui ne servaient pas nécessairement les intérêts des colonies, y compris la République togolaise, devenu État souverain. À noter, par exemple que la Convention pour la prévention et la répression du crime de génocide adoptée le 9 décembre 1948 (Convention de 1948) n'a pas été dans l'intérêt des territoires qui, comme le Togo, étaient encore des colonies à l'époque. Cette Convention de 1948 a été formulée en des termes choisis, quant à la définition du crime de génocide et des groupes protégés, pour qu'elle ne s'applique pas aux colonies, permettant ainsi aux colonisateurs de continuer à commettre les mêmes actes interdits par ladite convention, mais sans tomber sous le coup de la convention.[1] Par précaution d'ailleurs, la France ne l'avait pas rendue applicable au Togo, qui n'y a accédé que le 24 mai 1984.

---

[1] Koffi Kumelio A. Afanđe, The Prevention and Repression of the Crime of Genocide: A New Generation out of the Kamite *Continent*, Digitalisierung, Globalisierung und Risikoprävention, *in Festschrift für Ulrich Sieber* (SR, Bd. 373), 2021 Duncker & Humblot GmbH, Berlin, pp. 1034-1037; 1039-1040; 1047-1048; 1052-1056 and 1068.

30. Ensuite, pour protéger ses propres intérêts, le colonisateur français avait pris le soin de ne pas ratifier des instruments juridiques internationaux pourtant négociés au nom du Togo, et qui étaient avantageux pour le Togo. C'est le cas, comme signalé dans l'ouvrage, de la Convention des Nations Unies pour la répression et l'abolition de la traite des êtres humains et de l'exploitation de la prostitution d'autrui du 2 décembre 1949, entrée en vigueur déjà le 25 juillet 1951. La France n'y a adhéré que le 19 novembre 1960, car le faire plus tôt l'aurait contrainte à l'appliquer aux colonies, y compris le Togo, mais a assorti son adhésion d'une déclaration limitant l'application à la métropole. Le Togo a dû accéder à cette convention le 14 mars 1990, et a procédé autant pour certains autres instruments juridiques internationaux adoptés en son nom, sans son avis.

31. Par ailleurs, l'accession du Togo à la souveraineté internationale en 1960 est d'un effet mitigé, quant à son apport à la substance du droit international, dans la mesure où les instruments juridiques internationaux adoptés depuis les années 60 sont plutôt des textes auxiliaires. Ils sont adoptés, ni plus ni moins, pour préciser mais sans modifier de manière substantielle le contenu des instruments juridiques internationaux antérieurs, adoptés au moment où le Togo n'a pas pu participer directement aux négociations, parce qu'il était encore un territoire colonisé.

32. Pour ce qui est du droit international coutumier, il est une source non-conventionnelle du droit et de loin la plus intrigante. L'ouvrage a l'avantage de l'avoir abordé en précisant que la République togolaise, ne souscrit au droit international coutumier que s'il est clairement établi et a un caractère obligatoire, selon l'interprétation de l'article 38.1.b. du Statut de la Cour internationale de justice (CIJ) par la Cour elle-même. Selon la CIJ, pour qu'une nouvelle règle coutumière se forme, les actes concernés doivent « constituer une pratique établie », et être accompagnés d'une « *opinio juris sive necessitatis* ». L'élément de « pratique établie » est aussi appelé « pratique des États », à savoir le comportement répété des États, y compris ceux dont les intérêts sont affectés.[1] Selon la Commission du droit international des Nations Unies, la pratique des organisations internationales peut aussi former le droit coutumier. L'élément d'« *opinio juris* » tient à la conviction que

---

[1] North Sea Continental Shelf Cases, Federal Republic of Germany/Denmark; Federal Republic of Germany/Netherlands, Judgment of 20 February 1969, para. 74 ; CIJ/Arrêt No 9, Affaire du « Lotus », République française v. République Turque, Septembre 1927.

la pratique est rendue obligatoire par l'existence d'une règle de droit l'exigeant.

33. Or, justement l'identification de la coutume en tant que pratique généralement acceptée et obligatoire génère une controverse, sur fond de souveraineté des États et du principe de la non-ingérence. Le risque est fréquent d'en abuser et de tenir pour coutumes internationales des pratiques, qui ne le sont pas. Des cas de controverse concernent la République togolaise dans divers domaines, dont deux méritent d'être relevés, à savoir la « responsabilité de protéger » et la « compétence universelle ».

34. Les États ont souvent des comptes à solder avec l'histoire, mais qu'ils ignorent, et c'est plutôt mieux ainsi. D'où, ils y arrivent souvent sans nécessairement s'en rendre compte, et c'est aussi le cas de la République togolaise qui a succédé au Togoland avait un compte à solder avec le droit international dans son histoire. Ce droit qui l'a malmené en la faisant passer successivement du statut de « protectorat » à celui de « colonie » (1884) puis de « territoire sous mandat » de la SDN (1919), puis encore de « territoire sous tutelle » de l'ONU (1946), et plus tard de « République autonome » (1956) et « République du Togo » (1958) avant d'acquérir sa souveraineté (1960). C'est ainsi que le Togo souverain va poser, plus de deux décennies plus tard, un acte, *a priori* simplement juridique, mais avec une portée historique, qui doit résonner comme sa revanche juridico-psychologique sur le droit international.

II – La revanche juridique positive du Togo souverain sur l'histoire du droit international

35. Il est incorrect de supposer que l'histoire ne se répète. L'histoire se répète toujours, mais n'utilise ni les mêmes « mots » pour s'exprimer, ni les mêmes « maux » pour sévir. Tout porte à croire que les « maux » soufferts par le Togoland parce que les « mots » du « Traité de 1884 » n'ont pas été respectés par la partie allemande avaient poussé le Togo souverain à prendre date avec le droit international pour sa revanche. Peu importe si c'est une ironie du sort, mais c'est le sens à donner à l'adhésion du Togo souverain à la Convention de Vienne du droit relative au droit des traités de 1969. Cette adhésion a une charge historique au-delà de l'acte juridique qu'elle constitue.

36. Les annales du droit international, retiennent de manière indélébile que c'est le dépôt des instruments d'adhésion par le Togo

souverain, qui a déclenché l'entrée en vigueur de la Convention de Vienne sur le droit des traités du 23 mai 1969. Selon l'article 84, al. 1er de ladite Convention elle « entrera en vigueur le trentième jour qui suivra la date du dépôt du trente-cinquième instrument de ratification ou d'adhésion ». Le Togo a adhéré à ladite Convention le 28 décembre 1979, et elle est entrée en vigueur le trentième jour après, soit exactement le 27 janvier 1980. L'histoire en tant que récit du passé, n'a de sens que celui que lui confèrent les archives relatant les actes, faits et événements, qui s'entremêlent au fil du temps. Sous le signe de l'oracle, cette Convention de Vienne, dont le Togo a ainsi déclenché l'entrée en vigueur vient consacrer dans plusieurs des articles, entre autres, les quatre principes de bon sens et de bonne foi en droit international, qui auraient dû être appliqués et respectés aussi bien, lors de la signature que de l'exécution du « Traité de 1884 ».

- Tout d'abord, le point 4 du Préambule, reprécisé à l'article 26 de la Convention de 1969, énonce le principe de la *pacta sunt servanda* pour exiger la bonne foi dans l'exécution de tout traité ;
- Puis, l'article 31 de la Convention de 1969 pose et formalise les règles générales de l'interprétation d'un traité, en insistant sur le sens ordinaire des termes utilisés et la bonne foi ;
- Ensuite, l'article 62 de ladite Convention de 1969 consacre le principe du *rebus sic stantibus*, à savoir la possibilité pour une des parties de dénoncer ou de se retirer d'un traité, s'il advient un changement de circonstances affectant la substance qui fonde son consentement ;
- Enfin, l'article 69 de la Convention de 1969 prescrit la nullité d'un traité et ses effets, en ce sens qu'un traité nul n'a pas de force juridique, sauf les actes posés de bonne foi.

37. Or, ce sont ces quatre principes, qui ont été foulés au pied par la partie allemande à la négociation et dans la mise en œuvre du « Traité de 1884 », marquant la naissance du Togoland,[1] dont la partie Est, est devenue la République togolaise, et la partie Ouest étant annexée au Ghana suite à un référendum le 09 mai 1956.[2] En activant ainsi l'entrée en vigueur de cette Convention sur le droit des traités et promouvant la

---

[1] Voir supra, paras 12-25.

[2] A/3173, The Togoland Unification Problem and the Future of the Trust Territory of Togoland under British Administration, Report of the United Nations Plebiscite Commissioner for the Trust Territory of Togoland under British Administration, 5 September 1956; Colliard Claude-Albert. L'évolution du statut des territoires du Togo. In : Annuaire français de droit international, volume 2, 1956. p. 231.

bonne foi en droit international, la République togolaise, a semblé s'être rendue justice. Ce ne serait pas de la superstition d'en déduire, que les Aïeux de notre Terre, le Togo souverain, se sont résolus à orienter le droit international dans la voie de la bonne foi et empêcher l'histoire de se répéter à travers les violations de ces principes du droit international, infligées au Togo à sa naissance.

38. La République togolaise n'a pas que soldé le compte de sa propre naissance et de son histoire douloureusement marquée par la violation du droit international dans le cadre de la signature et l'application du « Traité de 1884 ». Il va sans dire que l'expertise du Togo en droit international allant progressant depuis sa souveraineté, il est aussi possible de voir dans cette adhésion à la Convention de Vienne de 1969 sur le droit des traités une affirmation de l'attachement de la République togolaise à la bonne foi en droit international. D'où également son adhésion aux mécanismes de droit international, en matière judiciaire et arbitrale, visant à rétablir la bonne foi dans l'exécution des accords ou contrats et de sanctionner la violation, non seulement entre États, mais aussi entre États et investisseurs. C'est ainsi que la République togolaise est partie à la Convention de 1907 instaurant la Cour permanente d'Arbitrage (CPA), à la Convention du Centre International de Règlement des Différends relatifs aux Investissements (CIRDI) du 14 octobre 1966, au Traité de l'Organisation pour l'Harmonisation en Afrique du Droit des Affaires (OHADA) du 17 octobre 1993 modifié en 2008. C'est également dans cet esprit de promotion de la bonne foi en droit international que la République togolaise a accepté la compétence obligatoire de la CIJ le 25 octobre 1979, et est membre de l'Union économique et monétaire ouest-africaine (UEMOA) depuis le 10 janvier 1994, etc.

39. La souveraineté du Togoland, a été reconnue dans le « Traité de 1884 » par la partie allemande, juste par commodité pour la piétiner par la suite, et sans tarder, au mépris de la bonne foi requise en droit international.

40. Le colonisateur français, pour le Togo oriental, et le colonisateur britannique, pour le Togo occidental ont poursuivi cette situation de « souveraineté bafouée », sous le couvert du droit international. En effet, l'adage selon lequel « on n'est jamais mieux servi que par soi-même » mérite d'être rappelé aussi en droit international. En d'autres termes, il revient à la République togolaise d'affirmer elle-même sa souveraineté internationale en apprivoisant et en domestiquant le droit international.

Conclusion

41. Les leçons de l'histoire du Togo(land) au regard du droit international sont simples.

42. Pour des raisons à rechercher dans l'histoire et la géostratégie de l'époque, le Togoland a manqué de dénoncer le « Traité de 1884 » pour réclamer sa souveraineté au plus tard en 1918 ou 1919 et l'obtenir bien avant le 27 avril 1960. Le Togoland aurait dû se retirer du « Traité de 1884 » pour cause de non-conformité au droit international et requérir sa nullité lors du Traité de Versailles en 1919. Le Togoland avait les principes et arguments de droit international de son côté pour revendiquer la reconnaissance de sa souveraineté par la Société des Nations (SDN) et s'opposer au régime de placement « sous mandat » de l'article 22 du Traité de Versailles, converti plus tard en « tutelle » par les Nations Unies (ONU). Le Togo n'aurait pas dû relever de l'article 22 du Traité de Versailles relatif à la tutelle au nom de la SDN sur les anciennes colonies de l'Allemagne.

43. Cela aurait permis au Togoland de jouir de sa pleine capacité à négocier et signer des traités et accords, déjà avant, ou au moins à partir de 1919, suite au Traité de Versailles. Mais son ignorance du droit international, venu le surprendre, a été fatale pour sa souveraineté internationale jusqu'en 1960. La République s'arme de plus en plus de la connaissance contextualisée pour gagner la bataille du droit international et préserver sa souveraineté internationale.

44. Le droit international n'est pas un cirque ou l'on se fend en rire avec des ami(e)s. C'est un champ de bataille où s'affrontent les intérêts (géo)politiques, économiques, culturels, civilisationnels etc. et où chaque victoire remportée est présentée sous le couvert de principes juridiques, applicables même aux vaincus. Autant se battre pour être parmi les vainqueurs, ou du moins, pour ne pas être complètement vaincu.

45. Les fronts de combats ne manquent pas. Aux anciens fronts s'ajoutent de nouveaux, avec parfois le rallumage d'anciens fronts, sous une autre stratégie. Deux de ces fronts sont les mécanismes de « la responsabilité de protéger » et de la « compétence universelle », toutes les deux discutables dans leur concept et leur application dans la mesure où elles visent à maintenir l'hégémonie de certains États sur d'autres.

46. La stratégie pour le combat doit reposer d'abord sur la prise en compte des valeurs de civilisations endogènes dans le droit national, par

le législateur et les juridictions, pour ensuite irriguer le droit international déjà lors les négociations et l'adoption des textes internationaux et enfin encadrer leur ratification et application au plan national.

Juge Dr Koffi Kumelio A. AFANĐE

Docteur - Droit pénal et sciences criminelles/Master 2 - Droit international et européen des droits fondamentaux
Juge pénal international / Juridictions pénales international(isé)es et hybrides
Ancien Membre de la Commission nationale pour les réformes politiques, institutionnelles et constitutionnelles (Togo)
Ancien Conseiller juridique principal du Togo / Conseil de sécurité et Assemblée générale des Nations Unies
Ancien Chercheur et Chef de département à l'Institut Max Planck de l'étude du crime, de la sécurité et du droit (Freiburg, Allemagne)
Arbitre international (Commerce et investissements) / Cour permanente d'arbitrage (La Haye, Pays-Bas)
Professeur invité de droit / Universités et Instituts de recherches
Consultant international / Gouvernements et Organisations internationales

REMERCIEMENTS

Le projet de rédaction de cet ouvrage ne se serait pas concrétisé sans le soutien inestimable de Monsieur le Professeur Robert DUSSEY, Ministre des Affaires étrangères, de l'intégration régionale et des Togolais de l'extérieur. L'auteur tient particulièrement à lui témoigner, avec déférence, ses vifs remerciements et sa profonde gratitude.

La rédaction et la mise à jour de cet ouvrage ont nécessité le recours à une quantité importante d'archives historiques et institutionnelles, de documents inédits, de textes constitutionnels, législatifs et réglementaires, et de recueils de jurisprudence, entre autres. Grâce à la bienveillante disponibilité de nombre de personnes et d'institutions, les difficultés d'accès à certaines ressources archivistiques et documentaires ont été minorées. Hormis ces ressources documentaires et archivistiques variées, le présent ouvrage est aussi le fruit d'entrevues et de partages d'expérience notamment avec des décideurs, experts, fonctionnaires, praticiens et universitaires de divers horizons. Que toutes ces personnes et institutions trouvent ici l'expression de la reconnaissance de l'auteur de l'ouvrage.

L'auteur adresse ses sincères remerciements au Juge international Kumelio Koffi AFANĐE pour ses remarques appropriées et ses conseils généreux. Depuis 2019, il a encouragé ce projet, et a su, par des échanges fructueux, partager sa grande passion pour le droit international et les relations internationales dans leurs enjeux théoriques et pratiques.

En outre, l'auteur remercie très vivement M. Kangnikoé BADO, Enseignant-chercheur en Sciences juridiques pour ses commentaires et soutien bienveillants.

Les remerciements de l'auteur s'adressent également à M. Affo Ousmane SALIFOU, Secrétaire général du Ministère togolais des Affaires étrangères, pour ses encouragements.

Par ailleurs, l'auteur exprime ses remerciements chaleureux, pour leurs disponibilité et encouragement ou collaboration, à : M. Francesco PISANO, Directeur de la Bibliothèque des Nations Unies à Genève ; Mme Mara TIGNINO, Maître d'enseignement et de recherche à la faculté de Droit de l'Université de Genève ; M. Douti Kolani LARE, Magistrat, président du Tribunal de première instance de Bafilo au Togo ; M. Kedou ABALO, Enseignant-chercheur à la faculté de Droit et des sciences politiques de l'Université de Kara ; M. Malemda

KAMELE, ministre-conseiller à l'Ambassade du Togo en Belgique; M. Tchein NINKABOU, Secrétaire permanent de l'Autorité nationale pour l'interdiction des armes chimiques (ANIAC-Togo) ; M. Tambalo KARO, Juriste au Ministère de la justice du Togo, doctorant en Droit public à l'Université Senghor d'Alexandrie ; M. Kodzo Mawulikplimi DOGBLE, Conseiller des Affaires étrangères, chef du Protocole de la Primature togolaise ; M. Abd-El Kader Yasmin TCHALARE, Deuxième conseiller à la Mission permanente du Togo auprès des Nations Unies à New York, ancien chef de la Division du contentieux au Ministère des Affaires étrangères du Togo ; M. Attisso AMAGLO, Inspecteur du travail, Secrétaire administratif du Conseil national du dialogue social du Togo ; Mme Irène NGUELEWOU MATHO, Doctorante en Droit international des investissements et en droits de l'Homme à l'Université de Yaoundé II ; M. Kodjo Tognissé ESSENOUWA, Doctorant à la faculté de Droit et des sciences politiques de l'Université de Kara ; Mme Enyiovi Adjo ZOHOU, Elève-avocat, ancienne Chargée d'études à la Direction des affaires juridiques du Ministère des Affaires étrangères du Togo ; M. M'Madi N'KOUE, Administrateur parlementaire à la Commission des relations extérieures et de la coopération de l'Assemblée nationale togolaise ; M. Tamimou AKPO, Juriste, ancien chargé d'études à la Direction des affaires politiques du Ministère des Affaires étrangères du Togo.

Que M. Torou TETOU, Député, membre de la Commission des droits de l'Homme de l'Assemblée nationale togolaise ; M. Senyéebia Yawo KAKPO, Enseignant-chercheur en sciences juridiques et politiques à l'Université de Kara ; M. Sadri SAEIB, ancien Chef de la Bibliothèque de l'Institut suisse de droit comparé (ISDC) ; Mme Solim DANDAKOU, Inspectrice du travail, Cheffe du Service migration professionnelle au Togo ; et M. Tinin BALOGOU, Expert-comptable, trouvent ici l'expression de la reconnaissance de l'auteur pour l'intérêt qu'ils n'ont cessé de porter au projet de rédaction du présent ouvrage.

Enfin, l'auteur exprime ses vifs remerciements à ses nombreux collègues et ami(e)s, qu'il ne saurait énumérer ici, et à toutes les personnes qui ont contribué de manière plus ou moins directe à la réalisation de cet ouvrage.

TABLE DES MATIÈRES

Structures éditoriales du groupe L'Harmattan

L'Harmattan Italie
Via degli Artisti, 15
10124 Torino
harmattan.italia@gmail.com

L'Harmattan Hongrie
Kossuth l. u. 14-16.
1053 Budapest
harmattan@harmattan.hu

L'Harmattan Sénégal
10 VDN en face Mermoz
BP 45034 Dakar-Fann
senharmattan@gmail.com

L'Harmattan Cameroun
TSINGA/FECAFOOT
BP 11486 Yaoundé
inkoukam@gmail.com

L'Harmattan Burkina Faso
Achille Somé – tengnule@hotmail.fr

L'Harmattan Guinée
Almamya, rue KA 028 OKB Agency
BP 3470 Conakry
harmattanguinee@yahoo.fr

L'Harmattan RDC
185, avenue Nyangwe
Commune de Lingwala – Kinshasa
matangilamusadila@yahoo.fr

L'Harmattan Congo
219, avenue Nelson Mandela
BP 2874 Brazzaville
harmattan.congo@yahoo.fr

L'Harmattan Mali
ACI 2000 - Immeuble Mgr Jean Marie Cisse
Bureau 10
BP 145 Bamako-Mali
mali@harmattan.fr

L'Harmattan Togo
Djidjole – Lomé
Maison Amela
face EPP BATOME
ddamela@aol.com

L'Harmattan Côte d'Ivoire
Résidence Karl – Cité des Arts
Abidjan-Cocody
03 BP 1588 Abidjan
espace_harmattan.ci@hotmail.fr

Nos librairies en France

Librairie internationale
16, rue des Écoles
75005 Paris
librairie.internationale@harmattan.fr
01 40 46 79 11
www.librairieharmattan.com

Librairie des savoirs
21, rue des Écoles
75005 Paris
librairie.sh@harmattan.fr
01 46 34 13 71
www.librairieharmattansh.com

Librairie Le Lucernaire
53, rue Notre-Dame-des-Champs
75006 Paris
librairie@lucernaire.fr
01 42 22 67 13

www.ingramcontent.com/pod-product-compliance
Lightning Source LLC
LaVergne TN
LVHW011440061026
849535LV00004BA/886
* 9 7 8 2 1 4 0 3 4 2 3 1 8 *